本书出版受浙江师范大学出版基金和
浙江师范大学国际文化与社会发展学院学科建设经费资助

Second Language Acquisition Research Series
第二语言习得研究系列

眼动追踪
在第二语言习得和双语中的应用
——研究综合和方法指南

EYE TRACKING
IN SECOND LANGUAGE ACQUISITION AND BILINGUALISM
—A RESEARCH SYNTHESIS AND METHODOLOGICAL GUIDE

[美] Aline Godfroid 艾琳·戈德弗鲁瓦 著   郑巧斐 陈青松 译

复旦大学出版社

目 录

图示目录 ·· vii
表格目录 ·· xiii
前言 ·· xv
致谢 ·· xvii

第一章 眼动追踪简介 ·· 001
  1.1 语言加工研究的在线方法 ·· 002
      1.1.1 有声思维报告 ·· 002
      1.1.2 自定步速阅读 ·· 005
      1.1.3 眼动追踪 ·· 011
      1.1.4 事件相关电位 ·· 014
      1.1.5 小结 ·· 018
  1.2 为什么要研究眼球运动？ ·· 020
  1.3 小结 ·· 024
  注释 ··· 024

第二章 关于眼球运动，我需要知道什么？ ··································· 025
  2.1 观察者与视野 ··· 025
  2.2 眼动类型 ··· 031
  2.3 知觉广度 ··· 039

2.4 眼睛向何处移动 ……………………………………………… 045
2.5 眼睛何时移动 …………………………………………………… 048
2.6 眼-脑联系有多紧密？眼动控制的两种模型 ……………… 053
2.7 结论 ……………………………………………………………… 060
注释 ………………………………………………………………… 062

第三章 基于文本的眼动追踪可用于研究哪些主题？——综合评述 …… 063
3.1 寻找研究主题 …………………………………………………… 063
3.2 基于文本的眼动追踪研究方向 ………………………………… 065
  3.2.1 语法 ……………………………………………………… 067
  3.2.2 词汇和双语词库 ………………………………………… 074
  3.2.3 教学中的二语习得 ……………………………………… 080
  3.2.4 翻译字幕 ………………………………………………… 083
  3.2.5 测试评估 ………………………………………………… 086
3.3 结论 ……………………………………………………………… 089
注释 ………………………………………………………………… 090

第四章 视觉情境范式可用以研究哪些主题？——综合评述 ………… 091
4.1 视觉情境范式的基础 …………………………………………… 091
4.2 视觉情境眼动追踪的研究方向 ………………………………… 100
  4.2.1 单词识别 ………………………………………………… 103
  4.2.2 预测 ……………………………………………………… 107
    4.2.2.1 什么是预测？ ………………………………… 107
    4.2.2.2 语义预测 ……………………………………… 110
    4.2.2.3 形态句法预测 ………………………………… 111
    4.2.2.4 多线索预测 …………………………………… 117
    4.2.2.5 教学影响 ……………………………………… 118
  4.2.3 指称加工 ………………………………………………… 121
  4.2.4 产出 ……………………………………………………… 126
4.3 结论 ……………………………………………………………… 129

注释 ··· 130

第五章 实验设计的一般原则 ··· 132
  5.1 两因素、三因素与四因素 ··· 132
  5.2 被试间设计与被试内设计 ··· 140
  5.3 试次：练习试次、关键试次与填充试次 ························· 145
  5.4 主要任务与次要任务 ··· 149
  5.5 我需要多少个项目？ ··· 158
  5.6 结论 ·· 165
  注释 ·· 165

第六章 眼动追踪研究设计 ··· 167
  6.1 定义兴趣区 ··· 167
    6.1.1 基于单词的兴趣区 ··· 168
    6.1.2 较大的文本区域 ··· 171
    6.1.3 基于图像的兴趣区 ··· 172
      6.1.3.1 基于文本的研究中的图像 ······························· 172
      6.1.3.2 视觉情境范式中的图像 ··································· 173
    6.1.4 为你自己的研究设置兴趣区 ·································· 179
  6.2 基于文本的眼动追踪研究指南 ····································· 179
    6.2.1 空间限制 ·· 180
    6.2.2 艺术因素 ·· 182
    6.2.3 语言限制 ·· 185
      6.2.3.1 实验控制与统计控制 ······································· 187
  6.3 视觉情境研究 ··· 190
    6.3.1 选择图像 ·· 190
      6.3.1.1 实验设计 ··· 190
      6.3.1.2 图像的视觉特性 ··· 195
      6.3.1.3 命名一致性和与规范化数据库 ······················· 197
      6.3.1.4 是否需要预览？ ··· 199

            6.3.1.5 我的实验是否应该有注视标记？·················· 202
        6.3.2 准备音频材料 ······································· 204
            6.3.2.1 创建音频材料 ································ 205
            6.3.2.2 定义时间段 ·································· 207
    6.4 结论 ··· 211
    注释 ·· 213

第七章 眼动追踪指标 ·· 214
    7.1 基于文本的研究及视觉情境研究中的眼动追踪指标 ············· 215
    7.2 眼动指标 ·· 218
        7.2.1 注视与跳读 ··· 218
            7.2.1.1 次数、概率与比例 ······························ 218
            7.2.1.2 注视时间 ······································ 223
            7.2.1.3 注视潜伏期 ···································· 239
            7.2.1.4 注视位置 ······································ 242
        7.2.2 回视 ··· 243
        7.2.3 综合眼动追踪指标 ····································· 248
            7.2.3.1 热力图、亮度图与视线轨迹图 ··················· 248
            7.2.3.2 扫视路径 ······································ 254
    7.3 结论：我应该采用什么指标？ ································· 258
    注释 ·· 261

第八章 数据清洗和数据分析 ·· 262
    8.1 数据清洗 ·· 262
        8.1.1 数据清洗软件 ··· 263
        8.1.2 逐一检查被试记录与试次 ······························ 264
        8.1.3 漂移校正 ··· 268
    8.2 处理异常值 ··· 271
        8.2.1 处理过短与过长的注视 ································· 272
        8.2.2 数据转换 ··· 275

		8.2.3 如何处理异常值：模型批评还是积极的先验筛选？ 277
8.3		当前眼动追踪研究中的统计实践概述 283
8.4		线性混合效应模型 287
	8.4.1	重复测量方差分析有什么问题？ 287
	8.4.2	引入线性混合效应模型 289
	8.4.3	随机效应结构的选择方法：数据驱动与自上而下 ... 291
	8.4.4	实例演示 294
	8.4.5	报告结果 299
8.5		分析时程数据 299
	8.5.1	分析单独的时间窗口 300
	8.5.2	增长曲线分析 301
		8.5.2.1 数据预处理 301
		8.5.2.2 数据可视化 305
		8.5.2.3 逻辑回归或准逻辑回归 309
		8.5.2.4 选择时间项 312
		8.5.2.5 实例演示 315
		8.5.2.6 报告结果 319
8.6		结论：我应该使用哪种分析方法？ 320
注释		 322

第九章　建立眼动追踪实验室 324

9.1	选择眼动仪 324
	9.1.1 眼动仪的类型及前身 324
	9.1.2 视频眼动仪 328
	9.1.3 眼动仪如何工作？速率、准确度与精确度 333
9.2	眼动追踪实验室 341
	9.2.1 实际考虑 341
	9.2.2 实验室的空间与技术要求 345
	9.2.3 管理眼动追踪实验室 348
9.3	研究入门 349

9.3.1 研究思路 ··· 349
9.3.1.1 研究思路 1：入门：创建句子加工实验·············· 349
9.3.1.2 研究思路 2：入门：创建文本阅读研究·············· 351
9.3.1.3 研究思路 3：入门：研究阅读中的文字效应·········· 352
9.3.1.4 研究思路 4：入门：创建视觉情境研究·············· 355
9.3.1.5 研究思路 5：中级：以二语读者为被试复现一语阅读研究 ··· 357
9.3.1.6 研究思路 6：中级：以二语听者或双语者为被试复现一语视觉情境研究 ······························ 359
9.3.1.7 研究思路 7：中级：进行互动研究 ················· 361
9.3.1.8 研究思路 8：进阶：将二语听力作为多模态过程进行研究 ··· 362
9.3.1.9 研究思路 9：进阶：研究词汇刻意学习中的认知过程 ··· 363
9.3.1.10 研究思路 10：进阶：采用眼动追踪技术进行实时计算机辅助交流（SCMC）研究 ················ 366
9.3.2 初学者小贴士 ·· 368
9.3.2.1 设备 ··· 368
9.3.2.2 数据收集 ··· 369
9.3.2.3 数据分析 ··· 374
注释 ·· 376

参考书目 ··· 377
人名索引 ··· 422
索引 ·· 429

图示目录

图 1.1　传统零假设显著性检验和等效性检验的证据趋于一致,有声思维和眼动追踪均不会影响阅读理解 …………………… 006
图 1.2　SPR 的三种呈现形式 ……………………………………… 007
图 1.3　体现不同的 ERP 效应的 ERP 波形样本 ………………… 014
图 1.4　位置提示实验中的试次样例 ……………………………… 021
图 1.5　眼睛凝视和认知加工分离的例子 ………………………… 023
图 2.1　中央凹、副中央凹及边缘视敏度 ………………………… 026
图 2.2　光在眼睛中传播的两条主要轴 …………………………… 026
图 2.3　中央凹、副中央凹和边缘的视锥细胞和视杆细胞密度 … 027
图 2.4　视角从注视点向外延伸的椭球型视野三维效果图 ……… 028
图 2.5　视距 d、刺激物大小 x 与视角 θ 的关系 ……………… 029
图 2.6　在托福®初级™练习阅读测试项目中的注视(圆圈)和眼跳(线段) …………………………………………………… 031
图 2.7　理想的眼跳曲线图:眼睛凝视的位移、速度和加速度 … 034
图 2.8　阅读实验中的短距离和长距离眼跳 ……………………… 037
图 2.9　3 秒钟注视期间的注视性眼球运动 ……………………… 038
图 2.10　视野 ………………………………………………………… 041
图 2.11　随注视变化的移动窗口范式 ……………………………… 042
图 2.12　窗口大小不同的随注视变化的移动窗口范式中呈现的乌尔都语和英语句子 ……………………………………… 044

图 2.13	未抵达与越过	047
图 2.14	眼动控制模型	054
图 2.15	*E-Z Reader* 和 SWIFT 眼动控制模型网格图	055
图 2.16	SWIFT 模型数值模拟示例	056
图 2.17	*E-Z Reader* 模型的示意图	058
图 3.1	眼动追踪研究在 16 本二语习得期刊中的分布	067
图 3.2	语法学习实验中的关键试次	073
图 3.3	学习注意研究中接触阶段的一个示例试次	082
图 3.4	ISLA 研究中的试次样例	083
图 3.5	评估研究中的填空任务	087
图 3.6	图片描述任务示例	088
图 4.1	库珀（Cooper, 1974）研究中的被试听故事时所看的图片	093
图 4.2	阿洛佩纳等人（Allopenna et al., 1998）研究中的图片	095
图 4.3	联结眼动数据与 TRACE 模型预测的词汇表征的激活水平	096
图 4.4	阿尔特曼和上出（Altmann & Kamide, 1999）研究中的图片	097
图 4.5	阿尔特曼和上出（Altmann & Kamide, 2007）研究中的图片	098
图 4.6	眼动追踪研究在 16 本二语习得和双语期刊中的分布	101
图 4.7	单词识别实验中显示的内容	105
图 4.8	Stroop 任务中显示的内容	106
图 4.9	语法性别预测实验中显示的内容	113
图 4.10	形态句法预测实验中显示的内容	116
图 4.11	词汇学习实验中显示的内容	120
图 4.12	指称加工研究中显示的内容	124
图 4.13	句子匹配任务中的三种实验条件	125
图 4.14	口语产出研究中的运动事件	127
图 4.15	口语产出研究中的眼动仪布置	128
图 5.1	常见项目类型：两因素（两个水平）、三因素（三个水平）、四因素（四个水平）	135
图 5.2	不同项目类型的示意图	136
图 5.3	四因素	137

图 5.4	四因素	139
图 5.5	由视觉和语言-听觉刺激两因素延伸的四因素	140
图 5.6	源语字幕在词汇习得中的作用：被试间设计和被试内设计	143
图 5.7	在四份列表中平衡项目	144
图 5.8	试次序列	147
图 5.9	源语字幕在词汇习得中的作用：被试间设计和被试内设计	164
图 6.1	词汇学习研究中的兴趣区	169
图 6.2	符合语法的句子与对应的不符合语法的句子的兴趣区	170
图 6.3	全文源语字幕（左）与关键词源语字幕（右）	170
图 6.4	用眼动追踪进行的英语词汇判断任务	171
图 6.5	填空测试中不同类型的兴趣区	172
图 6.6	图像兴趣区	173
图 6.7	测试评估研究中的兴趣区	174
图 6.8	目标图像（右）与非目标干扰物的图像（左）	174
图 6.9	视觉情境实验中离散图片的三种兴趣区	175
图 6.10	同一视觉显示中的四种图像角色	176
图 6.11	视觉场景中围绕物体的三种兴趣区	177
图 6.12	电影中运动事件的动态兴趣区	178
图 6.13	研究人员干预前（右上）和干预后（右下）的屏幕显示	182
图 6.14	等宽字体与比例字体的示例	184
图 6.15	12 磅等宽字体的示例	185
图 6.16	戈德弗鲁瓦和乌根（Godfroid & Uggen，2013）修改后的动词列表	187
图 6.17	迪克格拉芙等人（Dijkgraaf et al., 2017）研究中显示的内容	191
图 6.18	原始显示（左）和延伸假设（右）	192
图 6.19	迪克格拉芙等人（Dijkgraaf et al., 2017）研究中的目标物和干扰物的角色变化	194
图 6.20	"气球""鲨鱼""铲子""帽子"的三种显示方法	196
图 6.21	试次的三个阶段	203
图 6.22	试次的三个阶段	204

图 6.23	Audacity 中，句子 *Every alligator lies in a bathtub* 的可视化呈现	209
图 6.24	将目标名词剪接到载体短语上	210
图 6.25	随时间变化的注视模式	210
图 7.1	基于文本的研究中使用的眼动指标分类	216
图 7.2	视觉情境研究中使用的眼动指标分类	217
图 7.3	基于文本的研究与视觉情境研究中使用的眼动指标类型	218
图 7.4	语境中的生词（*tahamul*）的两种不同的阅读模式	219
图 7.5	二语习得和双语研究中眼动追踪的次数指标	220
图 7.6	二语习得和双语研究眼动追踪中的持续时间指标	223
图 7.7	语境中的生词（*tahamul*）的两种不同的阅读模式	226
图 7.8	单个词阅读的首次注视潜伏期	240
图 7.9	Stroop 任务中的首次注视潜伏期	241
图 7.10	单个词阅读实验中的首次注视位置	243
图 7.11	二语习得和双语眼动追踪研究中的回视指标	245
图 7.12	语境中的生词（*tahamul*）的两种不同的阅读模式	246
图 7.13	二语习得和双语眼动追踪研究中的综合指标	248
图 7.14	英语口语测试中的注视行为热力图：英语一语儿童（上）与英语学习者（下）	250
图 7.15	论文评分数据的两种可视化呈现：（a）热力图与（b）亮度图	251
图 7.16	英语口语测试中的视线轨迹图：英语一语儿童（上）与英语学习者（下）	253
图 7.17	教师的扫视路径顺序	255
图 7.18	语法判断测试中四个语法结构的功能区域	256
图 7.19	不同功能区域叠加的句子阅读模式	257
图 7.20	三种常用的持续时间指标之间的重叠（非独立）	260
图 7.21	以具有统计独立性的持续时间指标表示一段观看过程的不同部分	260
图 8.1	文本略读	265
图 8.2	图 8.1 中原始数据的时序图（0 秒~4.8 秒）	266

图 8.3	眼动记录中的眨眼	267
图 8.4	图 8.3 中原始数据的时序图（0 秒~4.8 秒）	267
图 8.5	某一试次漂移校正前后的情况	270
图 8.6	英语二语者阅读含边注的文本时的阅读数据	271
图 8.7	处理异常值的四个步骤	272
图 8.8	句子阅读中注视时间的频率分布	274
图 8.9	对数转换前（左图）与转换后（右图）总阅读时间的典型分布情况	277
图 8.10	数据重新分析的残差（误差项）	281
图 8.11	Q-Q 图显示了不同异常值处理策略下的模型拟合情况	283
图 8.12	视觉情境与产出研究中的统计方法	284
图 8.13	二语和双语眼动研究中统计实践的变化趋势	284
图 8.14	基于文本的研究中的统计方法	285
图 8.15	基于文本的眼动追踪研究中对注视时间指标的分析	286
图 8.16	同一数据集的三种排布方式	288
图 8.17	用 LMM 拟合一组固定自变量（固定效应）	294
图 8.18	不同统计方法对时间的处理	300
图 8.19	基于原始眼动数据计算注视比例	303
图 8.20	动词论元预测研究中的显示样例	307
图 8.21	英语一语组的时程图	308
图 8.22	比例、几率与对数几率	310
图 8.23	行为数据的目视检查	313
图 8.24	自然多项式与正交多项式	315
图 8.25	早期时间窗口中对目标物的观看的拟合值（预测值）	319
图 8.26	眼动追踪研究中的常用统计选项菜单	321
图 9.1	道奇的动态光点追踪仪	325
图 9.2	(a) 道奇与 (b) 波茨坦大学研究小组所记录的眼动图示	325
图 9.3	巩膜接触镜	326
图 9.4	眼电图	326
图 9.5	眼部示意图	327

图 9.6	不同注视点下,瞳孔与角膜反射的相对位置	327
图 9.7	遥测式眼动仪	329
图 9.8	遥测式眼动仪	329
图 9.9	遥测式眼动仪	329
图 9.10	头戴式眼动仪	329
图 9.11	眼动追踪眼镜	330
图 9.12	头戴式移动眼动仪	330
图 9.13	(a)置于被试头部上方的塔式遥测眼动仪与(b)高速塔式眼动仪	330
图 9.14	带有目标标记的遥测式头部跟踪仪	331
图 9.15	磁力头部跟踪仪	331
图 9.16	决定眼动追踪解决方案的流程图	332
图 9.17	事件检测前后的眼动数据	334
图 9.18	三种眼动仪的时间采样频率	335
图 9.19	眼注视测量的精确度和准确度	338
图 9.20	实验室外的数据采集:斯里兰卡	343
图 9.21	于伊利诺伊州芝加哥进行的居家眼动追踪项目	344
图 9.22	摄像机布置,用于研究口语互动中的注视情况	344
图 9.23	眼动追踪实验室的设置	346
图 9.24	用板隔开的主试机和显示机	346
图 9.25	实验项目(左上)后的理解性问题(右下)	350
图 9.26	一个段落与一道理解性问题	352
图 9.27	句对示例	356
图 9.28	汉语词语、拼音及词义的三种呈现格式	365
图 9.29	"位置"的转换矩阵	365
图 9.30	波尔塔主视眼测试示例,拇指与停止标志对齐	372

表格目录

表 1.1	四种阅读方法下每个单词的预测阅读时间	008
表 1.2	有声思维、自定步速阅读、眼动追踪和 ERP	019
表 2.1	16 磅~24 磅的 Courier 字体在常见视距下的视角度	030
表 2.2	不同任务的平均注视时间和眼跳长度的范围	033
表 2.3	影响注视时间的变量	051
表 3.1	语法习得及加工方向的眼动追踪研究问题	074
表 3.2	词汇及双语词库方向的眼动追踪研究问题	080
表 3.3	ISLA 方向的眼动追踪研究问题	083
表 3.4	多模态输入方向的眼动追踪研究问题	086
表 3.5	语言评估方向的眼动追踪研究问题	089
表 4.1	视觉情境眼动追踪在词汇加工和单词识别方面的研究问题	107
表 4.2	视觉情境眼动追踪在预测方面的研究问题	111
表 4.3	视觉情境眼动追踪在指称加工方面的研究问题	125
表 4.4	视觉情境眼动追踪在产出方面的研究问题	128
表 5.1	四项次要任务的比较	157
表 5.2	二语文本眼动追踪研究的观察值数量(2007—2017)	162
表 5.3	二语视觉情境眼动追踪研究的观察值数量(2003—2017)	162
表 6.1	第一遍阅读时间的对数的最佳拟合线性混合效应模型	189
表 6.2	图片选择的规范化数据库	198
表 7.1	次数指标的定义与示例	220

表 7.2	持续时间指标的定义与示例	224
表 7.3	首次注视潜伏期的定义与示例	239
表 7.4	首次注视位置的定义与示例	242
表 7.5	回视指标的定义与示例	247
表 7.6	四种类型的热力图	252
表 8.1	异常值处理的不同策略对比	282
表 8.2	后向模型选择：最大模型和更精简的竞争模型	296
表 8.3	最佳拟合的线性混合效应模型	297
表 8.4	模型批评后的最终模型	298
表 8.5	来自一名被试的三个试次的原始眼动追踪数据（试次摘录）	302
表 8.6	来自一名被试的三个试次的分箱眼动追踪数据（试次摘录）	304
表 8.7	含自变量的分箱后的眼动追踪数据，用于绘图与分析：注视比例与 elog	305
表 8.8	逻辑回归与准逻辑回归的比较	312
表 8.9	逻辑回归中的前向模型选择：一个基本模型与三个竞争模型	317
表 8.10	准逻辑回归中的前向模型选择：一个基本模型与三个竞争模型	317
表 8.11	逻辑回归分析中的最终模型（模型 2）	317

前言

眼动记录,通常被称为眼动追踪,已被证明是一项跨学科研究人类认知的重要技术。虽然眼动记录最早可以追溯到19世纪,但随着技术进步和市售眼动仪的出现,眼动追踪方法在研究中的应用已经发生了翻天覆地的变化。研究人员即使不是工程师(或无法制造自己的眼动仪),也能够从事眼动追踪研究。虽然越来越多的研究人员比以往任何时候都清楚眼动记录对其工作的价值,但分清眼动追踪的研究技术和方法依然是一项挑战。眼注视可能是了解大脑的窗户,但要做到这一点,研究需要进行仔细的规划和实验设计。

我的眼动研究始于2006年,当时在比利时布鲁塞尔大学,我很幸运地在心理学系获得了一个头戴式眼动仪。作为一名应用语言学家,我很快就专注于认知心理学在过去30年来积累的关于阅读时眼动的基础性研究。毫无疑问,应用语言学与认知心理学有共同的关注点,但作为一名应用语言学家,我一直在问自己:双语和第二语言的研究者如何才能利用眼动追踪技术来解决有关语言加工、语言习得、语言教学、语言使用的问题?本书综合了近15年来关于这方面的研究成果。虽然眼动追踪的基本原理在不同学科之间是互通的,但其在不同学科间的应用有所不同,学科之间的这种交流也能在创新研究方面释放出巨大的潜力。通过这本书,我希望在第二语言习得和双语研究中建立眼动追踪研究的学科身份。这既是一种适应和创造,也是一种转化,因为新的领域带来新问题的同时,也会带来创新的可能性。与此同时,眼动追踪研究中的许多设计确实可以运用到与语言相关的研究。因此,我希望这本书对其他跨学科的研究者也会有所帮助。

本书按研究周期的不同阶段进行编排。我这样编排是因为想到了我的研究生们,他们在密歇根州立大学的第二语言研究项目中进行了15周的研讨学习,摸到了一些眼动追踪研究的窍门。读者也可以根据研究所处的阶段,阅读书中相应的章节。第一章介绍了与其他实时数据收集方法相关的眼动追踪方法。如果你正在考虑眼动追踪是否可以丰富你的研究项目,以及眼动追踪可以使用哪些其他数据源进行多角度测定,那么本章会非常有帮助。第二章是我对认知心理学文献阅读的总结。我把将近45年的基础研究汇成了一章,总结了语言研究者需要了解的眼球运动的基本知识。第三章和第四章介绍了二语习得和双语中的眼动追踪研究,突出了该领域的主题和发展,以便研究者定位自己的研究内容并找到研究主题。第五章和第六章介绍了眼动追踪研究的设计。第五章是第六章的铺垫,介绍了实验设计的基本原则。有了这些知识,读者就可以在第六章中处理与眼动追踪相关的具体信息。读完这些章节后,你对自己的眼动追踪项目就会形成比较完整的概念。第七章全面概述了二语习得和双语研究中的眼动指标。你可以特别关注那些你在自己的研究或文献阅读中使用的指标,以此扩充你的指标选择空间。第八章介绍了数据清洗和数据分析,概述了现行的统计方法,也较深入地介绍了近年来愈发重要的较新的统计方法(线性混合效应模型和增长曲线分析),以满足统计学素养不同的读者的需求。最后,第九章为读者提供了购买或租用眼动仪、建立实验室、数据收集技巧和研究思路等方面的一些实用建议。总的来说,本书会详细解释语言研究者如何及为何要以最高标准收集及分析眼动记录,以使语言研究设计合理、内容充实。

致 谢

写作是一个过程,若是没有众多才华横溢、乐于助人的友人的支持与鼓励,这个过程将不会如此收获感满满,也不会有时不时的妙趣横生。我要感谢丛书主编苏珊·加斯(Susan Gass)和艾莉森·麦基(Alison Mackey)给了我写作本书的机会;同时也感谢劳特利奇出版社(Routledge)的编辑齐夫·苏德里(Ze'ev Sudry)和海伦娜·帕金森(Helena Parkinson)对本书整个出版过程的监督审查。我还要感谢第二语言研究眼动追踪实验室的联合主任保拉·温克(Paula Winke)和之前参加我眼动课程的所有学生,特别是崔进秀(JinSoo Choi,音译)、凯特琳·康奈尔(Caitlin Cornell)和梅根·史密斯(Megan Smith),他们对本书的不同章节提出了见解。SR Research公司的马库斯·约翰逊(Markus Johnson)和Tobii公司的威尔基·黄(Wilkey Wong,音译)对眼动仪有关问题的解答对我帮助极大,他们还对最后一章的内容提供了反馈意见。此外,与格里·阿尔特曼(Gerry Altmann)和丹尼斯·德里格(Denis Drieghe)的交流也为本书第四、六、八章的写作提供了帮助。

我要特别感谢卡罗琳娜·贝尔纳莱斯(Carolina Bernales)、布朗森·回(Bronson Hui,音译)和金敏惠(Kathy MinHye Kim,音译)对本书所做的诸多贡献,他们的付出在许多方面都极大地提升了本书的品质。我也要对达斯汀·克劳瑟(Dustin Crowther)和金敏慧在研究文献的梳理方面提供的帮助表示感谢。伊丽莎白·亨特利(Elizabeth Huntley)、马文越(Wenyue Melody Ma,音译)和科恩·范·戈尔普(Koen Van Gorp)对所有章节进行了细致的校对,并提出了许多富有洞见的建议,他们的付出让本书更加具有可读性。许多眼动追踪研究者慷慨地从其研究中贡献了供本书讨论的例证,我衷心地感谢他们,他们的研究极大启发了我对相关问题的思考。我要感谢我写作路上的"死党"们——帕特里夏·阿基米(Patricia Akhimie)、克劳迪娅·盖斯特(Claudia Geist)、古斯塔沃·利康(Gustavo Licon)和凯利·诺里斯·马丁(Kelly Norris Martin),他们的鼓励让我能够持之以恒,一周接一周地坚持完成自己的写作任务。我也要感谢我在东兰辛的好友娜塔莉·菲利普斯(Natalie Philips)、约翰·麦奎尔(John McGuire)以及在安娜堡的朋友们,他们的陪伴让密歇根州寒冷的冬日也变得温暖起来。最后,我要向在比利时的家人和科恩(Koen)表达感激,当我在新大陆追求学术梦想时,他们始终予我以不变的爱与支持。

艾琳·戈德弗鲁瓦于密歇根州哈斯莱特

第一章

眼动追踪简介

在一个快速变化的多语世界,研究儿童和成人如何学习母语以外的语言非常重要。第二语言(L2, second language)学习问题是姐妹学科——第二语言习得(SLA, second language acquisition)和双语(bilingualism)的核心。这些领域的研究者可以使用的方法论也日益丰富和先进(Sanz, Morales-Front, Zalbidea & Zárate-Sández, 2016; Spivey & Cardon, 2015)。此外,在21世纪,研究语言加工和表征问题的首选方法是实时进展的**在线**方法,通过这种方式获得的数据比任何离线测量都能更精细地体现学习过程(Frenck-Mestre, 2005; Godfroid & Schmidtke, 2013; Hama & Leow, 2010)。本书介绍了非常适合研究视觉和听觉语言加工的在线方法,即眼动记录(eye-movement registration),通常被称为眼动追踪。

眼动追踪是对被试眼球运动的实时记录,通常在其观看计算机屏幕上的信息时进行。本书是"**劳特利奇第二语言研究方法丛书**"(*Routledge Second Language Acquisition Research Series*)的第三本,致力于指引在线数据收集方法(眼动追踪)。在此之前,鲍尔斯(Bowles, 2010)对有声思维的反应性研究进行了元分析,蒋(Jiang, 2012)对反应时间方法进行了概述。这表明眼动追踪在二语习得和双语研究领域中发展迅速(另见 Conklin, Pellicer-Sánchez & Carroll, 2018)。纵观语言科学领域,语言学家、应用语言学家、语言习得研究者、双语研究者、心理学家、教育研究者和传播学家在他们的研究项目中也都采用了眼动追踪技术。虽然本书中回顾的研究主要来自二语习得和双语,但用眼动追踪技术研究语言的原则也可以推广到其他类似的领域,因此本书的方法论部分具有广泛的跨学科使用价值。

为了解眼动追踪如何适用于在线研究方法及其优缺点,我先介绍一下另外三种并行的方法——有声思维报告(think-aloud protocols)、自定步速阅读(SPR, self-paced reading)和事件相关电位(ERPs, event-related potentials)。这些方法是眼动追踪方法的补充,有时也是眼动追踪方法的对手。

1.1 语言加工研究的在线方法

在线(实时、并行)方法论是一类数据收集方法,能实时提供被试接受性或产出性语言加工的信息。离线方法与之相反,会与所研究的任务进程在时间上断开。在20世纪90年代之前,刚起步的应用语言学家在二语习得中的研究成果几乎都是以离线方法取得的,如语法判断、图片描述任务、句图匹配任务、理解测试等(综述见 Mackey & Gass, 2016)。任何以提供精度数据(通常为前测、后测设计的一部分)作为主要输出的方法都可以视作离线方法。

尽管离线测量对于理解二语习得仍然很重要,但此类方法现在一般作为并行或在线数据收集方法的补充。因此,我们可能会发现研究者在语法判断测试中记录事件相关电位(Morgan-Short, Sanz, Steinhauer & Ullman, 2010; Morgan-Short, Steinhauer, Sanz & Ullman, Michael, 2012)或阅读时间数据(Godfroid, Loewen, Jung, Park, Gass & Ellis, 2015; Leeser, Brandl & Weissglass, 2011),或在收集理解性前测和后测数据的同时,也收集有声思维(Leow, 1997, 2000)数据,或在句图匹配研究中收集反应时数据(如 Godfroid, 2016; Leung & Williams, 2011)。一般来说,增加在线数据收集方法可以为研究者提供更丰富、时效性更强的进程报告(如 Clahsen, 2008; Frenck-Mestre, 2005; Godfroid & Schmidtke, 2013; Hama & Leow, 2010)。有些问题(如语言的神经基础)只能通过在线方法进行研究。米切尔(Mitchell, 2004:16)在谈到句子加工时,明确表示"任何基于延迟探测的方法……都可能会'错失良机'"。

1.1.1 有声思维报告

有声思维是指被试在进行某项特定任务,比如解决数学问题、阅读或参加考试的时候,大声说出自己的想法。这项特定任务被称作主要任务(primary task),研究者想要研究的就是主要任务,而有声思维有时被称为次要任务(secondary task)(如 Ericsson & Simon, 1993; Fox, Ericsson & Best, 2011; Godfroid & Spino, 2015; Goo, 2010; Leow, Grey, Marijuan & Moorman, 2014),次要任务可以帮助研究者更深入地理解主要任务。因此,有声思维是研究者用来研究某类人类活动(比如语言加工)的认知过程的一种工具。

有声思维能在并行或在线数据收集方法中脱颖而出,是因为它们输出的主要是定性数据而不是定量数据。这也使得其成为其他产出定量数据的在线方法的有益补充,不过研究者也可以在数据编码后对有声思维进行定量分析(如 Bowles, 2010; Ericsson & Simon, 1993; Leow et al., 2014)。卡基宁和海诺(Kaakinen & Hyönä, 2005)进行了一项研究,巧妙地将有声思维和眼动追踪结合在一起。他们假设芬兰语母语被试的一位朋友感染了两种罕见疾病之一,并让被试更多地了解其中一种疾病,以此影响其阅读目的。研究者利用眼动追踪发现,被试阅读与自身视角(即他们朋友的疾病)相关的句子时的首次阅读时间长于与另一种疾病相关的句子。此外,在较长时间的第一次阅读后,被试更是频繁地在他们的有声思维中显示出更深层次的加工。[1]另一项有趣的发现是:尽管深度加工的口头证据与阅读时间的增加一致,但其与任务相关的信息本身并不一致(即,不是所有关于目标疾病的句子都引发了深度加工)。这似乎表明,较长的眼注视是调节文本信息和被试加工深度的因素。

有声思维是一种用途广泛的研究方法(综述和元分析见 Fox et al., 2011)。在二语习得研究中,该方法被用来研究与注意(noticing)和意识(awareness)有关的问题(Alanen, 1995; Godfroid & Spino, 2015; Leow, 1997, 2000; Rosa & Leow, 2004; Rosa & O'Neill, 1999)、包括"差异意识"(noticing the gap)在内的在写作过程中的加工反馈问题(Qi & Lapkin, 2001; Sachs & Polio, 2007; Sachs & Suh, 2007; Swain & Lapkin, 1995)、加工深度(Leow, Hsieh & Moreno, 2008; Morgan-Short, Heil, Botero-Moriarty & Ebert, 2012)、词汇习得中的策略使用(De Bot, Paribakht & Wesche, 1997; Fraser, 1999; Fukkink, 2005; Nassaji, 2003)以及应试行为(Cohen, 2006; Green, 1998)。比较普遍的观点是有声思维反映了说话人有意识的(Erricson & Simon, 1993; Pressley & Afflerbach, 1995)短期记忆内容。因此,与本章介绍

的其他在线方法不同,有声思维主要记录的是说话者加工信息时的有意识过程(Godfroid, Boers & Housen, 2013),而其他在线方法会对无意识过程也进行记录,有些人甚至声称自定步速阅读、眼动追踪和事件相关电位只记录无意识过程(Clahsen, 2008; Keating & Jegerski, 2015; Marinis, 2010; Tokowicz & MacWhinney, 2005)。

莱奥等人(Leow et al., 2014)回顾了二语学习早期阶段的研究,这些研究或依赖于有声思维,或依赖于眼动追踪,或依赖于反应时(RT, reaction time)测量。在这三种方法中,有声思维是唯一可以区分意识水平和加工深度的方法。不过,莱奥等人赞同戈德弗鲁瓦等人(Godfroid et al., 2013)的观点,即眼动追踪可能是"测量学习者注意力的最可靠的方法"(Leow et al., 2014: 117)。同时,莱奥和同事们还发现反应时与眼动数据有许多共同之处——眼动数据是一种特殊类型的反应时,不过反应时任务比眼动追踪更经济,更容易实现。因此,与其他在线方法相比,有声思维的一个主要优点是:它可以阐明(有意识的)加工的方式和原因(Leow et al., 2014)。不过,我认为相同的信息在不同被试的眼动记录中能够被有差异地呈现出来,而反应时任务所呈现的差异是有限的。

有声思维不同于眼动追踪和事件相关电位,但与自定步速阅读类似,使用这两种方法时,被试都需要承担额外的任务:进行有声思维时大声说话;进行自定步速阅读时按下相应按钮。像这样的附加任务有时会受到批评,因为它们有可能改变被试的认知过程,并改变研究的主要任务。对于有声思维方法,这个问题被称为反应性(reactivity)(见 Leow & Morgan-Short, 2004),它会降低研究的内部效度,因为数据可能不再能体现研究者原本想要研究的认知过程。例如,当被试被要求执行有声思维时,他们可能会更关注分析或更专注地完成任务。有声思维的潜在反应性在二语习得研究中得到了大量关注。鲍尔斯(Bowles, 2010)对其进行了元分析,她以 14 项初级研究为样本,分析了任务和被试因素是如何影响口头主要任务中有声思维的反应性的。她发现有声思维总体上存在"小效应"(Bowles, 2010: 110),不过这种效应会因口头报告的类型、二语熟练度和主要任务的不同而有所不同。鲍尔斯(Bowles, 2010: 110)得出结论,"反应性和有声思维并不是简单的'是'或'不是'的问题,而是取决于一系列的变量。"

戈德弗鲁瓦和斯皮诺(Godfroid & Spino, 2015)重新审视了"有声思维"的反应性问题,并将这一概念延伸至眼动追踪方法。通过调查眼动追踪的反应性,研究者们验证了一项普遍假设,即同时进行眼动记录的阅读是可以代表自然阅读的。这一说法自廷克(Tinker, 1936)的研究以来从未得到过实证验证。戈德弗鲁瓦和斯皮诺项目的被试是比利时一所大学英语专业的中高级水平的学生。被试在眼动追踪、有声思维、默读三种条件下阅读了20篇嵌入伪词的英语短文。戈德弗鲁瓦和斯皮诺使用了传统的统计检验和等价检验,两种检验都表明有声思维或眼动追踪并不影响学习者的文本理解(见图1.1),这与鲍尔斯(Bowles, 2010)对有声思维的元分析结果一致。然而,有声思维对被试参加后测时的伪词识别有微小的积极影响,而眼动追踪的结果则好坏参半。尽管眼动追踪的潜在反应性和有声思维一样都尚有很大的研究空间,但这些发现为下文的观点提供了实证支持,即眼动追踪"是与自然阅读过程最接近的实验"(Cop, Drieghe & Duyck, 2015: 2)。

1.1.2 自定步速阅读

在所有的在线方法中,SPR——自定步速阅读是最接近眼动追踪的方法,该方法将句子拆解成不同的阅读片段,并分开呈现。SPR的支持者强调了该方法的实用性及其适用性(Jegerski, 2014; Mitchell, 2004)。米切尔(Mitchell, 2004: 15)强烈质疑研究者在选择研究方法时有自然选择"核武器"的倾向,尽管实际上"通常只需要使用一种简单而明显不那么精细的方法"(同上)。

在SPR实验中,被试逐个单词或逐个短语地阅读句子或简短段落。在当前的范式中,被试每按下一次按钮,就会出现一个新的片段,而之前的片段会消失。因为是被试控制文本呈现的速度,所以该类阅读被称为自定步速,不像快速的连续视觉呈现(如 Aaronson & Scarborough, 1977; Forster, 1970; Potter, 1984),每个词在屏幕上呈现的时间都相同,且是由研究者或实验者决定的。在使用SPR的40年里,研究者尝试了该范式的不同版本:居中文本或线性文本呈现,后者包括累积和非累积格式。图1.2展示了霍普(Hopp, 2009)的SPR研究中的一个句子示例,(a)采用原始的线性、非累积显示,(b)采用线性、累积显示,(c)采用居中格式(始终为非累积显示)。

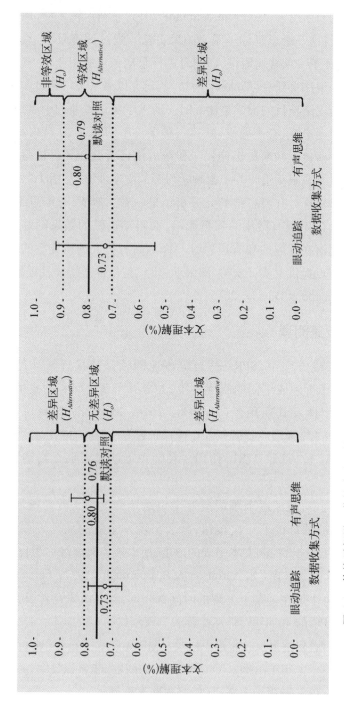

图 1.1 传统零假设显著性检验和等效性检验的证据趋于一致,有声思维和眼动追踪均不会影响阅读理解

(来源:Godfroid & Spino, 2015)

```
(a) 非累积、线性显示，又称移动窗口技术
Ich glaube ____ ____ ____ ____ ____ ____ ____ ____
____ ____ dass ____ ____ ____ ____ ____ ____ ____
____ ____ ____ den Läufer ____ ____ ____ ____ ____
____ ____ ____ ____ ____ am Sonntag ____ ____ ____
____ ____ ____ ____ ____ ____ ____ der Trainer ____
____ ____ ____ ____ ____ ____ ____ ____ gefeiert ____
____ ____ ____ ____ ____ ____ ____ ____ ____ hat.

(b) 累积线性显示
Ich glaube ____ ____ ____ ____ ____ ____ ____ ____
Ich glaube dass ____ ____ ____ ____ ____ ____ ____
Ich glaube dass den Läufer ____ ____ ____ ____ ____
Ich glaube dass den Läufer am Sonntag ____ ____ ____
Ich glaube dass den Läufer am Sonntag der Trainer ____
Ich glaube dass den Läufer am Sonntag der Trainer gefeiert ____
Ich glaube dass den Läufer am Sonntag der Trainer gefeiert hat.

(c) 居中显示，也被称为固定窗口技术
             Ich glaube
               dass
             den Läufer
             am Sonntag
             der Trainer
              gefeiert
                hat.
```

图 1.2 SPR 的三种呈现形式

注：*Ich glaube dass den Läufer am Sonntag der Trainer gefeiert hat*，"我相信教练上星期天为那位跑步者庆祝了"。

贾斯特、卡彭特和伍莱（Just, Carpenter & Woolley, 1982）做过一项经典的研究，他们比较了前文提到的每种呈现模式下的按键时间与相同文本下眼动仪记录的眼睛注视时间（眼动追踪数据是另一项经常被引用的研究的对象，即 Just & Carpenter, 1980）。在这两项研究中，共有 49 名本科生阅读了 15 篇用他们的母语（一语）——英语写成的简短的科学类文本，研究者分别使用眼动追踪法与 SPR 法记录了其阅读情况。贾斯特等人（Just et al., 1982）用模型模

拟了10个单词和文本层面变量之间的关系以及每种数据收集方法中的阅读时间。他们发现,非累积的线性SPR数据与眼动追踪的注视数据最相似,因为单词和文本层面的属性影响这两类数据的方式大致相似(例如,单词的长度会增加时间,单词的高频率会缩短时间,见表1.1和第二章)。居中SPR也再现了大部分单词和文本层面的效应,但累积的线性SPR也在较小程度上再现了这种效应。原因是在累积的SPR条件下一些被试会多次按下按钮来显示更长的文本,这破坏了阅读时间数据和正在进行的认知加工之间的联系(另见Fernanda Ferreira & Henderson, 1990)。为了避免这一问题,目前的SPR研究者选择了非累积线性显示,有时也会选择居中显示。具体来说,在二语研究中,当目标是复现以母语者为被试、以居中SPR为方法的早期研究时,居中显示是比较合适的选择(2015年8月12日与罗伯茨[Roberts]的个人交流)。然而,在一语的研究文献中没有这样的先例,那么非累积的线性SPR可能是首选的呈现格式。

表1.1 四种阅读方法下每个单词的预测阅读时间

加工阶段	变量	回归权重(ms)			
		凝视	移动窗口	居中格式	累积
编码和词汇通达	字母个数	32	15	15	10
	对数词频	33	15	20	−3
	行首	16	53	61	50
	新词	692	1 369	1 587	478
	数字	21	27	100	5
语义和句法分析	中心名词修饰	−10	3	2	7
文本整合	句尾词	41	403	384	144
	段落尾词	154	719	−277	635
	首次提及主题	184	342	485	48
	首个实义词	67	94	529	194

续 表

加工阶段	变 量	回归权重(ms)			
		凝视	移动窗口	居中格式	累积
回归截距		-2	289	333	381
R^2 值		0.79	0.56	0.45	0.39

(来源：改自 Just et al., 1982)

虽然移动窗口范式在贾斯特等人的比较中表现良好，但与眼动追踪相比，还是存在一些值得指出的差异。第一，拟合优度（即单词和文本层面变量对阅读时间的影响）系统性地下降：从眼动数据（凝视时间）的 $R^2=0.79$，到线性非累积的 SPR 时间的 $R^2=0.56$，再到居中格式 SPR 时间的 $R^2=0.45$，最后到线性累积 SPR 时间 $R^2=0.39$。第二，所有三种 SPR 条件下的读者花在一个单词上的时间大约是眼动追踪组的两倍（见表 1.1 中 289、333 和 381 的截距值，这表示对 0 字母、0 对数词频等单词的假设阅读时间）。很多眼动追踪支持者研究发现，在 SPR 中，阅读时间通常会更长（Rayner, 1998, 2009）。事实上，SPR 实验的被试"有大量的'未分配时间'（即未用于文字识别或眼动控制的时间）"（Clifton & Staub, 2011: 905），其中的原理尚且未知。最后，与眼动数据的统计结果相比，贾斯特等人发现，"移动窗口条件似乎将单词长度和词频的效应减小了两倍，但将大多数其他效应（如单词新颖性、对主题的首次提及）放大了三倍或四倍"（Just et al., 1982: 233，我的补充）。通过比较表 1.1 中这些变量的回归权重可以看出这一点。这些偏离自然阅读的严重程度取决于个人的研究主题。例如，贾斯特和同事们的研究结果不支持使用 SPR 来研究新词汇（也许还有新的语法）形式或语篇层面现象的二语习得，因为新形式的频率显然较低。在其他研究领域，使用眼动追踪方法复现 SPR 的研究结果无疑是最稳妥的选择。

一语研究中广泛依赖自定步速阅读和眼动追踪的一个领域是句法解析，即句法结构的实时计算。句法解析研究中的一个主要问题是：句子加工是模块化的（Fodor, 1983; Frazier, 1987）还是交互的（MacDonald, Pearlmutter & Seidenberg, 1994; Marslen-Wilson & Tyler, 1987; Tanenhaus & Trueswell,

1995)？换句话说，一个句子的初始解析（分析）是只涉及结构（句法）信息，还是同时涉及结构和非结构（词汇、语义、语篇层面）信息？鉴于测量句法解析器的原始分析（不是重新分析）对于判断这些理论的重要性，该领域中产生了大量同时使用 SPR 和眼动追踪的研究（见 Ferreira & Clifton, 1986；Ferreira & Henderson, 1990；Trueswell, Tanenhaus & Kello, 1993；Wilson & Garnsey, 2009）。威尔逊和加恩西（Wilson & Garnsey, 2009）报告了两项阅读实验，一项是逐字逐句的非累积性自定步速阅读，另一项是眼动追踪，在这个实验中，被试阅读诸如下文的有歧义的句子：

(1) (a) The ticket agent *admitted* **the mistake** because she had been caught.

(b) The ticket agent *admitted* **the mistake** might not have been caught.

(2) (a) The CIA director *confirmed* **the rumor** when he testified before Congress.

(b) The CIA director *confirmed* **the rumor** could mean a security leak.

在这两个例子中，加粗的名词都有歧义，因为它们既可以表示主句的直接宾语，如（1a）和（2a）所示，也可以表示嵌套从句的主语，如（1b）和（2b）所示。

> **小贴士 1.1　句法解析器（PARSER）**
>
> 句法解析器是一个抽象概念，是指人们头脑中对句子进行句法解析的认知机制。

威尔逊和加恩西对带有直接宾语从句的句子特别感兴趣，这可以说是两种可能的结构中比较简单的一种。他们想知道主要动词的统计特性，例如，*admit* 和 *confirm* 在直接宾语或从属从句中出现的频率是否会影响读者正确解析句子的速度。SPR 数据和一项眼动测量指标（总体通过阅读时间；见第六章）表明情况就是如此。因此，他们的发现为句子加工的交互模型提供了支持。句法（一般倾向于更简单的直接宾语结构）在加工的最初阶段并没有优先于动词信息。尽管威尔逊和加恩西（Wilson & Garnsey, 2009：376）用移动窗口技术证明了他们的观点，但他们仍然选择用眼动追踪来复现他们的发现，以求区分读者的初始句法解析与再分析。他们解释说:"部分原因是读者遇到困难时无法返回并重新阅读前面的句子区域,自定步速阅读的时间可能受到初始加工困难和努力从困难中恢复过来的过程的影响。"

米切尔(Mitchell,2004)指出,SPR 和眼动追踪提供了关于一语句子加工的趋同证据,但 SPR 研究往往比眼动追踪研究早几年。米切尔的说法还有待从二语加工角度进行评估,因为据我所知,目前还没有针对特定领域的 SPR 和眼动追踪的比较研究,填补这一研究空白从研究方法和研究理论的角度来看都非常重要。例如,杜西娅(Dussias,2010)在一篇对二语句法加工研究的综述中得出结论,支持或反对非母语者能够进行基于结构的加工的论据取决于研究方法。她指出,SPR 数据支持克拉森和费尔泽(Clahsen & Felser,2006a,2006b)的浅层结构假说——二语者不能计算完整的句法结构,而眼动研究结果则刚好相反(但也有例外,见 Felser,Cunnings,Batterham & Clahsen,2012)。为了澄清这一问题,有必要对浅层结构假设进行比较研究,即运用眼动追踪以自定步速范式阅读相同的句子。

1.1.3 眼动追踪

眼动追踪是眼动记录的通俗说法,通常(但不一定)是被试在计算机屏幕上执行任务时进行的。对眼球运动的研究兴趣可以追溯到 18 世纪(Wade,2007;Wade & Tatler,2005)。因为当时还没有记录眼球运动的技术,所以科学家们使用后像(一种视觉错觉)来推断眼动,常见于眩晕症研究(Wade,2007;Wade & Tatler,2005)。威廉·查尔斯·威尔斯(William Charles Wells)医生是眼动研究的先驱,他发现了眼动的一些重要特性(Wells,1792,1794a,1794b,引用自 Wade,2007)。遗憾的是,他的发现在很大程度上被忽视了,以至于当学者们在 19 世纪后期开始研究阅读中的眼动时,花了很大工夫才重新发现了威尔斯在一个世纪前就获得的相同结论(Wade,2007;Wade & Tatler,2005)。

雷纳(Rayner,1998)将始于 19 世纪末的眼动研究分为三个阶段:关于眼动基本事实的早期研究(1879—1920);以更注重应用为特征的行为主义时代(约 1930—1958);因计算机的出现而开始的现代眼动研究(20 世纪 70 年代中期至今)。杜赫诺夫斯基(Duchowski,2002,2007)进一步强调了近年来交互式眼动追踪应用的重要性,如眼动打字和目光注视在虚拟现实中的使用。这是否真的像他所说的那样标志着第四个时代的开始，还是一个由技术进步推动的新方向，仍有待观察。

眼动追踪最大的亮点之一是其方法的通用性。眼动追踪研究的三个主要领域是场景感知、视觉搜索和语言加工（Rayner，1998，2009），但眼动记录还可以帮助我们理解自然（日常）任务、问题解决、在各个领域的专业知识、航空和驾驶、读谱和打字、网络可用性、广告和精神疾病等。读者可以参考利佛塞奇等人（Liversedge，Gilchrist & Everling，2011）编辑的书和杜赫诺夫斯基的综述与书籍（Duchowski，2002，2007）。

眼动研究方法的通用性使其在语言研究中具有广阔的应用前景。在过去的很长一段时间里，眼动追踪技术只与印刷文本一同使用，但是到了 20 世纪 90 年代，一种新的范式出现了——记录倾听过程中的眼球运动，这种方法现在被称为视觉情境范式（Allopenna，Magnuson & Tanenhaus，1998；Tanenhaus，Spivey-Knowlton，Eberhard & Sedivy，1995；Cooper，1974）。此外，还有一小部分研究涉及语篇（如 Griffin & Bock，2000；Holšánová，2008；Meyer，Sleiderink & Levelt，1998）、书面语言写作（如 Chukharev Hudilainen，Saricaoglu，Torrance & Feng，2019；Gánem-Gutiérrez & Gilmore，2018；Révész，Michel & Lee，2019；Wengelin et al.，2009）和对话（如 Brône & Oben，2018；Gullberg & Holmqvist，1999，2006；Kreysa & Pickering，2011；McDonough，Crowther，Kielstra & Trofimovich，2015）中的眼动。本书主要讨论两类最经典的研究——阅读时的眼动和视觉情境范式，并会指导读者通过分析这些领域的精妙构思从而设计出自己的研究。

除了其通用性，眼动追踪也不干扰被试，因为记录眼球运动可以与任务正常同时进行。例如，眼动追踪过程中的阅读与自然阅读非常相似（如 Clifton & Staub，2011；Keating，2014；Van Assche，Drieghe，Duyck，Welvaert & Hartsuiker，2011），不过"有多相似"还值得进一步探讨（Godfroid & Spino，2015；Mitchell，2004；Winke，2013）。杜西娅、瓦尔德斯·克洛夫、古扎多·塔玛戈和吉尔芬（Dussias，Valdés Kroff，Guzzardo Tamargo & Gerfen，2013：120）同样强调，视觉情境范式的生态效度是其优势之一，因为"……该方法允许研究者直接做出推断，不需要二次行为反应"。眼动追踪的第三个优势是其时间和空间分辨率高。目前大多数眼动仪的采样率在 60Hz～2 000Hz，因此测量的时间准确度范围约为16ms至<1ms(有关采样率的更多信息见9.1.3)。高时间分辨率,结合眼动追踪实验中的自由眼球运动,使区分早期和晚期加工成为可能(如Frenck-Mestre, 2005; Keating, 2014; Roberts & Siyanova-Chanturia, 2013; Winke, Godfroid & Gass, 2013)。因为区分早期加工和晚期加工在理论上是很重要的,所以我们可以看到,本书1.1.2在阐述威尔逊和加恩西(Wilson & Garnsey, 2009)的研究时把SPR和眼动追踪结合在了一起讨论。总之,在捕捉仅见于早期指标中的效应方面,眼动追踪比自定速阅读更灵敏(Frenck-Mestre, 2005)。

眼动追踪技术的缺点包括设备价格较高、数据收集和分析较为复杂(Keating, 2014)。在这两方面,眼动追踪可能介于SPR和事件相关电位之间(Clifton & Staub, 2011),有声思维数据在这两方面则更偏向于SPR。具体地说,此书写作期间,主流眼动仪的价格大约在30 000到50 000美元[2](关于选择眼动仪的更多信息,请见9.2.1和9.2.2)。相比之下,SPR实验可以在个人计算机或在Apple Mackintosh上使用编程软件免费运行;免费的编程软件包括DMDX(PC:http://www.u.arizona.edu/~kforster/dmdx/overview.htm)或PsyScope(Mac:http://psy.cns.sissa.it/)。也可以买商业软件包,价格比眼动仪便宜得多。收集有声思维数据最重要的工具是录音设备。相比之下,摩根-肖特和坦纳(Morgan-Short & Tanner, 2014)指出,脑电图(EEG, electroencephalogram)放大器系统的成本在2.5万到7.5万美元之间,除此之外,还需要其他支出,如录音许可证。因此,建立一个研究实验室所需的资金会因方法的不同而有很大的差异。

由于摄像机需要设置和校准,因此眼动追踪实验也往往比SPR任务更耗时,不过比事件相关电位研究要省时得多。由于在有声思维研究中,并行的言语表达会增加任务时间(Bowles, 2010),所以比较有声思维实验和其他方法收集数据所需的时间比较困难,而且这还取决于研究的重点和实验者的技术水平。在戈德弗鲁瓦和斯皮诺(Godfroid & Spino, 2015)的阅读研究中,尽管有声思维组实际完成任务的时间更长,但从有声思维组和眼动追踪组中收集数据所用的时间大致相同(未报告数据)。为了确保两组之间的可比性,在这项研究中,有声思维组和眼动追踪组的被试都是一次一名地与研究者进行实验;然而,在其他的研究背景下,一次性(如在实验室中)记录来自多名被试的有声数据可以大大加快速度。类似的结论也适用于 SPR 实验,但不适用于眼动追踪或事件相关电位研究,因为在这些研究中,只有最大的研究机构才有设备和人员支持并行的数据收集。

1.1.4 事件相关电位

有声思维、SPR 和眼动追踪都是行为性测量方法,而事件相关电位是一种基于大脑的方法,它通过电极直接记录被试头皮上的电位(见图 1.3)。这种对脑电活动直接的、连续的记录被称为脑电图(EEG, electroencephalogram);EEG 信号通过一组嵌在盔帽上的 20 到 256 个传感器被采集(Steinhauer, 2014)。收集到的信号会被放大和预加工,然后被锁定到输入中的一个关键刺激,例如一个不符合语法或意想不到的单词。由此产生的平均波形被称为事件相关电位(ERP, event-related potential)。大多数语言加工的实证研究都以它为基础。

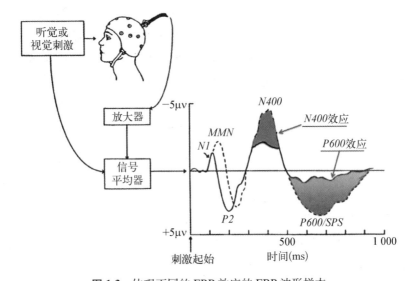

图 1.3 体现不同的 ERP 效应的 ERP 波形样本

(来源:http://faculty.washington.edu/losterho/ERP_tutorial.htm)

图 1.3 表示两种假设实验条件下的两个 ERP 波形(如合乎语法的与不合语法的、预期的与意外的、熟悉的与不熟悉的)。需要研究的是 ERP 波形中波峰和波谷的大小(振幅)在不同的条件下是否不同,所以需要检查 ERP 中的特定时间窗口。例如,语言研究者可能会关注刺激后的 300ms~500ms 和

600ms~900ms,因为这是与语言相关的 ERP 成分的典型潜伏期(Steinhauer,2014;见后文)。这意味着,母语者在看到或听到关键刺激后,不熟悉的、不符合语法规则的或有其他标记的形式的影响往往会在 300ms~500ms 或 600ms~900ms 之间表现出来。ERP 成分中显著的条件间差异被称为 ERP 效应;此类效应为被试对给定的实验操控非常敏感这一说法提供了支撑(综述见 Luck,2014;简述见 Morgan-Short & Tanner,2014)。

与眼动追踪一样,ERP 能提供关于加工的精细的时间信息。这是因为 ERP 波形反映了在目标刺激起始(开始)后,随着时间的推移,神经过程是如何像脑电活动所反映的那样进行的。不同于眼动数据,ERP 在语言研究中的另一个优势是,它还能反映进行中的加工的性质,无论是词汇-语义性质还是句法性质(Clifton & Staub,2011;Foucart & Frenck-Mestre,2012)。更具体地说,三种与语言相关的 ERP 成分与词汇-语义或句法加工相关:(左)前负波([Left] Anterior Negativity,[L] AN)、N400 和 P600(关注二语的述评见 Morgan-Short, Faretta-stutenberg & Bartlett-hsu,2015;Mueller,2005;Steinhauer,2014;van Hell & Tokowicz,2010)。虽然这些成分的意义仍需进一步考察,而且对其的解读也在不断改进,但一般认为(L)AN 和 P600 指数能说明(形态)句法加工过程,而 N400 则能说明词汇-语义的加工过程。因此,我们有可能通过研究这些 ERP 成分来证明被试对语言现象的敏感性,并推断这种敏感性本质上是词汇-语义层面的还是句法层面的。相反,在眼动记录中,"所有的加工困难都表现为回视可能性的降低和(或)增加"(Clifton & Staub,2011:906),虽然眼动研究者区分了早期和晚期的加工指标,但它们都没有直接映射到语义或句法加工上。

摩根-肖特和同事们(Morgan-Short et al.,2010,2012)的两项研究说明了 ERP 数据的丰富性。这两项研究的被试都是英语母语者,他们在不同的时间学习了三次人工语言——Brocanto2。研究者记录了被试在第一阶段(当被试熟练度较低时)和在第三阶段(根据被试在语法判断测试中的表现确定其已成为 Brocanto2 的熟练使用者)对语法性别的一致性和违反词序的大脑反应(ERP)。因此,这项研究的设计以一种加速的方式复现了人们历时多年自然学习二语并达到高水平时的情况。摩根-肖特和同事们发现,对语法违例的 ERP 反应随着二语熟练度的变化而变化。总体而言,被试在学习早期阶段表现出 N400 效应或无效应,在高级水平阶段表现出 P600 效应(对其中一种结构使用了

ANs)。因此,尽管在实验过程中测试了相同的语法违例,但随着时间的推移,被试的神经认知反应发生了变化,变得更像母语者。摩根-肖特和同事们认为这些发现显示了潜在记忆系统的质的转变:从初学阶段陈述性记忆中的词汇-语义加工,转变为高级阶段程序性记忆中的规则-语法加工(Ullman, 2005)。

  摩根-肖特等人的研究是在听觉模式(即听力)下进行的。就阅读而言,与ERP相比,眼动记录确实与自然阅读相差无几,这是它的优势。这是因为在基于书面文本的眼动追踪研究中,句子被完整地显示出来,被试可以按照自己的节奏阅读。相比之下,基于书面语言的ERP研究依赖于逐词的连续视觉呈现,因此阅读以固定的速度进行,速度在每词400ms至700ms(Morgan-Short & Tanner, 2014)。这会使阅读过程减慢2到4倍,并且被试无法预览即将出现的词(Baccino, 2011;Kliegl, Dambacher, Dimigen & Sommer, 2014)或者像普通阅读那样回视(Metzner, Von der Malsburg, Vasishth & Rösler, 2017)。ERP研究具有这一设计特征的原因在于,眼球运动会在EEG记录中造成较大的伪影,这可以通过居中呈现的方式(很像逐词、文本居中范式的SPR)来避免,但不足之处就在于阅读速度是由研究者控制的。出于同样的原因,ERP研究的被试被要求抑制眨眼。这种阅读展示方式意味着"许多显著的ERP差异似乎发生得太晚"(Sereno & Rayner, 2003:491)。具体来说,在刺激后400ms,也就是(L)AN和N400成分趋于峰值的时候,读者已经在自然阅读中移动到了下一个单词(Baccino, 2011;Sereno & Rayner, 2003)。因此,赛雷诺和雷纳(Sereno & Rayner, 2003:491)推测"传统的ERP成分可能表示的是由反馈所驱动的加工过程,而不是第一次信息扫描加工"。狄米根等人(Dimigen, Sommer, Hohlfeld, Jacobs & Kliegl, 2011:14)同样认为N400可能与"晚期的后词汇加工"相关。

  为了解决这些问题,不同的研究团队已经开始同时记录大脑电位和眼球运动,这一技术被称为(眼)注视相关电位([E]FRP's;Baccino & Manunta, 2005;Dimigen, Kliegl & Sommer, 2012;Dimigen, Sommer, Hohlfeld, Jacobs & Kliegl, 2011;Hutzler et al., 2007;Kretzschmar, Bornkessel-Schlesewsky & Schlesewsky, 2009)。与ERP一样,注视相关电位(FRPs)也是基于EEG的记录,但FRP以眼注视的起始作为对齐和平均不同EEG片段的参考点,而ERP则是以刺激事件(如单词)的呈现作为参考点的。FRP产生的波形反映了注视控制模型（*E-Z Reader*，见 2.6）有许多共同特征，但赖特和沃德（Wright & Ward，2008）回顾了神经解剖学研究的证据（如对猴子的微刺激研究），认为实际上眼动和注意力之间的关系可能更为复杂。

综上所述，应用眼动追踪技术的研究者对眼球运动反映的显性定向进行研究，是为了对隐性定向这一"纯"注意过程有更多了解。这是因为研究者假定显性注意和隐性注意在很大程度上是同时发生的，尽管也有例外，且对这种关系的细节仍在研究中。在阅读过程中，隐性注意和显性注意在副中央凹加工和跳读过程中是分离的——见图 1.5 中的（a）和（b），在这两种情况下，单词是在没有并行注视的情况下被加工的。单词的属性也可能在单词被注视后继续影响加工，如溢出效应（见图 1.5 中的[d]）所示，甚至可能在注视前影响加工，即副中央凹-中央凹效应（见图 1.5 的[c]）。

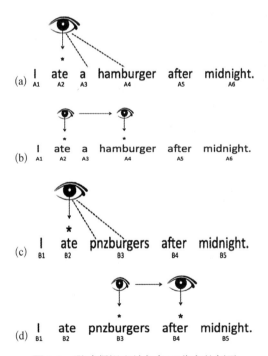

图 1.5 眼睛凝视和认知加工分离的例子

注：(a) 副中央凹加工：虽然读者看的是 *ate*（A2），但其正在加工 *a hamburger*（A3, A4）。(b) 跳读：读者不看 *a*（A3），直接从 *ate*（A2）跳读到 *hamburger*（A4）。研究者认为 *a* 是与前一个或后一个单词一起加工的。(c) 中央凹-副中央凹效应：读者在 *ate*（B2）上看的时间更长，因为 *pnzburgers*（B3）的拼写是非常规的。即使读者还没有看 B3 的单词，*pnzburgers* 也会影响其对 *ate* 的加工。(d) 溢出效应：读者在（B4）之后看的时间更长，因为其仍然在加工 *pnzburgers*。

1.3 小结

本章介绍了眼动记录的内容、原因和方法。有人认为,转向眼动追踪方法是二语习得研究的一大趋势,该趋势强调并行数据收集方法在研究中的使用。眼动追踪研究者对研究加工过程很感兴趣,通常是因为他们认为这样的研究视角能比只关注测试数据或问卷提供更多的信息。眼动追踪方法的一个主要吸引力在于,它能以一种相对自然的方式研究许多不同类型的问题。购买眼动仪所需的资金,以及学习使用眼动仪需要投入的时间则是该方法的缺点。

眼球运动是显性定向的反应,表明注意所在与注视点的目标一致。虽然眼球运动和(隐性的)注意转移是否实际上是同一个潜在系统的不同表达目前还没有定论,但这两者是密切相关的。即便如此,大多数应用眼动追踪技术的研究者仍然认为,眼球运动是了解认知的窗口,因为总的来说,凝视表明了目前正在被激活或正在被加工的信息,这就是为什么研究者使用眼动仪这样精密的仪器来记录眼球运动。大多数现代眼动仪都是根据被试的瞳孔和角膜反射的视频记录来推断注视的位置。在评估不同的眼动仪时,应该同时考虑预期的应用场景和期望的数据质量。

注释

1. 每当屏幕上出现红色星号时,被试都被要求大声说出他们的想法。在读完一个句子之前,被试不知道他们是否需要有声思维。通过这种方式,研究者能够分别获得纯粹的阅读时间指标和有声思维数据,不将两者混为一谈,尤其是不用延长阅读时间(见 Godfroid & Spino 的讨论)。
2. 更实惠的眼动仪,如 iView、Eye Tribe、EyeSee,可能适用于对准确度和精确度要求较低的研究。

第二章

关于眼球运动，我需要知道什么？

2.1 观察者与视野

当我们环顾四周时，似乎眼前的一切都是清晰可辨的。我们认为我们能够敏锐洞察视野中的所有事物（Findlay, 2004），然而事实与我们所认为的相反，高视敏度区域实际上仅局限于视线周围的一小块区域，我们只对周围事物的一小部分有清晰的视野。视野可分为三个功能区域：**中央凹**（fovea）、**副中央凹**（parafovea）和**边缘**（periphery）（见图 2.1）。中央凹区域是位于视网膜中央的一个小区域，跨度小于 2°，其视敏度和颜色敏感性最高（Holmqvist et al., 2011; Rayner, Pollatsek, Ashby & Clifton Jr., 2012）。只有当物体或文字投射的光线直接落在中央凹上时，或者说当视轴（visual axis）从物体穿过中央凹时（Zhu & Ji, 2007），才能保证视敏度（敏锐的视觉）（见图 2.2）。人眼的视敏度限制是人们进行眼球运动的一个重要原因：通过转动眼球，人们可以将中央凹与最需要视觉注意的物体所在的区域重新对齐。

副中央凹区域对应（即覆盖）注视点周围约 10°，在注视点向四周延伸至 5°。如 1.2 所述，副中央凹视觉中的信息是经过预处理的，这有助于观察者决定接下来要看的地方。副中央凹区域在阅读研究中起着重要作用。研究者在阅读研究中激活或研究的就是**副中央凹加工**（parafoveal processing）和**副中央凹预览效应**（parafoveal-preview effects）的本质。这些现象指的是副中央凹的信息（输入）加工过程，这意味着读者并没有直接看到信息。最后，中央凹以外的视野区域通常被称为边缘，从该区域可提取的信息是有限的。

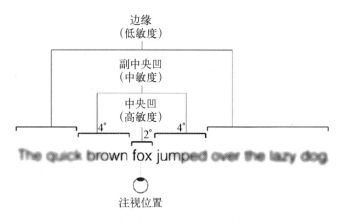

图 2.1 中央凹、副中央凹及边缘视敏度

注：视觉最清晰的区域是在人的注视点（中央凹）周围的一小块区域，而视觉会随着从中心区域的偏离逐渐模糊。

（来源：Rayner, Schotter, Masson, Potter & Treiman, So much to read, so little time: How do we read, and can speed reading help? 17, 1, 4-34, copyright © 2016 by SAGE Publications, Inc., 转载经世哲出版公司［SAGE Publications, Inc.］许可。）

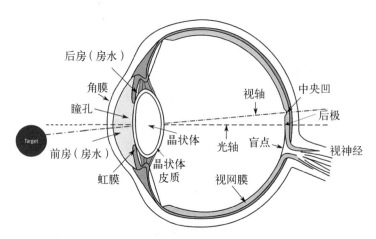

图 2.2 光在眼睛中传播的两条主要轴

视网膜的生物组成是这些视野功能分区的基础。视网膜有两种感光细胞，分别是**视锥细胞**（cones）和**视杆细胞**（rods）。视锥细胞和视杆细胞有不同的功能。视锥细胞主要用于区分颜色，且对视觉细节敏感，而视杆细胞主要负责夜视和运动感知（Wedel & Pieters, 2008）。水平细胞和无轴突细胞分别从视锥细胞和视杆细胞收集信号，入射光由此转化为电信号，通过视神经传导到

到达新的位置(如一个新单词)后发生的神经加工,因此,自然阅读是这种新范式的重要组成部分。需要指出的是,自然阅读也使该范式在技术上更具挑战性,因为眼球运动会在 EGG 记录中引起大量伪影(扩展讨论见 Dimigen et al., 2011)。狄米根等人(Dimigen et al., 2011)运用 FRP 技术复现了与单词的可预测性相关的 N400 效应(较难预测的单词会引起较大的 N400 效应),并将这种效应与眼动仪记录的第一遍阅读时间(first-pass reading times)相关联。作者们发现,在 N400 处于峰值(注视起始后 384ms)时,只有 25% 的被试仍在看目标词,其中大多数是再注视,而不是首次注视。当使用 N400 效应的起始作为参考时,尽管数字有所上升,但总体而言,这些数据"很难确认可测量的预测性神经效应在某种程度上与行为效应有因果关系,因为 ERP 中的大部分可预测性效应只遵循行为效应"(Dimigen et al., 2011: 14)。狄米根等人的研究中的一个有趣的次要发现是,尽管在统计上不太可靠,但在较早的时间间隔(注视起始后 120ms~160ms)内也观察到了类似于 N400 效应的负脑电位。

虽然在二语习得和双语研究中还没有引入 FRP 技术,但有一个挑战性较低但很有效的方法,即分别记录不同被试或相同被试在不同时间的 EGG 和眼动(Dambacher & Kliegl, 2007; Deutsch & Bentin, 2001; Foucart & Frenck-Mestre, 2012; Sereno, Rayner & Posner, 1998)。富卡尔和弗伦克-梅斯特雷(Foucart & Frenck-Mestre, 2012)报告了在不同时间对同一被试进行的三个 ERP 实验和一个眼动追踪实验。他们再次讨论了晚期的二语学习者是否能够习得"名词-形容词的语法性别一致"(noun-adjective gender agreement)这一不存在于一语中的语法特征。研究的刺激物是法语句子,其中名词和形容词在语法性别上或一致,或不一致,各种句法上的操控也在逐步增加加工一致性的难度。ERP 数据显示,无论形容词出现在句子的哪个位置,法语一语者都表现出了 P600 效应(即对一致性违例表现出的句法反应)。然而,在法语二语者中,一致性违例在最简单的条件下引发了非典型的 P600 效应,在中等难度的条件下引起了 N400 效应,而在最难的条件下,被试的反应缺乏一致性。

为了弄清实验 3 中在最困难条件下产生零结果的原因,富卡尔和弗伦克-梅斯特雷(Foucart & Frenck-Mestre)在几个月后让同一批被试在眼动追踪和自然阅读条件下重做了实验。与 ERP 实验不同的是,学法语的英语母语者在早期和晚期阅读测试中表现出了显著的、与法语母语者水平相当的语法敏感性。

学习者花在不合语法的形容词上的阅读时间比花在符合语法的形容词上的阅读时间更长。这些结果普遍印证了晚期的二语学习者习得语法性别的能力。从方法论的观点来看，ERP 和眼动追踪实验结果的鲜明对比指向了逐词连续视觉呈现（word-by-word serial visual presentation）的潜在反应效应。正如富卡尔弗伦克-梅斯特雷（Foucart & Frenck-Mestre, 2012）所观察到的那样，连续视觉呈现可能比自然阅读对记忆的要求更高，这对二语学习者来说尤其费力，因为他们的记忆容量可能会有更多消耗（McDonald, 2006）。

1.1.5　小结

在本节中，我将眼动追踪方法与过去二十年来二语习得研究中流行的其他在线或实时方法进行了对比（见 Sanz, Morales-Front, Zalbidea & Zárate-Sández, 2016）。在对每种方法进行了简要介绍之后，我着重讨论了有声思维、SPR 和 ERP 与眼动追踪的关系，相信这些对比有助于读者理解何为眼动追踪以及如何利用它来丰富研究项目。表 1.2 总结了概述中出现的主要主题并补充了一些额外的信息。

在本章回顾的方法中，只有有声思维为研究者提供了定性数据，这使得它成为与 SPR、眼动追踪或 ERP 一样在任何被试间设计的研究中都有效的工具（见 5.2）。对一些研究者来说，从相同被试身上获得口头数据和定量指标非常重要，因此在被试内设计中（见 5.2），使用非同时进行的口头报告也是另一种选择，如刺激回忆（Gass & Mackey, 2017）和访谈。这两种方法似乎也是口语研究的首选方法，就像 SPR 的变体——SPL[①]也可以达到这个目的。另一方面，眼动追踪和 ERP 都可以与书面语言或口语一起使用，不过眼动追踪还有一个新的范式——视觉情境范式（见第四章）。总的来说，眼动追踪技术因其用途广泛而脱颖而出，这种特性只有在有声思维方法中才有。不过，有声思维和 SPR 比眼动追踪更实用、更经济。SPR 的一些支持者（如 Mitchell, 2004）认为，SPR 满足句子加工研究者对在线阅读测试的需求。最后，ERP 可以阐明加工性质（如语义或句法）的问题，这些问题仍然在大多数行为研究方法的范围

[①] Self-paced Listening，国内没有权威的中文译名，所以保留原文。（文内注释若无特殊说明均为译者注。）

表 1.2 有声思维、自定步速阅读、眼动追踪和 ERP

	有声思维	自定步速阅读（SPR）	眼动追踪	事件相关电位（ERPs）
数据类型	主要为定性：语言数据	定量：停顿时间	定量：注视和眼跳（眼球运动）	定量：脑电位
任务模式	主要为书面[a]	书面[b]	书面或听觉	书面或听觉
阅读的自然性	完整的句子；阅读有声思维交替进行（次要任务）；有反应性风险	分割文本，无跳过或回视，无预览；按下按钮（次要任务）控制文本显示；有反应性风险	完整的句子；文本布局有一些限制；无反应性证据	按固定速度逐字呈现；没有跳过或回视，无预览；有反应性风险
听力的自然性	n/a	n/a	完整的句子；边听边看的视觉展示	按固定速度逐字呈现；句子层面的韵律有潜在问题
时间分辨率	较低	高：毫秒	高：毫秒	高：毫秒
空间分辨率	较低	高：词级	高：亚词汇层面	高：词级（但脑源定位的分辨率较低）
费用	低	低	较高	较高
主要的优势	能说明加工的原因；用途广	实用；可能符合研究目的的简单研究方法	自然的阅读和听力；用途广	说明加工的性质（语义或语法）
技术复杂性	需进行少量编程	需进行少量编程	建议进行培训	须进行及广泛的训练

注：[a] 在二语互动研究中，听觉任务更多地与后馈性口头报告或刺激性回忆法结合使用（Gass & Mackey, 2017）。[b] SPR 的一种变体被称为 SPL（self-paced listening），可用于研究口语加工（见 Papadopoulou, Tsimpli & Amvrazis, 2014）。n/a 表示不适用。

之外。与 SPR 一样，ERP 有高时间和高空间分辨率，但牺牲了生态效度。我们得出了三条结论：（1）目前学界对直接比较不同研究方法的方法论研究有更大的需求；（2）通过多种方法并行使用，研究者可以避免某单一技术的局限性；（3）作为一种在线研究工具，眼动追踪可以提供很多信息。

1.2 为什么要研究眼球运动？

应用眼动追踪技术的研究者研究眼球运动，因为他们相信眼球运动能够揭示认知信息。更具体地说，眼动追踪技术的使用者假定人的注视点和眼球运动表明了在任务（无论是阅读、听力、测试、场景扫视、视觉搜索或其他类型的认知活动）执行过程中发生的认知进程（另见 2.6）。原因是眼球运动与注意力有关，尤其是与注意力定向的过程有关（Wright & Ward, 2008）。

汤姆林和维拉（Tomlin & Villa, 1994: 183）在二语习得研究中推广了一种观点，即注意力并非单一结构，而是由"独立但相互关联的网络"组成的。基于他们的同事迈克尔·波斯纳（Michael Posner）的研究，汤姆林和维拉认为这些大脑网络支撑着警觉、定向和检测的注意力功能（Leow, 1998; Simard & Wong, 2001）。波斯纳（Posner, 1980: 4）将定向定义为"注意与感观输入源的对齐"。定向可以是显性的（可以在身体运动中观察到）、隐性的或二者兼有（如 Posner, 1980; Style, 2006; Wright & Ward, 2008）。眼动作为一种可观察的行为，反映了观察者与视觉输入源的显性对齐，这就是**显性定向**（overt orienting），或者简单地说就是**显性注意**（overt attention）。当然，虽然显性定向是不错的切入点，但大多数应用语言学家对发生在大脑中的注意过程更感兴趣。我们真的可以说显性注意和**隐性注意**（covert attention）是相关的吗？要回答这个问题，我们需要深入探究认知神经科学和心理学。

波斯纳和他的同事们改进了一种被称为**位置提示**（location cuing）或**空间提示**（spatial cuing）的研究范式，让他们能够从实验中区分隐性定向（不伴随着眼球运动的注意力转移）和显性定向。图 1.4 改自赖特和沃德的研究（Wright & Ward, 2008），描述了在一项基础的位置提示实验中构成一个试次的事件顺序。

在位置提示实验中，被试一旦发现或识别出屏幕上出现的目标，就立即按下按钮(在我们的图 1.4 中,填充的圆圈就是目标)。在目标出现之前,空间提示(图 1.4 中的水平条)是一个信号,用于让被试将注意力转移到即将到来的目标的位置。关键是,被试必须在转移注意力的同时保持他们的眼睛盯着屏幕中央的标记。这是非常困难的,因为人们的自然倾向是看向他们所关注的东西,但通过适当的指导和一些练习,被试可以完成这项任务。因此,就有可能排除隐性定向的影响,因为注意焦点会转移到外围(隐性定向),而眼睛保持不动(显性定向)。

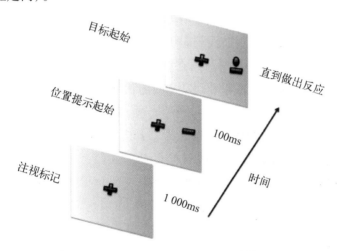

图 1.4 位置提示实验中的试次样例

注:被试必须按下与目标出现的屏幕一侧对应的按钮,同时眼睛盯着一个中心点。这是一个有效提示试次,因为提示正确地预测了目标将出现的位置。

赖特和沃德(Wright & Ward, 2008:19)描述了位置提示范式如何用于执行隐性定向的"成本/收益分析"。在有效提示(valid-cue)试次中,如图 1.4 所示,被试得益于位置提示,因为当目标出现时,他们已经注意到了目标位置,这使反应更快、更准确。而在无效提示(invalid-cue)试次中,当提示和目标出现在屏幕的两侧时,被试会承担加工成本。这是因为在无效提示试次中,当提示出现后,被试必须将注意从提示位置重新定向到目标位置,这延缓了他们的反应时,增加了错误率。通过将注意比作聚光灯,波斯纳和他的同事们发现了隐性定向的促进或抑制效应。正如在有效提示试次中表现的那样,"注意就像一盏聚光灯,它提高了其光束内的事件探测效率"(Posner, Synder & Davidson, 1980:172)。不过,聚光灯隐喻也"揭示了一些注意在脱离、移动和吸引过程中的动态变化"(Posner & Petersen, 1990: 35),这在无效提示试次中变得非常重要。

使用位置提示范式的研究表明,隐性注意和显性注意并非必须一致:当视线固定时,注意焦点仍然可以转移到视野的不同部分(研究综述见 Styles, 2006 及 Wright & Ward, 2008)。然而,在视觉感知过程中,分离隐性注意和显性注意需要个体付出一些努力(Wright & Ward, 2008)。更重要的是,隐性注意和显性注意的分离已经在简单的认知活动中得到了证实,例如提示检测,但这在阅读或边看边听等更复杂的认知任务中可能更难实现(Rayner, 1998, 2009)。展望接下来的章节,最具影响力的两种阅读眼动模型都只能顾及注意和凝视间的微小分离,不过注意是按顺序一次一词地分配还是像梯度一样平行分配仍存在争议(见 2.6)。同样,在视觉情境范式的理论模型中,研究者也假设隐性注意是语言和显性眼球运动之间的联系(见 4.1)。

赖特和沃德(Wright & Ward, 2008)回顾了眼球运动与注意隐性转移的关联性的三种观点。这三种观点分别认为二者构成各自独立的、共用的或者相互依赖的系统。因为隐性注意和眼球运动的大脑区域有很大程度的重叠(Corbetta, 1998; Corbetta & Shulman, 1998; Grosbras, Laird & Paus, 2005),这两种机制可能在某种程度上是互相关联的,所以这符合共用系统和相互依赖系统的观点。然而,对于这种关联的强度,学界目前还没有达成共识。因为大脑需要大约 220ms 来计划和执行眼球运动(Wright & Ward, 2008),而隐性的注意转移更快,所以当两者都转移到相同的位置时,注意力会在显性凝视之前到达(Wright & Ward, 2008)。这就产生了阅读时的预览效应,换言之,在眼睛看到文本中的下一个单词之前,对其的加工就已经开始了(见图 1.5a 及第 41 页小贴士 2.1)。然而,持共同系统观点的学者进一步假设眼球运动和注意力转移之间存在因果关系。这是里佐拉蒂(Rizzolatti)和同事们的**前运动理论**(pre-motor theory)的核心主张(Rizzolatti, Riggio & Sheliga, 1994; Rizzolatti, Riggi, Dascola & Umiltá, 1987; Sheliga, Craighero, Riggio & Rizzolatti, 1997)。他们认为,隐性注意是准备眼跳时的运动程序的附带结果:它有助于对眼球运动时需要移动的空间距离进行编码。简单地说,如果眼球在移动,大脑需要知道眼球向哪里移动(空间位置)。隐性注意的转移可能有助于对接下来眼跳的目标进行编码。按照这种观点,注意转移就是"有计划但没有执行的眼跳"(Wright & Ward, 2008: 195)。虽然前运动理论与一个有影响力的眼动大脑(Holmqvist et al., 2011;Wedel & Pieters, 2008)。中央凹主要由视锥细胞组成(见图2.3,实线),不过,离注视点距离越远,视锥细胞密度越低,同时视敏度下降,而视杆细胞密度增加(见图2.3,虚线)。这就是为什么在晚上看一颗昏暗的星星时,你通常需要稍微看向侧边一点儿,这样光线会在视网膜边缘激活更多视杆细胞(Springob, 2015)。相反,在副中央凹视觉边缘(与注视点偏离5°)识别目标单词的几率几乎为0%:见图2.3和雷纳等人的研究(Rayner et al., 2012)。

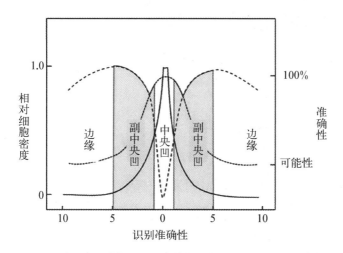

图 2.3　中央凹、副中央凹和边缘的视锥细胞和视杆细胞密度

注:只有当人们直视(即以中央凹区域对准)一个物体时,他们才有接近100%的可能准确识别它。实线表示视锥细胞,虚线表示视杆细胞,点线表示识别目标词的准确度。
(来源: Rayner et al., 2012)

为了描述视野中存在不同子区域,我引入了**视角度**(degrees of visual angle,°)的概念,这是眼动追踪研究中常见的测量单位。因为角度大小和视网膜图像大小之间有密切的对应关系(Drasdo & Fowler, 1974;Legge & Bigelow, 2011),所以视觉研究者通常使用角度单位。德拉斯多和福勒(Drasdo & Fowler, 1974,转引自Legge & Bigelow, 2011)发现,中央视觉中1°的视角对应的是视网膜上的0.28mm。要理解视角的概念,我们必须把观察者想象成一个圆的中心点。如图2.4所示(Burnat, 2015),人类的视野为椭球形,通常水平覆盖约140°(向颞部两侧延伸90°,向鼻部两侧延伸50°),垂直覆盖约110°(上方50°,下方60°)(Spector, 1990),1度的视角等于圆的1/360度。视角度又可细分为弧分(arcmin,′)和弧秒(arcsec,″):1°=60′=3 600″。因此,弧的 1 分和 1 秒分别代表一个圆的 1/21 600 和 1/1 296 000。

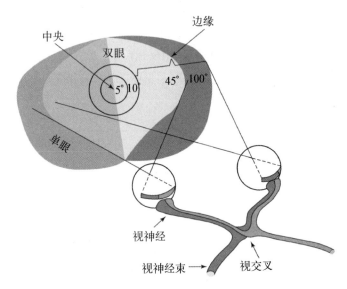

图 2.4　视角从注视点向外延伸的椭球型视野三维效果图

(来源:Burnat, K., 2015. "Are visual peripheries forever young?" *Neural Plasticity*. https://doi.org/10.1155/2015/307929,使用经 Hindawi Open-Access Journals 许可。)

一个给定的物体对应多少度取决于物体与观察者的距离。知道一个物体的角度大小很有必要,因为只有视觉中心的 2°是清晰的。例如,在阅读研究中,研究者通常会报告一个字母的角度大小或每个视角度下的字母数(见第六章),以便读者了解单次注视可以阅读的文本量。计算角度大小可使用公式(2.1)。请注意,只要已知区域的大小及其与观察者的距离,该公式便可用于获取各类视觉信息(如屏幕上的字母、图片或区域、对话者的脸或教室里的投影仪屏幕)。

$$tan\frac{\theta}{2}=\frac{x}{d} \quad (2.1)$$

图 2.5 为在眼动追踪实验中观看屏幕中刺激的被试。若已知被试的视距 d 和刺激物大小 x 或视角 θ,则可以计算出未知变量。

如果需要计算角度大小,则该公式可简化为(2.2)(Legge & Bigelow,

2011)。无论何种情况,刺激物的大小和视距都必须用相同的测量单位来表示(如统一以毫米为单位)。

$$角度尺寸 = \frac{57.3 \times 刺激物的尺寸}{视距} \quad (2.2)$$

此外,研究者经常将视角度转换为更容易理解的参数,如字母、像素或长度单位(如厘米、毫米)。表 2.1 总结了 Courier 字体(基于文本的眼动追踪研究中的常见字体)的字符在不同的字号和视距下的视角度,字号和视距取的都是眼动追踪研究中的常用值。请注意,因为文本显示在计算机屏幕上,所以字号比打印材料中要大一些。对于字号,我的一位合作者按照莱格和比奇洛(Legge & Bigelow, 2011)的公式将以磅为单位的测量值转换为了毫米(mm):以毫米为单位的大小=(磅值/2.86)。字符宽度为 Adobe Photoshop 7.0 在排版中的最小单位磅(pt),进行手动测量后,转换为毫米。由于 Courier 是一种固定宽度(单字、等距)的字体,因此每个字母占据相同的水平空间。在眼动追踪研究中,等距字体是首选(见 6.2.2),因为它们能确保所有字符的水平角度大小相等,从而更好地控制视觉输入。

如表 2.1 所示,每个字母的视角度水平范围为 0.28~0.57,具体取决于视距。因此,1°的视角等同于 2 到 4 个字母。雷纳(Rayner, 1986)和基廷(Keating, 2014)注意到,在基于文本的眼动追踪研究中,1°的视角通常对应 3 到 4 个字母,这表明该图表中较小的字体更为常见。

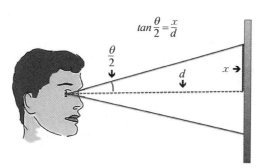

图 2.5 视距 d、刺激物大小 x 与视角 θ 的关系

表 2.1　16 磅~24 磅的 Courier 字体在常见视距下的视角度

视距（mm）	字号（磅）	字号（mm）	垂直视角度	字体宽度（mm）	水平视角度
500	16	5.59	0.64	3.88	0.44
	17	5.94	0.68	3.88	0.44
	18	6.29	0.72	3.88	0.44
	19	6.64	0.76	3.88	0.44
	20	6.99	0.80	4.59	0.53
	21	7.34	0.84	4.59	0.53
	22	7.69	0.88	4.59	0.53
	23	8.04	0.92	4.94	0.57
	24	8.39	0.96	4.94	0.57
600	16	5.59	0.53	3.88	0.37
	17	5.94	0.57	3.88	0.37
	18	6.29	0.60	3.88	0.37
	19	6.64	0.63	3.88	0.37
	20	6.99	0.67	4.59	0.44
	21	7.34	0.70	4.59	0.44
	22	7.69	0.73	4.59	0.44
	23	8.04	0.77	4.94	0.47
	24	8.39	0.80	4.94	0.47
700	16	5.59	0.46	3.88	0.32
	17	5.94	0.49	3.88	0.32
	18	6.29	0.52	3.88	0.32
	19	6.64	0.54	3.88	0.32
	20	6.99	0.57	4.59	0.38
	21	7.34	0.60	4.59	0.38
	22	7.69	0.63	4.59	0.38
	23	8.04	0.66	4.94	0.40
	24	8.39	0.69	4.94	0.40
800	16	5.59	0.40	3.88	0.28
	17	5.94	0.43	3.88	0.28
	18	6.29	0.45	3.88	0.28
	19	6.64	0.48	3.88	0.28
	20	6.99	0.50	4.59	0.33
	21	7.34	0.53	4.59	0.33
	22	7.69	0.55	4.59	0.33
	23	8.04	0.58	4.94	0.35
	24	8.39	0.60	4.94	0.35

2.2 眼动类型

人类观察周围的环境以获得不同物体的高质量视觉信息,这有助于他们了解世界。为此,人们的眼球每秒钟运动三到四次,产生一种眼跳和注视相间隔的节奏变化(见图2.6)。主动视觉领域主要研究目光的变化如何影响视觉感知和认知(Findlay & Gilchrist, 2003)。主动视觉遍及视觉行为的所有领域,包括场景感知、视觉搜索和阅读。在本节中,我将介绍两项主动视觉的关键因素,即注视和眼跳。虽然注视和眼跳可能是最常见的眼球运动类型,但它们绝不是仅有的眼动类型(Gilchrist, 2011; Krauzlis, 2013)。因此,在本节的最后,我们将讨论一些不太为人所知的眼球运动类型;语言研究者通常不会分析眼动记录中的事件,但没有这些事件,人类就无法完成复杂的视觉任务。

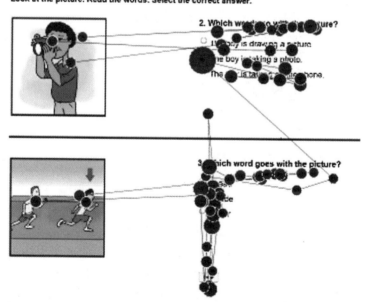

图 2.6 在托福®初级™练习阅读测试项目中的注视(圆圈)和眼跳(线段)

注:这些是一个约8岁至10岁儿童在阅读测试项目中的眼动数据。圆圈越大表示注视时间越长。(来源:Ballard, 2017. Copyright © 2013 美国教育考试服务中心[Educational Testing Service],使用经许可。)

注视(fixations)是指眼球相对静止的时间段,个体在此期间正看着视野中的特定区域。人们在这些眼球静止的时间里对视觉环境进行取样(即接受)。在大多数注视过程中,观察者从其当前看着或紧盯着的区域提取并加工信息。这个区域被称为注视点(the point of gaze/the point of regard)。注视时间的范围从约50ms至500ms及以上(Rayner, 1998; Rayner & Morris, 1991)。注视与眼球运动的*时间*有关。这是因为眼注视的持续时间取决于系统决定何时开始一次新的眼球运动。与此同时,我们也能从眼注视得知眼球运动的位置,也就是说,当眼睛注视着环境中的某处时,通常认为注视的位置包含了正在进行的认知加工过程中的信息(见1.2)。本章的大部分内容主要阐述在语言加工过程中影响眼球运动的*时间*和*位置*的因素。2.5讨论影响注视时间的较高层次的认知因素(频率、可预测性和语境约束)。目前认为,认知因素在眼球运动的*时间*方面起着重要作用。2.4讨论的是较低层次的语言视觉特征(如间距或词长)以及眼动约束,以及这些因素如何共同决定注视位置的选择。因此,本节先讨论眼睛看向*何处*的问题。

主动视觉凸显了眼球运动在一系列不同任务中的重要性。尽管大量研究都涉及阅读中的眼球运动,但阅读是一项非常具体和高度专业化的任务。相对于人类进化的整个过程,阅读也是人类最近才掌握的一项技能。由此就引出了一个有趣的问题,即阅读过程中的眼球运动和其他视觉任务中的眼球运动相关性有多大。由于对阅读技能的研究相对较少,赖希勒等人(Reichle et al., 2012: 176, 我的重点)提出"在其他任务中引导眼球运动的过程……几乎可以肯定地说,必须(通过广泛的实践)经过吸收和协调才能沿用至阅读任务"。作者们通过建模证明,他们的阅读模型(*E-Z Reader*,见2.6)中的基本假设可以用于模拟一系列非阅读任务中的注视时间和位置。通过建模,这些作者首次对不同任务中的眼球运动进行了统一描述。

一种与计算建模互补的方法,也是在多方面优于它的一种方法,是积累经验数据。将特定任务效应与眼球运动的普遍效应区分开来的一个好方法是比较同一被试在一系列任务中的观看行为。被试的眼动度量标准在不同的任务之间也不同(或不相关),从这一角度来说,这些指标可以说是具有*领域特殊性*(domain-specific)的。相反,指标间的共同属性则表明*领域一般性*(domain-general)机制在起作用。卢克、亨德森和费雷拉(Luke, Henderson & Ferreira,

2015)研究了青少年的词汇表征质量(通过标准化的单词和文章层面的理解性测试进行测量)是否与他们在三个任务中的注视时间和眼跳长度相关。他们发现,当青少年的词汇表征质量更高时,一语阅读与其他视觉任务(伪阅读和场景搜索)中的注视时间相差更大。这意味着,越熟练的读者对其注视时间产生的任务效应越大,这与以下观点一致,即阅读技能是由语言发展驱动的而不是(或不仅是)由眼动控制驱动的。与此同时,亨德森和卢克(Henderson & Luke, 2014)在一项类似的研究中发现,成人的注视时间在阅读和非阅读任务之间存在相关性,这突出了观看行为的领域一般性。因此,这两项研究表明,语言加工过程中的眼动行为可能同时反映了语言(领域特殊性)和非语言(眼动、领域一般性)的影响。当语言研究者设计眼动追踪研究并根据特定的语言相关问题解读数据时,记住这一点很重要。表2.2总结了不同主动视觉任务的典型注视时间和眼跳长度(Rayner, 1998)。由于针对二语者的类似信息尚且不足,因此阅读数据代表的应该是熟练的成人一语阅读,最常见的是在单语环境中。我们有必要对二语者和双语者的阅读行为进行系统的研究,以便为二语习得和双语领域提供类似的基准数据(Winke, Godfroid & Gass, 2013)。

表2.2 不同任务的平均注视时间和眼跳长度的范围

	注视时间	眼跳长度	
		视角度	字母
默读	225~250	2	7~9
朗读	275~325	1.5	6~7
场景感知	260~330	4~5	
视觉搜索	180~275	3	

注:在场景感知和视觉搜索中的注视时间可能会根据被试被要求执行的任务的具体性质而有很大不同。
(来源:Rayner, 2009)

在阅读和视觉情境研究中的分析通常着重于注视:在视觉情境研究中注视的存在和时间;在阅读研究中注视的次数和时间(包括0次注视或跳读)。尽管基于注视的分析很普遍,但是需要记住的是,跳读的指标也可以提供丰富的有效信息(见第七章),特别是眼跳长度和回视(一种阅读中特有的向后眼跳)的指标,这两者可以丰富我们对语言认知加工的理解。因此,我们应该重视"眼跳"这一眼动行为的第二显著特征。

"眼跳是眼球运动的一个花哨名称"(Rayner, n.d.)。**眼跳**(saccade)一词是法语的借用词,意思是"跳动"或"抽搐"(Wade, 2007; Wade & Tatler, 2005)。鉴于发生在两次注视之间的眼跳是眼球非常快速的颤搐运动,因此用"眼跳"来形容这类眼球运动非常准确。它们是人体能够实现的最快位移(Holmqvist et al., 2011):在青少年时期最快(John Hopkins Medicine, 2014),随着年龄的增长速度减慢(John Hopkins Medicine, 2014),并可能与个体在冲动性方面的差异有关(Choi, Vaswani & Shadmehr, 2014)。眼跳将视线从一个位置带到下一个位置,为认知系统提供新的视觉信息。这一行为必不可少,因为清晰的视觉区域有限(见2.1)。为了提高处理效率,人类和动物需要转动眼球,使新的信息落在眼睛的高敏区,即中央凹处(见第26页图2.1)。中央凹是视网膜最敏感的部位,直视一个单词或一个物体时视觉信息就是由中央凹感知的。

眼跳可以根据其幅度、持续时间、速度、加速度和减速度来描述(如Gilchrist, 2011;见图2.7。**速度**(velocity)表示运动的速度大小和方向。眼跳速度以每秒的视角度(°/s)表示。许多眼动仪使用眼睛的速度信息来区分眼跳和注视(见9.1.3)。赖特和沃德(Wright & Ward, 2008)的报告显示,眼跳的峰值速度可以达到600°/s至1 000°/s。然而,由于眼跳时间短(30ms至80ms;Holmqvist et al., 2011),眼睛覆盖的实际距离,即眼跳**幅度**(amplitude),往往相对较小,通常从<1°至15°(Gilchrist, 2011)。[1]当眼睛凝视的跨度大于15°或20°时,头部会随着眼睛一起移动。眼跳运动的速度并不是恒定的,而是

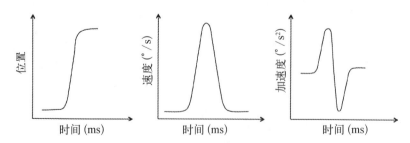

图2.7 理想的眼跳曲线图:眼睛凝视的位移、速度和加速度

(来源:Duchowski, Holmqvist et al., 2011)

有一段时间的**加速**(acceleration),然后**减速**(deceleration),以峰值速度为转折点(见图 2.7)。加速度和减速度是速度经由数学推导而来(见 Holmqvist et al., 2011),表示为°/s²。眼跳幅度、持续时间、峰值速度和加速度/减速度均呈正相关关系。这种关系被称为**主序**(main sequence)(Bahill, Clark & Stark, 1975),一个从天文学中借用的术语。

图 2.7
34

就我所知,除了阅读过程中的回视外,眼跳特性在二语习得研究中尚未被分析过。在一语阅读发展方面的研究重点揭示了眼跳幅度(即眼跳长度)的重要作用。研究表明,随着儿童阅读能力的提高,他们注视的时间减少,眼跳长度增加,这意味着他们注视每句话的时间和次数都有所减少(综述见 Blythe, 2014; Blythe & Joseph, 2011; Reichle et al., 2013)。因此,眼跳幅度是一语阅读技能的重要指标。所以似乎有必要将眼跳幅度的指标沿用到二语阅读研究中,以研究更流利的二语阅读者是否也会有更长的眼动距离。亨德森和卢克(Henderson & Luke, 2014)的一项研究初步印证了这一说法,他们研究了眼跳幅度和注视时间在不同任务(即一般领域)和特殊任务之间是否相似。研究中,一组健康的成年人完成了一项一语阅读和三项非阅读任务,然后在两天后重复同样的任务。亨德森和卢克发现,个体的眼跳长度是稳定的,但与场景观看和阅读没有关联。亨德森和卢克的结论是:尽管在给定的任务类型中,他们的被试(熟练的母语者)倾向于重现相同类型的观看行为,但被试个体的眼动位置,即眼跳的幅度,与特定任务相关。因此,随着时间的推移,个体眼跳幅度的变化可能表明了支持其阅读或其他心理活动的认知过程的变化。具体来说,二语阅读者平均眼跳幅度的增加可能表明了他们的二语阅读能力的发展情况。

眼跳的一个值得注意的特性是:在眼跳发生时,眼睛和大脑似乎不接受任何新的视觉信息。这种现象被称为**眼跳抑制**(saccadic suppression)(Matin, 1974)。当眼睛进行眼跳时,图像在视网膜上的快速运动(拖尾)会导致时空整合困难。因此,视网膜图像是模糊的,但人们感知不到这一点(我们每次移动眼睛时,视力不会变得模糊,或至少我们认为它不会)。眼跳抑制的神经机制细节非常复杂,目前仍在研究中(如 Binda, Cicchini, Burr & Morrone, 2009; Cicchini, Binda, Burr & Morrone, 2013; Panichi, Burr, Morrone & Baldassi, 2012; Thiele, Henning, Kubischik & Hoffmann, 2002; Thilo, Santoro, Walsh &

Blakemore，2004）。导致眼跳抑制的一个视觉因素是**后向横向掩蔽**（backward lateral masking）（综述和讨论见 Matin，1974）。在后向横向掩蔽过程中，眼睛在新的休息位置（即眼球运动后）更稳定的视觉输入覆盖了前一次眼跳过程中的短暂刺激。特定的大脑区域进一步导致了眼跳运动中视觉敏感度的降低（Binda et al.，2009；Thilo et al.，2002；Thilo et al.，2004），因此眼跳抑制可能同时有视觉和神经两方面的原因。最终的结果是，虽然眼球运动频繁，但人们并没有感觉到视觉模糊，看到的是一个稳定的、生动的世界。虽然视觉摄入在眼动过程中非常有限，但有证据表明词汇加工仍在继续（Irwin，1998；Yatabe，Pickering & McDonald，2009）。八田等人（Yatabe et al.，2009）向被试展示了被分为两部分的简短的英语句子。为了阅读句子的第二部分，被试必须向右做一个长眼跳，如图 2.8 所示。八田和同事们将第一部分的最后一个词指定为*目标词*（target word），第二部分的第一个词指定为*外溢词*（spillover word）。研究者控制着这些句子的频率，例如外溢词（如 *remained*）之前总有一个高频目标词（如 *prison*）或者一个低频目标词（如 *hangar*）。低频词往往会引起更长的注视，这被称为词频效应（frequency effect）（详见 2.5）。当词频效应在后面的单词上得到验证时，就被称为溢出效应（spillover effect），因为词频效应会被认为溢出到后面的词上。八田和同事们对这些溢出效应做了研究，他们发现，*remained* 一词的溢出效应取决于上一次的眼跳幅度。具体来说，当低频目标词与外溢词之间相隔的眼跳距离为 10°而不是 40°时，低频目标词会导致被试在外溢词上有较大的注视时间增量。八田和他的同事们认为这意味着被试在下一次眼跳中仍在继续加工低频目标词。因为完成更长的眼跳所需的时间也更多，所以当眼睛经过 40°的眼跳后落在溢出词上时，需要做的加工就少了。

考虑到在眼跳过程中认知加工仍在继续（Irwin，1998；Yatabe et al.，2009），研究问题就变为是否应该将眼跳时间（saccade duration）添加到注视时间中，以获取更准确的加工时间指标。这一提议与目前的实践不同，因为大多数算法计算加工时间（即凝视时间或总时间等注视指标）时仅以注视时间为依据（见第七章），所以是否要将眼跳包含在加工时间内的问题还有待解决。然而，冯克和科辛（Vonk & Cozijn，2003）的一项研究结果表明，不含眼跳和含眼跳的加工时间（即包含注视前后眼跳的注视指标）会产生类似的结果。在冯克和

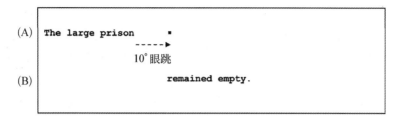

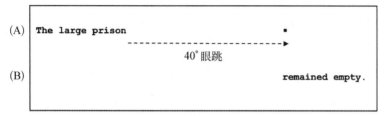

图 2.8 阅读实验中的短距离和长距离眼跳

注：当被试注视从目标词（如 prison）跳跃到方块时，显示便从（A）变成（B）。
（来源：Yatabe et al., 2009）

科辛的研究中，在第一遍阅读时间中加入眼跳时间会导致结果分别增加-6ms（从-48ms到-54ms）和+2ms（从19ms到21ms）。这两种情况都没有改变统计分析的结果。即便如此，作者们仍然认为"只要注视时间是累积的，换言之，只要指标中包含不止一次注视，那么眼跳时间就应该被纳入阅读时间的指标，因为［眼跳时间］和注视一样会影响语言加工"（Vonk & Cozijn, 2003: 307）。

虽然注视和眼跳是二语研究者在眼动数据中关注的主要特征，但这些事件只是眼动系统的一部分。为了支持视觉，特别是在自然环境中的视觉，其他类型的眼球运动也是必要的。具体地说，

> 在更自然的环境中，被试在移动，环境在移动，环境中的物体也在移动。因此，在这些动态情况下，[不同类型的眼球运动]，即眼跳、平滑追踪、转向、前庭-眼反射，必须共同作用，以提供视觉稳定性，并将中央凹定位到兴趣区。
>
> (Gilchrist, 2011: 92)

转向（Vergence）指的是眼睛向内或向外（而不是平行）转动，以聚焦在距离双

眼不同距离的物体上(Krauzlis, 2013)。**前庭–眼反射**(vestibulo-ocular reflex)是一种补偿头部运动的机制,即眼球自动向头部运动相反的方向转动(Krauzlis, 2013)。**平滑追踪**(smooth pursuit)指的是对移动视觉目标的主动追踪,例如空中飞行的网球或荒野中奔跑的猎豹。与眼跳相比,平滑追踪的移动要慢一些,峰值速度从约 30°/s(Wright & Ward, 2008; Young & Sheena, 1975)到 90°/s(Meyer, Lasker & Robinson, 1985)或 100°/s(Holmqvist et al., 2011)。平滑追踪包括平滑移动和追赶眼跳(Barnes, 2011; Hafed & Krauzlis, 2010; Krauzlis, 2013)。目前的眼动追踪技术还不能准确地对其进行测量。

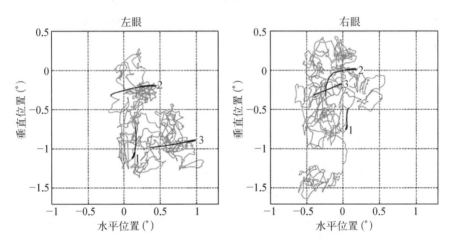

图 2.9 3 秒钟注视期间的注视性眼球运动

注:粗线表示微眼跳。

(来源:转自 Engbert, R., 2006. Microsaccades: A microcosm for research on oculomotor control, attention, and visual perception. *Progress in Brain Research*, *154*, 177-192, 使用经爱思唯尔出版集团[Elsevier]许可。)

最后,在眼注视这一类别中,还有一个子类是微型眼球运动,被称为**注视性眼球运动**(fixational eye movements)。这告诉我们,*眼注视*(eye fixation)这个术语有些用词不当(Rayner, 1998),因为表现得像注视(即一段静止的时间)的行为实际上是以微小的眼球运动为标志的。

图 2.9 绘制的是一名被试的数据。他被要求盯着屏幕中央的一个小标记 3 秒(在图中表示为 0°十字准线)。这种随机模式显现出的大量缓慢的、蜿蜒的运动被称为**漂移**(drift),而非常快的、微小的在漂移中叠加的振荡叫做**震颤**(tremor)(Engbert, 2006; Martinez-Conde & Macknik, 2007, 2011)。图 2.9 中

粗体部分显示了三次快速线性眼球运动,或称**微眼跳**(microsaccades)。微眼跳是一种非常短的眼跳,通常跨度小于1°,每秒发生1~2次(Engbert, 2006)。微眼跳通常是不自觉的和无意识的,它会给视网膜传递图像,刷新输入到感光细胞的视觉信息。这对于对抵消神经适应是非常必要的,也就是说,如果没有新的视觉刺激,静止的图像会迅速淡出视野(Engbert, 2006; Martinez-Conde & Macknik, 2007, 2011)。这就好比青蛙看不到一只静止在墙上的苍蝇,但只要这只昆虫一移动,青蛙就会发现并吞下它(Lettvin, Maturana, MsCulloch & Pitts, 1968)。虽然视觉再激活是微眼跳的主要功能,但马丁内斯-康德和麦克尼(Martinez-Conde & Macknik, 2011:105)指出,微眼跳还可以用来纠正之前略微偏离目标的眼跳。微眼跳和眼跳形成了一个由"相同的神经机制"支撑的连续统一体。在眼动记录中,当某一很短的注视(<80ms)在某一较长的注视附近时,微眼跳就能被发现。在这种情况下,研究者通常会合并这两次注视,或者,如果软件不允许,研究者可能会删除两次注视中较小的一次(见8.2.1)。

2.3 知觉广度

由于眼睛的视敏度有限(见2.1),人类无法从整个环境中提取相同类型或质量的视觉信息,但目前有几个术语可用以区分环境中的特殊区域,包括:(1)阅读领域中的**视觉广度**(visual span)和**知觉广度**(perceptual span)(Rayner, 1975, 1998, 2009; Rayner & McConkie, 1976);(2)场景感知领域中的**功能视野**(functional field of view)或**有效视野**(effective field of view)(Henderson & Ferreira, 2004; Henderson & Hollingworth, 1999);(3)视觉搜索领域中的**视觉叶**(visual lobe)和**知觉叶**(perceptual lobe)(Findlay & Gilchrist, 2003)。一般来说,在这些区域中以视觉形式呈现的信息是很特殊的,因为与视野的其他部分不同,这些信息会影响任务表现。因此,知觉广度(该术语有时被用作跨领域的代替术语,如Rayner, 1998, 2009)是在单一注视过程中获取视觉信息的区域。知觉广度的大小受到视网膜工作方式的限制(见2.1),它反映了注意过程(Findlay & Gilchrist, 2003; Henderson & Ferreira, 1990; Pomplun, Reingold & Shen, 2001)以及个体差异(如Choi, Lowder, Ferreira & Henderson, 2015; Hayes & Henderson, 2017; Veldre & Andrews, 2014)。因

此，知觉广度大小随任务功能和任务复杂性的不同而变化。例如，在视觉搜索中，在任何给定的注视点上都有三到十个搜索项是同时被检视的（Findlay & Gilchrist, 2003），越难的搜索则视觉广度越窄（Pomplun et al., 2001）。雷纳回顾了与伯特拉的一项研究（Bertera & Rayner, 2000）后指出，当注视点周围2.5°半径内的所有搜索项都可见时，视觉搜索可以以最佳状态进行，这表明知觉广度为5°。在带有物体识别或记忆任务的场景感知中，功能视野在注视点附近延伸4°（Henderson & Ferreira, 2004），不过场景的全局属性——比如那些能让观看者理解场景大意（一般意义）的属性——是在一个更大的区域被加工的（Henderson & Ferreira, 2004; Henderson & Hollingworth, 1999）。

注意对知觉广度的影响在阅读中表现得尤为明显，在阅读中，阅读方向上的知觉广度更大（见图2.10）。这种不对称反映了隐性和显性注意的联系和部分分离（见1.2和2.6）。具体来说，知觉广度的不对称是因为阅读时，注意力会隐性地转移至下一个单词，这一行为先于相应的显性眼球运动（Henderson & Ferreira, 1990）。因为我们的眼睛倾向于向阅读的方向移动（例如，英语中是从左到右），而且隐性注意先于显性注意，所以在阅读方向上的知觉广度更广。例如，使用像英语这样的字母书写系统的读者，在注视点右侧最多可以感知到14~15个字母间距的信息，而在注视点左侧只能感知到3~4个字母间距的信息。这是最大估值，因为个体阅读能力的差异（Choi et al., 2015; Häikiö, Bertram, Hyönä & Niemi, 2009; Veldre & Andrews, 2014; Whitford & Titone, 2015; 见下文讨论）和更高的中央凹加工负荷（Henderson & Ferreira, 1990）可能还会导致知觉广度变小。**整体知觉广度**（global perceptual span）或**词长广度**（word length span）是读者加工低级视觉信息的整个区域，最显著的是以字间间距为标记的词边界。这些信息对帮助读者决定下一步要看的位置非常重要（Rayner, 2009）。**字母特征广度**（letter feature span）是知觉广度的一种，它在注视点右侧延伸约十个字符宽度（McConkie & Rayner, 1975）。读者可以从这个区域提取有关字母特征的信息，例如上行字母（如b、d、l）或下行字母（如p、y、j）。**字母识别广度**（letter identity span）是知觉广度中最小的区域，在注视点右侧约七至八个字符的范围内（McConkie & Rayner, 1975）。在这个区域，读者即使没有直接看字母，也能识别出来。字母特征和字母识别广度中的信息有助于对即将出现的单词进行词汇加工。这就是**预览效益**（preview benefit）

或**预览优势**(preview advantage)(见小贴士 2.1)。这一效益意味着,当句中的下一个单词进入读者眼睛的副中央凹区域时,他们对其的注视时间比没有预览或改变预览时所需要的时间更短(Rayner,1998,2009)。

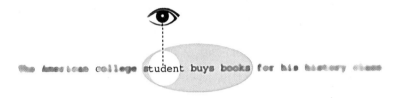

图 2.10 视野

注:灰色椭圆形表示读者在加工文本时提取信息的知觉广度。

> **小贴士 2.1 预览效益或预览效应**
> 预览效益是指与没有进入副中央凹区域的单词相比,之前进入副中央凹区域的词的加工速度更快。

研究者发现,在世界上的许多语言中,词长都是通过词间距来体现的,这是阅读过程中的一个重要因素。下一个单词每增加一个字母,词间眼跳的平均落点位置就大约向右移动 0.2 个字母长度(Radach,Inhoff & Heller,2004;见 2.4)。这意味着,当下一个单词变长时,人们的眼跳也会变长。下一个单词的查看位置,也就是眼睛的落点位置,可以根据词的长度来预测(见第 45 页小贴士 2.2 和第 46 页小贴士 2.3)。最关键的是,在眼跳开始前,根据知觉广度上的词间距信息,词长信息可由副中央凹区域进行提取。那么,在没有词间距引导的情况下,阅读无词间距语言(如泰语和汉语)的读者如何定位他们的眼球运动呢?为了回答这个问题,研究者在无词间距的文本中人为插入了间距,结果表明,尽管词间距在泰语中并不常见,但泰国读者在阅读有词间距的文本时,阅读更有效率(Kohsom & Gobet,1997;Winskel,Radach & Luksaneeyanawin,2009)。不过,汉语的词间距促进作用不那么明显。白学军、闫国利、利佛赛奇、臧传丽和雷纳(Bai,Yan,Liversedge,Zang & Rayner,2008)发现,插入词间距的中文的阅读速度与正常的无间距文本相似,而且插入与词边界不一致的间距和非词间距会破坏阅读过程。沈德立等人(Shen et al.,2012)在汉语二语者中进行了进一步探索,发现四组非汉语母语者(美国人、韩国人、日本人和泰国人)阅读有词间距文本的速度比无间距文本快。无论读者的母语是拼音文字(即韩语、英语和泰语)还是字符文字(即日语),无论他们的母语是有词间距(即英语和韩语)还是无词间距(即泰语和日语),这一发现都成立。这些研究表明,插入间距不会破坏阅读过程(Bai et al., 2008),甚至可能会加快一语者(Kohsom & Gobet, 1997;Winskel et al., 2009)和二语者(Shen et al., 2012)的阅读速度,因为在词间添加空格有助于词语分割。

  关于知觉广度的另一个问题,是从一次注视中可以提取多少信息(Rayner, 2009)。这就是知觉广度的大小。对知觉广度的研究最早可追溯到麦康基和雷纳(McConkie & Rayner, 1975, 1976a, 1976b),他们提出了**随注视变化的移动窗口范式**(gaze-contingent moving window paradigm)来研究知觉广度。在该范式阅读中,个体通过窗口看到文本,而窗口外的文本则被不同的字母遮挡(见图2.11)。[2]研究者可以改变窗口的大小,并研究它是如何影响阅读的,从而确定视觉广度的大小。其中的逻辑是,当窗口与他们的知觉广度一样大或更大时,读者不会再放慢速度。陈炬之和邓治刚(音译)(Chen & Tang, 1998)发现中国读者只能从注视点右边的二至三个字和左边的一个字中提取信息。同样使用移动窗口技术,池田和才田(Ikeda & Saida, 1978)以及崔素英和高圣龙(音译)(Choi & Koh, 2009)观察到日本和韩国读者的知觉广度更

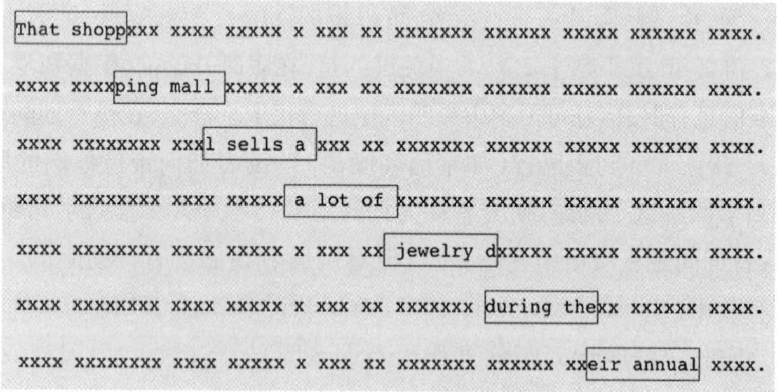

图2.11 随注视变化的移动窗口范式

注:矩形的大小(十个字符)表示窗口的大小。
(来源:改自Rayner et al., 2016)

大。他们的被试能够分别加工注视点右侧的六个字符(Ikeda & Saida, 1978)或六至七个字符(Choi & Koh, 2009)。

一般来说,语言中的信息密度和广度大小之间存在权衡,因此,从任何单一注视中获得的信息量在不同语言之间是基本相同的(Rayner et al., 2012)。冯、米勒、舒华和张厚粲(Feng, Miller, Shu & Zhang, 2009)注意到,如果使用词而不是字母或字符作为测量的基础,那么汉语和英语的知觉广度是相同的。

知觉广度是跨语言研究中的一个重要概念,它与语言的阅读方式有关。具体来说,阅读的方向决定了知觉广度在空间上的延伸。佩特森和他的同事们(Paterson et al., 2014)在最近的一项随注视变化的移动窗口研究中证明了这一点。他们测量了乌尔都语-英语双语者的知觉广度。乌尔都语是一种Perso-Arabic 字母①语言,从右到左阅读,这与英语形成了有趣的对比。佩特森等人的研究有一个显著的特点,就是将窗口外的字母替换为视觉受损的过滤文本(见图 2.12),而不是不同的字母,以模拟视觉分辨率的下降。通过使用移动窗口技术,作者们发现与正常阅读相比,当窗口对称且较小时(注视的左右视角度均为 0.5 度[0.5_0.5]),乌尔都语文本的加工速度最低。乌尔都语阅读速度最快的是窗口向注视左侧偏移较多且较大时(1.5_0.5 和 2.5_0.5)。相反,同一批读者在阅读英语文本时,在对称窗口下阅读速度是最慢的,但在不对称窗口向右偏移时阅读速度是最快的(0.5_2.5)。这一发现与之前关于向左侧阅读的语言的研究一致,如希伯来语(Pollatsek, Bolozky, Well & Rayner, 1981)和阿拉伯语(Jordan et al., 2014)。因此,佩特森和同事们的研究表明,相当高阶的双语者能够根据他们当前阅读的语言调整他们的感知广度。

图 2.12

知觉广度的大小不仅与阅读方向有关,而且与个人的阅读技能有关。有一项针对加拿大英法和法英双语者的研究很好地证明了这一点。惠特福德和蒂托内(Whitford & Titone, 2015)研究了当前语言接触对双语者知觉广度的影响,研究使用问卷评估了被试一语和二语的水平。研究者发现,二语阅读经验较多的双语者受到一语材料中少量副中央凹信息的影响较小,表现出的知觉广度较小,但他们在二语阅读中更容易受到小型副中央凹窗口的影响。由此可见,他们有较大的二语知觉广度,以及相对较小的一语知觉广度。值得注意的是,

———————
① [编者注] Perso-Arabic 是乌尔都语的书写方式。

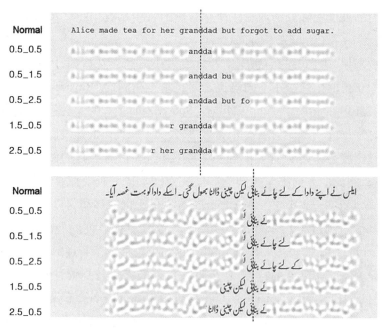

图 2.12 窗口大小不同的随注视变化的移动窗口范式中呈现的乌尔都语和英语句子
（来源：Patersonet al., 2014）

研究者发现,双语者知觉广度的大小(6~10个字符之间)与拼音书写系统的单语者(右侧14~15个字符之间)不同。综上所述,研究结果表明,由于对语言的接触以及掌握的语种数量的不同,被试的阅读技能会有细微的差异。双语者在日常生活中同时接触多种语言,其知觉广度相较单语者可能有所减小。

惠特福德和蒂托内(Whitford & Titone)研究的被试是在双语国家学习或工作的高水平双语者。据我所知,目前还没有针对成人二语学习者的相应基础研究,不过,对儿童一语阅读发展的研究也许能提供一些参考(Häikiö et al., 2009; Rayner, 1986)。海柯等人(Häikiö et al., 2009)招募了8岁、10岁和12岁的芬兰儿童以及芬兰成年人来研究不同年龄阶段字母识别能力的发展情况。研究结果显示,年纪小的读者的字母识别广度[3]一般比成年读者要小。这可能是因为集中在中央凹区域的单词注视消耗了慢速读者的大部分阅读精力。另一个有趣的结果是,相对于阅读较快的读者而言,阅读速度较慢的二年级读者受小型窗口大小(移动窗口研究中的实验操作)的影响更小。这一发现表明,基本的加工路径(此研究中为单词的自动解码)与阅读技能密切相关。

到了五年级，读者通常已经形成了基本的阅读策略（Rayner et al., 2012），且由于阅读过程的许多部分已经自动化，读者之间的差异更多是定量的，而不是定性的（参比 Lim & Godfroid, 2015）。因此，在考虑文字差异（Chen & Tang, 1998; Choi & Koh, 2009; Ikeda & Saida, 1978; Jordan et al., 2014; Paterson et al., 2014）和使用的语种数量（Whitford & Titone, 2015）的因素后，知觉广度可以被用作阅读熟练度的指标。

2.4 眼睛向何处移动

在阅读过程中，我们的眼睛会在文本中移动，目光会随着不同程度的眼球运动停留在单词上。虽然眼跳的长度可能看起来是随机的、不可预测的，但实际上，眼睛会系统地落在一些位置上，这些位置说明了眼动（机械）因素在阅读中的重要性。具体来说，当读者第一次看到一个单词时，他们的眼睛会在单词的开头和中间停顿。这个位置被称为**偏好注视位置**（PVL, preferred viewing location）（Rayner, 1979）。与**最佳注视位置**（OVP, optimal viewing position）相比，偏好注视位置会移到词中心前面（例如，英语是向左，希伯来语是向右）（Deutsch & Rayner, 1999; O'regan & Levy-Schoen, 1987），而最佳注视位置更靠近词中心，它表示一个词能最快被识别的最佳位置（Rayner, Juhasz & Pollatsek, 2005）。当眼睛落在偏好注视位置而不是最佳注视位置上时，很可能发生再注视，阅读时间也会增加。发生这种情况的原因有很多，包括眼动噪声（运动错误）、眼睛当前注视的位置因素和后一个词的词长因素等。与阅读单个的词相比，在阅读连贯文本时，发生最佳注视位置偏差的情况也更频繁，不过在阅读句子时，其对阅读时间的影响往往较小（Vitu, O'regan & Mittau, 1990）。

> **小贴士 2.2　发射点和着陆点（LAUNCH SITE AND LANDING SITE）**
>
> 在描述眼球运动的轨迹时，研究者借用了航空和太空探索中的术语来指代眼球运动的发射点和着陆点。发射点是人们在眼跳时眼睛离开的起始位置；着陆点则是眼跳的目的地。

> **小贴士 2.3　单词 N 和单词 N+1**
>
> 　　单词 n 指的是眼睛实际注视的单词(也称为中央凹词 n，见 2.1)。下一个词被称为 n+1 词。它有时也被称为副中央凹词 n+1，因为它经常会在副中央凹视觉中出现。

> **小贴士 2.4　未抵达与越过(UNDERSHOOTING AND OVERSHOOTING)**
>
> 　　未抵达与越过是用来描述与预定着陆点或位置相关的眼动轨迹的两个术语。当眼睛落在不到目标预定位置的地方时，就是未抵达；当眼睛超过目标位置时就会出现越过。

　　单词上的初始着陆模式反映了较低层次、视觉和眼动变量的影响(见小贴士 2.2)。在较短(5 个字母)的单词中，眼睛会落在中间，而在较长的单词中，眼睛的落点会移到前面。这是因为知觉广度的限制(即较低层次的视觉约束，见 2.3)。具体来说，当下一个单词很长时，一些字母可能超出知觉广度，因此这些字母不在着陆点的计算范围之内(Balota，Pollatsek & Rayner，1985；McClelland & O'Regan，1981；Rayner，Well，Pollatsek & Bertera，1982)。由于所谓的重心假设(center-of-gravity assumption)(Vitu，1991)，着陆点可以进一步用先前注视的位置(即发射点)来解释。维蒂(Vitu)解释说，发射点越靠近下一个单词的词首，眼睛就越有可能越过下一个单词的中心，甚至跳过它(见小贴士 2.3 和 2.4)。这也是由知觉广度中的信息量决定的，发射点离得越近，知觉广度中的信息量就越大。同样地，当发射点和下一个单词的词首之间的距离很大时，眼睛会越过单词的中心，因为在副中央凹视觉(在维蒂的研究中被称为边缘)中能检测到的字母更少。图 2.13 以西扬诺娃-尚图里亚、康克林和范·修文(Siyanova-Chanturia，Conklin & van Heuven，2011)的两个例子说明了这一点，如图，前面的注视影响了后面的单词的着陆位置。当 *sciences* 这个词的发射点与后面的单词 *arts* 相距较远时，即(A)的情况，后续的注视就会落在后面这个词的中心。另一方面，(B)中 *sciences* 的第二次注视(再注视)很接近 *arts*，这可能会导致读者的注视越过目标。

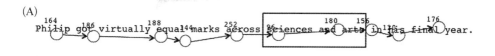

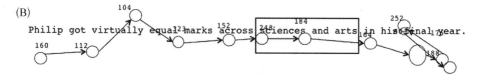

图 2.13　未抵达与越过

注：由于在单词 *sciences* 上的注视发射点不同，在短语 *sciences and arts* 中，（A）未抵达 *arts*，（B）越过 *arts*。

（来源：Siyanova-Chanturia, Conklin & van Heuven, 2011）

因为当前观看位置会对下一个眼跳目的地产生影响，所以控制（即使之保持不变）前面的文本非常重要。例如，西扬诺娃－尚图里亚和同事们比较了高频和低频双名词词组，如 *arts and sciences*（高频）和 *sciences and arts*（低频），在一语和二语中的阅读模式。在获取眼动指标时，他们将一整个双词短语定义为一个兴趣区（见图 2.13）。这种方法比单独分析每个名词的注视时间更可取，因为这样就能体现两种条件下名词在上文语境中的差异。例如，在图 2.13 所示的低频条件下，在 *arts* 前的是 *sciences and*，而在相应的高频条件下，在 *arts* 前的是 *across*。

在某些情况下，即使相同的名词出现在句子中的位置略有不同，对双名词序列进行基于单词的分析也可能是更合理的。在一项词汇附带习得研究中，戈德弗鲁瓦、伯尔斯和霍森（Godfroid, Boers & Housen, 2013）调查了相比于仅在语境中阅读新词，且无近义词线索，提供针对新词含义的强语境线索（新词的近义词）是否更有助于二语词汇的学习。实验中，被试阅读带有新单词的英语短文，这是研究的学习目标。在一种情况下，语境线索在目标词之前（如 *boundaries* 或 *paniplines*），另一种情况下，线索在目标词之后（如 *paniplines* 或 *boundaries*）。尽管在词序上有细微的变化，但单独对线索词（即 *boundaries*）进行了基于单词的分析后，研究者发现，分析的结果与整个短语分析的结果趋于一致，这是我论文（Godfroid, 2010）报告的一部分，但由于篇幅原因从期刊文章中删除了。两项分析表明，学习者只有在语义线索出现在新单词后面时才会使用它们，这种效应在早期和晚期眼动指标中都有体现。

2.5 眼睛何时移动

虽然注视位置的规律性对于模型的建立很重要（见2.6），但应用眼动追踪研究者更关注的是注视某个给定单词的时长。这是因为眼注视时间是一种"加工负荷指标"（Tanenhaus & Trueswell, 2006: 875），它有助于解答二语研究者关心的许多问题，包括教学和反馈效果、注意、语法敏感性、句法解析偏好和各种加工困难（详见第三章）。因此，通过比较两种或两种以上条件下的眼注视时间（如不合乎语法的与合乎语法的、强化的与未强化的或有歧义的与明确的），研究者可以确定被试对标记（实验）条件的加工是否与未标记（对照）条件不同。在很多情况下，这有助于解答他们的研究问题。然而，在进行这样的比较时，要谨记，除了实验操作之外，注视时间还受到其他视觉、词汇或高阶认知变量的影响。在本节中，我会主要概述这些易混淆的变量，以便研究者可以有意识地改变这些变量或在研究设计中控制这些变量。

眼注视时间的"三大"预测因子是**频率**、**语境约束或可预测性**和**词长**（frequency, contextual constraint or predictability, and word length）（Kliegl, Nuthmann & Engbert, 2006: 13）。其他的潜在混淆因素包括对词的熟悉度、习得年龄、词性、具体性或可想象性（见 Liversedge & Findlay, 2000; Rayner, 1998, 2009; Starr & Rayner, 2001，综述）。表2.3 说明了上述每个变量如何影响注视时间，以及一些代表性的文献。因为上述所有变量并未全部以二语者为被试或在视听模式中被研究过，所以这个表格还有助于确定未来研究的领域。

在研究这些变量的影响时，研究者通常采用以下两种方法之一，按照相关研究（Kliegl, Grabner, Rolfs & Engbert, 2004），我将分别称为**实验控制**（experimental control）和**统计控制**（statistical control）。最传统和最常见的方法是在实验中改变目标词，以使句中的词仅在一个维度上不同（如高频与低频），但在所有其他方面都互相匹配（如相同的词长和可预测性）。尽管其他技术，特别是线性回归（Plonsky & Oswald, 2017）和混合效应回归分析（Gries, 2015），也适用于这种类型的设计（见第八章），但方差分析（ANOVA）更加合适。最近，研究者越来越倾向使用基于回归的方法，这种方法无须在实验设计中对变量进行先验控制，而是将变量作为多元回归模型中的预测变量一起输入(示例见 Boston，Hale，Kliegl，Patil & Vasishth，2008；Juhasz & Rayner，2003)。这两种方法在克利格尔等人(Kliegl et al.，2004)的一项经常被引用的研究中得到了例证,他们研究了三个变量(词长、频率和可预测性)对年轻和年长读者的句子加工的影响。

克利格尔等人(Kliegl et al.，2004)收集了年轻和年长的德语一语者在阅读德国波茨坦句子语料库(Potsdam Sentence Corpus)中的144个德语句子时的眼动数据。该语料库和邓迪语料库(Dundee Corpus)(如 Kennedy & Pynte，2005；Pynte & Kennedy，2006)是最有名的两个语料库。克利格尔和同事们收集了语料库中每个词的可预测性、频率和词长信息,然后将这些信息用于统计分析。词的可预测性是从一项增量完形填空任务中获得的(Taylor，1953),在此任务中,被试(与参加主要实验的被试不同)需要尽量从句首开始猜出每个单词。完形填空是评估一个词可预测性的最常用的方法(关于潜在语义分析的另一种方法,见 Pynte，New & Kennedy，2008)。词的可预测性是通过能够填写正确单词的被试的百分比来评估的。例如,在下面的句子(1)中,词 window 的完形值是0.6,可以理解为60%的被试在以下句子中预测了 window 的出现：
Jill looked back through the open _____。

(1) Jill looked back through the open **window** to see if the man was there.
(*Rayner & Well*，*1996*)

词频信息由从 CELEX 语料库检索而来,再以对数频率录入。研究者通常在分析中使用对数频率,而不是原始频率值,因为自然语言中词频分布是呈正偏态的。此外,频率和反应时之间的关系是非线性的,其中眼注视时间是一个特例。低频范围的微小变化(例如,每百万单词中出现1次到10次)与高频率范围的大变化(例如,每百万单词中出现1 000次到10 000次)对反应时的影响相似。为了处理此类问题克利格尔和同事们将语料库中的词分为五个"对数频率类别"：第一类(每百万词中出现1次~10次),共242个单词；第二类(每百万词中出现11次~100次),共207个单词；第三类(每百万词中出现101次~1 000次),共242个单词；第四类(每百万词中出现1 001次~10 000次),共227个单词；第五类(每百万词中出现超过10 001次),共76个单词(Kliegl et al.，2004：267)。

为了了解可预测性、词频和词长如何影响阅读行为,作者们进行了两种类型的分析,一种是分析整个语料库(统计控制方法),另一种是分析目标词的选定子集(实验控制方法)。他们进行两项分析的原因是,词长和词频在波茨坦句子语料库中是相关的($r=-0.64$),正如自然语言中,较长的词通常出现频率不高。因此,为了理解词长和词频对阅读的影响,作者们对词长和词频不相关($r=-0.01$)的子集再次进行了分析。

研究结果表明,对于整个语料库而言,词长和频率与注视时间和注视概率相关,而可预测性仅影响注视概率。这与之前的研究结果一致,即对较长单词的注视时间会增加,而对高频单词的注视时间会减少(见表2.3)。可预测的单词被跳过的概率更高,这也与之前的研究结果一致。在目标词分析中,首次阅读时间受三个变量的影响。然而,目标词的可预测性与第二次阅读的时间密切相关;具体来说,可预测性低的单词重读次数更高。对目标词和语料库效应的对比表明,词长和词频的效应可以泛化至所有词(两种分析中预测因子的回归系数相近)。可预测性的研究结果可以推广至注视概率,但不适用于注视时间。因此,正如在语料库分析中观察到的那样,在将严格控制的实验设计的结果运用到更自然的句子或文本阅读时,需要谨慎一些。

前面的阐述为研究者在设计实验材料时需要考虑的各种因素提供了一些见解。这也为第三章和第四章的研究设计奠定了基础。现在,我们来看单词熟悉度和习得年龄(AoA, age of acquisition)这两个与频率相关但又不同的变量。

在阅读研究中,习得年龄和单词熟悉度通常使用主观评分来测量。习得年龄是指第一次接触一个单词的年龄,而单词熟悉度是指对一个单词的熟悉程度。在进行主实验之前,研究者可能会收集被测变量的常模性资料。研究人员把习得年龄和单词熟悉度评分的可变性范围设置得很广还是很小,取决于习得年龄和单词熟悉度是需要研究的变量还是控制变量。这就是使用常模性资料的目的。例如,尤哈斯和雷纳(Juhasz & Rayner, 2006)的第二个实验的规范化研究使用了7级李克特量表测量了习得年龄和单词熟悉度。20名本科生对单词的习得年龄按1到7评级,1表示该单词在0岁到2岁之间习得,7表示该单词在13岁之后习得。另一组本科生对单词的熟悉程度进行了类似的评级,数字越大表明他们对这个词越熟悉。在这一系列的两个实验中,尤哈斯和雷纳调查了习得年龄和频率(保持熟悉度、具体性、可想象性和词长不变)对

表 2.3 影响注视时间的变量

变量	如何测量？	影响	文献
词频	语料库	使用频率越高的单词加工得越快。频率较低的单词加工得较慢	R：Cop, Keuleers, Drieghe & Duyck (2015) L2：Godfroid et al. (2013) VW：Dahan, Magnuson & Tanenhaus (2001)
可预测性（语境约束）	完形的概率	从上文语境中更容易预测出的词加工得更快	R：Vainio, Hyönä & Pajunen (2009) L2：Mohamed (2015) VW：Altmann & Kamide (2009)
词长	字母数量	越长的词加工越慢	R：Juhasz (2008) LA：Lowell & Morris (2014) VW：Meyer, Roelofs & Levelt (2003)
词熟悉度	评级	越熟悉的单词加工越快	R：Williams & Morris (2004) L2：— VW：—
习得年龄	基于语料库计数和评级	在生活中越早习得的词加工越快	R：Juhasz & Rayner (2006) LA：Joseph, Wonnacott, Forbes & Nation (2014) VW：Canseco-Gonzalez, Brehm, Brick, Brown-Schmidt, Fischer & Wagner (2010)
词性		动词比名词加工慢	R：Bultena, Dijkstra & van Hell (2014) L2：— VW：—
具体性	NS 评级	更具体的单词或字面化的习语加工得更快	R：— L2：Siyanova-Chanturia, Conklin & Schmitt (2011) VW：Duñabeitia, Avilés, Afonso, Scheepers & Carreiras (2009)
从句位置	从句类型	从句和句子结尾的加工时间都会增加	R：Hirotani, Frazier & Rayner (2006) L2：— VW：n/a

注：R 表示一语者或双语者的阅读研究；L2 表示主要关注二语晚期学习者或双语能力不均衡的双语者的研究；VW 表示一语者的视觉情境研究；LA 表示一语者的语言习得研究。

单词识别的影响。他们采用了实验控制法。在实验 2 中,被试阅读四种条件下的句子(高频-早习得年龄;高频-晚习得年龄;低频-早习得年龄;低频-晚习得年龄),其中句子中的目标名词反映了给定实验条件下的词频和习得年龄。考虑到词频与习得年龄的高相关性(高频词的习得相对较早),该研究对低频词和高频词的标准较以往研究有所放宽(高频-晚习得年龄的平均频率为每百万词 75 次;低频-早习得年龄的平均频率为每百万词 6 次),因为符合高频-晚习得年龄和低频-早习得年龄的单词数量是有限的。方差分析结果显示,频率和习得年龄有主效应,但无交互效应。晚习得词汇(平均评级为 4.9)比早习得词汇(平均评级为 2.75)的注视时间更长。这些影响与频率无关。因为频率还影响注视时间、熟悉度、具体性、可想象性和词长,所以这些因素在本研究中得到了控制。尽管有这些有趣的发现,但使用习得年龄的主观评级存在局限性,即被试会凭借更多的依据(如习得顺序)来评估习得年龄,因为回忆一个单词习得的确切年龄是很困难的。

近几年,约瑟夫等人(Joseph et al., 2014: 245)研究了习得年龄的影响,他们将习得顺序(OoA, order of acquisition)作为"实验室模拟习得年龄"(Gboratory analog of AoA)。研究的问题是,当对词汇的总接触量保持不变时,习得顺序是否会影响新词的加工和习得。虽然这项研究主要通过英语母语者阅读英语进行,但双语和二语习得领域也在进行类似的研究(Elgort, Brysbaert, Stevens & Van Assche, 2018; Godfroid et al., 2018; Godfroid et al., 2013; Mohamed, 2018; Pellicer-Sánchez, 2016)。在这项研究中,被试在五个实验阶段接触了 16 个不存在的单词,其中一半的单词在第一天(习得顺序靠前)出现,另一半在第二天(习得顺序靠后)出现。在为期五天的实验结束时,所有这些单词都出现在了 15 个句子中,这意味着总接触频率是保持不变的,单词长度也保持不变。线性混合模型的结果显示了接触效应和习得顺序效应。新词每出现一次,阅读时间就会减少,这表明读者对新词更熟悉了。有趣的是,习得顺序仅在测试阶段对总阅读时间有影响,而在接触期间没有影响。这个结果出人意料,因为测试句子是在最后一个接触阶段(第 5 天)后立即呈现的,从被试的角度来看,测试句与接触的句子没有区别。区别这两组句子的是其出现时的上下文。目标词在接触阶段出现在意义丰富的语境中,而在测试阶段则出现在中性句子中(后者用于测试隐性学习:以二语读者为被试的研究示例见 Elgort et al.，2018）。因此，后期出现的单词的总阅读时间的增加表明，对这些单词的加工在很大程度上仍然依赖于上下文，所以当在测试阶段去除上下文支持时，阅读时间就增加了。约瑟夫和他的同事们得出结论，"在[他们的]实验中，较早出现的词比较晚出现的词具有更高的词汇地位"（Joseph et al.，2014：245）。

在本节中，我们探讨了语言加工过程中影响注视时间的不同变量以及这些变量是如何研究的。在下一节中，我们会看到低层次眼动系统（见2.4）和高层次认知系统（见2.5）的相互作用是如何在不同的眼动控制模型中被概念化的。

2.6 眼-脑联系有多紧密？眼动控制的两种模型

阅读时的眼球运动是人类的一大技能（Gough，1972；Huey，1908），因为它结合了认知活动和肌动活动（Engbert，Nuthmann，Richter & Kliegl，2005）。也就是说，眼球运动同时受到认知及语言（较高层次）和视觉及眼动（较低层次）因素的影响。在2.4和2.5中，我们讨论了低水平变量如何影响注视位置（即阅读*何处*），而高水平因素主要影响注视时间（即阅读过程*何时*发生）。

现在我们讨论不同的眼动控制计算模型，以及这些模型如何解释阅读中的各种实验现象。这些模型为"眼-脑联系"的问题提供了不同的答案。

眼动行为计算模型是基于眼动追踪实验的大量经验数据而建立的计算机算法或形式化数学规范。这些理论模型反映了研究者对眼球运动的最佳理解。与此同时，研究团队在证实或否定不同模型中的关键假设时，这些模型本身也助推了进一步的实证研究。在阅读研究中，眼动控制的计算模型主要可以分为**认知控制模型**（cognitive-control models）和**眼动模型**（oculomotor models）两类（见图2.14）。认知控制模型认为认知（如词汇加工）会很大程度上影响眼球运动，而眼动模型认为低层次视觉信息（如词长）和眼动因素（如眼跳所需时间）的作用更大。因此，这些模型以不同的方式衡量了较低层次和较高层次的信息在阅读中的重要性，并据此对"眼-脑联系"的问题提供了不同的答案。具体来说，认知控制的支持者认为，凝视和认知过程之间存在紧密的眼-脑联系（即强眼-脑联系），而眼动控制的支持者则认为，这两者之间存在的联系较弱且是间接的(即弱眼-脑联系)。虽然这体现了这两类模型背后的大致思路,但在单个模型如何实例化关键概念(如认知控制)方面还存在重要差异。当我们比较 E-Z Reader 和 SWIFT 模型①时,这一点就会变得清晰起来。

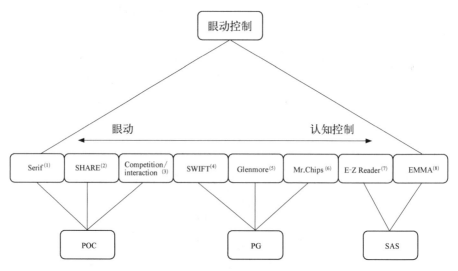

图 2.14　眼动控制模型[4]

注:初级眼动控制模型(POC, primary oculomotor control)假设眼球运动是由低水平因素驱动的;加工梯度模型(PG, processing gradient)假设注意是以平行方式分配的;顺序注意转换(SAS, sequential attention shift)假设注意是以序列方式分配的,一次一个单词。

在过去的十年里,研究的焦点似乎从是否存在眼-脑联系转移到了眼-脑联系有多强,以及应该如何将其概念化。《实验心理学季刊》(*The Quarterly Journal of Experimental Psychology*, Murray, Fischer & Tatler, 2013)在 2013 年的特刊中专门讨论了阅读中的序列加工和平行加工。读者是按顺序加工单词还是平行加工单词的问题(后面会有更详细的解释)同样适用于认知控制模型和眼动模型。虽然平行加工可能与眼动模型有更强的关联,且序列加工往往与认知控制模型有关,但序列加工的眼动模型(如 SERIF 或竞争/交互模型)和平行加工的认知控制模型(如 Mr. Chips 模型)(Ralph Radach & Kennedy, 2013)也是存在的。这就是为什么研究者们(Jacobs, 2000;Radach,

---

① E-Z Reader 模型和 SWIFT 模型均为阅读过程中的眼动控制理论模型,国内暂时没有找到相应的权威中文译名,所以保留原名。

Schmitten, Glover & Huestegge, 2009; Radach & Kennedy, 2013)建议通过两个方面对眼动模型进行重新分类:(1)自主眼跳生成与认知控制;(2)序列注意或平行注意。这些区别对于更细致地理解眼动控制模型的不同是很必要的。特别是,它们可以解释为什么最著名的两种眼动模型——E-Z Reader 和 SWIFT——即便在都被认为是认知模型(比较图 2.14 和 2.15)的情况下却如此不同(南辕北辙)。

在 SWIFT 模型(自发眼跳中央凹抑制模型,[Autonomous] Saccade-Generation With Inhibition by Foveal Targets)中眼睛是以或长或短的固定时间间隔在句子中向前移动的(Engbert et al., 2005),就像人类体内有一个节拍器或计时器,指示着下一次眼球运动的时间,这个特性解释了 SWIFT 模型的自发眼跳生成部分。同时,内部节拍器会受到随机的、系统性的噪声影响。此外,如果读者在加工当前注视的单词时遇到困难,那么阅读也会延迟。推迟下一次眼球运动意味着当前的眼注视时间会加长,因为眼睛仍停留在原处。因此,当看到频率较低或无法预测的单词时,加工困难会通过一个抑制过程来增加眼睛的注视时间。正是这种中央凹抑制的原理使 SWIFT 成为一种认知模型,尽管眼球运动的驱动力不是认知控制,而是自发眼跳生成。

图 2.15 E-Z Reader 和 SWIFT 眼动控制模型网格图

假设下一次眼跳已经设定好了,那么眼睛会看向哪里呢?恩格伯特和同事们(Engbert et al., 2005:778)认为,眼跳目标的选择基于"动态变化激活场"(a dynamically changing activation field)内单词之间的竞争。激活场基于一个复杂的数学模型。如图 2.16 所示,激活场对应不同单词曲线下的灰色区域,可以看到它们随着时间的变化而动态变化。在图 2.16 中,粗黑线表示眼睛浏览句子时做出的一系列注视(垂直线)和眼跳(水平线)。在大多数时间点上,多个单词被激活,下一个眼跳目标(即水平线的终点)的选择是通过所有当前激活的单词之间的竞争过程来确定的。例如,试次开始 700ms 后,vor(之前,在……里面)、Gericht(法庭)和 nicht(没有)都被激活并竞争成为注视目标。试次开始 800ms 左右时,vor 赢得了竞争,再次获得注视。这一理论观点的一个重要结论是,在 SWIFT 模型中,注意被认为是一个包含多个单词的梯度(而不是一束聚光灯)。同时被激活的单词数量随时间波动,但恩格伯特和他的同事们(Engbert et al., 2005:798)注意到,他们的结论可以通过假设三个单词的同时激活来从定性角度再现:当前注视的单词 n、下一个单词 $n+1$ 以及之后的单词 $n+2$。从心理学的角度来看,这意味着读者会从空间分布上同时注意并加工单词。因此,SWIFT 是一种具有自主眼跳生成的**平行加工**(或**平行注意**)认知模型。

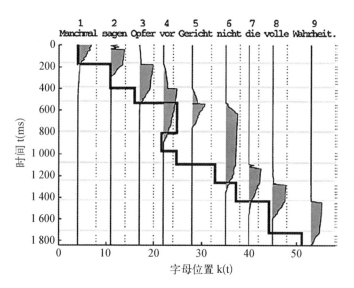

图 2.16 SWIFT 模型数值模拟示例

注:粗黑线是句子("有时受害者不会在法庭上说出全部真相。")的预测阅读模式。竖线表示注视,水平线表示眼跳。
(来源:Engbert, R., Nuthmann, A., Richter, E. M. & Kliegl, R., 2005. SWIFT: A dynamical model of saccade generation during reading. *Psychological Review*, 112(4), 777-813, APA, 使用经许可,也可见第九章图 9.2。)

那么 E-Z Reader 模型是怎么样的呢？虽然 E-Z Reader 模型也是一种认知模式，但它在注意和眼跳生成方面都与 SWIFT 不同。在 E-Z Reader 模型中，眼跳程序不是在设定的时间之后开始的，而是在当前注视词语的词汇通达即将到来时开始。这意味着读者的大脑加工器会无意识地根据单词形式的信息做出相关猜测，认为接下来就会进行对单词意义的检索。因此，词汇加工的早期阶段，即熟悉度检查或第一阶段（L_1），是推动眼睛在文本中移动的引擎（见图 2.17；Reichle et al., 2013；Reichle, Pollatsek & Rayner, 2006；Reichle, Rayner & Pollatsek, 1999, 2003；Reichle, Warren & McConnell, 2009）。在 E-Z Reader 模型中，认知（即单词识别和词汇加工的一部分）是眼动的引擎，这与 SWIFT 模型不同，SWIFT 模型的引擎基本上是自主运行的。此外，眼跳启动与词汇完全通达（第二阶段，L_2）是分离的，因为对眼跳进行编程大约需要 150 毫秒（Reichle et al., 2013；Reichle et al., 2012）。如果眼跳编程和词汇加工有部分重叠，阅读会更加有效。因此，在新的 E-Z Reader 模型中，阅读中的词汇加工和眼动有一部分是同时进行的（见图 2.17），而不是像之前的 Reader 模型（Morrison, 1984）那样依次进行。当词汇通达完成后，隐性注意转移到下一个单词（见图 2.17），而显性注意（即眼睛凝视）通常紧随其后（关于显性注意和隐性注意的讨论见 1.2）。在直接注视到下一个单词之前对该单词的提前加工被称为"预览效益"（见第 41 页小贴士 2.1）。预览效益是副中央凹加工的结果，也就是眼睛凝视之前的隐性注意（见 1.2 和第 23 页图 1.5a）。由此可见，E-Z Reader 模型中的注意是基于文字的注意。注意被分配给单个的单词，像一个聚光灯或光束，在词汇通达的引导下，以严格的序列方式，一次一个地从一个单词到另一个单词。简而言之，E-Z Reader 是一种认知控制的**序列注意**模型，在该模型中，单词识别的第一阶段（L_1）和第二阶段（L_2）这两个假设阶段分别触发眼跳启动和注意转移。

单词是序列加工还是平行加工的问题是当代阅读研究中的核心问题（Engbert & Kliegl, 2011；Reichle, 2011）。在二语习得领域，对注意的性质的探究是一个棘手的问题。在阅读中，注意的概念化范围很广，从序列注意模型中的"单个词加工束"（one-word processing beam）（Radach, Reilly & Inhoff, 2007：240）到平行注意模型中的注意梯度或"激活场"（field of activation）（Radach, Reilly & Inhoff, 2007：241）。这些问题对信息如何编码有着重要的

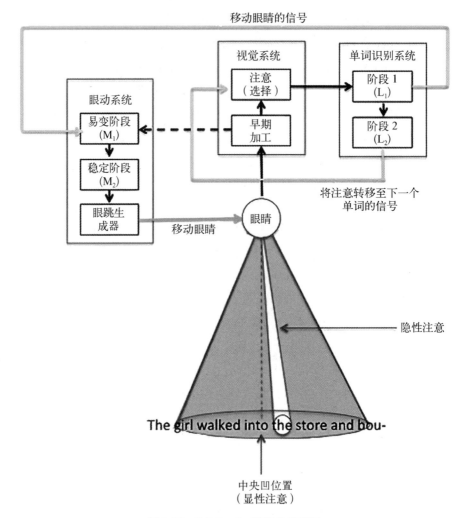

图 2.17 *E-Z Reader* 模型的示意图

注：移动眼睛的信号和转移隐性注意的信号是分离的。新版本的模型还包括一个后词汇加工阶段，在这个阶段，如果单词整合耗费的时间太长，眼睛可能会做出回视。

（来源：改自 Reichle et al., 2003, 2009, 2012）

影响，也引起了二语研究者的关注。这是因为许多研究双语和二语习得的眼动追踪研究者精确地记录眼球运动，就是为了研究注意和加工现象。此外，在我们的领域中，我们通常会根据观察的分析区或兴趣区来解读眼动数据。例如，如果分析区是一个不符合语法的形容词、一个生造词或一个低频名词，那么注视时间通常反映的是该形容词、生造词或名词的加工过程。虽然也有例外,但词或短语通常是分析的基本单位,我们一般将注视与眼睛在任意给定时间所注视的具体物体放在一起解读。[5]这表明,大多数眼动追踪应用研究者,包括二语习得研究者和双语研究者,都认为眼与脑之间存在紧密的联系。从这方面来说,他们的研究可能更偏向于 *E-Z Reader* 而不是 SWIFT 模型。与此同时,前面的讨论提供了充分的证据,证明眼睛和大脑并不总是一致的(另见第 23 页图 1.5)。鉴于"眼-脑假说的灵活性"(Murray et al., 2013: 417),我们也许应该将"眼-脑联系"视为"有弹性的松紧带"(Murray, 2000: 652),那么了解这种弹性或眼脑分离的程度就显得非常重要,正如默里和他的同事们(Murray et al., 2013)所提出的,只要有足够的灵活性,任何序列注意模型都能够重现与副中央凹加工和单词 *n*+2 预览效应等类似的平行效应(Radach, Inhoff, Glover &Vorstius, 2013;小贴士 2.5)。同样,如果注意的广度足够小,平行注意模型就可以模拟序列加工。希望更深入地研究这些问题的读者可以参考有关副中央凹-中央凹效应的文献(如 Drieghe, Rayner & Pollatsek, 2008; Kennedy, Pynte & Ducrot, 2002; Pynte & Kennedy, 2006; White, 2008)。从本质上说,副中央凹-中央凹效应是指即将出现的词(该词出现在副中央凹区域中)的属性会影响被试对当前的注视词 *n* 的注视时间。这种效应的存在在正字法层面上没有争议,但在语义层面上却不然。如果语义层面的副中央凹-中央凹效应被证实真实存在,那么这将为平行加工提供强有力的证据。

> **小贴士 2.5   *N*+2 预览效应**
> *N*+2 预览效应指从单词 *N* 开始预览单词 *N*+2(注视点右侧第二个单词)有利于后续对单词 *N*+2 的加工(如注视次数更少或时间更短)。

无论哪种理论观点最终占上风,良好的研究设计和适当的条件控制始终是进行有效、可解释的眼动追踪研究的关键。如前所述,大多数关于二语习得和双语的眼动追踪研究都是为了比较不同实验条件下的注视行为:不合语法与符合语法、强化与非强化、歧义与明确等。充分的实验控制意味着实验条件的改变只与研究者想要研究的内容有关,没有额外的或混淆的变量(见 2.5 和第三、第四章)。有了这样的设计,在不同的条件下的注意分配也是相似的。在这两种条件下,注意可能都是序列的,也可能都是平行的,但在很大程度上,在两种条件之间进行比较时,这些效应会相互抵消。那么,在眼动记录中剩下的主要是实验操作的效应或信号。因此,尽管研究者无法排除相邻的单词($n+1$ 和 $n+2$)同时被加工的可能性(Engbert et al., 2005),但可以对当前读者注视的单词或事物的加工过程做出判断。

2.7 结论

本章的目的是让读者了解一系列关于眼球运动的基本事实,这些事实是进行语言习得和加工研究的基础。它们大都源于视网膜的不均匀分布。在视网膜中央有一小片高视敏度的区域称为*中央凹*,两侧是大面积低视觉分辨率区域,叫做*副中央凹和边缘*。"视网膜和视觉投影的不均一性……可能是视觉系统结构的最基本特征"(Findlay & Gilchrist, 2003:2),且可能是人类这样尺寸的大脑能将清晰的视觉与从大视野中获取的信息结合起来的唯一方式(Findlay & Gilchrist, 2003)。视网膜的不均一性是一些重要现象的基础,包括*知觉广度*(也被称为功能视野和知觉叶)和副中央凹加工。这些现象早在眼动追踪研究的第三波浪潮中就已伴随着*随注视变化的移动窗口范式*的发展(McConkie & Rayner, 1975, 1976a, 1976b)被证实存在(见1.1.3)。在该范式的研究中,视觉输入的变化取决于观察者注视的位置(见第42页图2.11)。这使得研究者能够保留或操纵副中央凹信息,并观察它如何影响任务表现。在阅读研究中,对该范式的研究已经得出了读者在不同阅读方向下对不同文字和语言的知觉广度的估值。研究还表明,知觉广度会受注意过程影响(Henderson & Ferreira, 1990),它在阅读方向上更长(例如,在英语中,知觉广度可向左覆盖3~4个字母,但向右最多可达 14 或 15 个字母),对于难的文本则要窄一些(Henderson & Ferreira, 1990)。知觉广度的大小在个体内和个体间也存在差异,这与语言接触(Whitford & Titone, 2015)和语言能力有关(Häikiö et al., 2009; Rayner, 1986)。尽管知觉广度作为二语阅读熟练度的独立指标有很大潜力能够丰富相关研究,但对成人二语者知觉广度的研究仍处于起步阶段(Leung, Sugiura, Abe & Yoshikawa, 2014)。

另一种将心理学研究成果扩展到二语习得和双语研究的方法是为二语者和双语者建立特定领域的眼动行为基准(见 Cop, Drieghe & Duyck, 2015;

Cop, Keuleers, Drieghe & Duyck, 2015, 两项针对双语者的示范性研究)。经过四十年的眼动追踪研究, 人们对注视和眼跳等典型的眼动行为有了很好的理解(见第 33 页表 2.2 和 Rayner, 1998, 2009)。注视和眼跳的特征一部分反映了肌动活动, 一部分反映了任务的具体要求和被试特征。例如, 默读是一个具有明确语义成分的高度受限任务, 其所需注视时间通常比其他信息处理任务要短(Reichle et al., 2012), 当然, 其中也有个体差异(如 Henderson & Luke, 2014; Hyönä, Lorch & Kaakinen, 2002; Hyönä & Nurminen, 2006; Luke et al., 2015; Taylor & Perfetti, 2016; Veldre & Andrews, 2014, 2015), 但我们对这个领域的了解主要集中在一语上。尽管语言背景是一个潜在的混淆因素, 但在实践中, 研究母语任务中个体差异的研究者往往不报告母语被试的其他语言知识, 而是把他们当成实际上只会说一种语言的人, 即单语者(Cop, Drieghe & Duyck, 2015; Cop, Keuleers et al., 2015; Whitford & Titone, 2015)。此外, 关注阅读行为如何随着二语熟练程度变化的研究很少(Dolgunsöz & Sarıçoban, 2016), 因此我们目前的最佳推测是基于儿童一语阅读的文献。未来, 需要通过更规范的研究来确定儿童一语阅读和成人二语阅读的异同, 进而评估这一假设的正确性, 这一点很重要。在现有的研究成果中加入一系列特定于二语的参数, 这对夯实二语眼动追踪研究领域的基础至关重要。

虽然应用眼动追踪研究者记录眼球运动是为了研究被试的认知过程, 但不能忽视数据中较低层次因素(即视觉和眼动因素)的潜在影响。关于词边界(以间距体现)的低层次信息就是在副中央凹被加工的(见 2.3), 还能引导眼球运动的方位; 通常情况下, 眼睛容易被引导到一个词的偏好注视位置或是最佳注视位置(见 2.4)。认知会影响眼睛停留在给定单词或图片上的时间, 这主要由词频和可预测性效应(见 2.5)体现。表 2.3 列出了一些额外的认知因素——词汇熟悉度、习得年龄(AoA)、词性、具体性和在句中的位置以及一个重要的视觉因素——词长, 这些因素同样会影响注视时间。在设计眼动追踪研究时, 这些刺激特性无论对实验上还是统计上的变量控制都很重要(见第三章和第四章)。然而, 认知、运动行为和视觉约束具体是如何相互作用的仍没有定论。越来越多的研究者认为, 认知(更具体地说, 在我们的领域是语言加工)会影响眼球运动, 这对本书的读者来说是个好消息。与此同时, 在阅读时注意力是序列分配还是平行分配的问题上, 带头的科学家们意见不一, 这表明在其他视觉任务中,这个问题也没有得到解决(见 Findlay & Gilchrist, 2003)。鉴于使用眼球运动作为(显性)注意指标的研究的数量,我们需要同时关注序列加工与平行加工的实证文献与计算建模的相关发展。不管这场讨论的结果如何,眼动记录已成为语言研究者的研究方法之一。因此,应用眼动追踪的研究者在进行眼动追踪研究时,要合理设计,尽量避免不同的注意概念模型影响结果。这意味着要在适当的对照条件下,谨慎地设计实验。第三章和第四章将概述完整的眼动追踪研究设计所涉及的因素。

注释

1. 不同的作者对眼跳特征的评估也不同。其他研究者提出的眼跳速度范围为 30°/s ~ 500°/s(Holmqvist et al., 2011)或 130°/s ~ 750°/s(Duchowski, 2007),峰值速度为 400°/s ~ 600°/s(Young & Sheena, 1975)。霍尔姆奎斯特等人(Holmqvist et al., 2011)将眼跳定义为跨越 4° ~ 20° 距离的运动。这些作者认为,更小的眼球运动也会发生,但将其另外归类为微眼跳和滑动(glissade)。
2. 当前的讨论可能会让读者想起在 1.1.2 中介绍的使用自定步速阅读移动窗口的方法。尽管眼动追踪和自定步速阅读中的移动窗口技术很相似,但它们在导致窗口移动的原因上有所不同。正如在第一章中提到的,自定步速阅读依赖于读者的反应(按下按钮)来改变显示。然而,在眼动追踪中,窗口会随着读者在屏幕上的注视点而移动。
3. 请注意,*字母识别广度*(letter identity span)是知觉广度的子区域,读者可以在这个区域识别特定的字母。
4. (1) Serif 模型(McDonald, Carpenter & Shillcock, 2005);(2) SHARE 模型(Feng, 2006);(3) 竞争/交互模型(Yang, 2006);(4) SWIFT 模型(Engbert et al., 2005);(5) Glenmore 模型(Reilly & Radach, 2006);(6) Mr.Chips 模型(Legge, Klitz & Tjan, 1997);(7) *E-Z Reader* 模型(Reichle, Pollatsek & Rayner, 2006);(8) EMMA 模型(Salvucci, 2001)。
5. 其中一个例外是对*溢出区*(spill-over region)阅读时间数据的分析。根据定义,溢出区为紧随关键区域后的一个或多个单词。研究者通常会分析溢出区来测试*溢出效应*(spill-over effects),即来自关键区域的延迟效应(如第 23 页图 1.5d 所示)。

第三章

基于文本的眼动追踪可用于研究哪些主题？
——综合评述

研究者总是勇于探索未知，寻求答案，眼动追踪研究者也是如此，他们使用眼动记录来帮助他们探寻研究问题的答案。本章将讨论二语习得和双语研究中使用眼动追踪方法成功解决的问题的类型。虽然问题的角度不同（见Bachman，2005），但本章会尽量用通用的术语来描述，目的是呈现当代眼动追踪研究的广泛性和多样性，旨在帮助读者提出基于眼动追踪的研究问题并开启自己的研究项目。

3.1 主要为读者在确定研究主题方面提供一般性建议。3.2 是本章的主要内容，根据研究方向综述了基于文本的二语眼动追踪研究。（关于视觉情境范式的类似综述将在 4.2 中介绍）。本章主要考察了五个基于文本的眼动追踪的研究方向。每个研究方向都对应不同的小节（3.2.1 至 3.2.5），每个小节最后都列出了一系列关键问题。读完本章，读者能更清楚地了解如何将眼动追踪运用于现在的二语研究。

3.1 寻找研究主题

虽然许多读者对他们想要进行的眼动追踪研究类型已经有了一个大致的概念（通常是他们当前研究的延续），但在某些情况下还是方法先于想法。当你拿到眼动仪的时候，你可能还没有真正思考过要如何使用它。也许你的老师或同事有一台眼动仪，或者某个负责项目财务管理的人说要给你的项目购置一台眼动仪(真是稀奇事!)。也许你读这一章是因为你不确定眼动追踪是否值得你耗费时间和经费,不确定这项技术能否为你的研究锦上添花(更多关于眼动仪的实际用途详见 9.2.1)。不管你是出于什么原因对眼动追踪方法产生兴趣,都要提醒自己眼动追踪研究与大多数其他类型的研究一样,都是为了增进我们对世界的认识。这意味着眼动追踪研究是建立在自己或其他人的成果之上的,研究的结果是可复现的、可推广的。要对该领域做出贡献,了解现有的文献很重要,因为这能帮你确定你所感兴趣的问题和可能的研究主题。我想澄清的是,即使之前的研究并非关于眼动追踪,眼动追踪研究者也可以将其作为自己的参考。研究的灵感可以来自任何类型的行为研究(例如能产出准确数据、准确反应时间或其他类型的定量变量的实验研究)和潜在的观察性研究。眼动追踪还可以为 ERP 研究提供有参考价值的视角(见 1.1.4)。因此,对于首次进行眼动追踪研究的研究者来说,"戴上眼动追踪的有色眼镜"阅读现有的文献是一个很有效的方法。不妨思考一下,通过这种方法,你从应用眼动追踪技术的复制研究中可能获得的成果。并不是所有研究都能从眼球追踪数据中获益,但总有一些会的。当你发现有这样的研究时,你的第一个眼动追踪项目的主题就确定了。在 9.3.1 中,我提出了 10 个研究思路,以帮助读者进行研究。研究案例 8 和 9 分别来自测试评估(Cubilo & Winke, 2013)和词汇学习(Lee & Kalyuga, 2011)。这些初始研究不包括眼动记录,但用眼动追踪技术对其进行复制性研究很有参考意义。关于二语习得研究的其他领域的例子也可以找到,所以要获得信息就要广泛阅读并保持开放的心态(戴上你的有色眼镜吧)。以这种方式阅读现有文献可以让你深入思考眼动追踪能如何丰富你的研究项目以及眼动追踪能为你解决哪些问题。

　　在这一章的剩余部分,我将对我目前所描述的内容进行补充。我将把重点放在现有的眼动追踪研究上,不是因为这些是唯一的灵感来源,而是因为它们代表了已经建立的研究领域,在这些领域中,眼动记录的价值已经得到了充分体现。通过参考以往的研究主题,我将为研究人员提供一些可使用眼动记录开展的研究主题作为参考。目标是提供一个研究方向列表,这些研究方向已经产出了大量的眼动追踪研究成果,理解了研究方向,你就可以基于自己的文献阅读在现有的研究方向外进行探索。此外,这些已发表的论文中的研究方法是该领域当前实践的一个很好的衡量标准。如果眼动追踪与其他定量研究领域一样,那么随着二语习得和双语研究中眼动追踪研究领域的不断发展,这些还会不断发展(如 Plonsky,2013,2014)。因此,我会参考优秀期刊上发表的文献,在接下来的章节中,结合自己的见解,为开展眼动追踪研究提供方法论上的指导。

3.2 基于文本的眼动追踪研究方向

为了评估针对二语和双语者的眼动追踪研究的现状,我查阅了截至2017年6月已在知名二语习得期刊上发表的或在线(作为在线前沿出版物)发表的所有眼动追踪研究。[1]我检索了15本定期发表二语习得研究的期刊(VanPatten & Williams,2002)和一本关于二语测试评估的期刊,即《语言测试》(*Language Testing*)。普隆斯基(Plonsky,2013,2014)的研究方法综述论文也是始于这5本二语习得期刊。因此,目前的综述涵盖了来自以下16本期刊的所有眼动追踪研究:《应用语言学习》(*Applied Language Learning*)、《应用语言学》(*Applied Linguistics*)、《应用心理语言学》(*Applied Psycholinguistics*)、《双语:语言与认知》(*Bilingualism: Language and Cognition*)、《加拿大现代语言评论》(*Canadian Modern Language Review*)、《外语年鉴》(*Foreign Language Annals*)、《二语写作期刊》(*Journal of Second Language Writing*)、《语言意识》(*Language Awareness*)、《语言学习》(*Language Learning*)、《语言教学研究》(*Language Teaching Research*)、《语言测试》(*Language Testing*)、《现代语言期刊》(*The Modern Language Journal*)、《二语研究》(*Second Language Research*)、《二语习得研究》(*Studies in Second Language Acquisition*)、《系统》(*System*)和《对外英语教学季刊》(*TESOL Quarterly*)(TESOL 是 Teaching English to Speakers of Other Languages 的缩写)。

我列了一份检索关键词列表来划定二语习得或双语研究中的眼动追踪研究的相关领域。这些关键词分为两组:(1)眼动追踪(eye tracking)、眼动-追踪(eye-tracking)、眼球运动(eye movement)、眼球-运动(eye-movement)、眼睛凝视(eye gaze)或眼注视(eye fixation);(2)二语(second language)、外语(foreign language)、L2、成人(adult)、双语(bilingual)、第二(second)、语言(language)或学习者(learners)。两组中的关键词可以搭配使用。这些关键词构成了在四个学术数据库中的基础检索,分别是语言学和语言行为摘要（Linguistics and Language Behavior Abstracts, LLBA）、心理学文摘（PsycInfo）、教育资源信息中心（Education Resources Information Center, ERIC）和谷歌学术（Google Scholar）。最初检索得到了84篇文章。我对检索到的文章进行了筛选,然后根据研究范式把文章分成两类,一类是基于文本的眼动追踪研究,一类是视觉情境范式的眼动追踪研究。

基于文本的研究必须有书面语言成分,即在屏幕上显示词、句子或更大的文本单元。一些研究同时包含了书面语和口头语,跨越了基于文本的研究和视觉情境研究之间的传统界限。（视觉情境范式的研究综述详见第四章。）由于对字幕研究的眼动分析主要集中于阅读（书面）字幕（subtitles, captions）,所以我把所有的字幕研究都归进文本类（Bisson, Van Heuven, Conklin & Tunney, 2014; Montero Perez, Peters & DeSmet, 2015; Muñoz, 2017; Winke, Gass & Sydorenko, 2013）。我在列表中加入了苏沃罗夫（Suvorov, 2015）的研究,这是一项关于二语听力评估的研究,与字幕研究类似,被试需要观看有解说音频的视频（但苏沃罗夫的研究中没有字幕）。视觉情境范式的延伸实验是在屏幕上用文字来代替图像,但因其研究特性（如 Tremblay, 2011）仍然被认为是视觉情境范式。不过有两项研究值得进一步探讨：博尔杰和萨帕塔（Bolger & Zapata, 2011）的研究与考文斯卡娅和玛丽安（Kaushanskaya & Marian, 2007）的研究。前者在词汇教学研究的不同实验中结合使用了基于文本的眼动追踪和视觉情境眼动追踪的元素。相反,后者的研究没有包括任何音频,但展现了视觉情境研究的所有其他特征。我把这两项研究归类为视觉情境研究,一是因为它们在视觉显示方面的相似性（屏幕上的一些大型元素）,二是因为它们在概念上关注干扰效应（视觉情境研究中反复出现的主题）。总之,尽管每个类别的各种研究中都包含基于文本的眼动追踪和视觉情境眼动追踪之间的基本区别,但可以使用相对较细的分类标准将每项研究都归到单一类别中。

文献检索显示,到目前为止,基于文本的研究（$k=52$）大约是视觉情境研究（$k=32$）的两倍。从图3.1中可以看出,不同期刊发表文章主题的柱状图是不均衡的。几本期刊都发表过第二语言学习者或双语者的眼动追踪研究,发文量最多的是《双语：语言与认知》以及《二语习得研究》。《双语：语言与认知》几乎刊发了迄今为止该领域发表的一半有关视觉情境研究的文章,这在一定程度上反映了视觉情境研究者和杂志读者对双语词汇的共同兴趣,也就是说,该杂志中许多关于视觉情境的论文都涉及双语者的两种或两种以上语言的词汇共同激活(joint lexical activation)问题。眼动研究也在《应用心理语言学》《二语研究》《语言学习》和《现代语言期刊》等知名期刊上有了一席之地,这些杂志都分别发表了4到10篇有关眼动追踪的论文。最后,还有越来越多的期刊发表了至少一项眼动追踪研究。我们在这种出版期刊的多样化中也可以看出眼动追踪研究主题的多样化。

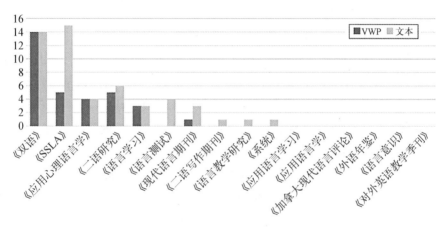

图 3.1　眼动追踪研究在 16 本二语习得期刊中的分布

注：SSLA 代表《二语习得研究》；VWP 代表视觉情境范式。

现在我们来回顾一下基于文本的眼动追踪的主要研究方向。我和我的研究助理(她对所有研究进行了梳理)一起总结了当代基于文本的眼动追踪的五个主要研究方向：(1) 语法(见3.2.1),(2) 词汇和双语词库(见3.2.2),(3) 课堂中的二语习得(见3.2.3),(4) 字幕加工(见3.2.4),(5) 测试评估(见3.2.5)。虽然有些研究是跨类别的,但本章根据其研究的主要领域仅将其归入一个类别。在接下来的内容中,我将根据研究方向的问题类别进行概述,按照研究的数量排序,先从研究成果最多的研究方向开始。

3.2.1　语法

在线检索显示,共有 19 项基于文本的眼动追踪研究涉及语法的表征、加工和习得。通常,这些研究的作者会从形式语言学角度研究二语习得和加工,不过也有学者倾向从心理学角度开展研究。句子加工文献中的大部分是词汇研究(第二大研究方向)与语法研究,因为语法研究中的试次一般由几句单句或句群组成,而不是篇章。[2] 语法研究至少有四种不同的方法,这些方法的不同之处在于在关键句(即需要研究的句子,而非填充句)中所嵌入的操纵部分。(1) **异常检测**(anomaly detection)或**违例范式**(violation paradigm)主要研究句子在语法、语义、语用或语篇层面的异常(如 Clahsen et al., 2013; Ellis et al., 2014; Godfroid et al., 2015; Hopp & León Arriaga, 2016; Keating, 2009; Lim & Christianson, 2015; Sagarra & Ellis, 2013; Zufferey et al., 2015)。(2) **歧义消解范式**(ambiguity resolution paradigm)主要研究句中的句法歧义(如 Chamorro et al., 2016; Dussias & Sagarra, 2007; Roberts et al., 2008)。(3) 使用**依存范式**(dependency paradigm)的研究者会编写存在长距句法依存关系的句子,例如英语中的特殊疑问句或定语从句(如 Boxell & Felser, 2017; Felser & Cunnings, 2012; Felser et al., 2009, 2012)。对这些范式的优质评述可参看 Dussias, 2010; Jegerski, 2014; Keating & Jegerski, 2015; Roberts & Siyanova-Chanturia, 2013。(4) 语法研究的第四种方法,即**无违例范式**(non-violation paradigm),不涉及以上任何一种操纵方法(如 Godfroid & Uggen, 2013; Spinner et al., 2013; Vainio et al., 2016)。无违例范式是视觉情境研究的默认范式,即便研究目的是衡量语法知识,这种研究也通常不涉及语法异常(见第四章)。

那么,研究者用这些不同的范式研究哪些主题呢?研究主题必然是丰富多样的。其中一个主要问题是二语学习者是否掌握了语法的某一方面,因此学习的重点往往在形态句法上(如时态、人称、单复数、语法性别或格标记)。对于探究学习者内部语法的研究来说,习得过程(可理解为给定功能是否为语法的一部分)取决于学习者的语法敏感性(见 Godfroid & Winke, 2015 的讨论)。此类研究的假设是当被试了解某项语法功能时,他们会因材料违反其内部语法而放慢速度(或以其他方式作出反应)。因此,习得问题通常使用异常范式(anomaly paradigm)来解决,研究者以此来比较被试对符合语法和违反语法的句子的加工。[3] 在眼动追踪研究中,研究者就同一个项目分别创建合乎语法规则的句子和违反语法规则的句子,然后对比这两个版本的句子的阅读时间和其他眼动指标。(在大多数情况下,被试只会阅读到其中一种,因为设计是经过平衡的。详见5.2和6.3.1.1。)下面是霍普和莱昂·阿里亚加(Hopp & León Arriaga, 2016)的两个例子,他们使用异常范式研究了西班牙语母语者和西班牙语二语学习者对句子的加工情况。在本例和下面的例子中,加粗词代表句子中的关键区域。除非有特别说明,否则被试阅读的都是常规印刷的句子。

(1) (a) Federico prometió **al vecino** una revista sobre barcos.
(b) *Federico prometió **el vecino** una revista sobre barcos.
"弗雷德里克答应给他的邻居一本关于船的杂志。"

例(1)的句对,或称双式句(doublet),有一个双宾语动词 *prometer*,意为"(给出)承诺"。在西班牙语中,间接宾语需要以 *a* 来标记(而 *a* 加上 *el* 变为 *al*),所以在(1b)中没有标记的宾语 *el vecino*("邻居")是不符合语法的。

研究还关注人们的语法知识和其显性语言行为间的互联机制。描述这种机制的术语叫**句法解析**(见第10页小贴士1.1)。贾夫斯和罗德里格斯(Juffs & Rodríguez, 2015)将语法和句法解析之间的关系比作内燃机的两种状态。

> 语法是静止的引擎,当前并未驱动车辆前行,但有这样做的潜力。句法解析是运行中的引擎,受制于系统允许的压力和可能故障,并实时驱动产出或理解。
>
> (*Juffs & Rodríguez*, 2015: 15)

研究者感兴趣的是不同语言一语者和二语者如何解析句子,解析过程是否会在双语或多语言之间迁移以及二语者在加工过程中是否像一语者那样依赖句法信息。

需要特别注意的是,正如贾夫斯和罗德里格斯的内燃机比喻所描述的,当研究者记录眼球运动时,他们观察的是运行中的引擎,永远不可能是静止的引擎。这是因为眼动数据是加工过程中的数据(Godfroid & Winke, 2015),或者用生成术语来说是性能数据。贾夫斯和罗德里格斯指出,"语法在加工过程中可能受到输入质量、记忆限制和与语法本身结构无关的外部影响的干扰"

(Juffs & Rodríguez, 2015: 15)。就眼动记录而言,数据会揭示被试的词汇知识、阅读技能、一般语言能力和工作记忆容量等因素对语言加工的影响。最后,如果研究人员没有发现语法敏感性的证据,或者没有基于结构的加工的证据,那么就不能得出结论,认为被试缺乏所假设的语法知识或句法解析能力。不过,缺乏证据不等于没有证据。相反,这可能说明这项任务的难度超过了二语者的一般语言能力,被试因此无法展示出他们所拥有的知识或加工启发法。霍普(Hopp, 2014)对个体差异的研究结果印证了这一点(SPR 中的类似结果见 Fender, 2003 和 Hopp, 2013)。

霍普(Hopp, 2014)研究了工作记忆、二语熟练度和词汇解码在句子加工中的作用。[4] 英语母语者和英语二语者被试阅读了含有局部歧义的英语定语从句,如(3)和(4)。其中有两个名词可能是动作的施事(3)或动作的受事(4)。哪种阅读方式正确取决于助动词的单复数([3]中的 *was/were*)或反身代词的性别([4]中的 *himself/herself*)。这是一种**歧义范式**(ambiguity paradigm),该范式与其他实时的研究方法一起使用,包括自定步速的阅读与听力以及 ERP(见 1.1.4)。

(3) 局部消歧
   (a) The director congratulated the instructor of the schoolboys who **was** writing reports.(高附加)
   (b) The director congratulated the instructor of the schoolboys who **were** writing reports.(低附加)

(4) 非局部消歧
   (a) The student had liked the secretary of the professor who had almost killed **herself** in the office.(高附加)
   (b) The student had liked the secretary of the professor who had almost killed **himself** in the office.(低附加)

在眼动追踪的歧义范式中,研究者比较了被试对结构特性略有不同的句对的阅读时间。当句子有明确的解释时,如(3)和(4),研究者的目标是确定被试是否在结构层面上偏向其中一种解释。被试读得更快的句子反映了其内在的解析偏好。霍普试图采用这种方法来确定英语一语者和英语二语者被试的定语从句阅读偏好——是认为定语从句修饰的是第一个名词(高附加)还是第二个名词(低附加),或是没有表现出偏好。他发现英语二语者的词汇解码技能(词汇知识的自动性)与被试解析句子的方式是相互作用的。所有被试都倾向于有低附加的较容易的句子(即偏向[3b]胜过[3a]),这与英语一语者对照组的阅读数据一致。然而,在较难的句子中,只有二语被试组中的快速词汇解码者显示了出同样的低附加偏好(即偏向[4b]多于[4a])。而初级和中等水平的二语解码者不再显示出对阅读这两句句子的偏好,这表明他们的句法解析已经崩溃。词汇加工是句子加工研究中经常被忽视的重要因素。正如霍普(Hopp, 2014: 272)所指出的:"进行自动词汇通达加工较少的二语者……在在线理解中无法达到句法结构的构建阶段。"因此,在研究二语句法加工时,最好同时测试被试的词汇量和单词检索流畅性,这样就可以在分析中同时考虑这些变量的因素。

词汇因素可能也会导致二语者和一语者有时表现出的在句法反应方面的不同(如 Boxell & Felser, 2017; Felser & Cunningings, 2012; Felser et al., 2009, 2012)。一语和二语的句法加工是不同的,这是**浅层结构假说**(shallow structure hypothesis)的核心观点。该假说认为"与母语者相比,成人二语学习者为理解而计算的句法表征更浅显、更粗略"(Clahsen & Felser, 2006b: 32)。在**依存范式**(语法研究的第三种范式)中,浅层结构假说是推动大多数眼动追踪和 SPR 研究的基础假设。与歧义消解范式研究相似,依存关系研究使用的是结构属性被更改过的句子。这些句子往往很复杂。下面的例子取自博克赛尔和费尔泽(Boxell & Felser, 2017)的研究,他们在眼动追踪阅读研究中补充了可接受性判断任务,示例如下。为方便读者,标出了缺位和括号。

(5)(a) 两处缺位,不定式

It was not clear which animals [the plan to look after _____] would protect _____.

(b) 两处缺位,限定式

It was not clear which animals [the plan that looked after _____] would protect _____.

例(5)中,名词短语 which animals 脱离了常规的直接宾语位置,形成了间接疑问。根据形式句法理论(formal-syntactic theory),名词短语在顺着句法树向上移动的过程中留下了两条轨迹或两处缺位。第一条轨迹位于其原位生成的位置(the plan would protect the animals),第二条轨迹位于复杂主语内部的中间空缺位置(the plan to look after/that looked after the animals)。如果(5)中的句子要符合语法,其复杂主语必须包含不定式而不是限定动词,即(5a)是符合语法的,(5b)是不符合语法的(Kurtzman, Crawford & Nychis Florence, 1991;正如 Boxell & Felser, 2017 的研究中所引用的那样)。

特殊疑问词组 which animals 被称为填充词,而其基部提取位置的空语类被称为缺位。需要研究的问题是二语者是否会在他们的填充词-缺位的依存加工中表现出句法反应。从本质上说,就是研究他们是否会在缺位处减速(将填充词补至其原位),同时避免在不合语法的位置造成缺位。因此,使用依存范式的研究需要比较两种句子的阅读时间:预计会出现减速的句子(如[5a])和预计不会出现减速的句子(如[5b])。

杜西娅(Dussias, 2010)强调了数据收集方法在句法依存加工研究中的重要性。考虑到依存研究中的句子往往比较复杂,让被试逐字或分段阅读(如自定步速阅读)可能会进一步增加认知负荷。这对于二语者来说尤其困难,因为他们的加工过程通常更费力。值得注意的是,自定步速阅读研究普遍支持浅层结构假说(如 Felser, Roberts, Marinis & Gross, 2003; Marinis, Roberts, Felser & Clahsen, 2005; Papadopoulou & Clahsen, 2003),而眼动追踪研究发现,二语者确实对缺位比较敏感,他们的反应仅比母语者略慢一点(Boxell & Felser, 2017; Felser et al., 2012)。这就再次引出了词汇加工速度的问题(Hopp, 2014)。一语者和二语者之间细微的加工差异是来自词汇加工的差异还是句法加工的差异呢?要得出二语者在句法加工方面确实存在困难的结论,就要首先考虑词汇的影响,这一点很重要。

最后,越来越多的语法习得与加工研究采用了学习的一般认知框架,如联想学习理论(Ellis, 2006)、注意假说(Schmidt, 1990)和调谐假说(Cuetos & Mitchell, 1988)。几项研究(Ellis et al., 2014; Sagarra & Ellis, 2013; Godfroid & Uggen, 2013)直接将眼睛凝视作为显性注意力的标志来研究对词汇或形态线索的依赖(Ellis et al., 2014; Sagarra & Ellis, 2013)或加工过程中的形态注意

(Godfroid & Uggen, 2013)。杜西娅和萨加拉(Dussias & Sagarra, 2007)从频率角度解释了双语者的解析偏好,并指出即使是一语者也难免会受环境的影响。在这些研究中,戈德弗鲁瓦和乌根(Godfroid & Uggen, 2013)的研究没有涉及任何语法不通、不一致或有歧义的句子。他们的研究将在此处作为第四个范式来讨论,即**无违例范例**(也请参阅 Vainio et al., 2016)。

戈德弗鲁瓦和乌根研究了德语初学者是否会区分或"**注意**"(noticed)(Schmidt, 1990)德语动词的词干变体(即词素变体)。在关键试次中,一个动词的两个词干变体同时出现在排列在一起的两句句子中(见图3.2)。戈德弗鲁瓦和乌根将被试对有标记的动词词干(经过元音变化的动词词干)的观察与对照试次中被试对相应的、无标记的动词词干的观察进行了比较。研究者想知道,那些只学习了无标记动词形式变化的被试是否会从以句意为重点的接触过程中学习到动词的词素变体。在这方面,他们特别感兴趣的是实验结果是否如注意假说所提出的那样,被试在阅读中的注意分配预示了其动词产出后测中的学习情况。

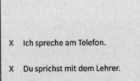

图 3.2　语法学习实验中的关键试次

注:第二个屏幕包含动词 *sprechen*(意为"说")的两个词干变体,即 *sprech-* 和 *sprich-*。*Sprich-* 对被试来说是新的,是研究中的学习目标。

(来源:Godfroid & Uggen, 2013)

研究者发现,被试对有交替词干的动词对的注意增加了,这也印证了注意假说。研究还证实,动词的实时加工与产出后测的成果之间呈正相关关系。通过关注二语习得中的微加工,戈德弗鲁瓦和乌根以及其他研究词汇习得的同事们揭示了学习者在输入中遇到新形式时是如何分配注意的。二语习得教学的研究者(3.2.3 会综述他们的研究)还考虑了在不同类型的教学影响下注意分配的问题(Alsadoon & Heift, 2015;Cintrón-Valentín & Ellis, 2015;Indrarathne & Kormos, 2017, 2018;Winke, 2013)。因此,研究者可以很容易地将无违例范式延伸到任务效应的研究中。表 3.1 总结了以眼动追踪来进行语法研究的一些主要问题。

表 3.1　语法习得及加工方向的眼动追踪研究问题

1. 二语者是否已经掌握了语法的某个特定方面,他们能否将所学知识应用到实际生活中?(违例范式)
2. 不同语言的一语者和二语者如何解析句子?二语者是否与一语者一样,依赖基于结构的语法原则?(歧义范式、依存范式)
3. 解析路径是否会在双语者的两种(或更多)语言之间转换?(歧义范式、依存范式)
4. 个体差异对句法加工有什么影响?(任意范式)
5. 二语者如何处理他们在输入中遇到的陌生形式?他们的在线加工行为与他们对这些形式的学习有关联吗?(无违例范式)

3.2.2　词汇和双语词库

在线检索结果显示,共有 17 项基于文本的眼动追踪研究涉及双语者两种(或两种以上)语言的词汇表征、词汇加工和词汇习得等主题。根据当代词汇研究的观点(如 Wray, 2002, 2008),词汇可以包括单词(如 *spill*, *bean*,意为"洒出""豆子")和比单词更大的单位,包括习语(如 *spill the beans*,意为"泄露秘密")、修辞表达(如 *an early bird*,意为"早起的人")、部分固定结构(如 *as far as ___ is concerned*,意为"就……而言")和词语搭配(如 *a fatal flaw*,意为"致命缺陷")。由此可见,词汇研究既包含了单个词的加工研究(Elgort et al., 2018; Godfroid et al., 2013; Godfroid & Spino, 2015; Mohamed, 2018; Pellicer-Sánchez, 2016)也包含了多词研究(Carrol et al., 2016; Carrol & Conklin, 2017; Siyanova-Chanturia et al., 2011; Yi et al., 2017)。[5]进而词汇研究还包括词位(理论上无论大小,但实际上是单个词)在双语词库中的表征和通达(Balling, 2013; Cop, Dirix, Van Assche, Drieghe & Duyck, 2017; Hoversten & Traxler, 2016; Miwa et al., 2014; Philipp & Huestegge, 2015; Van Assche et al., 2013)。研究者对双语者及二语者词库的共同研究兴趣将这三种研究方式联系在了一起。虽然研究主题有共同之处,但不同领域研究者的研究问题略有不同,下文将对这些不同的领域进行逐一讨论。(1)**单个词加工**(single-word processing)的研究使用的是生词或低频词,有时甚至是伪词

(pseudowords),以确保被试在实验前对目标词几乎或者完全不了解。这类研究的主要问题是:二语者能否从阅读中学习这些词?或者说,加工(阅读)和词汇习得(单词学习)之间有何种联系?(2)另一方面,在**多词序列**(multiword sequences)的研究中,习语和词语搭配通常是已知的或熟悉的,不过研究也可能包括对照条件下不熟悉的、非习惯性的表达。这种研究的重点是多词单元是如何在二语者的词库中表现出来的。换句话说,关注多词单元的研究者利用学习者的加工数据对其多词序列的心理表征进行研究。(3)对**双语词库**(bilingual lexicon)的实证研究也以表征为重点。在很多情况下,双语词库研究者研究的是两种语言中的特殊词汇的加工,比如同源词(法语中的 *animal* 与英语中的 *animal*)、同形异义词(英语中的 *pie* 意为"馅饼",而相同的拼写在西班牙语中的则是"脚"的意思)、同音异义词(德语单词 *belebt* 意为"活泼的",而与之发音相同的 *beleefd* 在荷兰语中则意为"有礼貌的")。鉴于双语者掌握的两种语言可能有共同的词汇表征(如上文的 *animal*),而单语者只认识一种语言中的词汇,因此这类研究的首要问题是双语者加工这些单词的方式是否不同于单语者,或者其对这些单词的加工是否也不同于对没有任何跨语言重叠的对照词的加工(如法语中的 *pantalon* 和英语中的 *trousers*)。

对(单个词的)词汇习得的眼动研究处于**词汇附带习得**(incidental vocabulary acquisition)的理论框架内(有时也称为语境词汇学习;Elgort et al., 2018)。众所周知,词汇的积累可能是附带的,是另一种专注于意义的活动的副产物,比如阅读、看电影或与朋友聊天(详见 Schmitt, 2010)。这种附带的接触是词汇增长的一个重要来源。眼动追踪研究者将眼睛凝视作为一种显性注意的指标,以更细致地研究附带词汇学习是如何实时发生的。不像大部分关注**离线**(offline)测试表现的词汇附带习得研究,该领域的眼动追踪研究者主要关注学习者的**在线**(online)加工行为,即学习者与新单词的实时接触。然后,研究者对这些实时加工数据与被试在线下词汇测试(如词义识别或词义回忆)中的表现进行统计分析。例如,戈德弗鲁瓦等人(Godfroid et al., 2013)研究了二语学习者在阅读含有(作为学习目标的)新单词的短文时是如何分配注意的(示例见图 9.26)。作者们将目标词加工和目标词学习联系在一起来,这在当时是一项新的发现,也是眼动追踪方法的一项新应用。阅读过程中被试分配给目标词的注意越多(注视时间越长),其在词汇后测中就能越好地识别出目标词。这一发现在阅读研究中得到了多次验证（Godfroid et al., 2018; Mohamed, 2018; Pellicer-Sánchez, 2016），并已延伸到了不同类型的研究中，包括从有字幕的视频中学习单词（Montero et al., 2015）以及各类教学中的语法习得（Cintrón-Valentín & Ellis, 2015; Godfroid & Uggen, 2013; Indrarathne & Kormos, 2017）。与此同时，（单个词的）词汇习得研究已逐步开始使用较长的阅读材料，包括短篇小说（Pellicer-Sánchez, 2016）、分级读物（Mohamed, 2018）、小说章节（Godfroid et al., 2018）或通识教育课本（Elgort et al., 2018）。当阅读材料较长时，单词自然会出现得更频繁，因此这一研究方向的一个新问题是当读者在文本中反复遇到这些词时，他们对目标词的加工会怎样随着时间的推移而变化（Elgort et al., 2018; Godfroid et al., 2018; Mohamed, 2018; Pellicer-Sanchez, 2016）。

对多词单元的眼动追踪研究是基于"语言是**公式化**（formulaic）的"的观点（如 Boers & Lindstromberg, 2009; Nesselhauf, 2005; Robinson & Ellis, 2008; Wray, 2002, 2008）。语料库的研究者表示，人们输出的语言是富有统计规律的（Pawley & Syder, 1983; Sinclair, 1991），他们习惯将某些词搭配在一起使用（如 *strong coffee*、*heavy drinker*、*avid reader*，而不是 *thick coffee*、*large drinker*、*zealous reader*）。这些约定俗成的单词序列占了人们语言库的很大一部分，有助于减轻人们选词的负担。然而，目前还不清楚二语者在多大程度上也能从公式化语言中获益，因为"只有当某一序列深深扎根于语言使用者的长期记忆中时，它才能被认为是该使用者的真正的公式化语言"（Boers & Lindstromberg, 2012: 85）。眼动追踪可以揭示学习者如何实时加工公式化语言——尤其是他们在加工公式化序列时是否表现出加工优势（更快的阅读速度）——并以此考察二语学习者的知识深度。

这一领域的许多研究都将习语作为公式化语言的典型范例，并关注对其的加工过程。这类研究使用"阈值法"（threshold approach）（Yi et al., 2017: 4），因为在这种研究中，一个表达要么是习语（如 *spill the beans*），要么不是习语（如 *spill the chips*），如果是习语，那么就可以认为该词组是作为整体在词库中存储和检索的（如 Wray, 2002, 2008）。在词语搭配研究中，常用分级法来研究多词单元（例如，*fatal mistake*[致命的错误]>*awful mistake*[可怕的错误]>*extreme mistake*[极端的错误]，来自 Sonbul, 2015），这些词之间的关联很强,但不是绝对的。易韦和同事们(Yi et al., 2017: 5)将后者称为"连续法"(continuous approach),认为"[多词序列]在频率和其他统计特性方面是作为一个连续体存在的"(同上)。有趣的是,研究更大范围的多词序列的研究者(Sonbul, 2015; Yi et al., 2017)发现,二语学习者对目标语言的统计特性很敏感,而习语加工研究的结果则更加复杂(Carol & Conklin, 2017; Carol et al., 2016; Siyanova-Chanturia et al., 2011)。

卡罗尔和康克林(Carrol & Conklin, 2017)研究了在简短的英语句子语境中呈现的英语习语和翻译后的汉语习语的加工(另见 Carrol et al., 2016,对英语和瑞典语的类似研究)。被试分别是英语单语者和母语为汉语的中等水平的英语学习者,他们在第一个实验中阅读了像(6a)~(6d)这样的句子。汉语成语"画蛇添足"(draw a snake and add feet)的意思是"由于添加一些不必要的细节而毁掉某事"(Carrol & Conklin, 2017: 300),但显然这个比喻的含义只有了解汉语的人才知道。卡罗尔和康克林在两个眼动追踪实验中讨论了汉英双语者是否即使在英语阅读中也会激活该汉语成语的语义或概念知识。

(6)(a) 英语习语

My wife is terrible at keeping secrets. She loves any opportunity she gets to meet up with her friends and **spill the beans** about anything they can think to gossip about.

(b) 英语对照

My wife is terrible at keeping secrets. She loves any opportunity she gets to meet up with her friends and **spill the chips** about anything they can think to gossip about.

(c) 汉语成语

I've been decorating my house and I want to keep the colors simple. I don't want to **draw a snake and add feet** so I've chosen a nice plain color of paint.

(d) 汉语对照

I've been decorating my house and I want to keep the colors

simple. I don't want to **draw a snake and add** <u>**hair**</u> so I've chosen a nice plain color of paint.

研究者分析了习语和相应的非习语对照词组中最后一个词的阅读时间。其中的假设是,大部分加速会发生在最后一个词上,因为读者在看最后一个词时极有可能已经认出了这个习语。卡罗尔和康克林发现,英语母语者和汉语母语者表现出了互补的加工模式。说英语的人读英语习语(6a)的速度比读非习语(6b)的速度快。而与非成语(6d)相比,说汉语的人在汉语成语(6c)上展现出了加速效应。最重要的是,汉语母语者在阅读这些英语习语([6a]和[6b])的时间上没有差异,这与西扬诺娃-尚图里亚等人(Siyanova-Chanturia et al., 2011)早期以混合一语背景的英语使用者作为被试的研究结果相同,但与卡罗尔等人(Carrol et al., 2016)对瑞典语一语者的研究结果不同。因此,就像所有这些研究中的被试那样,仅仅知道一个英语习语的含义可能不足以让被试获得加工优势,因为加工优势需要以根深蒂固的短语知识为基础(Boers & Lindstromberg, 2012)。

卡罗尔和同事们在研究中还发现,在二语阅读中,汉语一语或瑞典语一语的习语含义是被激活的。这与当代对双语词库中的单词检索的看法是一致的(即两种语言的检索同时进行),这也是我们现在要讨论的词汇研究的第三个子领域。**双语词库**(bilingual lexicon)的主要理论立场是:就语言而言,词汇通达是非选择性的。这意味着不管单词属于哪种语言,也不管任务使用的是哪种语言,双语者的两种(或两种以上)语言的词汇在语言加工过程中会被共同激活。简单地说,双语者和二语者永远不能真正"关闭"他们当前未在使用的语言(见4.2.1)。我们对双语词库的理解大多来自对单个词加工的研究,例如启动和未启动的词汇判断任务、命名研究和ERP研究(见Kroll & Bialystok, 2013; Kroll, Dussias, Bice & Perrotti, 2015; Kroll & Ma, 2017; Van Hell & Tanner, 2012)。在此背景下,眼动追踪技术已被成功地用于观测日英双语者在英语词汇判断任务中的眼动(Miwa et al., 2014)。眼动追踪进一步开拓了在句子(Hoversten & Traxler, 2016; Philipp & Huestegge, 2015; Van Assche et al., 2013)或更长的文本(Balling, 2013; Cop et al., 2017)中研究单词的可能性,这些文本中的语境信息可能会使人们的注意力偏向使用中的语言(即远离平行、跨语言激活)。研究者如何在看似单语的语境下(如单语句子)测量语言的共激活(co-activation)呢?通常他们会比较被试对两种单词的加工情况:一种是双语者掌握的两种语言中形式和(或)语义相同的单词;另一种是两种语言中独有的单词,它们的词频和词长等属性都匹配(见 2.5 和 6.2.3)。前一类包括**同源词**(cognates)(词义、拼写和发音都相同的词,如法语和英语中的 *animal*)、**同形异义词**(homographs)(拼写相同,发音可能相同,但词义不同,如英语和西班牙语中的 *pie*)和**同音异义词**(homophones)(发音相同,拼写可能相同,但词义不同,如德语中的 *belebt* 和荷兰语中的 *belefd*)。霍弗斯滕和特拉克斯勒(Hoversten & Traxler, 2016)举了一个同形异义词的例子,他们通过比较西英双语和英语单语句子的阅读来研究双语词汇激活。

(7) (a) 一致

　　While eating dessert, the diner crushed his **pie** accidentally with his elbow.

(b) 不一致

　　While carrying bricks, the mason crushed his **pie** accidentally wth the load.

Pie 是一个语际同形异义词。这个词在英语中指一种甜点,而在西班牙语中意为"脚",而且它们的发音也不同。英语中"一种甜点"的词义仅与句子(7a)的语义语境一致,而西班牙语中"脚"的词义则与句子(7b)中的语境一致。霍弗斯滕和特拉克斯勒使用这些句子(以及含有语言中独有词汇的句子,此处未展示)比较了关于双语词汇通达的两种相反的假设——非选择性通达和选择性通达。有趣的是,研究人员发现,直到加工后期,西英双语者阅读句子的过程都与英语单语者相似。在(7b)中,当单语者和双语者遇到与语境不一致的语际同形异义词时,他们都会重读句子的前面部分,而只有双语者,才理解词汇歧义(这并不奇怪,因为英语单语者并不了解那些同形异义词在西班牙语中的含义)。重要的是,没有证据表明双语组中存在早期干扰,这与普遍的非选择性通达假说(nonselective access hypothesis)相反。[6]霍弗斯滕和特拉克斯勒认为这意味着在某些情况下,语言的共激活会改变或者能够被调节。他们认为,双

语者可以在非选择性(如西班牙语—英语)和选择性(如英语)语言模式之间转换,这取决于语境因素,也取决于多方面的个体差异,包括语言熟练程度、执行控制以及两种语言中的词频(后三个因素已有其他研究探究过)。因此,词汇通达的非选择性可能无法推广至所有的语境和任务。未来研究的目标将是确定这些中介变量会如何以及会在单词检索的哪个阶段产生影响。表 3.2 总结了眼动追踪研究在词汇习得、多词序列表征与加工以及双语词库方面的一些主要问题。

表 3.2 词汇及双语词库方向的眼动追踪研究问题

1. 注意在词汇附带习得中有什么作用?
   二语学习者词汇学习的成果可以被追溯到其在线加工行为吗?
2. 重复和语境在词汇附带习得中有什么作用?
   当二语学习者在语境中反复遇到相同的单词时,目标词的加工如何随时间而变化?
3. 二语者对习语、词语搭配,和其他多词序列的了解有多深?
   一语者非常了解自己语言中经常一起出现的词,因此阅读时有加工优势,二语者能拥有同样的加工优势吗?
4. 双语者能否自动地跨语言激活习语的含义?
5. 认识多种语言中的单词如何影响双语词库中单词的表征和加工?哪些因素会影响双语者是否会同时激活一种以上语言的候选词?

3.2.3 教学中的二语习得

许多成年的二语学习者是在课堂环境中学习语言的。与儿童不同,成年人通常会有意识地选择学习一门新的语言,他们的行动就反映了这一点,比如参加语言课程。因此,如何对二语学习者因材施教是语言教师和二语研究者关注的核心问题,也是课堂中的二语习得(ISLA 是 instructed second language acquisition 的缩写)的核心(Leow, 2015; Loewen, 2015)。ISLA 领域包括三个关键概念:教学、二语和习得(研究综述见 Loewen, 2015)。**教学**(instruction)是指输入展示的不同方法,如不同类型的教学或教学材料的展示。**二语**(second language)是指母语以外的其他语言。最后,**习得**(acquisition)可以理解为二语知识或熟练度的发展。为了理解这三个关键术语之间的关联,特别是能够促进二语学习的输入展示或外部调节的种类和作用原理,研究者们把教学类型(如显性或隐性教学)和材料(如输入的显著性、输入的频率、任务的复杂性)

的作用作为与教学目的高度相关的变量进行了研究。

近年来,许多研究发现眼动追踪在 ISLA 的相关研究上很有价值(综述见 Godfroid, 2019)。主要思路是用眼睛凝视来衡量注意力,以此比较被试在不同教学条件下(Alsadoon & Heift, 2015; Choi, 2017; Cintrón-Valentín & Ellis, 2015; Indrarathne & Kormos, 2017, 2018; Révész, Sachs & Hama, 2014; Winke, 2013)或对不同类型的书面反馈(Shintani & Ellis, 2013)的注意分配。这一领域的很多研究都使用了输入强化——通过其他视觉手段对输入中的目标形式进行**加粗**、加下划线、着色或高亮显示——也许是因为输入强化是一种典型的视觉操作,因此很适合用眼动追踪来研究。关于输入强化的眼动追踪研究已经普遍证实,输入强化增加了视觉注意,因为与未强化的形式相比,被试会更加注意(即看得更久且/或更频繁)视觉强化的形式(Alsadoon & Heift, 2015; Choi, 2017; Cintrón Valentín & Ellis, 2015; Winke, 2013;但另见 Indrarathne & Kormos, 2017, 2018)。接受视觉强化输入的被试通常在语法或词汇知识的后测中表现得比对照组更好(Alsadoon & Heift, 2015; Choi, 2017; Cintrón-Valentín & Ellis, 2015; Indrarathne & Kormos, 2017, 2018;但另见 Winke, 2013),在这些情况下,学习成果可以归因于学习或接触阶段对(强化的)目标形式关注的增加(Alsadoon & Heift, 2015; Cintrón-Valentín & Ellis, 2015; Indrarathne & Kormos, 2017)。这些发现表明,在教学干预中,被试的眼动行为能够反映其学习情况,至少在即时和离散的语法或词汇知识后测中是如此。

在进行视觉输入强化研究的同时(如 Issa & Morgan-Short, 2019; Issa, Morgan-Short, Villegas & Raney, 2015),研究者也在拓宽眼动研究中教学条件的范围(Cintrón-Valentín & Ellis, 2015; Indrarathne & Kormos, 2017, 2018)。通过以这种方式扩展研究领域,研究人员能够为研究显性教学在二语习得中的作用提供重要的经验数据,这被称为接口之争(the interface debate)(另见 Andringa & Curcic, 2015)。例如,辛特龙-巴伦廷和埃利斯(Cintrón-Valentín & Ellis, 2015,实验 1 和 2)比较了三种关注形式的教学,以帮助英语一语者在学习一种新的、形态变化丰富的语言(拉丁语)时克服他们的注意偏向(另见 Ellis et al., 2014; Sagarra & Ellis, 2013)。教学类型为动词预训练(VP)、动词语法教学(VG)和带有文本强化的动词凸显(VS)。此外还有一个对照组。VP 组和 VG 组完成了预训练阶段:VP 组接受了屈折动词(作为唯一线索)的训练，VG组接受了关于动词时态形态的简要语法课程。之后，四组学习者对含有一个时间副词和一个能体现时态的动词形式（这是两种时间指称线索，其中的动词线索容易被英语一语者屏蔽或忽略）的简单拉丁语句子进行了时态（过去时、现在时、将来时）标记。VS组中，动词结尾用红色加粗表示，以帮助他们克服对副词的注意偏向（见图3.3）。第二阶段收集了部分被试的眼动追踪数据，结果显示，与对照组相比，三个实验组对动词线索的注意更多、持续时间更长，而对照组随着训练的进行逐渐失去了对动词的兴趣。此外，被试在训练过程中注视任意线索（即动词或副词）的时间比例与被试在语句理解和生成过程中对线索的依赖程度互相关联。虽然在这项研究中，三种关注形式的教学技巧在提高学习者的注意力方面有相似的效果，但是辛特龙-巴伦廷和埃利斯（Cintrón-Valentín & Ellis）注意到，在ISLA中，不同的类型结构需要采用不同的教学方法才能取得最佳的教学效果。

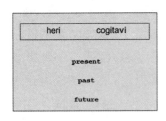

图3.3 学习注意研究中接触阶段的一个示例试次

注：副词 *heri*（意为"昨天"）和动词 *cogitavi*（意为"我曾以为"）都能体现过去时。

（来源：Cintrón-Valentín & Ellis, 2016）

我们已经看到，在ISLA领域，眼动追踪的使用如何从直接的视觉导向干预（输入强化）扩展到其他教学技巧。在这一研究方向的发展上再进一步，就是使用眼动追踪来验证教学设计的特征。在任务型语言教学的领域，由于考虑到任务型语言教学和学习的理论描述（Robinson, 2001, 2011; Skehan, 1998, 2009）中任务特征的重要性，特别是任务的复杂性，雷韦斯（Révész, 2014）因此主张使用眼动追踪等方法来确保任务复杂性操作的有效性。在一项英语的过去时反事实条件句（虚拟语气）的习得研究中，雷韦斯和她的同事们（Révész et al., 2014）记录了被试在完成两项口语产出任务（一项简单，一项复杂）时的眼球运动。研究者有意为任务设计了不同的推理要求，即从既定结果的两个原因中找出可能原因的难易程度不同（见图3.4）。眼动数据的分析显示，与只有一个合理选项的情况相比（见图3.4），当两个选项都可能是导致结果的合理原因时（见 then 从句），英语一语和二语被试在 if 从句的图片区域的注视时间更长。这些眼动追踪数据的结果与专家的判断和来自不同被试组的次要任务的精度数据吻合。在成功验证了任务复杂性操作的有效性后，作者们随后进行了一项新的研究,在一组新的被试中研究了重铸、输入频率分布和任务复杂性的作用。表 3.3 总结了一些主要的问题,这些问题可以引导 ISLA 的眼动追踪研究。

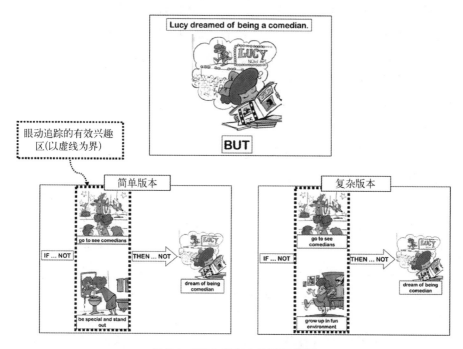

图 3.4 ISLA 研究中的试次样例

注:被试的任务是根据他们刚刚阅读到的故事描述两个事件之间的因果关系。按照假设,右边的图片线索更复杂,因为两个答案选项都是合理的。

(来源:Révész et al., 2014)

表 3.3 ISLA 方向的眼动追踪研究问题

1. 不同的教学技巧(如输入强化、规则搜索指令、元语言信息、偏态输入)如何影响加工过程中的注意分配? 二语学习者的词汇或语法发展可以追溯至其在线加工行为吗? 2. 不同教学技巧的有效性是否存在差异? 3. 复杂程度不同的任务给学习者造成的认知负荷的量相同吗? 4. 二语学习者会加工书面反馈吗?他们的加工深度取决于他们接收的反馈类型吗?

3.2.4 翻译字幕

人类常常处于丰富的多模态输入环境中。他们通常同时接触视觉(图像)

和语言信息,比如与朋友在咖啡店喝咖啡时(声音和图像)、观看广告时(文本和图像)或在歌剧表演中看舞台上方显示的字幕时(声音、文本和图像)。人类不仅有能力同时解码从多个输入流中获得的信息,他们还可以将这些资源整合为连贯的、多模态的世界表征。研究二语习得的眼动追踪研究者最近开始研究一种特殊的双模态输入,即带有翻译字幕(subtitle,听觉输入的一语书面翻译)或源语字幕(caption,听觉输入的二语书面描述)[①]的外语电影。带字幕的视频是多模态输入的主要形式,因为其观看体验结合了视觉、口语和书面语言的输入。

二语习得研究者使用眼动追踪技术来探讨双模态输入条件如何影响阅读行为(Muñoz, 2017; Winke et al., 2013)或二语学习(Bisson et al., 2014; Montero Perez et al., 2015)。35年来的翻译字幕研究表明,源语字幕有利于听力理解和二语词汇学习(见Montero Perez, Van den Noortgate & Desmet, 2013的元分析)。二语习得研究者的研究即以此为基础。虽然一些早期的研究也使用了眼动追踪(如d'Ydewalle & Gielen, 1992; d'Ydewalle & De Bruycker, 2007; d'Ydewalle, Praet, Verfaillie & Van Rensbergen, 1991),但这些翻译字幕研究大多依赖于选择题或自由回忆之类的离线测试。而眼动追踪的价值在于当图像和文本提供部分重叠信息且加工进一步受到音频输入的限制时,它能以精细的时间细节记录被试是如何在图像和文本之间分配、转移或分散他们的注意的。

双模态或多模态输入的理论优势是受到广泛认可的——多模态输入能够减少认知负担,从而促进加工和摄入(Gass, 1997)。当学习者同时使用听觉和视觉工作记忆时,这种多模态输入会增强他们的记忆,从而扩大他们听觉或视觉记忆系统中存储信息的有限容量(Baddeley, 1986)。在二语习得中,关注的焦点一直是多模态输入能否在以词汇领域为首的不同的语言学领域中保持其优势(Bisson et al., 2014; Montero Perez et al., 2015),以及翻译字幕或源语字幕对不同背景的学习者是否同样有效(Muñoz, 2017; Winke et al., 2013)。

有两项研究(Bisson et al., 2014; Montero Perez et al., 2015)将双模态输

---

① [编者注] 二者统称为"字幕"。

入与词汇习得联系了起来。蒙特罗·佩雷斯和她的同事们(Montero Perez et al., 2015)研究了源语字幕类型(完整源语字幕或关键词)在法语二语学习者的词汇习得中的作用。部分被试被告知他们之后将接受词汇测试,部分则未被告知。研究人员使用关键词源语字幕代替了全文源语字幕以增加单词的视觉显著性来提高学习效果。对目标单词的视觉注意量(即被试的眼注视时间)与单词学习(测试分数)间的关系值得研究。关键词源语字幕被试组、全文源语字幕被试组、事先受到测试通知的被试组与未收到测试通知的被试组的单词学习情况都不同。如果被试预先知道有测试,使用关键词源语字幕就会使得被试注视目标词的时间长于全文源语字幕中目标词的注视时间。关键词源语字幕被试组的形式识别分数也更高。然而,对于关键词被试组而言,注视时间和单词识别之间没有直接关系,这种直接关系只成立于提前收到测试通知的全文源语字幕被试组。因此,虽然研究结果总体上证实了在源语字幕中独立显示关键语言信息更有助于学习,但是注意与学习之间的关系只适用于四种条件中的一种。

表3.4
82

研究者还研究了年龄和熟练度(Muñoz, 2017)、内容熟悉度和目标语言(Winke et al., 2013)与源语字幕阅读行为的关系。伴随着听觉输入在不断变化的视觉背景下加工文本是一项复杂的任务,对于年轻学习者以及二语初学者(也包括年轻学习者)来说尤其如此,前者的认知尚处于发展阶段,后者的语言技能可能会阻碍其充分理解语义(Vanderplank, 2016)。考虑到这些因素,穆尼奥斯(Muñoz, 2017)按二语学习者的年龄(儿童、青少年、成人)和二语熟练程度(初级、中级、高级)研究了其观看《辛普森一家》(Simpsons)的两个配有源语字幕的片段时的阅读行为。因为所有的儿童都是英语初学者,大部分青少年处于中等水平阶段,大部分成年人处于高水平阶段,所以两组分析的结果基本一致。穆尼奥斯发现,英语二语初学者或儿童阅读英语源语字幕时遇到的加工困难会比阅读一语西班牙语的翻译字幕时多,而高水平的成年人更倾向于跳过一语的翻译字幕。全球范围内,让儿童更早地(通常是从小学开始)开始接受外语教学已成为趋势,因此,上述研究结果就显得很有意义。穆尼奥斯解释说,如果儿童能够在观看外语视频时阅读字幕,那么这些视频就能成为重要的儿童二语学习教学材料。今后的研究者可以更进一步去厘清熟练度和与年龄相关的因素之间的联系。分析也可以关注眼球运动如何与耳朵所听见的内容关联以及视线如何在文本和视频图像之间移动(见 Bisson et al.,2014,图像区域的分析)。这些分析能更全面地展示观看有字幕的视频时的多模态体验,并帮助我们理解字幕阅读不同于静态文本阅读的原因。表 3.4 总结了多模态输入的眼动研究中目前和未来可以研究的一些问题。

表 3.4　多模态输入方向的眼动追踪研究问题

1. 源语字幕阅读行为与二语听力理解、语法和词汇习得有何关系?
2. 字幕对不同类型的二语学习者和不同语言的双语者是否同样有效?
3. 我们如何使字幕成为更好的二语习得教学材料?
关于未来研究方向的建议
4. 字幕阅读和静态文本阅读有什么不同?
5. 配乐如何引导眼睛阅读字幕? 或者说,耳眼之间有何联系?
6. 当观看有字幕的视频时,观看者如何在文本和图像区域之间分配注意力?

3.2.5　测试评估

语言评估研究者已经将眼动记录作为深入了解测试对象与测试项目的互动状态的一种工具。目前的研究包括二语阅读评估(Bax, 2013; McCray & Brunfaut, 2018)、二语听力评估(Suvorov, 2015)和英语一语和二语儿童的口语评估(Lee & Winke, 2018)。虽然每项研究的研究问题有所不同(部分原因是这些研究关注不同的语言技能),但使用眼动追踪的评估研究人员主要关注的是**测试效度**(test validity)。因此,此类研究的首要问题是语言测试是否评估了其应该要测定的方面,即语言熟练度。

测试效度的检测方法之一是研究不同测试对象群体(如成功的对比不成功的、高熟练度对比低熟练度、母语对比非母语)对相同测试项目表现出的在线行为。这种比较可以揭示一项测试是否能够区分语言状况不同的测试对象,这也通常被认为是体现测试效度的积极标志。不过,李和温克(Lee & Winke, 2018)对母语者和非母语者的比较是一项例外。他们的目的是研究儿童英语学习者(非英语母语人群)在参加英语语言测试时是否在心理上感到安全,也因此,母语者与非母语者在眼动方面有差异并不是一件好事。评估方向的眼动追踪研究涉及的其他主题包括视觉信息在二语听力评估中的作用(Suvorov, 2015)以及在选词填空中的整体阅读过程和局部阅读过程

（McCray & Brunfaut, 2018）。为了更好地理解选词填空题的构念，麦克雷和布兰福（McCray & Brunfaut, 2018）从培生学术英语考试（Pearson Test of English Academic）中选择了 24 个测试项目（如图 3.5，图中为一道公开例题，未在研究中使用）。考虑到这种类型的阅读测试是为了评估整个阅读过程而设计的，研究者想要知道测试对象的整体（更高层次的、基于文本的）阅读加工过程和局部（单词层面）阅读加工过程在多大程度上与其测试成绩有关。

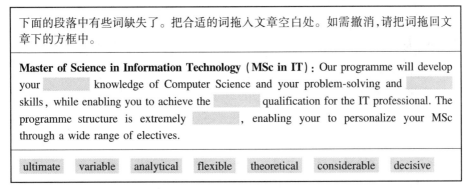

图 3.5 评估研究中的填空任务

（来源：McCray & Brunfaut, 2018）

基于哈利法和韦尔（Khalifa & Weir, 2009）的阅读认知加工模型，对于较低层次及较高层次加工的不同方面对测试成绩的影响，作者们提出了 7 个假设。他们研究了三种任务表现中的眼动行为：（1）对填空题的整体加工，（2）文本加工（如阅读文本），（3）任务加工（如使用词库）。研究者发现，任务表现好的测试对象完成测试的速度比表现较差的测试对象快，而表现较差的测试对象回看方框中单词的次数更多。在空格周围的单词上花更多时间（局部阅读策略）的测试对象通常测试分数更低。这些发现表明测试成绩较差的测试对象进行了更多低水平的文本加工。由此可见，成功完成填空任务可能需要更高水平的阅读技能，这符合选词填空题的既定目标。

另一种确保测试效度的方法是探索与测试无关的特征的作用及其对测试成绩的影响。为了使语言熟练度测试有效，测试分数不应该反映与测试无关的特征，或称**构念无关差异**（construct-irrelevant variance），因为这会混淆正在受测的构念。测试效度对于认知还在发展中的人群（如年轻考生）特别重要，因为这些考生还不熟悉高度受限的测试环境(例如,在限时的压力下进行测试),也因此更容易受到测试条件的影响。李和温克(Lee & Winke, 2018)最近进行的一项研究就试图解决这些问题,他们研究了小学托福(TOEFL® Primary™)口语测试考生的反应行为(示例任务,见图3.6)。李和温克招募了8岁、9岁或10岁的母语和非母语的测试对象,试图查明发展差异或任务设计的问题是否会影响表现准确度和反应模式,就像儿童的眼动数据和口语输出所表现的那样。

为了全面了解青少年学习者的测试表现,作者们对多个数据源进行了三角分析,即图示、访谈数据、测试成绩和眼动指标。李和温克发现英语学习者在两个困难的项目上的得分低于母语者。他们说话时的注视行为也与口语表达表现一致。特别需要关注的是,英语学习者更倾向于看屏幕上的计时器(见图3.6),这与他们较差的言语产出(如犹豫或沉默)相关。尽管这一现象中的因果关系尚不明确(是因为熟练度低才需要注视计时器还是计时器干扰了熟练度不高的测试对象的测试表现),但研究结果还是说明了理解测试对象、测试条件和测试特点的重要性。表3.5总结了当代眼动研究在语言评估方向的一些主要问题。

图3.6 图片描述任务示例

(来源:低龄测试对象在研究[Lee & Winke, 2018]中参加的小学托福口语考试。© 2013 美国教育考试服务中心[Educational Testing Service],使用经许可。)

表 3.5 语言评估方向的眼动追踪研究问题

---

1. 某个测试或测试项目测量的是何种认知构念？测试项目是否能成功区分测试对象的语言能力？
2. 测试对象是如何在测试中得出正确答案的？其反应行为仅仅反映了他们的语言能力吗？
3. 视频在多媒体听力测试环境中如何发挥作用？音频听力测试与视频听力测试有何不同？在听力测试中加入视觉支持有助于提高测试效度吗？
4. 测试的特征（如指导、线索、时间压力）是否适合易受影响的测试群体（如少年儿童）？
5. 评分者在给演讲范例或文章评分时，如何把握评分规则和评分规则类别？评分者如何评估他人的文章或其他写作范例？

3.3 结论

本章为读者介绍了二语习得和双语研究中基于文本的眼动追踪研究。本章的文献来自 2003 年至 2017 年间发表在 16 本不同学科期刊中的 82 篇眼动追踪论文，其中有 52 项研究涉及某种类型的书面输入，可见基于文本的眼动追踪是眼动追踪研究中的最大类目，另有 32 项研究涉及视觉情境研究和语言产出研究，这两类研究将在第四章中阐述。

眼动追踪研究的体量日益增长，这说明在二语习得和双语研究中增加对实时方法的使用已成为趋势（见第一章）。不同范式的研究者逐渐认识到在语言加工时对语言知识和加工过程进行测量的价值。与此同时，二语或双语眼动追踪研究非常有发展潜力，因为大约一半我们参考过的期刊直至文献搜集结束时都没有发表过任何一项眼动追踪研究。我们有理由相信，这种情况可能很快会发生改变，因为该领域中眼动追踪方法的使用正在迅速多样化。因为在目前的综述中，我归纳了 5 个主要的眼动追踪研究方向，其中 4 个方向都出现在 2010 年之后。这五个方向分别是语法（出现最早也是体量最大的研究方向）、词汇和双语词库、ISLA、字幕加工和测试评估。每个研究方向的大部分研究（对某些方向来说是所有研究）都是在 2010 年后才发表的。鉴于本书主要介绍研究方法，我的述评主要关注能够启发读者自己研究项目的一般问题和具体研究方向的方法。我概述了当代二语眼动追踪研究的广度和深度，也逐渐意识到，尽管各研究方向有一些相似之处，但眼动追踪无法提供一个万能的解决方案。由于二语和双语研究者的需求和研究兴趣不同,因此他们对眼动追踪方法的应用也会有所不同。这就回应了本章开头所提到的:广泛阅读眼动追踪和非眼动追踪文献并了解眼动追踪方法的跨学科趋势非常重要。结合个人的专业知识,这种想法上的融合可以激发研究者的创造力,产出更可靠、更富创新性的研究。

注释

1. 这些研究首次在网上发布是在 2017 年,正式刊登是在 2018 年。
2. 在描述眼动追踪研究时,*试次*(trial)、*项目*(item)和*句子*(sentence)是常用的术语。试次是实验中由一系列事件构成的一个基本单元。例如,试次可以是一句句子后面跟着一个理解性问题、一个句子附有四张图片、一个原始词后面跟着一个目标词、视频中的屏幕或者听力测试的一个问题。项目则是试次的中心元素,是研究者在分析中尤其要关注的部分。在句子加工研究中,一个项目包含了一句句子的所有不同版本(如符合语法的与不合语法的、强化的与未强化的、高频的与低频的)。更多信息请见 6.2.3。
3. 异常范式是一种应用广泛的研究范式,适用于不同的实时方法。有类似设计的研究包括在反应时内违反语法规则的句子、SPR 或 SPL 以及 ERP 研究(见 1.1)。
4. 词汇解码是指人们从自己的心理词库中检索词义的速度和连贯性。能够快速、连贯、准确地检索词义的被试对词汇的掌握程度较高,这称为单词知识的*流利性*或*自动性*(Segalowitz, 2010)。
5. 崔成武(音译)(Choi, 2017)的另一项研究考察了视觉强化和非强化输入条件下的词语搭配习得。因为作者关注的是输入强化,所以我将这项研究和其他强化研究一同归到了 ISLA 这一类,此处 ISLA 的研究重点是词汇(见 3.2.4)。
6. 非选择性通达假说认为同形异义词的两种含义是同时被激活的(Hoversten & Traxler, 2016);因为这种现象会引起干扰,所以该假说认为双语者在最初会放慢速度。

第四章

视觉情境范式可用以研究哪些主题?
——综合评述

本章和第三章的相应小节对二语习得和双语研究的眼动追踪研究进行了综述。本章主要讨论视觉情境范式下口语方向的眼动追踪研究,这一范式通常用于研究口语理解。尽管视觉情境眼动追踪和文本眼动追踪在许多方面存在差异,但这两种研究范式在语言加工、习得和表征等方面的研究问题是类似的。本章与第三章的共同目标是考察眼动追踪研究领域的广度和多样性。本章调查了眼动追踪方法目前已成功解答的问题类型,希望能为读者提供参考,帮助他们提出自己的研究问题,进而开始自己的眼动追踪研究项目。

4.1 视觉情境范式的基础

在对文本进行的眼动追踪研究中,研究者假设存在一种**眼-脑联系**,将眼睛凝视(一项显性注意的标志)与头脑中正在进行的加工联系了起来(见1.2和2.6)。为了探索这一联系,大多数阅读研究者在他们的眼动追踪研究中使用了一种或多种持续时间指标(见7.2.1.2)。当与适当的对照条件匹配时,较长的眼注视时间表明被试进行的加工更多(可能由不合语法或意料之外的词汇或语法形式导致)或任务的要求更高。因此,在文本加工过程中的眼球运动被认为是一项**加工负荷指标**(processing load measure)(Tanenhaus & Trueswell, 2006)。注视时间可以用来衡量加工的难度,但关于时间进程的推断(与视觉情境研究相比)可能并不那么简单,因为读者加工文本的顺序并不一定与文本的空间布局匹配（Tanenhaus & Trueswell, 2006）。[1]因此，加工负荷指标的主要优势在于其能反映出"加工复杂性的瞬时变化"（Tanenhaus & Trueswell, 2006：874），研究者可以利用这些变化"对潜在的加工进程和表征进行推断"（同上）。

另外，视觉情境范式的优点在于其为文本眼动追踪研究提供了补充。视觉情境范式是研究口语加工的方法，它以**联结假说**（linking hypothesis）为基础，该假说认为听觉语言加工与视觉加工之间存在联系（见下文）。视觉情境研究者把眼动作为一种**表征指标**（representational measure）（Tanenhaus & Trueswell, 2006），这也就意味着视觉情境中的眼注视可以揭示任意给定时间内听者的头脑中激活的语言表征。例如，眼注视可以揭示在聆听过程中，一个词的语音和词义是如何以及在何时从被试的心理词库中被检索出来的（如 Allopenna, Magnuson & Tanenhaus, 1998；Dahan, Magnuson & Tanenhaus, 2001；Dahan, Swingley, Tanenhaus & Magnuson, 2000；Marian & Spivey, 2003a, 2003b；Spivey & Marian, 1999）。眼注视也能够显示人称代词和反身代词是如何根据其可能的先行词被解读的，这些先行词也显示在屏幕上（如 Cunnings, Fotiadou & Tsimpli, 2017；Kim, Montrul & Yoon, 2015；Runner, Sussman & Tanenhaus, 2003, 2006）。因为眼球运动在时间上受制于听觉信号（在听的过程中没有跳读或回视），所以视觉情境数据能够体现加工时间过程的具体信息；不过，这些数据并没有以任何直接的方式解决加工负荷或加工困难的问题（Tanenhaus & Trueswell, 2006）。

文本眼动追踪与视觉情境眼动追踪似乎为语言加工和语言表征研究提供了互补视角。鉴于这两种范式的互补性，眼动追踪其实是一种有效的研究工具，因为眼球运动不仅可以作为加工负荷指标（如基于文本的眼动追踪研究），也可以作为表征指标（如视觉情境研究），不过这样的区别"更多的是启发式的而不是绝对的"（Tanenhaus & Trueswell, 2006：874）。这意味着无论哪种范式的眼注视都能够揭示大脑中被表征与被激活的事物，因为加工和表征是密不可分的。

在本章中，我将呈现综述第二部分的研究结果，即视觉情境范式。在此之前，有必要先来了解一下这个范式的理论基础。我在前文提到过视觉情境的研究是建立在**联结假说**的基础上的，该假说解释了听觉语言和视觉加工是如何汇聚并通过被试的观看行为体现出来的。现在我们来讨论这一假说的不同版本。

虽然罗杰·库珀(Roger Cooper)还没有将听力材料、注视行为和视觉信息之间的关系进行理论构建,但是早期使用眼动追踪和视听材料的研究却揭示了这三者之间的联系。库珀(Cooper, 1974)让被试在听故事的同时观看3×3图片显示(见图4.1),并记录了被试的眼球运动。他发现,被试会在实验中看向故事中提到的图片,这表示声音、眼睛与图片之间存在联系。他还发现,这种联系可以延伸到与语义相关的项目上(例如,"非洲"这个词会使被试看向狮子和斑马的图片)。虽然语言能够以类似指向的方式引导注意的观点已被认为是"意料之中"(Altmann, 2011b: 979),但库珀的发现揭示了支撑当代视觉情境研究发展的两项基本事实:第一,当人们看到一个物体时,他们会激活记忆中的相关概念,并在视觉场景中记录该物体的空间位置;第二,在空间位置被记录下来后,人们会看向他们所听到的内容(语言输入)以及任何与他们所听到的内容在语音或语义上相关的事物。

图 4.1 库珀(Cooper, 1974)研究中的被试听故事时所看的图片

(来源:转自 Cooper, R. M., 1974. The control of eye fixation by the meaning of spoken language: A new methodology for the real-time investigation of speech perception, memory, and language processing. *Cognitive Psychology*, 6(1), 84-107,使用经爱思唯尔出版集团[Elsevier]许可。© 1974 *Cognitive Psychology*)

库珀的研究方法虽然非常具有创新意义,但这种方法始终没有引起太多注意。直到 20 世纪 90 年代中后期,研究者才开始将这种方法应用于语音(Allopenna et al., 1998; Eberhard, Spivey-Knowlton, Sedivy & Tanenhaus, 1995)、语义(Altmann & Kamide, 1999)、句法(Eberhard et al., 1995; Tanenhaus, Spivey-Knowlton, Eberhard & Sedivy, 1995)和语用信息(Eberhard et al., 1995)的加工。迈克尔·塔南豪斯和他的同事们(Tanenhaus et al., 1995)在《科学》杂志上发表了一篇论文,关注视觉情境在句法加工中的作用,并由此开创了视觉情境研究的新时代。实验是让被试使用真实物体执行简单任务,研究者同时追踪他们的眼球运动。研究者发现视觉语境对听者解读句子有直接影响。具体来说,被试看到的是一个还是两个潜在的所指物(如一个苹果或两个苹果)会影响他们最初对 Put the apple on the towel … in the box 的解读:是将下划线部分作为目标(当只有一个苹果时,把苹果放在毛巾上)还是作为一个名词修饰语(当有两个苹果时,指代在毛巾上的苹果)?正如塔南豪斯和特鲁斯威尔(Tanenhaus & Truswell, 2006)所指出的,当具体物体——一个"视觉情境"——与口语同时出现时,该范式就会特别适合研究指称加工问题(即人们如何将语言与外部所指物联系起来)。事实上,塔南豪斯等人(Tanenhaus et al., 1995)的初始研究现已被延伸至对儿童一语使用者(Trueswell, Sekerina, Hill & Logrip, 1999)与成人二语使用者(Pozzan & Trueswell, 2016)的研究(见 4.2.3)。

随着新的口语语言加工研究项目的开展,一个更深层次的问题成了研究的关键,即眼球运动如何以及为何反映语言加工。保罗·阿洛佩纳(Paul Allopenna)和他的同事们首次提出了一个简单的联结假说。阿洛佩纳等人(Allopenna et al., 1998)使用视觉情境范式研究了口语识别。被试观看显示屏(见图 4.2)并接收如"Pick up the beaker; now put it below the diamond"("选择烧杯,把它置于方片下方")的指令(Allopenna et al., 1998: 419)。此处的目标词为 beaker(烧杯)。研究者发现,被试会更多地看向与目标词词首发音相近的竞争物(如 beetle,"甲虫")和与其押韵的竞争物(如 speaker,"扬声器")的图像,而不是看向一个不相关的参照物(如 carriage,"婴儿车")。因此,研究结果表明,具有相似名称的词会与目标词进行单词识别竞争,听者的眼注视数据也反映了这一点。

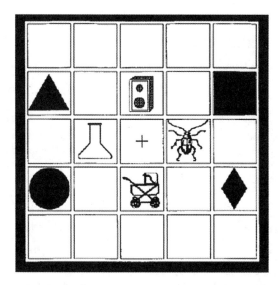

图 4.2 阿洛佩纳等人（Allopenna et al., 1998）研究中的图片

（来源：转自 Allopenna, P. D., Magnuson, J. S. & Tanenhaus, M. K., 1998. Tracking the time course of spoken word recognition using eye movements: Evidence for continuous mapping models. *Journal of Memory and Language*, 38(4), 419-439, 使用经爱思唯尔出版集团[Elsevier]许可。© 1998 *Journal of Memory and Language*）

在视觉展示中使用**竞争物**（competitors）（如语音上、视觉上或语义上相似的词）已经成为视觉情境范式中研究不同类型的激活和竞争效应的一项关键技巧（见第 176 页小贴士 6.1）。在这方面，对双语者的研究尤为有趣（如 Blumenfeld & Marian, 2007; Marian & Spivey 2003a, 2003b; Mercier, Pivneva & Titone, 2014, 2016; Spivey & Marian, 1999），因为研究者已经发现**竞争效应**（competition effects）并不囿于特定语言，而是会在个体的语内或语间发生。接下来，我们会看到更多关于双语者词汇竞争效应的例子（见 4.2.1）。

阿洛佩纳等人研究的第二项重要发现是实证性眼动数据与口语单词识别模型——TRACE① 的理论预测非常接近（McClelland & Elman, 1986）。随着口语输入的进行，阿洛佩纳和他的同事们通过计算机模拟，预测了不同候选词（如 *beaker*、*beetle*、*speaker*、*carriage*）的激活水平。模型预测结果与被试的眼注视数据惊人地相似（见图 4.3）。这支撑了"联结假说明确成立于词汇激

---

① 是一种跟踪模型，它用于描述和分析多个进程或线程在执行期间的交互关系，国内没有相应的权威中文译名，所以保留原名。

活和眼球运动之间"(Allopenna et al., 1998: 438)的观点,即被试注视某一单词的可能性与该模型预测的该词的词汇激活水平相匹配(另见 Tanenhaus, Magnuson, Dahan & Chambers, 2000)。与此同时,作者们已经认识到他们的联结假说很简单,未来可能需要一个更全面的视觉情境加工模型。

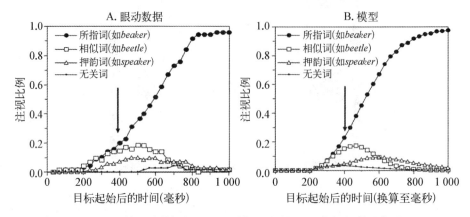

图 4.3　联结眼动数据与 TRACE 模型预测的词汇表征的激活水平

注:实证数据与理论预测非常接近,并支持简单的联结假说。

(来源:转自 Tanenhaus, M. J. & Trueswell, J. C., 2006. Eye movements and spoken language comprehension. In M. J. Traxler & M. A. Gernsbacher (Eds.), *Handbook of Psycholinguistics* (2nd edition) (pp.863-900). London: Academic Press, 使用经爱思唯尔出版集团[Elsevier]许可。© 2006 Elsevier)

语言介导的眼球运动性质是格里·阿尔特曼和上出友希(Gerry Altmann & Yuki Kamide)长达十年的合作的研究主题。在一项具有里程碑意义的研究中,他们(Altmann & Kamide, 1999)发现被试还会看语言输入中尚未被命名的物体,这表明听者正在**期望**(anticipate)即将到来的输入信息。阿尔特曼和上出在显示器上展示了一个男孩、一个蛋糕、一个球、一辆玩具汽车、一辆玩具火车以及其他类似的物体(见图 4.4)。他们发现与听到 the boy will move …(意为"这个男孩将会移动……")时相比,母语者听到 the boy will eat …(意为"这个男孩将会吃……")时,目光会更快地转向蛋糕(蛋糕是展示出的唯一可食用的物体)。在另外两个实验中,上出、阿尔特曼和海伍德(Kamide, Altmann & Haywood, 2003)将这些研究扩展到三元动词(如 The woman will spread the butter <u>on the bread</u>[意为"这个女人会在面包上涂抹黄油"]与 The woman will slide the butter <u>to the man</u>[意为"这个女人会把黄油滑向这个男人"])以及由主语和动词共同决定最可能出现的宾语的句子语境中(如 the man will ride <u>the</u>

motorbike[意为"这个男人将会骑摩托车"]与 *the girl will ride the carousel*[意为"这个女孩会坐旋转木马"])。² 这些研究证明：在不同的句法结构(如二元动词和三元动词)中以及不同大小的语言单位(如动词与主语+动词)间,被试都会对即将到来的信息产生**预期**(anticipation)或**预测**(prediction)。

图 4.4　阿尔特曼和上出(Altmann & Kamide, 1999)研究中的图片

(来源:转自 Altmann, G. T. M. & Kamide, Y., 1999. Incremental interpretation at verbs: Restricting the domain of subsequent reference. *Cognition*, 73(3), 247-264,使用经爱思唯尔出版集团[Elsevier]许可。© 1999 *Cognition*)

阿尔特曼和上出首先发现视觉情境范式能够体现预期性或预测性加工,这一特点对该范式的进一步发展非常重要。预测需要某些适当的结构表征;换言之,要进行预测,就必须以先前对语言和世界的经验为基础,知道在给定的环境中可能会发生的事。因此,视觉情境范式的一个关键优势在于它可以通过被试预期性的眼球运动展现一语者和二语者在实时口语加工过程中的语言知识表征(另见 4.2.2.1)。

同时,关于预期性眼球运动的新证据表明修正联结假说很有必要。研究表明视觉情境中的眼球运动要么是**指称的**(referential)——与事物的命名同步(如 Allopenna et al., 1998; Tanenhaus et al., 1995),要么是**预期性的**(anticipatory)——发生在事物被命名之前(如 Altmann & Kamide, 1999; Kamide et al., 2003)。在后一种情况下,从词汇激活角度来解释显然是不充分的,因为如果一个物体还未被命名,那么它的口语形式就无法激活该词的表征。第三种眼球运动是眼睛看向显示中的另一类物体,这类物体在当前和之后的语言输入中都不会被命名。这种眼球运动已被证明在理论上很重要。这是阿尔特曼和上出(Altmann & Kamide, 2007)的一项新研究的重点,该研究涉及时态操纵(见 9.3.1,研究思路 6)。

在阿尔特曼和上出(Altmann & Kamide, 2007)的研究中,英语母语者会听到诸如 The man will drink the beer(意为"这个男人会把啤酒喝了")和 The man has drunk the wine(意为"这个男人把葡萄酒喝了")这样的句子,同时看着屏幕上显示的"一个装满啤酒的杯子"和"一个空酒杯"(见图 4.5)。正如作者们所指出的,视觉展示是静态的,但是"事件,像句子一样,会随着时间逐渐呈现;它们有开始和结束状态"(Altmann & Kamide, 2007:504)。因此,在一个静态的视觉场景中解读动态呈现的事件(如 The man has drunk the wine)需要听者在场景和被描述的事件之间建立一种时间关系。阿尔特曼和上出发现听者就是这样做的:听者在听到完成时态(has drunk)时,更倾向于看空酒杯

图 4.5　阿尔特曼和上出(Altmann & Kamide, 2007)研究中的图片

(来源:转自 Altmann, G. T. M. & Kamide, Y., 2007. The real-time mediation of visual attention by language and world knowledge: Linking anticipatory (and other) eye movements to linguistic processing. *Journal of Memory and Language*, 57, 502-518,使用经爱思唯尔出版集团[Elsevier]许可。© 2007 *Journal of Memory and Language*)

(在这种情况下,他们将这一场景解读为饮酒事件的结束状态),而在听到将来时态(*will drink*)时,更倾向于看装满啤酒的杯子(这表明他们将场景理解为事件的*初始状态*)。[3]这些变化的**事件表征**(event representation)强调了视觉场景的作用,具体来说就是同一种视觉表征可以有不同的解读,这取决于伴随的语言输入。

阿尔特曼和上出关于时态的研究结果与其他研究(Dahan & Tanenhaus, 2005; Huettig & Altmann, 2004, 2005, 2011)一起为修正版本的联结假说奠定了基础。根据他们的假说,对语言输入的解读是以客体承载性(object affordances)和现实世界知识为背景进行的。客体承载性的本质是"客体可以参与的事件类型"(Altmann & Kamide, 2007: 510)。例如,满杯可以承载饮酒活动,空杯则不行;然而,空杯子是有可能装下液体的(因此这也是它的承载性),此外,现实世界的知识也能让听者明白装满的杯子是如何变空的(由此就可以将空杯子解读为饮酒活动的结束状态)。将语言加工与视觉情境中的眼球运动联系起来的推理如下(Altmann & Kamide, 2007; Altmann & Mirković, 2009):

1. 如果某一客体的承载性满足了语言(如通过动词时态的形态)所施加的概念要求,那么其心理表征会在激活时增加,因为它现在是通过语言和非语言这两个通道启动的。
2. 这种增加构成或引起了隐性注意的转移。
3. 随后,这种注意转移可能会使得眼睛看向屏幕中物体的位置,从而使听者重新调整其显性和隐性注意。

因此,联结发生于听者的心理世界——听者的眼睛看向显示屏中的物体时,这一行为只是一种表现形式,体现的是在任意给定时间内,听者的内在事件表征中在概念上被凸显出来(即被高度激活)的事物。

综上所述,联结假说经历了不同的发展阶段(如 Allopenna et al., 1998; Altmann & Kamide, 2007; Dahan & Tanenhaus, 2005; Kamide et al., 2003),各阶段有其可用的经验数据。当代版本的联结假说强调,客体承载性、事件表征和共享特点表征(object affordances, event representations, and shared featural representations)是语言介导的眼球运动的关键组成部分(Altmann & Kamide,

2007；Altmann & Mirković，2009），这些表征可以是视觉上的、语音上的、语义上的、（形态）句法上的或其他方面的。不断变化的事件表征尚未成为二语眼动追踪研究的焦点；然而，许多二语和双语研究者的确对各类预测性加工非常感兴趣（见 4.2.2）。因此，仅从词汇激活的角度来解释语言介导的眼球运动还不足够，因为根据定义，预测需要在目标所指物被提到之前发生。对二语习得和双语研究来说可能需要一个更详尽的联结假说（Altmann & Kamide，2007；Altmann & Mirković，2009），即使这个假说的价值（如发现新的事件表征）还没有被充分发掘。就目前的情况而言，相比于对视觉场景的动态解读，客体承载性和特征重叠的作用对于理解二语习得和双语中的有趣现象似乎更关键。

4.2 视觉情境眼动追踪的研究方向

为了评估二语者和双语者眼动追踪研究的现状，我查阅了截至 2017 年 6 月知名二语习得和双语期刊以印刷形式以及在线前沿出版物形式发表的所有眼动追踪研究。[4]我总结了文献检索的关键词（详见 3.2）。在一名研究助理的帮助下，我检索了二语习得和双语领域的 15 本期刊（VanPatten & Williams，2002）和一本二语测试评估期刊。完整的期刊列表见 3.2 或图 4.6。我们在四个学术数据库中检索了关键词组合，即语言学和语言行为摘要（LLBA）、心理学文摘（PsycInfo）、教育资源信息中心（ERIC）和谷歌学术（Google Scholar）。使用的关键词包括两组：（1）*眼动追踪*（eye tracking）、*眼动-追踪*（eye-tracking）、*眼球运动*（eye movement）、*眼球-运动*（eye-movement）、*眼睛凝视*（eye gaze）和*眼注视*（eye fixation）；（2）*第二语言*（second language）、*外语*（foreign language）、*二语*（L2）、*成人*（adult）、*双语者*（bilingual）、*第二*（second）、*语言*（language）和*学习者*（learners）。两组中的关键词可以搭配使用。此次共检索到 85 项发表在 16 本目标期刊上眼动追踪研究。在对每项研究的性质和方法特征进行梳理前，我先将论文分为基于文本的眼动追踪（见第三章）和视觉情境眼动追踪（本章）这两大类。

在本章中，视觉情境研究指任何将双模态输入（音频+视觉）与简单视觉显示结合的眼动追踪研究。典型的视觉显示仅由屏幕或实体工作空间中的几个元素组成——图像、物体或印刷文字形式（比较少见）。沿袭许蒂希、罗默斯和迈耶斯（Huettig，Rommers & Meyers，2011）的研究，我还将语言生成的眼动追踪研究作为当前综述的一部分（即 Flecken，2011；Flecken，Carroll，Weimar & Von Stutterheim，2015；Kaushanskaya & Marian，2007；Lee & Winke，2018；McDonough，Crowther，Kielstra & Trofimovich，2015；McDonough，Trofimovich，Dao & Dion，2017）。由于李和温克（Lee and Winke，2018）的研究侧重口语评估，因此，我将该研究与其他评估研究一起在 3.2.5 中进行了讨论，并没有纳入本章的 32 项视觉情境研究中。

图 4.6
98

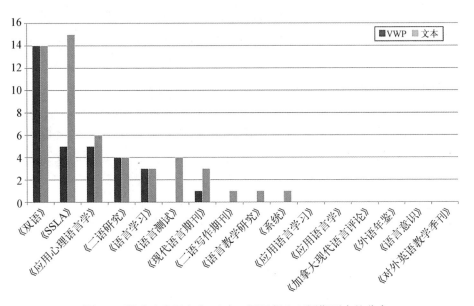

图 4.6 眼动追踪研究在 16 本二语习得和双语期刊中的分布

注：*SSLA* 代表《二语习得研究》；VWP 代表视觉情境范式。

典型的视觉情境研究一般都具有上述特征（双模态输入、简单显示）。少数研究并不完全属于这一类，因此需要更仔细地甄别。首先是字幕研究，我将其归入了基于文本的研究这一大类（见 3.2.4），因为在视觉显示中展现附带源语字幕的材料远比视觉情境研究中的常见操作复杂。此外，虽然带字幕的视频是多模态的，但目前的分析主要集中在字幕阅读（即文本加工）方面。其次是 3.2 中提到的博尔杰和萨帕塔（Bolger & Zapata，2011）的研究，他们在词汇教学研究的不同部分中，将基于文本的眼动追踪元素与视觉情境眼动追踪的元素结合在了一起。即使这项研究不是双模态的，我也将其视为视觉情境研究的一部分，一是因为二者的视觉显示较为相似（屏幕上都有一些较大元素），二是因为二者在概念上都关注干扰或竞争效应（这是视觉情境研究中反复出现的主题）。分类的结果如图4.6所示，该图呈现了基于文本的研究与视觉情境研究在16本二语习得和双语期刊中的分布情况。

文献检索显示，到目前为止，在二语习得中，视觉情境研究的数量（$k=32$）超过了基于文本的研究的数量（$k=52$）的一半。眼动追踪研究主要集中在少数期刊上；对基于文本的眼动追踪研究来说是这样，对于视觉情境研究则更是如此。双语研究方面，截至2017年，近一半的视觉情境研究发表在《双语：语言与认知》上。发表在该期刊上的研究与发表在心理学期刊上的研究在主题上有许多重合之处，这些期刊包括《记忆与语言期刊》（*Journal of Memory and Language*）、《认知》（*Cognition*）、《语言、认知与神经科学》（*Language, Cognition, and Neuroscience*），其中有几位作者积极参与了这两个领域的研究。[5] 视觉情境的研究也出现在《二语研究》《二语习得研究》《应用心理语言学》和《语言学习》等期刊中。随着研究的推进，一些近期的发展也已经出现在了这些期刊上，例如使用视觉情境范式来研究教学效果（Andringa & Curcic, 2015; Bolger & Zapata, 2011; Hopp, 2016）、隐性和显性知识（Suzuki, 2017; Suzuki & DeKeyser, 2017）以及熟练度对预测的影响（Hopp, 2013, 2016）。最后，产出研究因其性质多样，出现在了一系列不同的期刊上，其中包括《现代语言期刊》，这反映了该类研究的更具理论性或应用性的研究目标。我预测，将视觉情境范式的前沿应用与产出研究结合，能使该范式更广泛地运用于二语习得，并在此类研究中发挥重要作用，因为这些应用为该领域开辟了新的研究路径。

我的研究助理整理了所有相关研究，在其帮助下，我在这32个视觉情境研究的样本中归纳出了四大研究方向。它们分别是（1）单词识别（word recognition）（见4.2.1）、（2）预测（prediction）（见4.2.2）、（3）指称加工（referential processing）（见4.2.3）和（4）产出（production）（见4.2.4）。在所有的研究中，预测研究在二语和双语视觉情境研究中占比最大，32项研究中有16项为预测研究。为了体现这种多样性并充分呈现听者的不同预测层级，我进一步按语言层次结构划分了预测研究：语义预测、形态句法预测和语篇层面预测。因此,对于语法研究感兴趣的读者,请参阅关于形态句法预测的章节(见4.2.2.3)以及4.2.2.4和4.2.3。ISLA研究者可以在阐述教学效果对预测的影响的章节中找到相关研究(见4.2.2.5)。最后,词汇及双语词库的研究者可能会乐意阅读阐述单词识别的章节(见4.2.1)。在接下来的内容中,我将概述每个研究方向的问题类型,从语言的"最低"层级——单词识别或词汇加工开始,然后逐步介绍更高层级的语言表征。

4.2.1 单词识别

在线检索结果显示,共有六项视觉情境眼动追踪研究探索了单词识别这一主题。这些研究大多涉及**双语词库**(bilingual lexicon)的结构和通达(Marian & Spivey, 2003a, 2003b; Mercier et al., 2014, 2016)。双语词库的中心问题是:双语者是分别在某一语言的词库中组织并获取单词(仿佛其脑中有两本词典,一本对应一种语言)还是能够同时获取两种语言中的单词,不区分语言(好比只有一本词典或一个综合词库)(见3.2.2)?迄今为止的实证数据支持综合词库的观点。视觉情境范式也被用于研究二语法语连读中的词切分(Tremblay, 2011),其中音节边界和单词边界在连读(如 *fameux élan*, "famous swing")中的错位可能会在理论上使法语二语学习者的单词识别更加困难。最后,在Stroop任务(Singh & Mishra, 2012)和典型的四图显示视觉情境研究(Mercier et al., 2014, 2016)中,对单词的识别已成为研究双语者个体差异情况的一种工具(如抑制控制)。

研究单词层面现象的视觉情境研究者通常会从**词汇激活**(lexical activation)和**竞争效应**(competition effects)的角度来说明他们的数据。他们认为在听者检索单词的意思之前,即将到来的(语言)输入会激活多个候选词(如 *can*、*candle*、*candid*、*candy*),它们会在听者的词库中竞争,以被听者成功识别。我们已在前文讨论过阿洛佩纳等人(Allopenna et al., 1998)关于词汇竞争效应的研究(见4.1)。在这项研究中(见第95页图4.2),随着目标单词 *beaker* 的播报,英语母语者看向 *beetle* 的图像(开始时的竞争词)和 *speaker*(押韵的竞争词)的图像多于看向 *carriage*(不相关的干扰物)的图像。因此,他们的眼球运动显示,他们会在听的过程中表现出短暂的激活和竞争效应。综上所述,被试会看向在屏幕上目标物附近的非目标物及竞争物图像(请见第176页小贴士 6.1，了解图像在视觉情境研究中扮演的不同角色)，这体现了一语和二语口语单词识别中微妙的竞争效应，而视觉情境眼动追踪就可以揭示这种效应。

根据定义，二语者和双语者认识一种以上语言中的词汇，这使得他们成为词汇竞争效应研究的目标群体。即使输入的只是一种语言，来自不同语言的单词是否会为了被识别而产生竞争呢？这是双语词库方向的视觉情境研究的一个主要问题(见 3.2.2)。与基于文本的眼动追踪研究者一样，视觉情境的眼动追踪研究者也举出了重要的证据，表明双语者确实拥有综合的词库，且能够非选择性地获取其中的单词(总体回顾见 Kroll & Bialystok，2013；Kroll，Dussias，Bice & Perrotti，2015；Kroll & Ma，2017；Van Hell & Tanner，2012)。

在两项具有影响力的实验中，玛丽安和斯派维(Marian & Spivey，2003a，2003b)要求俄英双语者移动摆放在工作空间内的真实物体。部分物体的名称在实验所用的语言(即英语)内或被试所掌握的两种语言(即英语和俄语)间有发音相同的部分，而被试不知道这一点。图 4.7 为被试在实际实验中看到的真实物体。每个展示都包含一个被试被要求选择的目标物(如 *shovel*，"铲子")。在关键条件下，显示内容还包括语内竞争物(如 *shark*，"鲨鱼")以及(或)语间竞争物(如一个气球，其在俄语中的发音为/ʃɑrik/)。当实验用英语进行时，研究者发现，"气球"就像"鲨鱼"一样，对被试的眼球运动产生了影响。这表明两种语言在听力过程中被同时激活了。

玛丽安和斯派维(另见 Spivey & Marian，1999)的研究标志着双语视觉情境眼动追踪的开始。从那时起，研究者便试图揭示影响语间竞争强度的因素(如二语习得年龄、二语熟练度、实验语言、语音重叠)，因为这些效应有时很弱，甚至没有。梅西尔和她的同事们(Mercier et al.，2014，2016)在两项研究中关注了抑制控制的潜在影响作用(另见 Blumenfeld & Marian，2011)。他们发现，**抑制控制**(inhibitory control)——抑制无关信息的能力——可以在局部(单词)和全局(任务)层级上改变双语者对平行语言的激活水平。

梅西尔等人(Mercier et al.，2014)使用了与玛丽安和斯派维(Marian & Spivey，2003a，2003b)类似的研究设计，他们也研究了语内和语间的单词竞争。研究者们比较了认知控制水平不同的英法双语者的单词竞争情况。他们发现，那些抑制控制较强的人能更高效地识别口语单词(竞争效应减少)。有

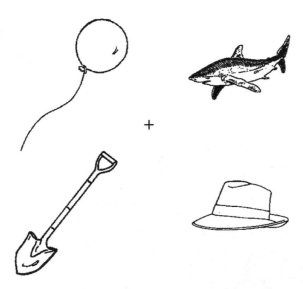

图 4.7 单词识别实验中显示的内容

(来源：Marian & Spivey, 2003a, 2003b, 图片来自国际图片命名项目[the International Picture Naming Project]：Bates et al., 2003；Szekely et al., 2003)

意思的是，当语言相对生疏的双语者在具有挑战性的条件下完成任务时，这种效应最为显著。梅西尔(Mercier, 2016)进一步研究了全局(任务)层级上的抑制问题。英法双语被试首先用法语或英语说话，然后用英语进行视觉情境实验。在英语视觉情景实验中，先前说法语的那一组进行了语言切换。研究者主要想了解这种语言切换如何影响被试对竞争物(竞争词)的抑制。有趣的是，说法语的小组在英语听力测试中受法语竞争物效应的影响有所下降，这表明他们整体抑制了与任务无关的语言(Mercier et al., 2016)。这样看来，语言使用者可以主动抑制一种语言中的所有单词，就像一个在工作场所说法语但在家说另一种语言的人，回家后会"停用"整个法语功能一样(参比Mercier et al., 2016)。

辛格和米什拉(Singh & Mishra, 2012)则把抑制控制看作结果，而不是原因。他们研究了两组印地语-英语双语者的抑制控制水平。研究者使用了一项眼动(基于眼球运动的)版本的 **Stroop**[①] **任务**(Stroop task)，这是一种经典的测试抑制控制的方法(MacLeod, 1991；Stroop, 1935)，如图 4.8 所示。他们

[①] 指文字含义对字体颜色的干扰效应，国内没有权威的译名，所以保留原文。

发现,二语英语熟练度较高的双语者在任务中表现优于较低熟练度的双语者。若要复现这项研究,之后的研究者可以通过纳入额外的控制变量,如被试的社会经济地位、教育经历(学校系统)、闲暇时的语言使用情况和非言语智力,来进一步验证高熟练度双语者的认知优势(Bialystok, 2015; Paap, 2018; Valian, 2015)。

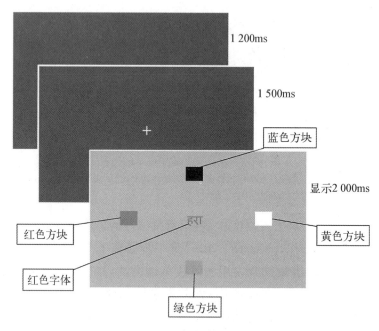

图 4.8　Stroop 任务中显示的内容

注:被试需要注视与颜色词(如红色)的字体颜色匹配的色标,同时忽略单词的含义(如,hara 的意思是"绿色")。
(来源:图示由印度海得拉巴大学的拉梅什·库马尔·米什拉[Ramesh Kumar Mishra]博士提供; Singh & Mishra, 2012)

总之,这些研究说明了眼动追踪如何捕捉亚词汇层级的瞬时加工过程。随着自下而上的语言输入方法在研究中的使用,研究者发现激活现象也存在于音位和词汇层面,在这些表征中,候选词汇会为了被成功识别而互相竞争。重要的是,这些激活和竞争效应都是由被试在屏幕上不同图像间的眼球运动反映的。因此,眼动记录中精细的时间信息可以揭示单词识别的微妙之处。表 4.1 总结了此类研究的一些主要问题。

表 4.1 视觉情境眼动追踪在词汇加工和单词识别方面的研究问题

1. 认识多种语言中的单词对双语词库中的单词表征和加工有何影响?
   1.1. 不同语言之间的竞争在多大程度上取决于双语者的语言状况(如语言优势、一语和二语的日常使用、一语和二语词汇量、二语熟练度、二语习得年龄)?
   1.2. 不同语言之间的竞争在多大程度上取决于双语者的认知状况(如抑制控制、非言语智力)?
   1.3. 任务因素(如语言切换、语言模式)和项目层级变量(如单词之间的语音重叠程度)在多大程度上会影响双语词库中的语间竞争?
2. 多种语言的熟练度在多大程度上会影响被试在言语和非言语任务中的抑制控制?
3. 熟练度不同的二语学习者如何解析词边界模糊的连读?

4.2.2 预测

4.2.2.1 什么是预测?

在线检索显示,在 32 项视觉情境研究中共有 16 项被归类为预测研究。语言加工中的预测是指"语言理解者在语言输入*之前*对其执行的预激活或预检索"(Huettig, 2015: 122,我的重点)。一般来说,预测是前文语境对语言加工系统当前状态的影响(Kuperberg & Jaeger, 2016)。在视觉情境范式中,**预期性眼球运动**(anticipatory eye movements)(见 4.1)为预测提供了特别有力的证据:行为反应(对目标的预期性观看)的发生先于可预测词出现在输入中。EEG 或 ERP 研究中的脑电活动记录(见 1.1.4)同样可以仅对预测进行测试(如 DeLong, Urbach & Kutas, 2005; Kuperberg & Jaeger, 2016; Wicha, Moreno & Kutas, 2004)。然而,许多其他方法,如阅读和词汇判断,仅能提供预测的间接证据,因为推断预测的发生所需的数据,需要在可预测词的加工过程中获得。

想象一下如 *spill the beans*(意为"泄露秘密")这样的习语。这种习语的最后一个词很容易预测(参比 Carrol & Conklin, 2017)。在视觉情境范式中,预测的有力证据来自被试在单词"beans"出现之前对豆子图像的观看。同样地,阅读研究者可能会发现,在 *spill the* _____ 中,*beans* 加工得比 *chips* 快,因为 *spill the chips* 不是习语,因此,最后一个词的可预测性较低(关于可预测性和习语加工,分别见 2.5 和 3.2.2)。虽然后一项发现仍然提供了信息,但关键在于更短的阅读时间是预测的结果而不是预测本身(Huettig, 2015)。相比之下，视觉情境范式可以在预测效应发生时就将其捕捉到。这种相对独特的优势只有 EEG 或 ERP 研究（见 1.1.4）才能与之媲美，也正是这种独特的优势使得视觉情境眼动追踪特别适用于预测研究（近期述评见 Huettig, 2015; Kuperberg & Jaeger, 2016）。

预测在当代认知理论中的作用极其重要。克拉克（Clark, 2013: 200）在一篇极具影响力的评论中指出，以行动为导向的预测可以提供一种"大脑的统一理论"，将知觉、行动和注意都关联于一个理论模型中。预测无处不在。在日常生活中，司机通常可以预测他们在日常通勤中遇到的红绿灯的模式。音乐爱好者通常能分辨出一首歌曲即将在何时结束。一个舞者，通常不仅要预测歌曲的结尾，还会尽量让自己的舞步与预期的结尾保持一致。

在二语习得中，预测可以帮助解释"**差异意识**"（noticing the gap）的概念（Gass, 1997; Schmidt & Frota, 1986）这是一种语言学习的机制。当二语学习者清楚地意识到对话者所说的话和他们自己表达相同内容时会说的话不匹配时，就会注意到差异的存在（具体讨论见 Godfroid, 2010）。换句话说，要产生这样的注意，听者必须在对话者*之前*预测到她接下来会在当前的句子语境中所说的内容，这样听众就可以把对话者说出来的口语形式与她预测的形式进行比较。当听者注意到这种差异，且她认为对话者在语言使用上比她更熟练时，她就会调整自己的内在预测机制，这也是二语学习的一种形式（如 Altmann & Mirković, 2009; Huettig, 2015）。重要的是，从这个观点来看，听者同时也是阅读者，因为她在理解过程中积极地利用产出过程来预测即将到来的输入（参比 Pickering & Garrod, 2013）。用皮克灵和加罗德（Pickering & Garrod）的话来说，"产出和理解是紧密交织在一起的，这种交织构成了人们预测自己和他人的能力"（Pickering & Garrod, 2013: 329）。

虽然预测对人类的行为来说必不可少（Clark, 2013; Friston, 2010），但预测背后的机制尚未被完全理解。许蒂希（Huettig, 2015）提出，同一预测性行为可能至少有四种不同的机制作为基础。他将其简称为 PACS，即基于**产出**（Production）、**关联**（Association）、**组合**（Combinatorial）和**刺激**（Simulation）的预测。其中，基于关联的预测可能是二语或双语研究者特别感兴趣的。有人认为基于关联的预测反映了简单的关联学习机制的结果（Altmann & Mirković, 2009; Bar, 2007, 2009; Huettig, 2015）。例如，如果语言使用者要用其关联性知识(见4.2.2.3)做出基于语法性别的预测,[6]他们依靠的就是在对该语言多年的使用中积累下来的冠词-名词和形容词-名词的关联性(一致性)知识。因此,从二语习得的角度来看,基于关联的预测路径可以很好地揭示二语者的知识,因为这可能反映了他们的语言能力或语言的隐性统计知识。

尽管基于关联的预测很重要,但许蒂希的评论文章指出,预测不是一个单一的过程(Huettig, 2015)。同一种预测行为可能至少有四种预测机制作为基础。这意味着预期性的眼球运动可能可以归因于多种认知机制。因此,在解读预测结果时(例如,展现出语言能力或隐性统计知识)需要多加注意,因为同一行为数据可能有不止一种解释。为了增进该领域对预测中各种机制的理解,许蒂希(Huettig, 2015)呼吁开展更多个体差异研究(最近一项一语者的研究示例见 Hintz, Meyer & Huettig, 2017)。在下面的内容中,我将重点介绍研究个体差异的二语和双语研究。

鉴于预测在人类行为中的中心地位,人们自然会问,二语者和双语者,就像一语者和单语者一样,会在多大程度上在语言加工过程中进行预测。许蒂希(Huettig, 2015)提出的一种可能是预测很大程度上取决于人们对手头任务的熟练程度。从这个角度看,二语者的预测性行为可能会减少,特别是不那么熟练的二语者。这一观点在二语习得和双语中被称为**预期力不足**(RAGE, Reduced Ability to Generate Expectations)假说(Grüter, Rohde & Schafer, 2014, 2017)。格吕特尔(Grüter)和她的同事们提出,二语者的认知资源可能会被当前的加工(如词汇检索和整合)大量消耗,只留下"所剩无几的资源来加工非必要线索,并以此更新预期"(Grüter et al., 2014: 189)。与此同时,一些研究团队已经在二语和双语者中发现了语义预测(Dijkgraaf, Hartsuiker & Duyck, 2017; Ito, Corley & Pickering, 2018)和形态句法预测(Dussias, Valdés Kroff, Guzzardo Tamargo & Gerfen, 2013; Hopp, 2013; Hopp & Lemmerth, 2018; Trenkic, Mirković & Altmann, 2014)存在的证据,所以强势版本的预期力不足假说很有可能是不正确的。卡恩(Kaan, 2014: 257)认为一语者和二语者的预测机制"本质上是相同的",但是任务表现会因知识和加工差异而不同。卡恩列出了频率偏差、词汇表征质量、同一个人两种或以上语言的竞争信息以及任务诱导的过程和策略(如启动效应)方面的差异,认为这些可能是一语或二语表现存在差异的原因。因此,研究预测更有效的方法可能是摒弃严格的一语-二语二分法,而关注个体差异(最近一项双语者的研究示例见 Peters, Grüter & Borovsky, 2018)。通过将认知(如工作记忆)和语言因素(如接受性和产出性词汇量、整体熟练度)纳入研究,视觉情境研究者可以逐渐了解在实时加工过程中,认知和语言背景不同的听者会在何种程度上产生预期。

同样地,用双语者掌握的两种语言对其进行测试是评估其整体语言能力的好方法,包括用非缺陷法(示例见 Dijkgraaf et al., 2017; Sekerina & Sauermann, 2015)评估他们的预测能力。如果双语者能够用其母语或优势语言进行预测,那么就说明他们在大体上有能力进行预测。与此同时,被试内研究(需要用被试掌握的所有语言对其进行测试)能使研究人员更明确哪些因素会导致二语或非优势语言中潜在的预测性行为的缺失(见 5.2)。

在接下来的内容中,我将概述二语和双语的眼动追踪研究中与预测相关的文献,并重点关注研究者已探究过的问题类型。

4.2.2.2 语义预测

随着最近两项二语语义预测研究的发表,这一领域开始逐渐起步。如前一节所述,迪克格拉芙等人(Dijkgraaf et al., 2017)和伊藤等人(Ito et al., 2018)使用语义预测作为工具,研究了更多关于预测性语言加工的一般性问题。在这项研究中,预测基于语义线索这一事实似乎是次要的,更大的理论目标是揭示二语者*是否*以及*在何种程度上*进行了预测。迪克格拉芙等人(Dijkgraaf et al., 2017)和伊藤等人(Ito et al., 2018)的研究都有证据表明二语者能够并且确实在二语加工过程中进行了预测,这与卡恩(Kaan, 2014)的理论解释一致(见4.2.2.1)。伊藤和她的同事们进一步研究了致使母语和非母语人士进行预测的认知机制。这些研究为理解二语听力中的预测及其中介因素提供了重要的实证数据。

二语语义预测的研究包括一系列针对一语者的语义预测研究,这些研究起源于阿尔特曼和上出(Altman & Kamide, 1999)的心理学研究(见4.1)。与他们的研究类似,二语语义预测研究中的二语者被试会在实验中听简单的主谓宾结构的句子(例如,*Mary reads/steals a letter*,"玛丽读/偷了一封信";*The lady will fold/find the scarf*,"这位女士会叠起/找到这条围巾")。在此类句子中,第二个名词是可以或无法由动词中的语义信息预测出来的。研究者想知道二语听者是否和一语听者一样,能够实时利用这些语义限制来预见即将出现的名词(如显示在屏幕上的信或围巾的图像)。迪克格拉芙等人(Dijkgraaf et al.,2017)和伊藤等人(Ito et al.,2018)的研究结果显示,两种语言能力不均衡的双语者在两种语言中对主题角色的预测程度相同,并且/或与单语母语者类似。

伊藤等人试图进一步建立工作记忆资源和预测性加工之间的因果关系。这几位作者发现,当被试在执行听力任务的同时也执行记忆任务(记住一张单词表)时,他们在一语和二语听力中的预期性眼球运动会出现相似的延迟。作者们得出结论,"预测性的眼球运动利用了记忆单词时的一些认知资源"(Ito et al.,2018:260)。因此,无论在一语或二语中,做出预测都是一个需要认知资源的过程,而且最有可能发生在有可用的认知资源的时候。表4.2总结了用眼动追踪研究二语语义预测的一些主要问题。

表4.2 视觉情境眼动追踪在预测方面的研究问题

1. 作为具有领域一般性的认知机制,预测在多大程度上发生在一语和二语加工过程中?二语学习者是否表现出类似于母语者的预测性加工?
    1.1. 学习者的特征(如一语背景、二语熟练度、使用近因性、能力倾向)在多大程度上能够解释二语预测性加工的个体差异?
    1.2. 语言因素(即一语与二语在词汇和句法层面上的相似度)在多大程度上能够解释二语预测性加工的个体差异?
2. 预测在多大程度上依赖听者的认知资源?二语预测背后的认知机制是什么?
3. 预测在多大程度上可以用来衡量语言知识?哪种或哪些类别的语言知识是构成预测的基础?
4. 双语者能在多大程度上根据多种语言的和非语言的线索做出预测?
5. 显性教学(如语法规则解释)能在多大程度上促进隐性学习?
6. 运用在语言产出的知识和运用在理解中的知识之间存在什么样的关系?
7. 新词汇的呈现形式(如按语义分组或按主题分组)如何影响词义的检索?
8. 一语者和二语者能否从口语故事语境中推断出新词的含义?语境信息的丰富性会在多大程度上影响新词意的学习?与当前语境信息相关的新的词汇项目是如何被加工的?

4.2.2.3 形态句法预测

上文的阐述表明二语者在大体上是有能力进行语言预测的(参比Kaan,2014)。虽然各语言中存在的相同词义可以促进二语预测,但许多语言现象是某一语言中特有的。那么问题就变为:如果线索并未在被试的一语中被实例化,或线索在二语中以一种与不同于一语的方式被实例化了,那么当这些线索无法在语言中迁移时会发生什么?这个问题引起了二语和双语研究者的极大兴趣,他们经常选择用形态句法(语法)现象对其进行研究。

形态句法预测研究是二语预测研究的最大分支,实际上也是整个视觉情境范式的最大分支。共有 10 项研究以经典形式研究了二语形态句法预测。另外两项研究将形态句法预测研究与教学环节相结合。下文将对这些研究进行述评(见 4.2.2.5)。许多研究使用**基于语法性别的预测**(gender-based prediction)作为测试案例(Dussias et al., 2013; Grüter, Lew-Williams & Fernald, 2012; Hopp, 2013; Hopp & Lemmerth, 2018; Morales, Paolieri, Dussias, Valdés Kroff, Gerfen & Teresa Bajo, 2016)。语法性别很适合用于预测研究,因为它在名词、冠词和形容词之间建立了一致关系。[7]冠词(如 *el zapato*,"the$_{MASC.}$ shoe"①,"这只$_{阳性}$鞋")或形容词(如 *ein grosser Wecker*,"a big$_{MASC.}$ alarm clock","一只大$_{阳性}$闹钟")的语法性别标识为后面即将出现的名词提供了线索。如果听者具备使用这一线索的语法知识和认知资源,他们就可以预测即将出现的名词;换言之,他们能够进行基于语法性别的预测。通过不同的一语-二语搭配,研究者可以进一步研究,当使用者的一语中没有语法性别(如英语)时,或当两种语言中的语法性别表现得非常相似(如西班牙语和意大利语)时,分别会发生什么(Dussias et al., 2013; Morales et al., 2016)。他们还可以研究一语的语法性别是否会在二语语法性别的加工过程中被激活(Hopp & Lemmerth, 2018; Morales et al., 2016)。

安妮·费尔纳德(Anne Fernald)的实验室进行了一个系列的三项研究,在二语习得领域研究基于语法性别的预测。刘-威廉姆斯和费尔纳德(Lew-Williams & Fernald, 2007)的研究表明,即使在很小的时候,西班牙语母语者也能够使用西班牙语冠词中的语法信息来预测即将出现的名词。刘-威廉姆斯和费尔纳德(Lew-Williams & Fernald, 2010)又将他们的研究延伸到在课堂中学习西班牙语的成年学习者,结果他们在研究数据中并没有发现学习者使用熟悉的名词进行预测的证据。格吕特尔等人(Grüter et al., 2012)的研究中,被试是接近母语水平的高级西班牙语二语者,他们同样发现使用熟悉的冠词-名词组合来进行二语预测的证据非常有限。在这三项研究中,被试都听到了一些指示,其中包含带有语法性别标识的冠词及其后面的名词(如¿Dónde está la

---

① [编者注] MASC 指"阳性";FEM 指"阴性"。下同。

pelota?""Where is the_{FEM.} ball?""这个_{阴性}球在哪?")。特别有趣的是,这些试次中显示屏呈现的是两种语法性别不同的物体(如 la pelota["the_{FEM.} ball","这个_{阴性}球"]和 el zapato["the_{MASC.} shoe","这只_{阳性}鞋"]):如图4.9所示。这些试次被称为**差异化语法性别试次**(different-gender trials)。这类试次中被试是可以进行形态句法预测的,因为有语法性别标识的冠词与紧随其后的名词是一一对应的关系。如果听者能够使用语法性别线索,那么他们在语法性别不同的试次中会更快地看向目标图像,而在语法性别相同的试次中则较慢。

 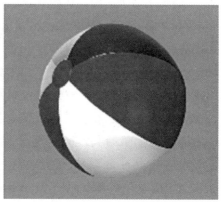

图 4.9 语法性别预测实验中显示的内容

注:因为 el zapato 和 la pelota 在语法性别上有差异,所以冠词 el 或 la 是后面的名词的预测性线索。
(来源:图由普林斯顿大学的凯西·刘-威廉姆斯[Casey Lew-Williams]博士提供。)

类似的方法——比较语法性别相同及不同的试次——也是其他语法性别预测研究的基础(Dussias et al., 2013; Hopp, 2013, 2016; Hopp & Lemmerth, 2018; Morales et al., 2016)。总体而言,基于语法性别的预测情况各异,研究结果普遍表明语言熟练度高的人能够进行预测(Dussias et al., 2013; Hopp, 2013; Hopp & Lemmerth, 2018;但另见 Grüter et al., 2012),而熟练度相对较低的人则无法进行预测(Dussias et al., 2013; Hopp, 2013; Lew-Williams & Fernald, 2010)。有趣的是,如果学习者像学习新词汇一样先接受冠词-名词组合的训练,他们的预测就会更加一致(Grüter et al., 2012; Hopp, 2016; Lew-Williams & Fernald, 2010)。总之,这些结果都凸显了二语熟练度在预测中的作用,同时预测本身可能与学习者接受的输入量和输入类型以及学习的环境有关。

因为基于语法性别的预测提供了很好的范式,因此研究者也已将其用于研究调节变量(moderating variable)的作用。我之前已经提到过二语熟练度对预测的影响(见上一自然段)。其他因素还包括产出和理解之间的关系(Grüter et al.,2012;Hopp,2013,2016)以及一语背景(Dussias et al.,2013;Hopp & Lemmerth, 2018; Morales et al.,2016)。关于理解与产出的关系,格吕特尔等人(Grüter et al.,2012)从三个维度进行了数据测量:离线理解(句图匹配)、在线产出(诱导模仿)和在线理解(视觉情境眼动追踪)。他们的研究表明,高水平语言使用者在语言表达(产出)中偶尔出现的错误会在在线理解中以较弱的预测效应被反映出来。这表明真正困难的是对语法性别信息——无论是产出性的还是接收性的——的实时检索。霍普(Hopp,2013)的研究也同样关注产出与理解的关系,他要求德语一语者和德语二语者对后续实验中出现在视觉情境显示中的图像(及其限定词或有语法性别标识的形容词)进行预命名。霍普发现,在视觉情境实验中,只有那些始终能正确指出图像中的物体的语法性别的二语者进行了预测性加工(另见 Hopp, 2016)。同时,格吕特尔等人(Grüter et al.)也在研究中发现大多数产出错误也都是语法性别的指派错误(例如,是 *el pelota* 而不是 *la pelota*,"the$_{FEM}$ ball","这个$_{阴性}$球")。这两项研究都强调了扎实的词汇知识对基于语法性别的预测的重要性。

最后,研究者还研究了在二语语法性别预测中的母语迁移效应(Dussias et al., 2013; Hopp & Lemmerth, 2018; Morales et al., 2016)。莫拉莱斯等人(Morales et al., 2016)与霍普和莱莫斯(Hopp & Lemmerth, 2018)提出,语法性别的一致性可能会对预期性加工有影响。例如,莫拉莱斯等人(Morales et al., 2016)做过一项西班牙语实验,研究的被试为母语为意大利语的西班牙语学习者。他们发现当目标词的语法性别在意大利语和西班牙语中相同时(例如 il$_{MASC.}$ *formaggio* 和 el$_{MASC.}$ *queso*,"the cheese","这块奶酪"),被试就会更多地关注该词对应的目标物体(见 9.3.1,研究思路 4)。霍普和莱莫斯(Hopp & Lemmerth, 2018)在研究中发现,母语为德语的俄语中高级学习者会做出接近俄语母语的预测,不过这种现象仅发生在两种语言中的语法性别有相同的句法标识的情况下(即标识在形容词上,而不是冠词上)。最后,语言类型学差别的作用还有待更系统地研究;不过,杜西娅等人(Dussias et al., 2013)对母语为意大利语的低水平西班牙语学习者的研究结果表明,类型学的相似性可能有助于预测。

综上所述,不同方向的语法性别预测的研究结果趋于一致,都表明基于语法性别的预测性加工依赖于对单个词汇项目语法性别的强编码。熟练度高的学习者和掌握语法性别指派的学习者在预测时"更像母语者"。对于其他词汇表征可能不太稳定的学习者来说,他们的表现更容易受一语的影响。凭借着一语与二语之间的关系,这些二语学习者在预测性加工过程中或受益于母语,或受制于母语。

近年来,形态句法预测的研究已经扩展到其他的目标结构和语言中。目前也有格标记(Mitsugi, 2017; Mitsugi & MacWhinney, 2016; Suzuki, 2017; Suzuki & DeKeyser, 2017)、量词(Suzuki, 2017; Suzuki & DeKeyser, 2017)、定冠词和不定冠词(Trenkic et al., 2014)的预测研究。在接下来的几年里,随着研究者发现更多新的适用于进行预测的语法现象,这一研究领域可能还会继续扩大。

二语日语(一种动词位于句末的语言)中的预测(Mitsugi, 2017; Mitsugi & MacWhinney, 2016; Suzuki, 2017; Suzuki & DeKeyser, 2017)就是一个典型的例子。日语以动词结尾的特点可以让研究者研究基于非动词线索的预测,不像英语或其他中心语前置的语言,这类语言的动词在预测中起着核心作用(示例见4.2.2)。例如,三木和麦克温尼(Mitsugi & MacWhinney, 2016)复现了上出等人(Kamide et al., 2003)对二语学习者的研究,他们使用了日语句子,译文见(1)和(2):

(1) 双及物结构——正常语序

school$_{LOC.}$ serious student$_{NOM.}$ strict teacher$_{DAT.}$ quietly exam$_{ACC.}$ handed over

"At the school, the serious student quietly handed over the exam to the strict teacher."

"在学校,这位认真的学生安静地把试卷交给了严格的老师。"

(2) 宾格(单及物)结构

school$_{LOC.}$ serious student$_{NOM.}$ strict teacher$_{ACC.}$ quietly teased

"At the school, the serious student quietly teased the strict teacher."

"在学校,这个认真的学生悄悄地取笑了严厉的老师。"

(*Mitsugi & MacWhinney*, 2016: 23)[8]

令人感兴趣的是日语的一语、二语者是否会使用在名词短语中作为后置词出现的格标记来实时指派主题角色。与这两句句子一同出现的是四张相同的图片(重现见图 4.10);然而,只有双及物(宾语)句能让听者根据施事者-目标的组合预测出作为句中第三个动词论元的主题(如试卷)。三木和麦克温尼(Mitsugi & MacWhinney, 2016),特别是三木(Mitsugi, 2017)发现,日语一语者会逐步地、预测性地使用格标记(参比 Kamide et al., 2003);也就是说,他们在动词出现前就开始构建句子结构了。大学三年级和四年级的日语学生在加工过程中受到了延误,没有做出预测,也许是因为他们没有时间这样做。

图 4.10 形态句法预测实验中显示的内容

注:每张图片都包含一个施事者、一个受事者、一个主题和一个干扰物。研究者期望被试通过名词的格标记来逐步指派主题角色。

(来源:Mitsugi & MacWhinney, 2016。经作者许可后复现。)

二语预测文献中反复出现的一个主题是听者需要准确的语言知识和快速加工的技巧来做出预测。因为视觉情境范式强调实时的、以意义为中心的加工,所以预测反映的是学习者的隐性知识(Andringa & Curcic, 2015; Godfroid & Winke, 2015),铃木(Suzuki, 2017)以及铃木和德凯泽(Suzuki & DeKeyser, 2017)的研究都表明了这种观点。隐性知识可以在无意识的情况下迅速被调用(如 Williams, 2009),正因如此,隐性知识通常被认为是交际能力的关键。铃木及其和德凯泽的共同研究利用个体差异测量和验证性因素分析的数据,揭示了视觉情境范式中的预测与测量隐性知识和隐性学习能力的其他方法之间的关联模式。因此,他们领先之前的研究者一步,认为预测不仅反映了语言知识,而且明确指出语言知识在本质上是无意识的、隐性的(与 Huettig, 2015 的研究形成对比)。今后的研究者需要设法——例如对视觉情境数据和言语测试进行三角测量——来验证或否定铃木(Suzuki, 2017)以及铃木和德凯泽(Suzuki & DeKeyser, 2017)研究中的结论,以便更直接地探究二语者的加工意识和加工策略。毫无疑问,在未来几年会有更多研究去探索是什么驱动着二语加工中的预测(见 4.2.2.1)。第 111 页表 4.2 总结了眼动追踪在二语形态句法预测方面的问题。

4.2.2.4 多线索预测

在视觉情境研究中,语篇效应是通过视觉展示和句子语境共同引入的。研究者发现母语听者可以根据更广泛的语篇情境来解读其正在接收的语言信息(如 Ito & Speer, 2008; Sedivy, 2003; Sedivy, Tanenhaus, Chambers & Carlson, 1999)。因此,语境中的预测可以用于测试被试是否成功整合并实时解读了多条语言及非语言的线索。现代的生成理论预测,需要多项线索整合的语言现象——即**接口现象**(interface phenomena)——会为晚期二语学习者和正在经历语言磨蚀的一语者带来持续的困难(Rothman, 2009; Sorace, 2005, 2011)。迄今为止,只有一项视觉情境研究对这一问题进行了研究,该研究将继承语使用者作为研究对象(Sekerina & Trueswell, 2011),研究结果有力支持了这样一种观点,即句法-语篇接口上的语言构建是难以加工的。

谢尔丽娜和特鲁斯威尔(Sekerina & Trueswell, 2011)在俄罗斯招募了俄语单语者,在美国招募了继承语俄语双语者。其中继承语俄语双语者指的是在儿童或青少年时期移民到美国的俄罗斯人,虽然他们现在在公共场合中大多使用英语,但他们的俄语——也就是他们的母语——水平依然很高。两组被试都根据口头指令来移动一块有 9 个(3×3)狭槽的垂直板上的物体。不同试次中,板上的物体是不同的。在关键的单对比试次中,被试看到两个颜色对比鲜明的物体(如一颗红色的星星和一颗黄色的星)、一个有颜色的竞争物(如一只红色的鸟)和两个干扰物。因此,在这种显示中存在一种颜色对比(即红色星星与黄色星星),这是一种语篇操控,也是一种对实时句子解读的假设性线索。

当听到俄语指令(按俄语语序翻译为 *Red put the* ...,正常英文语序为 "Put the red ...",意为"把这个红色……")时,听者会面临暂时的疑惑——他们要移动的是红星还是红色的鸟?通过整合其他来自语篇(即视觉显示)、句法(即口语指令中率先出现的红色)和韵律(即在某一实验条件下对红色的重读)的线索,听者可以非常迅速地做出一种对比性解读(即红色的星星,而不是黄色的星星),然后在听到星星之前看向目标所指物。俄语单语者在研究中的表现也正是如此。另一方面,虽然继承语使用者最终也能正确地对俄语句子进行加工,但是他们的速度非常慢。令人惊讶的是,在句子的靠前部分,他们采用了"观望策略"(Sekerina & Truswell, 2011: 294):他们几乎不看目标或颜色竞争物,而是始终盯着显示屏中央的十字。谢尔丽娜和特鲁斯威尔(Sekerina & Truswell, 2011)发现继承语者在一语加工中极易受影响,但在自述中却认为自己有较高的俄语理解能力。第 111 页表 4.2 总结了多线索预测研究的主要问题。

4.2.2.5 教学影响

共有四项研究探究了教学是否会影响实时的预测性语言加工和词汇知识检索。鉴于预测反映的是语言知识(见 4.2.2.3),因此在预测研究中加入教学,可以揭示预测行为能否被训练、预测能力如何随着输入的持续而发展以及显性教学能否加快学习预测的过程。理解教学对实时语言加工的影响具有重要的理论和实践意义。对教学的研究可以使研究者更充分地了解接口假说——显性教学、显性知识和隐性知识如何彼此关联(Andringa & Curcic, 2015),即产出和理解(Hopp, 2016)与二语词汇学习和教学之间的关系(Bolger & Zapata, 2011; Kohlstedt & Mani, 2018)。

以教学为重点的视觉情境研究通常包括学习阶段和测试阶段。在训练期间,被试先学习目标语法(Andringa & Curcic, 2015; Hopp, 2016)或词汇

(Bolger & Zapata, 2011)知识,然后参与视觉情境实验,这是测试阶段,测试的是被试实时语言加工的训练成果(类似的文本眼动追踪研究另见 3.2.3)。科尔施泰特和马尼(Kohlstedt & Mani, 2018)采用了一种略有不同的方法,他们将学习任务和成果测试整合到同一项视觉情境实验中,从而获取被试学习轨迹的精细信息。

安德林加和库里契克(Andringa & Curcic, 2015)想要了解元语言信息(即语法规则的规定)能在多大程度上促进世界语这一人工语言中形态句法结构的隐性加工。他们发现,虽然接受语法规则教学的显性教学被试组的确在单独的显性知识测试中表现得更好,但是无论是用世界语进行隐性教学(听包含目标结构的句子),还是同时进行隐性教学和显性教学(听力与规则制定),都不会产生预测性加工。相比之下,霍普(Hopp, 2016)的报告显示,在接受显性词汇教学后,德国的中级水平英语学习者能够做出基于语法性别的预测(见 Grüter et al., 2012; Lew-Williams & Fernald, 2010)。在这项研究中,被试听、看并重复三次冠词-名词组合(如 *der Käse*,"the$_{MASC.}$ Cheese","这块$_{阳性}$奶酪"),随后,他们在参与视觉情境后测之前就能够自行进行冠词-名词组合预测。被试在后测中的预测与其产出任务中的准确度相关,这表明产出和在线理解之间存在密切联系(另见 Hopp, 2013)。

安德林加和库里契克(Andringa & Curcic, 2015)的研究与霍普(Hopp, 2016)的研究的一个不同之处就是被试先前对目标语言和词汇的熟悉程度。与霍普(Hopp, 2016)的德语学习者不同,安德林加和库里契克(Andringa & Curcic, 2015)的被试之前没有接触过世界语。因此,即使被试之前就知道规则,仅仅是理解句子也可能会对他们的工作记忆造成沉重负担,因而没有空间进行形态句法预测。要验证这一假设,研究者可以采用安德林加和库里契克的目标结构(受词异相标记),并在具有相同语法结构的西班牙语中进行测试(Andringa & Curcic, 2016)。

两项研究调查了词汇加工和词汇学习。博尔杰和萨帕塔(Bolger & Zapata, 2011)想要研究在文本中呈现与当前故事情境在语义上相关或不相关的新词会如何影响词汇学习。基于之前的研究,作者们假设,将单词按语义分组(如表示食物、动物或颜色的单词)可能会抑制词汇学习,因为单词之间的联系过于紧密。这就是**语义-范畴纠缠**(semantic-category entanglement)。结果显示,学习了语义组中的单词的那一组被试看语义竞争物的时间更长(例如,目标词是 *floop*,"dog",意为"狗",但被试看向"猪"的图片的时间更长),这与假设一致。这一结果启示我们,在根据语义对新词汇进行分组(这是词汇教学中的一种普遍做法)时,甚至在按主题情境进行词汇教学(如去看兽医或在海滩上的一天)时,研究者都应更加谨慎。但即便如此,学习者眼动追踪数据的差异也是很细微的,并且"两组实验情况的相似之处可能还多于不同之处"(Bolger & Zapata, 2011:637)。

像博尔杰和萨帕塔(Bolger & Zapata,2011)一样,科尔施泰特和马尼(Kohlstedt & Mani, 2018)也在研究中使用了短篇故事语境,不过这两位研究者是在听觉模态中考察语篇语境如何影响学习者对新词词义的推测的。被试听了有偏倚的(信息更丰富)和中性的故事语境,其中一个被试熟悉的启动词(如 *Opa*,"祖父")和一个目标词(如 *Ausfrieb*,德语伪词,意为"手杖")出现了两次。目标词(而非启动词)的对应图片显示在屏幕上(见图 4.11)。研究人员发现,在故事的后半部分,当对故事情境有了更多了解之后,德语一语者和高水平的德语二语者都能够推断出与研究意图相符的目标词的词义。具体来

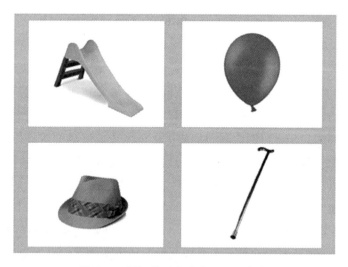

图 4.11 词汇学习实验中显示的内容

注:在有偏倚的故事语境中,启动词 *Opa*,"祖父",会使被试看向手杖(*Gehstock* 或德语中的伪词 *Ausfrieb*)的图像。"手杖"是故事中的目标词。

(来源:Kohlstedt and Mani, 2018)

说,当他们听到启动词(如 *Opa*)时,会预先看向目标物(如手杖)。鉴于被试是在匆忙中学习这些新单词的含义,因此该研究是将视觉情境范式用于学习实验研究的一个优秀范例。

总之,现有的视觉情境范式中的教学研究让我们看到了输入和教学为实时语言加工带来的益处(Hopp,2016;Kohlstedt & Mani,2018)和局限(Andringa & Curcic,2015;Bolger & Zapata,2011)。因为视觉情境范式中的在线加工"不便于用显性知识进行研究"(Andringa & Curcic,2015:237),所以该范式可用于测试一些理论问题,如接口假说。研究结果还可能具有教学启示意义,例如对二语词汇教学而言,可以按主题而非语义对词汇分类,并将其嵌入丰富的语篇语境中,以此促进词汇学习。对在线眼动追踪数据与离线测试方法(如语法判断测试或词汇测试)的三角测量也有利于教学研究,因为被试在这些不同的测试中的表现可能会有很大的差异。第 111 页表 4.2 总结了视觉情境范式中的教学研究以及其余预测研究领域的主要问题。

图 4.11
116

4.2.3 指称加工

有四项研究调查了被试对歧义句和语义复杂句的实时句子解读情况。首先,与之前的预测研究(见 4.2.2)相比,此类研究体现了某种概念转移,因为关注点不再是听者对即将到来的语言信息的预期;许多研究者现在研究的是,当有一个以上的潜在所指物时,听者如何确定**指称**(reference)(将语言与外部世界联系起来)。例如,单词 *frog*(意为"青蛙")可能指屏幕上显示的两只青蛙中的一只,代词 *he*(意为"他")可能指两个男性角色中的一个。要确定指称,听者通常需要先听到输入中的关键词(如 *frog*、*he*);换言之,听者通常不会对所指物产生预期。用于分析的时间窗口也相应地具有以下特点:这些窗口会与关键词几乎同时出现或紧随其后,但通常不会出现在关键词之前(见 6.3.2.2)。其次,指称加工的研究需要依赖附加任务(见 5.4),比如移动一个物体(Kim et al.,2015;Pozzan & Trueswell,2016)或回答一个理解性的问题(Cunnings et al.,2017;Sekerina & Sauermann,2015)。这些任务是此类研究的重要组成部分:通过比较被试的眼球运动和他们在附加任务中的最终决定,研究者可以确定句子解读过程和解读结果的一致程度。

正如塔南豪斯和特鲁斯威尔(Tanenhaus & Trueswell,2006:883)所指

出的:"将当前播报的语言所指称的现实情境加入研究,这自然会突显……关于指称的问题。"其中一个问题是:如果指称存在歧义,例如屏幕上有两个可能的所指物(如两只青蛙或两位男性角色),那么听者会如何解析句子?这一问题启发了塔南豪斯等人(Tanenhaus et al.,1995)对成人一语者句法消歧的开创性研究,4.1对其研究进行了回顾。此后,这项研究已延伸至儿童一语者(Trueswell et al.,1999)以及成人二语者(Pozzan & Trueswell,2016),后者将在此处探讨。

波赞和特鲁斯威尔(Pozzan & Trueswell, 2016)比较了母语为意大利语的英语学习者和母语为英语的儿童的句法解析技能,后者参与了特鲁斯威尔等人(Trueswell et al., 1999)之前的一项研究。两组被试都是语言学习者;然而,只有波赞和特鲁斯威尔研究中的成年被试具有充分发展的执行能力,这可能有助于他们摆脱句法歧义。这就是研究者想要验证的假设。被试按口头指令行事,如 Put the frog on the napkin onto the box(意为"把餐巾上的青蛙放到盒子上")。这是一句花园路径句:该句会引导听众认为餐巾上的是行动的目标,直到听者听到第二个介词短语才会修正动作的目标("the frog, which is on the napkin, goes on the box",即"餐巾上的青蛙要放在盒子上")。当屏幕上只有一只青蛙(一个潜在的所指物)时,英语二语者在将近一半的试次中选择了错误的目标(即餐巾)。这表明他们像英语母语的儿童一样,很难更正自己对句子的初始解读。因此,修正困难在一定程度上是一种学习现象(见Cunnings et al., 2017),已在认知成熟度不同的学习者中得到证实。

另一个问题是听者如何将代词与先行词联系起来并以此在句子内或句子间建立**共指**(co-reference)关系。例如,*Before Lizz$_i$ drives to East Lansing , she$_i$ takes her$_i$ dog for a walk*(意为"在莉兹驱车前往东兰辛之前,她会遛一下她的狗"),这句话中的代词 *she*(意为"她")、*her*(意为"她的")和专有名称 *Lizz*(人名,"莉兹")存在共指关系:它们指的是同一个现实生活中的人。基姆等人(Kim et al., 2015)和康宁斯等人(Cunnings et al., 2017)使用视觉情境范式研究了二语者的共指,并获得了有趣的结果。康宁斯等人(Cunnings et al., 2017)研究了一语背景对主语代词消解的影响。研究中的被试分别是母语为希腊语的英语二语者、英语母语者和希腊语母语者。他们在实验中听的英语或希腊语句子如下:

(3)(a) While Peter helped Mr Smith by the sink in the kitchen, **he** carefully cleaned the big cup that was dirty.

当彼得在厨房水槽边帮助史密斯先生时,**他**小心地清洗了那个脏的大杯子。

(b) While Mr Smith helped Peter by the sink in the kitchen, **he** carefully cleaned the big cup that was dirty.

当史密斯先生在厨房水槽边帮助彼得时,**他**小心地清洗了那个脏的大杯子。

在如希腊语这样的空主语语言中,主句中的显性代词 *aftós*,"he",即"他",表示话题的转移(即从主语到直接宾语),因此 *aftós* 通常指(3a)中的 *Mr Smith*("史密斯先生")和(3b)中的 *Peter*("彼得")。而在英语中则恰恰相反,因为英语中的代词通常指当前的语篇主题(通常是主语)。那么问题就变为:母语为希腊语的英语二语者加工英语句子时,遵循的是希腊语语法、英语语法,还是两者兼有?听者对屏幕上显示的 *Peter* 和 *Mr Smith* 这两个可能的先行词的图片的注视(见图4.12)显示了听者解读时偏好的实时变化情况——是将主语还是将宾语作为代词 *he* 或 *aftós* 的先行词。和英语单语者一样,但不同于希腊单语者,希腊语-英语双语者最初将英语代词与主语先行词联系起来,表现出了"类似英语母语者的解读偏好"(Cunnings et al., 2017:630)。有趣的是,当视觉语境促使被试以无偏好的方式解读句子时,即使一语和二语英语使用者都在听的过程中正确移动了视线,但他们在回答理解性问题时还是存在66%~79%的错误率。这些结果重点体现了在线和离线句子解读的差异,以及将两者一同测定的必要性(另见 Pozzan & Trueswell, 2016;Roberts, Gullberg & Indefrey, 2008),因为即使是重新分析可能也无法改变最初的解读。

然而,基姆等人(Kim et al., 2015)通过使用不同的句子结构,确实发现了一语和二语英语使用者之间的定性和定量差异。这些研究者们将这种差异归因于二语者在整合句法信息和语篇层面信息方面的困难(另见4.2.2.4)。显然,代词消解是一个值得进一步研究的领域。如前文的所有研究所示,结合眼动追踪和离线测量方法有助于未来研究的开展。

图 4.12　指称加工研究中显示的内容

注：被试会听到如 While Peter helped Mr Smith by the sink in the kitchen, he ...（意为"当彼得在厨房水槽边帮助史密斯先生时,他……"）这样的句子,在该句中,he 这个人称代词的所指存在歧义。
（来源：图片由英国雷丁大学的伊恩·康宁斯[Dr. Ian Cunnings] 博士提供；Cunnings et al., 2017）

最后,谢尔丽娜和绍尔曼（Sekerina & Sauermann, 2015）研究了俄语的继承语使用者根据视觉场景对全称量词（即 every,"每"）的解读。被试分为俄英双语的继承语使用者组和俄语单语者对照组,与谢尔丽娜和特鲁斯威尔（Sekerina & Trueswell, 2011）研究中的被试样本类似（见 4.2.2.4）。继承语双语者用俄语和英语两种语言完成任务。他们执行了一项句图验证任务,他们需要判断在每个项目中听到的包含全称量词 every（"每",俄语为 kahzdyj）的句子是否与他们在屏幕上看到的图像相匹配（见图 4.13）。谢尔丽娜和绍尔曼将先前的研究延伸至儿童一语者和成年二语者,他们发现,继承语使用者在俄语（他们的继承语）测试中错误地将 B 类图像排除在正确答案外,但在英语（他们的主导语言）测试中却没有。此外,作者们还建立了一种"在线标志性模式"（online signature pattern）（Sekerina & Sauermann, 2015：96）来记录被试眼球运动中的此类错误,这种模式或许可以解释理解能力为何以及会在何时出现问题。因此,这项研究中的眼动数据帮助研究者"揭示了视觉注意和在线语言理解之间的关系"（Sekerina & Sauermann, 2015：87）,具体而言,就是帮助研究者确定了会发生理解失败的情况。

第四章　视觉情境范式可用以研究哪些主题？——综合评述

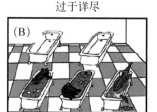

Kazhdyj alligator lezhit v vanne. 'Every alligator lies in a/the bathtub.'
"每条鳄鱼都躺在浴缸里。"
正确答案：
　　是　　　　　　　　　是　　　　　　　　　否

图 4.13　句子匹配任务中的三种实验条件

注：被试在每个试次中看一张图片，然后判断这张图片是否与 *Every alligator lies in a/the bathtub*（意为"每条鳄鱼都躺在浴缸里"）这句话相符。方框代表兴趣区。
（来源：转自 Sekerina, I. A. & Sauermann, A., 2015. Visual attention and quantifier spreading in heritage Russian bilinguals. *Second Language Research*, 31, 75–104, 使用经世哲出版公司［SAGE Publications, Ltd.］许可。Ⓒ 2014 原作者）

总之，一小部分近期的研究已经形成了自己独有的二语视觉情境研究方向——专注于指称加工的问题。虽然二语者在某些条件下会与一语者表现一致（Cunnings et al., 2017; Kim et al., 2015），但他们在更新或修正其对句法的初始分析时还是会遇到困难（Cunnings et al., 2017; Pozzan & Trueswell, 2016）。二语学习者和继承语使用者在整合多种来源的信息时也面临着挑战，包括句法信息、语篇-语用信息和视觉信息（Kim et al., 2015; Sekerina & Sauermann, 2015；但请见 Cunnings et al., 2017）。无论何种情况下，对在线数据（眼注视）与离线测量方法（如理解性问题或鼠标点击）进行三角测量已被证明是全面理解句子解读过程的关键。表 4.3 总结了视觉情境范式中指称加工研究的主要问题。

表 4.3　视觉情境眼动追踪在指称加工方面的研究问题

1. 在理解过程中，听者在多大程度上能将句法信息与其他语言和非语言领域的信息整合在一起？
2. 一般认知能力（如执行功能）在克服句法歧义中的作用是什么？
3. 学习者在口语句子中建立共指关系的速度有多快？他们能在多大程度上根据输入中的新信息更正对句子的初始解读？
4. 在加工句子时，二语使用者在多大程度上遵循目的语、母语或两者混合的语法？
5. 继承语使用者在加工继承语言和主导语言的量词时，在何种程度上与儿童一语者、成年二语者以及成年单语者相似？

4.2.4 产出

综述中共有六项涉及口语产出的眼动追踪研究。虽然这些研究关注的是言语产出和互动,与前文的理解研究有所不同,但视觉情境范式与眼动追踪在产出方面的研究有"明显的相似性"(Huettig et al., 2011: 152)。因此接着许蒂希等人(Huettig et al., 2011)的研究,我也将以产出研究的概述结束本章综述。

对一语产出的眼动追踪研究揭示了"眼球运动和言语规划之间紧密的时间联系"(Huettig et al., 2011: 165)。在大多数产出研究中,被试被要求描述屏幕上的场景或说出屏幕上的图片。他们的眼睛凝视可以反映其视觉注意(见 1.2 和 2.6),后者能够揭示说话者是如何从显示的内容中提取视觉信息来实现他们的目标的。弗莱肯(Flecken)和同事们着眼于言语产出的早期语前阶段(即信息生成),他们研究了二语者和双语者在表达之前和表达过程中是如何将事件概念化的(Flecken, 2011; Flecken et al., 2015)。李和温克(Lee & Winke, 2018)的研究方向是儿童语言评估,他们研究了英语学习者在出现停顿和犹豫等言语不流畅现象时的目光所投之处。[9] 考文斯卡娅和玛丽安(Kaushanskaya & Marian, 2007)将双语词汇的阅读和听力研究(见 3.2.2 和 4.2.1)延伸到言语产出领域并研究了一语字形和语音体系如何影响二语图像命名。最后,麦克唐纳和她的团队(McDonough et al., 2015, 2017)将互动中的共同注意作为一种潜在的语言学习机制对其进行了研究。这些研究将眼动追踪的应用领域从语言理解延伸到了语言产出,强调了被试的注视与其产出性语言加工之间的密切联系。

弗莱肯和她的同事们对事件概念化——说话者如何分割与选择信息来理解和解读一个事件(Flecken, 2011; Flecken et al., 2015)——进行了两项跨语言比较。这类研究可以使我们更加了解**语言和认知**(language and cognition)的辩论(述评见 Lupyan, 2016; Zlatev & Blomberg, 2015),即某语言中特有的性质是否以及在多大程度上会影响人类对体验的概念化。与之前的跨语言眼动研究不同(如 Papafragou, Hulbert & Truswell, 2008),弗莱肯和她的同事们特别关注双语者和二语者,因为他们对事件的概念化可能不止受一种语言的影响。两项研究的被试都观看了关于日常事件的简短的视频片段,他们也都被要求描述这些事件(图 4.14,视频中的静止图像)。研究者分析了被试的言语产出,例如对进行时态的使用(Flecken, 2011)或不同种类移动动词(Flecken et al., 2015)的运用。然后,他们将被试的语言选择与他们对屏幕上不同区域的注视联系起来。弗莱肯等人(Flecken et al., 2015)发现有法语一语背景的德语二语者审视场景的情况与法语单语者相似。这表明虽然高阶二语者已经掌握了在二语德语中用以描述运动事件的大部分词汇手段,但他们对事件的概念化仍然被一语严重影响。

图 4.14 口语产出研究中的运动事件

注:被试观看了一小段视频。视频中,一个行人走向了一辆汽车。被试被要求用法语或德语描述该事件。方框代表兴趣区域。
(来源:转自 Flecken, M., Weimar, K., Carroll, M. & Von Stutterheim, C., 2015. Driving along the road or heading for the village? Differences underlying motion event encoding in French, German, and French-German L2 users. *The Modern Language Journal*, 99, 100-122,使用经威利[Wiley]许可。© 2015 *The Modern Language Journal*)

麦克唐纳等人(McDonough et al., 2015, 2017)不囿于独白任务,他们在二语习得和双语领域率先在面对面互动中使用了眼动追踪(另见 Gullberg & Holmqvist, 1999, 2006)。在两项研究中,麦克唐纳和他的同事们专注于互动过程中的**共同注意**(joint attention),他们将其定义为人类通过手势和眼睛凝视等视觉线索"与社交伙伴协调注意的能力"(McDonough et al., 2017: 853)。研究人员测量了三种共同注意:二语者的自发的凝视、他们的对话者的由他人引发的凝视以及双方的互相凝视,即双方的眼神交流(见图 4.15)。在这两项研究中,研究者都发现,二语被试自发的眼睛凝视时长预测了结果变量:正确地回应反馈的可能性更大(McDonough et al., 2015),进行的模式学习也更多(McDonough et al., 2017)。麦克唐纳等人(McDonough et al., 2015)还发现了互相凝视的积极影响。

图 4.15　口语产出研究中的眼动仪布置

注:二语学习者与一名研究助理进行一对一的互动任务,同时由眼动追踪摄像机记录他们的眼球运动。（来源:图片由夏威夷大学的达斯汀·克洛泽[Dustin Crowther]博士提供。）

因此,这些研究已开始阐明非语言线索在语言学习中的作用,也能够很好地启发进一步的类似研究,例如手势研究(见 9.3.1,研究思路 7 和 8)。鉴于这类研究的任务自然性和高生态效度,我认为眼动追踪方法在互动研究中有巨大的应用潜力[另见 Brône & Oben, 2018]。表 4.4 总结了眼动追踪研究在二语产出方面的主要问题。

表 4.4　视觉情境眼动追踪在产出方面的研究问题

1. 人们使用的语言在多大程度上影响了他们对事件的感知和解读?
2. 在语言评估中,言语不流畅的视觉标记有哪些?
3. 拥有综合的双语词库对二语者的言语产出有什么影响？当前未使用的语言(第一语言)的字形和语音体系是否会干扰另一种语言的言语产出(图片命名)？
4. 作为共同注意的指标,对话者的凝视在多大程度上与成功互动和二语语法学习的初始阶段有关?

4.3 结论

本章对 2003 年至 2017 年在二语习得和双语方面发表的 32 项视觉情境研究进行了概述。作为第三章中 52 项基于文本的研究的补充,本章阐述了视觉情境范式推进不同领域研究的方式。视觉情境眼动追踪已经发展为一种成熟的口语加工研究范式。这一点非常重要,因为许多其他的口语加工研究方法在本质上都是元语言的方法,这些方法只能简要说明加工过程,无法提供全程的实验数据,而且可能还会干扰言语输入(Tanenhaus & Trueswell, 2006)。通过将视觉元素与口语精心整合,研究者可以从最低的、亚词汇层级的研究问题入手,逐级研究单词识别、(形态)句法和语义的问题,最后研究语篇层面的问题。该范式重点研究口语加工的时间和指称问题(见 4.1),它还能为迅速扩大的语言加工中的预测领域提供关键数据(见 4.1 和 4.2.2.1)。双语和二语习得研究者在他们的研究中采用了这些方法并收获了宝贵的研究成果。现阶段,我们应该回顾一下目前的研究已涉足的领域并展望该范式在二语习得和双语研究领域的发展前景。

与基于文本的研究相比,视觉情境范式在二语习得和双语研究中的应用是最近才发展起来的,尤其是二语习得领域。目前的综述显示,视觉情境范式与心理学研究在研究主题上存在许多重叠部分,这可能说明,该范式是起源于心理学这门邻近学科的。到目前为止,研究者们探讨过的研究问题主要有四类——单词识别、预测、指称加工和产出——所有这些研究问题都属于语言和认知领域的一般主题(见 4.2.1~4.2.4)。双语者和二语者是这些调查中理想的目标研究群体,因为他们的词汇和语法系统可能受到潜在的跨语言影响,词汇加工速度普遍更慢,在执行控制方面存在假定优势。此外,该领域的杰出研究还揭示了双语者和单语者在执行语言加工任务时表现出的连续性(如 Cunnings et al., 2017;Dijkgraaf et al., 2017;Ito et al., 2018)和差异性(Mitsugi, 2017;Mitsugi & MacWhinney, 2016;Pozzan & Trueswell, 2016;Sekerina & Trueswell, 2011)。

对于二语习得的研究者来说,继续发掘视觉情境眼动追踪的新用途非常重要,因为这项技术有助于解决二语习得中的主要问题。眼注视让研究者得以实时记录口语加工。那么随着二语熟练度不断提高,这种加工是如何随着时间的推移而改变的呢?教学干预又能否有效地加快二语水平发展?此外,预期性行为似乎是评价加工熟练与否的基准,且有约一半的视觉情境研究以预期性行为为主题(见4.2.2),那么是何种语言因素和认知因素决定了二语者和双语者的预期性行为呢?视觉情景任务在应用方面的扎实理论基础将有助于该领域研究的开展。近年来,研究者提出,视觉情境实验中的预测反映了学习者能够有效运用其隐性知识或在其意识之外的知识(Andringa & Curcic, 2015; Godfroid & Winke, 2015; Suzuki, 2017; Suzuki & DeKeyser, 2017)。鉴于该领域还需要更多更好的隐性知识测试方法(如 Godfroid, 即将出版),特别是考虑到可能还有多种机制(简单的关联学习除外)可以引起预测行为(Huettig, 2015),因此预测能够反映隐性知识的观点值得进一步研究。出于同样的原因,该领域需要更多对产出与理解数据(Grüter et al., 2012; Hopp, 2013, 2016)和在线与离线数据(如 Andringa & Curcic, 2015; Grüter et al., 2015; Mitsugi & MacWhinney, 2016)进行三角分析的研究以及更多探究二语者真实人际交往的研究(McDonough et al., 2015, 2017)。

在这些和其他方面研究的进一步创新有助于巩固视觉情境眼动追踪在二语习得中的重要地位。通过深入研究二语习得的关键问题,包括教学的作用、语言知识的性质、个体差异等,视觉情景的研究者不仅能推动学科知识发展,还能帮助建立二语及双语眼动追踪的研究身份,使之成为一个具有广泛的、跨学科的影响的成熟领域。和第三章一样,本章的目的是启发读者进行自己的研究项目。为此,我主要关注研究者普遍感兴趣的问题以及他们如何通过眼动追踪来研究这些问题。第三章和第四章阐述了目前已有的研究,希望能为读者自己的研究项目带来一些灵感。在本书的其余部分,我将重点介绍如何开展属于自己的眼动追踪实验。

注释

1. 这是由两种常见的阅读行为引起的,即跳读和回视,两者都会导致阅读者偏离严格的逐字线性阅读模式。
2. 在这些实验中,屏幕上会显示带有下划线的名词的图像。这使得研究人员能够对比由动词类型不同引起的被试对不同物体的注视(如面包对比人;摩托车对比旋转木马)。

3. 将来时条件下的注视差异仅在第二项修改后的实验中具有统计显著性。
4. 这些研究于2017年首次在网络上发布,并于2018年出版。
5. 为了评估这两个研究领域之间的重合程度,我在三本心理学期刊上进行了额外的检索:《记忆与语言期刊》《认知》和《语言、认知与神经科学》。此次共检索出了15项针对双语者的视觉情境研究,主题包括双语词库、形态句法预测和产出。这些研究方向似乎与目前对二语习得和双语研究的综述相似,本章的剩余部分将就其进行讨论。
6. 基于语法性别的预测是指被试使用输入中的语法性别线索(冠词或形容词)来预测下一个可能出现的名词,例如,根据出现在名词前的冠词 el_{MASC}(意为"这只$_{阳性}$"),被试会预先看向显示中的鞋子——在西班牙语中为 $zapato_{MASC}$(意为"鞋子$_{阳性}$")(参比 Grüter, Lew-Williams & Fernald, 2012)。
7. 更规范地说,语法性别一致存在于一个触发词(通常是名词)和多个目标词(如冠词、形容词、代词、指示词和过去分词)之间。在视觉情境研究中,被研究最多的是冠词-名词关系以及冠词-形容词-名词关系。
8. 下标缩写指格。在日语中格由名词后的格标记来表示。LOC 代表方位格,NOM 代表主格,DAT 代表与格,ACC 代表宾格。
9. 对李和温克(Lee & Winke, 2018)的研究感兴趣的读者可参阅3.2.5中的测试评估部分。

第五章

实验设计的一般原则

研究者与眼动追踪打交道的途径有很多。本书的一些读者在开始眼动追踪研究之前可能已经进行过多项研究。尽管他们在实验设计和研究方法方面经验丰富,但在眼动追踪方面可能是新手。相对来说,其他读者可能对实验研究的过程比较陌生。如果你正是其中之一,那么你可能需要学习实验设计的基本原则,以及眼动追踪的知识与方法指南。若情况如此,那么本章将非常适合你。在本章中,我为第六章要阐述的针对眼动追踪的指南做了铺垫。我将首先介绍何为项目(见5.1),然后介绍被试内和被试间研究设计中项目列表的创建(见5.2)、一项研究中的各类试次(见5.3)、主要任务与次要任务的区别(见5.4),最后给出每个条件应包含的项目数量的参考指南(见5.5)。扎实地掌握这些不同的概念能提升你的定量研究能力,也能提高你的眼动追踪研究素养,因为好的眼动追踪研究是建立在实验设计的一般原则之上的(标准方法参考见 Kerlinger & Lee, 2000)。因此,让我们一起踏上方法学之旅,探索实验设计的基础知识。

5.1 两因素、三因素与四因素

研究设计的一项关键组成部分就是创建实验材料,也称为**刺激(物)**(stimuli)或**项目**(items)。实验材料是点燃研究引擎的燃料;没有实验材料,研究就无法进行。**实验材料**(experimental materials)是一种通称,指的是被试在实验过程中接触的信息,研究者会记录并分析他们对这些信息的反应。在眼动追踪实验中,材料可以是句子(相关综述见 Keating & Jegerski, 2015; Roberts & Siyanova-Chanturia, 2013)、图片、视频、网页或其他类型的视觉显示,材料的类型取决于研究的性质。在很大程度上,实验材料会影响被试在研究过程中的体验。

因此,为研究设计合适、可靠的材料是一个重要步骤。乍看起来,似乎就是汇编或创建一份冗长的材料列表。虽然发现或创建材料通常是设计的一部分,但在实践中研究者的工作很少到此为止。他们通常需要为相同的材料创建多个版本并操纵项目的一个或多个方面,以观察这种变化如何影响结果(**因变量**, dependent variable)。这个创建多个版本的过程在这里被称为**复制**(reduplication)。总体而言,一个项目的不同版本代表了研究中需要关注的各个**自变量**(independent variables)。如何创建多个版本的描述特别适用于**分类变量**(categorical variables),即取值范围有限的变量,如输入强化(强化的、未强化的)、单词状态(真词、伪词)、冠词(定冠词、不定冠词)、反馈类型(隐性、显性、无反馈)或者任务的复杂性(简单、复杂)。在方差分析类的设计中,研究者会操控有限数量的分类变量,因此,正如本节所述,在该类设计中,复制项目是最常见的。只要自变量集合包含至少一个分类变量,这些准则就也适用于回归分析和其他基于相关性的设计。接下来,我们会在许多不同的例子中看到,研究者如何将分类变量映射到不同的项目版本上。本章中提到的不同变量类型的回顾,请参阅小贴士 5.1。

小贴士 5.1 变量的类型

变量包括*自变量*与*因变量*:

自变量(independent variable):指在实验中被改变(操控)或观察的变量,如文本间距(有间距的文本与无间距的文本)。

因变量(dependent variable):指结果变量,研究者测量其值如何根据自变量而变化,如阅读时间。(阅读时间如何因文本间距的改变而变化?)

研究者应该避免或尽量减少任何额外的、未加处理的变量的影响,因为这些变量可能会混淆结果。

> **混淆变量**(confounding variable)：指任何与自变量和因变量同时存在关联且在研究设计或统计分析中未予处理的变量。混淆变量会使实验结果产生偏差，并可能降低研究的效度，如文本难度。(除有无字间距之外，两篇文本还有其他方面的差异吗？)
>
> 变量也可以是连续的或分类的：
>
> **分类变量**(categorical variable)：指任何选项或取值有限的变量，如反馈类型。反馈类型中的每个值都代表现实中一个可以被定性描述的类别，如重铸、提示和无反馈(recasts, prompts, no feedback)。分类变量还包括文本类型(有间距对比无间距)和反馈(重铸对比提示对比无反馈)。
>
> **连续变量**(continuous variable)：指任何在连续体上可以被定量测定的变量。理论上，连续变量的取值没有限制，如阅读时间、反应时间。

假设你想要研究汉语二语学习者阅读有间距文本的速度是否快于无间距文本(汉语文本通常是无间距的)。为此，你的研究应该包含有间距的句子和无间距的句子。然而，理想情况下，应该只对同一组句子进行间距操控，这样一来其他因素(**混淆变量**)如句子中使用的词和句子的整体难度就不会影响结果。简而言之，每句句子都应该有有间距和无间距两种版本。刺激物(在本例中是一句句子)的版本数取决于要研究的变量。项目的版本数量通常应该与分类变量中包含的水平数一致。例如，在间距研究中分类变量(间距)有两个水平：有间距文本和无间距文本。因此，每句句子就应该有两个版本。

虽然理论上没有限制变量可以有多少水平，但出于实际原因大多数变量一般包含两个、三个或四个水平。因此，用于测定这些变量的项目也将被分成两因素(含两个水平)、三因素(含三个水平)或四因素(含四个水平)。图 5.1 为最常用的项目类型图示。**两因素**(doublet)是一对刺激物，代表一个二水平分类变量。**三因素**(triplet)是三组相同的刺激物，代表一个三水平分类变量。最后，**四因素**(quadruplet)是同一刺激物的四个不同版本，它们共同代表一个四水平分类变量或两个自变量(均为分类变量)，每个自变量都包含两个水平。

接下来我会介绍一些改自现有的基于文本的或视觉情境研究的示例,来说明这些变量在实际研究中的运用。

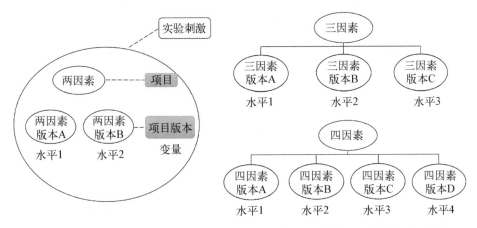

图 5.1 常见项目类型:两因素(两个水平)、三因素(三个水平)、四因素(四个水平)
注:一个项目的版本数应该与自变量中的水平数相同。

戈德弗鲁瓦、安、瑞布斯查特和迪尼思(Godfroid, Ahn, Rebuschat & Dienes,即将出版)想研究英语一语者的二语句法习得情况。他们基于瑞布斯查特(Rebuschat, 2008)的半人工语言(另见 Rebuschat & Williams, 2012)进行了一项眼动追踪实验。在实验中,他们将英语单词按照德语句法进行了重新排列(如 Yesterday <u>scribbled</u> David a long letter to his family,对应的德语句子为 Gestern <u>kritzelte</u> David einen langen Brief an seine family,意为"昨天大卫匆匆给家里写了一封长信")。为了获得基准阅读数据,他们还设置了一项对照条件,让被试以正常的英语语序阅读相同的句子(如 Yesterday David <u>scribbled</u> a long letter to his family)。此项研究的自变量为语序。该自变量包含两个水平:德语语序和英语语序。因此,实验项目为两因素——句子或以德语句法(动词位二语序,实验组)呈现,或以英语句法(主语-动词语序,对照组)呈现。第三项实验条件(未被纳入戈德弗鲁瓦等人的研究)可以研究语序为主语-宾语-动词的语言(如韩语和日语)中被试对动词居尾语序的习得(如 Yesterday David a long letter to his family <u>scribbled</u>)。这样项目树上就多了一条分支,我们也就有了三因素实验,而不是两因素。

该研究的后续研究可能会关注教学的作用。加粗以及给动词加下划线会有助于学习者掌握这种结构吗?为了回答这个问题,研究者会在设计中引入一个新变量,即输入强化。我们可以通过在项目树中新增一个水平来表示这种改变(见图5.2)。因为输入强化通常是以二水平自变量(强化、未强化)实施的,所以每个项目版本都应该有两个分支。因此,两因素变为四因素,三因素变为六因素(见图5.2)。

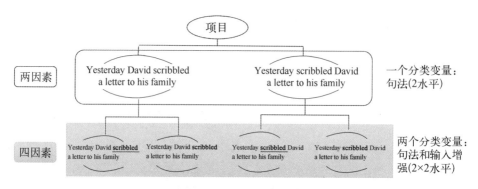

图5.2 不同项目类型的示意图

(来源:改自 Godfroid et al.,即将出版)

刺激复制的原则同样适用于基于文本的和视觉情境的眼动追踪研究(见第三章和第四章),也适用于这些用途广泛的范式中的不同研究方向,但观察性研究除外(如 Godfroid et al., 2018;Lee & Winke, 2018;McCray & Brunfaut, 2018;McDonough, Crowther, Kielstra & Trofimovich, 2015;McDonough, Trofimovich, Dao & Dion, 2017)。因此,只要研究者操控任务或文本属性,运用方差分析或虚拟变量回归,他们就可以将相同的操控方式用于相同的刺激物,这也有助于他们的研究。这对于句子加工研究来说似乎很简单,如前述的语法研究。然而,值得强调的是,"克隆"刺激物并非句子加工研究者的特权。创建同一刺激物的两个(或更多)版本同样有助于使用图片、视频或更大的教学材料的研究者进行研究,因为这样有助于研究者进行实验控制,研究的**内部效度**(internal validity)也会提高(即研究结果能准确反映研究者想要研究的内容)。

如第四章所见,除了我们目前所关注的语言输入操控,视觉情境范式的研究者将听觉输入与图像结合使用,这为材料设计提供了更多的可能性。具体来说,视觉情境研究者可以独立操控语言-听觉和视觉输入源,这使他们在创建材料时有更多的选择。不过,尽管在理论上研究者有更多的选择,但实际上视觉情境研究者的研究设计是由研究问题引导的。一般来说,创建视觉情境实验的项目有三种方法:(1)保持视觉显示不变,改变语言-听觉刺激,(2)保持语言-听觉刺激不变,改变视觉刺激,(3)同时改变视觉和语言-听觉刺激。我会通过三个视觉情境研究领域的代表性研究阐明这些方法(另见 6.3.1.1)。

科尔施泰特和马尼(Kohlstedt & Mani,2018)研究了一语和二语者从口语故事语境中推断生词词义的能力(见 4.2.2.5)。作者们比较了有偏倚的语境(语义信息更丰富)和中性语境下被试对真词和伪词的加工,例如将目标词 *cane* 与一个关于祖父(语义偏倚)或一个壁橱(语义中性)的故事搭配。本研究中有两个自变量,即语境和单词,每个变量有两个水平,即偏倚与中性(语境)和真与伪(词)。与戈德弗鲁瓦等人(Godfroid et al.,即将出版)增加输入强化的例子类似,这个设计为四因素:被试听了一篇短文的四个不同版本(中性语境中的真词、偏倚语境中的真词、中性语境中的伪词,和偏倚语境中的伪词)。重要的是,这些实验的操控只影响口语故事的内容(即语言-听觉输入);换言之,被试听的是同一个故事,只是版本略有不同,但屏幕上的图像是保持不变的(见图 5.3)。

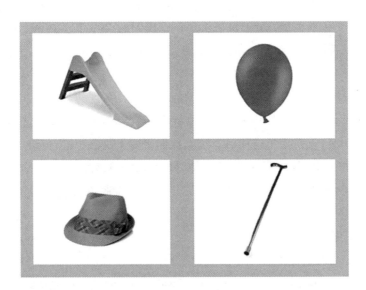

图 5.3 四因素

注:呈现四个不同版本的音频时的显示内容相同。
(来源:Kohlstedt and Mani,2018)

玛丽安和斯派维（Marian & Spivey, 2003a, 2003b）的一项有影响力的研究采用了不同的方法,他们调查了双语者的平行(双)语言激活能力(见 4.2.1)。这项研究的被试是俄英双语者,他们在实验中根据指令捡起摆在他们面前白板上的真实物体(如 *Pick up the shovel*,意为"捡起铲子")。两个试次中的视觉显示会变化。被试不知道的是,视觉显示中暗含了被展示的物体的许多隐藏属性(见图 5.3 和第 176 页小贴士 6.1)。在所有关键试次中,视觉显示都包含一个目标物体(即被试需要拿起的物体)。[1] 在**对照条件**(control condition)下,四个物体中有一个是目标物体(如 *shovel*,意为"铲子"),其他三个物体是干扰物。在**语内竞争物试次**(within-language competitor trials)中,这三个物体中有一个项目的英文名称与目标单词有重叠部分(如 *shovel-shark*)。**语间竞争物试次**(between-language competitor trials)包括一个物体,其俄语名称与目标单词有重叠部分(如 *shovel-xarik*[SArik],后者为俄语单词,意为"气球")。最后,**同步竞争条件**(simultaneous competition condition)包括俄语和英语的竞争物体。因此,共有四项实验条件,每个目标词都由四因素进行测试。四因素是通过视觉显示实现的,而不是像之前科尔施泰特和马尼（Kohlstedt & Mani, 2018）的例子中展现那样,通过口语句子的内容来实现。通过这样的设计,玛丽安和斯派维（Marian & Spivey, 2003a, 2003b）能够测试并证明:不论单词是否属于口语输入的语言,被试双语词库中的单词都存在共激活现象。

图 5.3
132

最后,视觉情境研究者可以结合之前的研究,在创建材料时同时控制视觉和语言-听觉输入。特伦基、米尔科维奇和阿尔特曼（Trenkic, Mirković & Altmann, 2014）就采用了这样的方法。他们研究了汉语一语-英语二语者对定冠词(*the*)和不定冠词(*a*)的加工情况(另见 4.2.2.3、5.2 和 6.1.3.2)。针对语言-听觉刺激物,研究者为每一个项目都创建了两个版本,构成两因素:

(1) 定冠词和不定冠词
    a. 定冠词条件:
        The pirate will put the cube inside **the** can.（海盗会把方块放进这只罐子。）
    b. 不定冠词条件:

The pirate will put the cube inside **a** can.（海盗会把方块放进**一只**罐子。）

在视觉图像刺激方面，作者们使用了含有大量物体——包括目标物体（见图5.5和第176页图6.10）——的"半现实场景"（Huettig, Rommers & Meyers, 2011: 151）。每个场景包含两个相同的容器，但容器的属性不同，在一个版本中，两个物体都是潜在的目标接收体（如两只打开的罐子），而在另一个版本中，只有一个物体（如一只打开的罐子和一只封闭的罐子）是目标接收体。因此这是一个两因素，因为每个图像都有两个版本。听觉语言刺激与图像结合起来，这两个变量（限定性与所指物数量）就构成了四因素，如图5.5所示。特伦基等人的研究会在5.2阐述平衡构念和在6.3.1.1讨论兴趣区时再次提到。

总之，创建材料的过程与研究中有多少分类变量以及每个变量包含多少水平紧密相关。两因素、三因素和四因素都反映了这一点。它们是每个变量可以取值的数量的乘积。在研究中，研究者可以通过项目复制来增加实验对照的水平数，因为一个项目的不同版本之间的区别在于实验条件，而不是其他属性。创建实验材料既需要创造力，也需要劳动力。

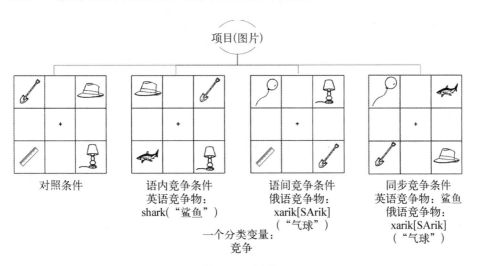

图5.4 四因素

注：保持听觉输入——"捡起铲子"——不变，研究者为被试分别呈现四个不同版本的显示。用于复现视觉显示的图片来自国际图片命名项目（the International Picture Naming Project）。

（来源：Bates et al., 2003; Szekely et al., 2003; Marian and Spivey, 2003a, 2003b）

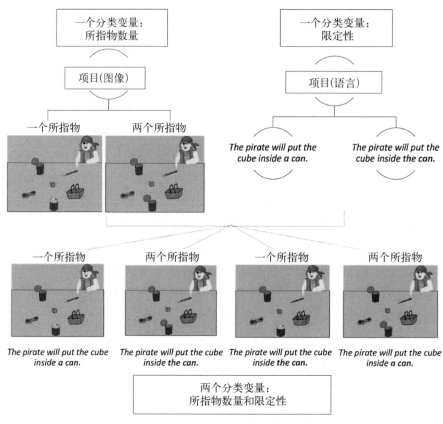

图 5.5 由视觉和语言-听觉刺激两因素延伸的四因素
(来源：Trenkic et al., 2014)

5.2 被试间设计与被试内设计

从被试的角度来看，前一节中描述的许多研究都是在幕后进行的。被试并不知道单个项目有多个版本，因为他们通常只会看到一个版本。[2] 在本节中，我将介绍研究设计中的一个基本区别——被试内设计与被试间设计的区别，它将决定如何针对不同的被试设计两因素、三因素和四因素实验。

被试间设计（between-subjects design）和**被试内设计**（within-subjects design）的区别可以归结为如下问题：被试是只接触自变量中的一个水平（即一种条件）还是会接触所有水平？在使用**被试间设计**的研究中，被试只被分配到某单一条件下,如德语句法或英语句法(Godfroid et al.,即将出版)、错误纠正、元语言反馈(Shintani & Ellis, 2013)或不同类型的字幕(Bisson, Van Heuven, Conklin & Tunney, 2014)。在使用**被试内设计**的研究中,研究者会在所有要研究的变量条件下对被试进行实验,如真词和伪词(Kohlstedt & Mani, 2018)、所有四种语音竞争(Marian & Spivey, 2003a, 2003b)、定冠词和不定冠词(Trenkic et al., 2014)或简单和复杂的任务(Révész, Sachs & Hama, 2014)。重要的是,尽管一些研究问题明确需要进行被试间或被试内设计(混合设计也存在),但在许多情况下,研究者在如何实现他们的想法方面是具有一定灵活性的。这一点不容小视。具体来说,研究者如何设计他们的研究将直接影响被试接受的刺激和实验的统计分析并最终影响检出数据中存在的统计效应的可能性。被试内设计的一个明显优势在于每名被试都可以充当自己的参照条件。例如,一名积极的被试可能以同样的状态专心进行所有项目,这意味着针对不同的实验条件,你可能会得到一组同质数据。同样地,一个不太熟练的二语者的语言熟练度在整个研究过程中都是不变的,因此将她和她自己比较是最合适的。当研究者使用被试内设计时,他们可以使被试表现中的个体差异保持不变。我认为,无论你做的是哪种类型的研究,都最好考虑一下你的研究是否适合使用被试内设计。许多二语研究者都倾向于被试间设计,但只要做一些小调整,就有可能将被试间研究转化为更可控、更具统计效力的被试内实验。

小贴士 5.2　研究设计的主要类型

被试间设计(between-subjects design):每名被试都被分配到某单一的实验条件下,例如,A 组被试观看的视频有完整源语字幕,B 组被试观看的视频仅关键词有源语字幕。

被试内设计(within-subjects design):全体被试都需要经历所有实验条件,例如,所有被试都需要听包含伪词的故事(条件1)和包含真词的故事(条件2)。

混合设计(mixed design):这类研究既包含被试间变量,也包含被试内变量,例如,四组外语学习者(二语作为被试间变量)观看一个话题

> 内容熟悉的配有源语字幕的视频和一个话题内容陌生的配有源语字幕的视频(话题熟悉度作为被试内变量)。

我们将以蒙特罗·佩雷斯、彼得斯和德梅(Montero Perez, Peters & DeSmet, 2015)的源语字幕研究为例对比这两种设计。在 3.2.4 中我们提到过蒙特罗·佩雷斯和她的同事们研究了法语二语学习者的词汇附带习得,被试观看了两个有源语字幕的视频片段,一个是关于乐高(LEGO©)工厂的,另一个是关于法国北部一家酿酒厂的。鉴于关键词更为显著,因此作者们想知道,与使用传统的完整源语字幕相比,使用关键词源语字幕(在屏幕上只显示关键词)是否会使被试的词汇量获得更多增长。被试被随机分配到完整源语字幕实验组和关键词源语字幕实验组,并观看对应的视频片段。这是一项被试间的设计。虽然作者们能够以这种方式说明关键词源语字幕的一些益处,但我们不知道的是,如果同一批被试观看一个有关键词源语字幕的视频和另一个有完整源语字幕的视频,研究结果是否会不同。通过使用被试内设计(见图 5.6),研究者可以控制被试的个体差异不变;这些可能会影响研究结果的个体差异包括二语熟练度、听力理解能力、词汇量、语言能力、学习动力、压力水平和疲劳程度等。许多研究都采用了被试内设计,比如蒙特罗·佩雷斯等人(Montero Perez et al., 2015)的研究。因此,讨论这项研究的目的不是把这一项目挑出来专门探讨,而是要说明我们如何通过一些细微调整来改进我们的研究设计。

接下来介绍的是**列表与平衡**(lists and counterbalancing)。为了确保被试只能看到多个项目版本中的一种,研究者会用多张**列表**(lists)记录其实验材料。每张列表只包含每个项目的一种版本,在诸多列表中,每名被试只能看到一张。这样,就可以避免因观看相同频或阅读相同句子所产生的重复效应。[3] 列表的数量等于项目的水平数;换言之,两因素需要两份列表,四因素则需要四份列表。回到蒙特罗·佩雷斯等人(Montero Perez et al., 2015)的例子,作者们有两项源语字幕条件(关键词源语字幕和完整源语字幕),因此,他们有两份项目列表。不论是被试间设计还是被试内设计,创建列表都是很关键的,不过,列表的组成会有不同(见图 5.6)。对被试间设计来说,每份列表仅包含一个条件,即整份列表的条件相同,且仅有一个。相比之下,对被试内设计而言,

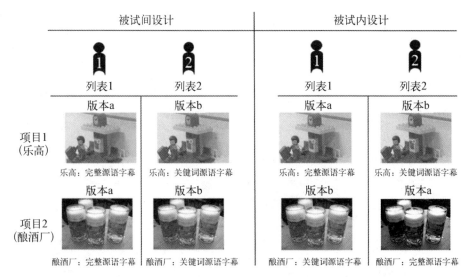

图 5.6 源语字幕在词汇习得中的作用：被试间设计和被试内设计

注：每名被试只看到一份列表。
（来源：Montero Perez et al., 2015）

每份列表呈现的都是所有的实验条件。例如，当项目为两因素时，列表中的一半项目属于条件 A，另一半则属于条件 B。

要在列表中包含所有条件但项目又不重复，研究者需要在列表中轮换项目版本（即实验条件），这个过程被称为**平衡**（counterbalancing）。虽然这一过程并不是必需的（见尾注 3），但这是大多数使用被试内设计的眼动追踪研究的一个关键特征。简单地说，平衡意味着，如果一名被试看到版本 A 中的一个项目，那么他（或她）就不会在版本 B 中看到相同的项目，但会在版本 B 中看到不同的项目。通过对下一名被试使用互补的分配方案，研究者可以获得所有条件下所有项目的完整数据集。分类变量中有多少个水平，项目版本就需要多少次轮换。因此，两因素需要两份列表（见图 5.6，右侧）和两名被试以获得完整的数据集。四因素需要四份列表和四名被试来获得完整的观察值。图 5.7 借特伦基等人（Trenkic et al., 2014）研究中的刺激物呈现了四因素的平衡过程。如 5.1 所述，特伦基和同事们创建了四因素，因此，他们必须在四份实验列表中对不同的版本进行平衡。对不同列表中的项目进行排列，使每个条件和每个项目在每组被试面前只出现一次并且每一个条件都仅有一个观察值，这就是**拉丁方设计**（Latin square design）（见小贴士 5.3）。

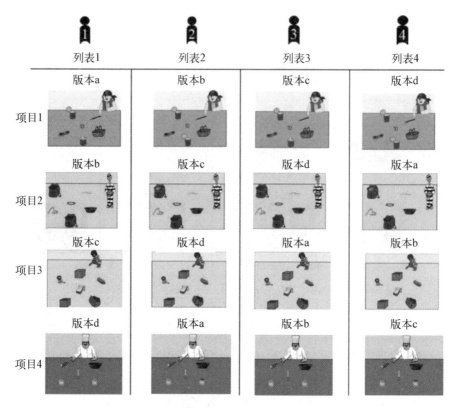

图 5.7　在四份列表中平衡项目

注：版本 a 为一个所指物与不限定条件；版本 b 为两个所指物与限定条件；版本 c 为一个所指物与限定条件；版本 d 为两个所指物与不限定条件。

（来源：Trenkic et al., 2014）

> **小贴士 5.3　平衡与拉丁方设计**
>
> 　　拉丁方设计是一种特殊的方差分析，它使研究者能够从有限的观察中提取尽可能多的信息。拉丁方的一个显著特征是其条件（即项目版本）数和组数相等，这也是其方形的由来。例如，一项使用 4×4 拉丁方设计的研究含有四个条件和四组被试。
>
> 　　拉丁方设计通常被认为是不完整的，因为每个项目只在一种条件下呈现给每组被试（见 Kutner, Nachtsheim, Neter & Li, 2005）；换言之，每个项目版本是被不同的被试组看到的。最终的结果是，在一轮完整的数

> 据收集之后，每一组将每一个条件和每一个项目都仅看了一遍，而且每一个条件都仅有一个观察值。(示例见图 5.6 右侧和图 5.7)。

5.3 试次：练习试次、关键试次与填充试次

到目前为止，我们专注于实验项目，包括它们的基本形式和项目变化，这是大多数眼动追踪实验的核心。实验项目往往与研究中的其他重复元素一起出现，如注视标记（见 6.3.1.5）、图像预览（见 6.3.1.4）、理解性问题或其他类型的问题，被试则通过鼠标点击、观看、打字或口头回答的形式对实验项目做出反应（有关次要任务的更多信息，见 5.4）。换言之，实验项目是研究中更大一级的单元的一部分，这一单元被称为**试次**（trial）。此处将试次定义为在研究中遵循循环模式被重复多次的一系列事件。研究者会收集被试针对这一系列事件的反应数据以供后续的数据分析。例如，一句句子后面接着一个理解性问题、一句句子与四张图片的搭配、一个启动词后面接着一个目标词、一段视频中的一幕或听力测试中的一个问题，这些都可以是试次。试次是研究性学习的基础。从读者的角度来看，理解试次的内容相当于回答了被试在一项研究中具体需要做什么的问题。这个问题虽然看似简单，但它却是全面理解一项研究并准确解读研究结果的关键。因此，研究者要认真考虑他们的受众，并非常仔细地描述研究中的相关部分。有关试次内容的信息通常出现在论文阐述方法的部分。我们来看特朗布莱（Tremblay, 2011）与阿尔萨杜恩和海夫特（Alsadoon & Heift, 2015）研究中的两个例子。

在一项视觉情境实验中，特朗布莱（Tremblay, 2011）考察了法语二语学习者如何解析在法语口语中包含连读的单词（另见 4.2.1）。连读是单词和音节边界的错位（Tremblay, 2011）。当一个以辅音结尾的词后面接着一个以滑音或元音开头的单词时，将第一个词词尾辅音的发音置于第二个单词的词首，就会发生连读（如 *fameux élan*，[fa.mø.z#e.lɑ̃]，"infamous swing"）。以下是特朗布莱对试次内容的描述：

实验开始,为被试的右眼校准眼动仪。初始校准后,进行十个练习试次,随后进行主实验。在各试次中,被试在4 000毫秒内看四个在2×2网格(网格线未显示)中的正字法单词。较长的阅读时间确保了二语学习者能够在听觉刺激开始之前阅读每个单词。随后这些词消失,屏幕中间出现注视标记并持续500毫秒。在注视标记消失后,有四个单词重新出现在屏幕上,同时被试的JVC HA-G101耳机中出现听觉刺激。按照要求,被试在听到刺激中的目标词后立即用鼠标点击目标。记录被试的准确率、反应时和他们的眼球运动,后两项在关键试次中从/z/的起始开始测量。……被试做出反应后,试次结束,各试次间隔1 000毫秒。

(Tremblay, 2011: 266-267)

当你初次阅读这些描述时,你会发现在试次序列中创建不同事件的视觉材料对研究很有帮助(见图5.8和6.3.1.5),因为这有助于你了解眼动追踪研究中的不同部分,并理解它们的作用。选择并确定要用到的项目是一个不错的入手点,因为就如之前所说的,任何研究的核心都是项目。在特朗布莱的实验中,这些项目就是显示在屏幕上四个象限中的四个正字法单词("被试在4 000毫秒内看四个在2×2网格[网格线未显示]中的正字法单词")。在试次的关键阶段开始前,被试先对这四个单词观察了4s(**项目预览**,item preview,详见6.3.1.4)。在关键阶段,被试再次看到这四个单词,同时听一句口语句子,这时研究者记录被试的眼球运动。被试根据指令点击他们在句中听到的目标词。因此,除了从眼动数据中获得的信息外,还有两个因变量:准确率和反应时。图5.8总结了特朗布莱(Tremblay, 2011)研究中的试次序列(trial sequence)。

展望数据分析,在特朗布莱的研究中有三种类型的试次:练习试次、关键试次和填充试次。**练习试次**(practice trial)是在研究开始时进行的试次,作为被试的热身,通常在4到10次之间。练习试次让被试有机会熟悉仪器、录制环境和实验流程。这是被试练习实验任务的阶段,在这个阶段中,被试可以提出自己的疑问,这样他们就能为主试次做好充分的准备。戈德弗鲁瓦和斯皮诺(Godfroid & Spino, 2015)强调了在眼动追踪实验中进行练习试次以提高数据质量的重要性。因此需要记住,眼动追踪数据是一种反应时的指标,因此任何因被试对任务不熟悉而导致的犹豫都会影响测得的数据。

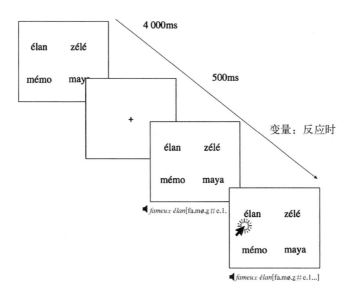

图 5.8 试次序列

注：被试听一些句子，如 *Kim regarde le* [形容词+名词]，"基姆正在看[形容词+名词]"，然后根据指令点击屏幕上相应的（书面）名词。

（来源：Tremblay，2011）

关键试次或**实验性试次**（critical trial 或 experimental trial）是研究者最感兴趣的部分。研究者会在这些试次中操控实验条件，并记录眼动数据和其他因变量。因此，只有关键试次会被纳入统计分析。在特朗布莱（Tremblay，2011）的实验中，关键试次包括连读（在研究中为/z/）试次和无连读试次，两类试次中的形容词和名词之间都有相同的辅音/z/。

在许多研究中，关键试次间常常穿插着第三种试次，即**填充试次**（filler trial）。这类试次不含研究的实验控制。与练习试次一样，填充试次的数据通常不会被纳入分析。如果你计划进行两项类似的实验，如两项句子加工研究，那么你可以考虑把两项研究中的关键项目放在一起，这样你就只需要收集一次数据。对这两项研究来说，一项研究实验（如名词-形容词的语法性别一致）中的关键项目可以充当另一项实验（如主谓单复数一致）的填充物，反之亦然。这能为你节省时间和资源，因为被试只需要来一次实验室。

填充试次的目的是对被试隐藏实验操控，换言之，从被试的角度看，填充试次看起来是与实验性试次或关键试次完全一致的，但实际上，填充试次不包含需要研究的关键现象（例如，特朗布莱的研究中不含连读或以/z/开头的名词)。目前填充试次的内容还存有一些争议,例如,在一项包含不合语法的句子(违例范式)的研究中,一些填充项目是否也应该包含不合语法的形式。加入不合语法的填充项目会让这些试次看起来更像关键试次。然而,如果语法错误非常明显,那么不合语法的填充项目本身也会使被试更加关注语法形式。因此,研究者应该仔细考虑适合一项研究的要素,包括研究方法、研究问题以及研究所需的被试的特征。

现在我们来看纯文本实验中的试次和试次序列,以阿尔萨杜恩和海夫特(Alsadoon & Heift, 2015)的研究为例。研究的被试为母语为阿拉伯语的英语二语者。阿尔萨杜恩和海夫特采用前测、实验[①]、后测和延时后测设计,研究了视觉输入强化对减少被试的元音盲性(即加工元音的困难)的作用。以下是他们对一个试次的内容的描述:

> 实验阶段包括实验组和对照组要进行的36个试次。每个试次都有三块单独的显示屏。对于实验组,第一块屏幕显示的是一句句子,句中的目标词及其元音字母由三条印刷线索进行了文本强化……。相比之下,对照组则没有文本输入强化,即测试项目没有下划线,并且其字体和颜色也与句子中其余单词相同。……
>
> 在第二块屏幕上,被试需要在与前测、后测及延时后测中相同的多项选择题中选出目标词的含义。这项任务不仅是为了促使被试认真阅读句子,也是为了确定被试对测试项目含义的掌握情况。……
>
> 第三块屏幕向被试展示了目标词含义的正确选项。实验组和对照组在第二和第三块屏幕上看到的内容相同。
>
> (Alsadoon & Heift, 2015: 64)

阿尔萨杜恩和海夫特的试次包括三个步骤,分别为屏幕1、屏幕2和屏幕3。具体来说,每个试次包括(1)句子阅读,(2)阅读后的简短的词义识别测试,(3)反馈。作为一名读者,我想知道研究者在哪个或哪些步骤中记录了被试的眼球运动以及每个步骤的目的。在其论文的分析部分,作者们分析了句子

---

① [编辑注] 原文为 treatment,指实验中的具体实施阶段。

中目标词的四项眼动指标。这表明该研究只记录并分析了步骤1(第一块屏幕)中的眼球运动。那么试次中步骤2和步骤3的目的是什么呢？如该研究所述，词义识别测试的目的是确保被试知道目标词的含义。作者们阐述道：

> 这是研究中重要的一步，因为通过检查学习者对每个测试项目的含义的了解程度，我们就能够确保学习者在学习英语元音方面的问题是缺乏正字法元音知识导致的，而不是不知道词义导致的。
>
> (Alsadoon & Heift, 2015: 64)

因此步骤3是步骤2的逻辑延续，因为这一步让被试知道了他们的回答是否正确。综上所述，阿尔萨杜恩和海夫特的试次中的所有步骤对于证明输入强化的积极影响来说都是不可或缺的。尤为重要的一点是这些试次有助于研究者单独研究输入强化在词形和词义学习中的作用。

本节讨论的两项研究说明了在不同的研究方向中项目如何嵌入到实验的一系列事件中。这些事件构成了研究中的试次。设计试次内容的另一种方法(将在下文讨论)是把试次分成主要任务和次要任务。在眼动追踪研究中，被试要进行哪些类型的任务呢？这一问题的答案有很多。

5.4 主要任务与次要任务

对主要任务和次要任务的判断会略带一些主观性，不过在研究中将两者区分开还是很有帮助的。在本书中，我以被试的视角来区分这两种任务类型。**主要任务**(primary task)是指被试被要求完成的任务，这类任务中被试的眼动数据是数据分析的直接材料。由此，基于文本的研究的主要任务包括但不限于阅读文本、观看片段或进行阅读理解测试。在视觉情境研究中，研究者通常不区分主要任务与次要任务，不过在许多情况下，被试在研究中可能会参与多个任务。事实上，视觉情境范式有两个主要版本，它们的主要任务有所不同：边看边听的实验和基于行动的实验。

除了主要任务，**次要任务**(secondary task)也是试次中的一部分。次要任务是被试执行的额外任务，如回答理解性问题、做出语法或合理性判断以及翻译。研究者可以记录这部分的眼动数据,也可以不记录。实验中,次要任务与主要任务交替进行:被试阅读或进行一个项目,解决一个次要问题,随后阅读或进行一个新项目,再解决一个新的次要问题,如此往复。此处次要任务的定义侧重于试次结构,因此并不包括后测。后测是被试在完成所有试次后所参与的一个环节,不是试次的一部分,但是也很有帮助,是许多二语研究项目的设计特点,适用于不同(更高)水平的实验。

次要任务可以测试被试在实验期间,特别是在进行主要任务期间的专注程度。次要任务的精度数据反映了被试对材料的投入程度,也可以衡量被试的整体二语熟练度(换言之,研究者预期被试会在次要任务中表现良好)。因此次要任务的得分有时会被用作筛选标准,以确定哪些被试数据将被纳入主要分析。通常情况下有 70% 或 80% 的数据会被纳入主要分析。次要任务也可以起到掩护作用,因为它能够隐藏一项研究的真实目的。例如,研究者可能会要求被试在每句话之后回答理解性问题,以此使他们关注句(或词)的含义(即鼓励被试以理解为目标进行阅读)。为被试设定一个目标有助于转移他们对实验真实目的的注意力,也能够让研究者如实地观察到她想要研究的内容。这一点很重要,因为一旦被试意识到研究者对实验的操控,他们可能就会以策略性的方式改变自己的行为,如扫视文本以获得相关信息或等待视觉情境实验中后续内容的出现。在本书中,次要任务是那些含有前述特征(可用于检查被试的任务表现、隐藏真实的实验目的)的任务以及那些结果不用于解答研究问题的任务。

现在我们来具体讨论一些更适用于眼动追踪方法的任务。因为基于文本的研究的主要任务直接由所进行的研究类型(见第三章)决定,所以在这里我将重点关注视觉情境范式(见第四章)。视觉情境的研究者在选择研究任务方面相对更自由。下面要讨论的最常见的两类实验是边看边听的实验和基于行动的实验。在众多次要任务中,我们主要考察四种:理解性问题、语法判断、翻译和合理性判断。

听力过程中的主要任务:边看边听并点击(primary tasks during listening: looking-while-listening and clicking)。边看边听(looking-while-listening)是视觉情境范式的一种类型,学习者除了仔细听口语输入外,不会收到任何指令。这一边看边听的任务可以追溯到库珀(Cooper, 1974)最初的视觉情境实验,在这个实验中,被试一边听故事一边看屏幕上以网格形式排列的 9 个物体(见 4.1)。与接下来要讨论的基于行动的视觉情境任务相比,边看边听的任务更具生态效度,因为被试的目光可以自由地在屏幕上游移(Dussias, Valdés Kroff, Guzzardo Tamargo & Gerfen, 2013)。被试也不需根据外部施加的指令去做出有意识的决定。因此,边看边听任务是一种更具普遍性的测试,它能够反映出脱离了具体任务要求后的语言和视觉在自然交互中产生的各种效应(如预期性效应、增量加工效应)(Huettig et al., 2011)。这并不是说基于行动的实验完全缺乏生态效度,因为在现实情境中,视觉和行动确实倾向于同时发生(如 Altman, 2011b; Henderson & Ferreira, 2004; Salverda, Brown & Tanenhaus, 2011)。视觉情境研究者似乎认为这两种任务类型(即基于行动的任务和边看边听的任务)会产出类似的结果,不过据我所知,只有萨斯曼(Sussman, 2006)的研究对这一点进行了实证检验。当然,生态效度高也有不足。在边看边听任务中产出的数据具有更高的变异性,这是因为个体在观看场景的方式上存在差异(Altmann, 2011; Dussias et al., 2013)。因此边看边听的实验通常需要更多个试次以及(或)更多被试,才能生成充足的数据,用以进行有效的统计分析(Altmann, 2011b)。

在一项经典的边看边听的实验中,阿尔特曼和上出(Altmann & Kamide, 2007: 506)为听者大致描述了他们的任务:"我们感兴趣的是,当人们一边看图片,一边听描述某事的句子时会发生的事。"然后,被试在屏幕上看到了一位施事者(如一个男人或一个女人)和各种物体(即一个空的葡萄酒杯、一个满的啤酒杯、奶酪和两块糖果):见第 98 页图 4.5。1 000ms 后,被试听到一句口语句子,如 "*The man will drink the beer*"(意为"这个男人会把啤酒喝了")或 "*The man has drunk the wine*"(意为"这个男人把葡萄酒喝了"),被试可以自由地观看屏幕上的任何位置,看完后按下按钮,进入下一个试次。任务的目的是研究被试是否会看向与事件有正确的时间关系的物体,例如满的啤酒杯表示将来时 *will drink*(意为"会喝"),空的酒杯表示过去时 *has drunk*(意为"喝了")(见 4.1)。

视觉情境范式中另一个常用的主要任务是**点击**(clicking)或**点击与拖拽**(clicking and dragging)。这些是需要用计算机处理的基于行动的任务,对这些任务的使用可以追溯到早期的视觉情境研究,当时被试经常被要求移动桌子上的真实物体(如 Chambers，Tanenhaus，Eberhard，Filip & Carlson，2002；Marian & Spivey，2003a，2003b；Spivey & Marian，1999；Tanenhaus，Spivey-Knowlton，Eberhard & Sedivy，1995；Trueswell，Sekerina，Hill & Logrip，1999)。较新一些的研究，如谢尔丽娜和特鲁斯威尔(Sekerina & Trueswell，2011)用俄英继承语使用者进行的研究，也有同样需要被试移动真实物体的要求(见4.2.2.4)。用真实物体进行眼动追踪研究的一个好处在于这样的实验设置能够突出视觉和行动之间的联系。然而，由于在每组试次间手动重新排列实验物品需要时间，因此现在许多研究者使用更快捷的计算机实验来代替实物实验。这样一来图像就取代了真实物品(见6.3.1)，拾取物品就变为用鼠标点击和(或)拖拽所描述的对象。在本书的第四、第五和第六章中有许多图像显示的例子。5.3 中描述的特朗布莱(Tremblay，2011)的研究进一步表明，如果正字法是研究的重要组成部分，那么即使是印刷的文字形式也能够发挥图像的作用。

与边看边听的实验相比，基于行动的任务还会额外从鼠标点击中产生两个因变量，即准确率和潜伏期(反应时)。在许多情况下，研究者会分别分析并报告这些指标的结果。即便如此，需要强调的是，需要分析的主要因变量是在被试点击之前记录下的眼动仪输出(如眼注视和潜伏期)。从这个角度来看，基于行动的任务和边看边听的任务有很多相似之处。

次要任务：理解性问题、语法判断测试、翻译及合理性判断(Secondary tasks: Comprehension questions, grammaticality judgment tests [GJTs], translations, and plausibility judgments)。在眼动研究中最常见的次要任务是理解性问题。其他次要任务包括语法判断测试、合理性判断和翻译。被试在这些任务中需要做的事是显而易见的。当学习者被要求回答一个**理解性问题**时，研究者是在测试他们对刚刚阅读过或听过的内容的理解。例如，在接触(即阅读或听到)*The father brought some wood* (*woods*) *home to stoke up the fire*(意为"这位父亲带了一些木柴回家把火添旺")这句话后，被试可能会被问到父亲家里是否有壁炉。在这种情况下，被试应该给出肯定的回答(即回答"是")。被试通常会通过按游戏手柄、反应盒或键盘上的按键来进行回答。研究者还可以针对同一个项目要求被试做**语法判断**，即判断句子是否符合语法。例如，句中使用了 *some woods* 而不是 *some wood*，被试对此应该回答"否"，因为 *wood* 是一个不可数名词。在**翻译任务**(translation task)中，被试需要把句子翻译成另一种语言，通常是翻译成他们的母语。在进行**合理性判断**(plausibility judgment)时，被试需要判断句子是否合理。根据常识，用木柴把火添旺是合理的（即符合常理的），因此无论句子的语法结构是否正确，被试都应该回答"是"。相比之下，像 The father brought some water (*waters) to stoke up the fire（意为"这位父亲带了一些水把火添旺"）这样的句子是不合理的，因此被试需要回答"否"。

到目前为止，最常用的次要任务是阅读或听力的**理解性测量方法**（comprehension measure）。理解性问题被用于眼动追踪研究的大部分领域，它们形式多样，具体根据理解性测量方法的目的而定。最详尽的理解性测量方法可能是复述。这项任务要求被试复述他们刚刚读过或听过的内容。为了比较被试复述的内容，研究者通常会制定一套意义单元的综合评估标准。**意义单元**（idea units）是文本的主要观点和支撑细节；被试的分数取决于其复述的内容中包含了多少这样的单元。被试在主要观点与细节方面的意义单元得分显示的是其对文本的理解程度。故事复述作为一种理解性测量方法已被用于输入强化研究（Winke, 2013）。同时，在眼动追踪研究的范畴外，故事复述作为一种引发方法也被用于衡量二语学习者的知识（Larsen-Freeman & Long, 1991）。然而，制定意义单元的评分标准需要时间，而且为了确保评判间的信度，进行研究时可能需要两位评分者。

如果要测试被试对输入中离散项目的理解，那么采用多项选择的理解性问题及正误判断题更省力一些（更容易评分）。但是即便如此，研究者在创建这些问题时还是需要小心。为了确保测试效度，研究者应该设计那些不能通过常识来回答的问题。要检查这一点，研究者可以让一组不参加主要研究的新被试先回答一遍这些问题（示例见 Godfroid & Spino, 2015）。如果这些新被试无法依靠自己的常识回答这些问题，那么他们就只能用猜测得出答案，因此他们的得分应该只处于（或低于）机会水平。另外，理解性问题及其答案选项不应重复目标结构（如果有的话）。以 *The father brought some woods home to stoke up the fire 为例，问被试这位父亲是否把木柴带回了家是不合适的，因为这会增加被试对目标名词 wood(*woods) 的接触。随着实验进行，研究者可能会发现被试对不可数名词的误用越发敏感（任务诱导效应的实证证据，见

Havik, Roberts, van Hout, Schreuder & Haverkort, 2009)。更好的做法是通过问"这位父亲家是否有壁炉"或"这位父亲是否在生火"来进行简单的理解性检查。如果问题设计的这些约束条件得到了满足，那么研究者就可以用这些基于离散项目的问题对被试进行相对快捷、易执行且有效的理解性检查，因此理解性问题受欢迎的部分原因就在于其易于实施。根据研究问题的不同，研究者可能会只分析被试答对理解性问题的那些试次中记录的眼动追踪数据。小贴士 5.4 总结了创建理解性问题的要点。

> **小贴士 5.4　如何创建理解性问题**
> 1. 确保问题无法根据常识来回答。单独选一组被试来回答这些问题，以确保这些问题测量被试对文本的理解时的效度。
> 2. 不要在问题或回答选项中重复实验中的目标词或结构。
> 3. 思考设置问题的目的。如果目的只是确保被试确实是在阅读或在听，那么问题可以非常简单；但如果要测试被试对文本的深层理解，那么复述任务可能更合适。

当目标是测量文本理解时，其他基于意义的任务，如合理性判断（Dussias et al., 2013）和翻译（Lim & Christianson, 2015）也可用于实验。当刺激物是句子时，**合理性判断**（plausibility judgment）效果最好。被试会在每句话之后指出某一事件在现实世界中是否可能发生。因此与单独制定的理解性问题相比，合理性判断不需要研究者向被试呈现可能使他们对实验操控敏感的额外输入。与理解性问题不同，合理性判断依赖被试对世界的一般认识。需要记住的是，你所认为的"一般认识"实际上可能是具有文化特异性的信息。为了避免歧义，研究者最好创建一些明显不合理的句子。例如，句子（1）就不是典型的不合理的句子，因为在世界上的某些地方，在周末休假并不那么常见。为了获得最佳结果，句中不应存在任何歧义。要做到这一点，你可以把事件置于其他星球上或在句中设置会说话的物体，如例（2）。要通过他人来验证你对合理性的直觉感知，你可以按照招募主实验被试的条件再招募一组类似的被试，先用他们进行一次小范围的试点试次。

(1) Most people work seven days a week.（大多数人一周工作七天。）
(2) Joanna emailed the document to a tomato.（乔安娜用电子邮件把文件发给了一个番茄。）

在很多时候,不合理的句子可以用于填充试次(见 5.3),因为当被试遇到意想不到的情况时,其加工过程可能会发生变化。因此,研究者可能会报告合理性判断的总体准确率,但他们在分析眼动追踪数据时,只关注那些合理的句子。

最后一项测量方法——**翻译**(translation)——与理解性问题和合理性判断略有不同,因为被试需要在理解的基础上产出语言。翻译所测量的内容是有争议的。利姆和克里斯蒂安森(Lim & Christianson, 2015)认为翻译是一种理解性测量方法。与理解性问题相比,翻译需要更深层次的加工(另见 Lim & Christianson, 2013)。在他们的研究中,研究者要求韩国的英语学习者在各试次中阅读英语句子并将其翻译成韩语。相较于在每句句子后回答理解性问题的实验,翻译实验中的被试对语法违例现象更敏感(类似的语法判断与理解性问题的比较可另见 Jackson & Bobb, 2009; Jackson & Dussias, 2009; Leeser, Brandl & Weissglass, 2011)。虽然利姆和克里斯蒂安森提倡将翻译作为一种理解性测量方法,但他们承认翻译会"引起熟练度更低的二语学习者对形态句法的注意"(Lim & Christianson, 2015: 1288),还承认"翻译本身就能很好地证明形态句法是如何被理解的"(同上)。所以即使翻译可以衡量理解力,这个任务也会引导被试关注意义和形式(Ellis, 2005)。因此使用翻译任务可能存在潜在风险,因为被试可能会意识到目标语言结构。翻译的另一处潜在的局限在于它明确地涉及了一语。这是否会影响目标语言的加工还需要进一步研究。简而言之,这三种任务都有一个共同点,那就是它们都将被试的注意力转移到了刺激物的意义上。此外,理解性测量方法和合理性判断使被试不太可能关注语言形式以及语言是否符合语法。

除了基于意义的次要任务外,**语法判断测试**(GJTs)在语言学及二语习得研究,包括眼动追踪研究中的使用(一般性综述见 Plonsky, Marsden, Crowther, Gass & Spinner, 2019; Spinner & Gass, 2019)也由来已久。眼动追踪研究中使用的**语法判断测试**是一种二元选择测试。被试需要在任务中指出一句给定的句子在语法上是否正确("好"还是"坏")。因为该任务明确需要被试将注意力集中在语法形式上,所以研究者不需要掩盖测试的真实目的。这项任务对于挖掘被试的显性语法知识非常有帮助,且当被试在没有时间压力的条件下作答时,尤为如此。

在二语眼动追踪研究中,戈德弗鲁瓦等人(Godfroid et al., 2015)研究了被试在时间压力下进行语法判断测试时,其加工过程的变化情况。他们发现二语者(而非一语者)在做限时测试时回视(从右到左的眼球运动,通常伴随重读)次数较少。这一研究结果表明增加时间压力可以改变加工行为并可能改变被测的语言知识的类型(在限时语法判断测试中,受被试调用更多的可能是自动化的显性知识,也可能是隐性知识)。在戈德弗鲁瓦等人的研究中,语法判断测试是研究的主要关注点(即这不是次要任务)。利泽等人(Leeser et al., 2011)使用了自定步速阅读进行研究,结果表明语法判断作为一项次要任务,可能会改变二语者加工某些结构的方式。中等水平的西班牙语学习者在阅读并对句子进行语法判断时对违反一致性的现象比较敏感,而在阅读并回答理解性问题时则不然。被试对主谓倒装结构的加工则不受任务类型的影响。杰克逊和杜西娅(Jackson & Dussias, 2009)与杰克逊和鲍勃(Jackson & Bobb, 2009)的两项研究都采用了自定步速阅读的方法。对比这两项研究的结果也能看出任务类型的影响。高级德语二语者在杰克逊和鲍勃(Jackson & Bobb, 2009)的研究中回答验证性陈述时展现出的句法表征比类似的德语二语者在杰克逊和杜西娅(Jackson & Dussias, 2009)的研究中做语法判断时展现出的要浅。在这方面,我们有必要再次强调眼动追踪方法的优点之一:当被试专注于句义时,眼动追踪可以实时地在相对隐匿的条件下、以最少量的意识反射测量语言知识。语法判断测试可能会抵消一些使用眼动追踪方法的好处。因此,除非目标是研究由语法判断测试诱导的任务效应(见Godfroid et al., 2015; Leeser et al., 2011),否则其他更注重意义的任务可能更适合作为次要任务。表5.1总结了本节所述的不同次要任务的主要特征。

从表5.1可以看出,次要任务可以在研究中实现不同的目的。研究者可以根据任务的主要目的在方法上做出各种决策,例如需要在多少试次的主要任务之后安排次要任务。**覆盖率**(coverage)是指包含次要任务的试次的百分比。你可能认为每个试次都需要包含主要任务和次要任务,然而,只有当你计划对次要任务数据进行详细分析时才需要 100% 的覆盖率,在其他情况下可以采用较低的覆盖率。如果要将次要任务得分纳入标准并排除表现较差的被试,那么在 50% 的试次后加入次要任务项目可能就足够了。如果只是为了让被试保持注意力集中并认真参与,那么 25% 至 30% 的覆盖率可能就足够了。这些数字比例仅供参考。实验室的可用性和被试的情况等背景因素会进一步决定你对研究的实际安排。然而,一般来说,如果次要任务的数据有助于回答你的研究问题或对你正在研究的内容很重要,那么你就需要添加更多次要任务。

另一个问题是,研究者是否希望保留那些被试答错次要任务的试次。当研究者想要研究以意义为中心的加工时,他们可能会遇到这个问题。对理解性问题或合理性判断的错误回答,可能表明被试短暂地失去了对意义的关注。因此,将这些试次从分析中移除可能更稳妥。这种方法是合理的,但也比较严格。另一种相对宽松的方法是设置整体的纳入阈值(如整个实验中的回答准确率达到 70% 或 80%)并将所有达到该标准的被试的数据都纳入分析。这样一来,满足条件的被试的正确与错误回答都会被囊括在内,研究者损失的数据也更少,而数据损失在用二语者进行研究时是一个问题。此处的关键就是要清楚地了解次要任务的目的。

总之,次要任务为研究者提供了一系列选择,使他们能够丰富自己的研究内容并收集有关被试表现的额外信息。虽然这些任务本质上是次要的,但将这些任务用于研究也需要经过谨慎思考。试点试次有助于你确认任务刺激物是否合适、可靠;还可以帮助你在方法上做出更好的、尚未被收录于标准指南的决策。

表 5.1　四项次要任务的比较

	理解性问题	合理性判断	翻　译	语法判断
所测内容	阅读或听力理解	基于常识的句子理解	理解源语言并将其编码为目标语言	语法知识
主要的关注点	意义	意义	意义和形式	形式
能否掩盖实验目的	是	是	否	否

续 表

	理解性问题	合理性判断	翻 译	语法判断
额外输入	是	否	否	否
额外输出	否	否	是	否
常识	不鼓励使用	鼓励使用	可以使用,但可能发挥的作用有限	否
被试能否猜出答案	是	是	在某种程度上,是	是
主要优势	易于管理	没有额外输入	测量形态句法理解和意义理解	测量语法知识

5.5 我需要多少个项目?

一项实验的所有基本构建要素都准备齐全后,我们就要开始考虑数量问题。我需要多少个项目呢?这个看似简单的问题将带我们了解二语习得和双语研究的实操性与统计实践。事实证明,确定项目数量时,我们有很多因素需要考虑。

要包含多少项目的问题会在实验研究中带来一种内在矛盾。一方面,研究者希望最大限度地从被试身上获得信息;但另一方面,他们又受到实际条件的制约。许多实际限制都与时间有关——实验室时间、被试的时间和你自己的时间。正如施米特(Schmitt, 2010:164)在一本词汇研究手册中所写的那样,"时间是宝贵的。你永远都不会有充足的时间。"作为一名眼动追踪研究者和词汇研究者,我同意这一观点。即使是积极的被试,也会在大约 1.5 小时的数据收集后感到疲惫,因此作为一名研究者,你需要考虑如何充分利用被试在实验室的时间。当然,研究者也可以用同一批被试进行多场实验,但这需要仔细的规划和一些激励措施,以鼓励被试在实验的第一天之后还会回来参加后续实验。

尽管研究者需要进行这些实际考量,但在研究中有足够的项目数量对结果的信度来说非常重要,因为作为一名研究者,你需要测量被试在特定条件下的行为,并且结果需要具有一致性,这意味着你需要多个能使被试做出相同行为的项目。**方法信度**(instrument reliability)能反映测量的一致性,这项指标(类似于 Cronbach 的 alpha 及分半信度[split-half reliability]和 Kuder Richardson 的[KR]20 与 KR-21 信度)可以在收集数据后通过计算得出。方法信度是指"旨在测量相同观念或能力的项目的得分一致性"(Plonsky & Derrick, 2016: 538)。例如在一项研究中,被试被要求描述展现运动事件的视频片段(Flecken, Carroll, Weimar & Von Stutterheim, 2015)。如果被试始终以同样的方式描述同一类型的视频(例如一名男子走向一辆汽车,一名女子走向公共汽车站),那么结果将更可信。在其他条件相同的情况下,随着添加项目(更多视频片段)的增多,方法信度也会增加。因此较大规模的测量方案包含的项目更多,所以信度也更高。在大规模的测量方案中,某一单个项目对整体结果的影响也会较小;这一点很重要,因为列表中可能会存在一些表现不佳的项目(即那些测量结果不在预期内、不理想或易混淆的项目)。

报告方法信度是一种有助于提高研究透明度的良好习惯。目前,二语习得在方法论上还有改进空间,因为在普隆斯基和德里克(Plonsky & Derrick, 2016)所调查的二语研究中,只有 28% 报告了方法信度信息。第二语言眼动追踪研究者也有同样的问题,因为他们几乎从不出示对主要任务的信度评估。有一种从一般的反应时研究中借鉴来的解决方法,那就是把注视时间作为一种特殊类型的反应时,计算每个不同实验条件下项目的分半信度。统计软件 "R" 有一个程序包,"splithalf"①,可以让你做到这一点(https://cran.r-project.org/web/packages/splithalf/index.html)。如果信度在眼动追踪研究中成为主流——不仅是作为一种理论构念,而是作为研究者需要计算和报告的一项数据,那么这将进一步促使更多人认识到项目数量的重要性。

项目数量很重要的另一个原因在于,更庞大的项目集能增加研究者在数据分析中发现效应(即显著的组间差异或显著的变量间的关系)的可能性。此处的概念是**统计检验力**(statistical power)。统计检验力是指研究者根据收集的数据发现真实效应的可能性。统计检验力的概念类似显微镜的工作原理。显微镜有不同的倍数,哪种显微镜适合你的项目取决于你要研究的对象。花

---

① 软件包,暂未在国内找到相应的权威中文译名,所以保留原名。

粉可以在低倍显微镜下研究，但观察细菌则需要更好、更强大的设备。在研究中，你要研究的现象的大小可以由**效应量**（effect size）反映出来。效应量在传统上被分为"小""中""大"三级。如果要在统计分析中发现较小的效应，那么你就需要更强的统计检验力，就像观察细菌需要比观察花粉更强大的显微镜一样。

研究者可以通过收集更庞大的数据集来提高其分析的统计检验力。数据集的大小是观察值的总数，它是被试数量和项目数量的乘积。研究者应该根据实际情况选择他们的项目和被试数量，并在研究中力求高水平的统计检验力。在二语习得和双语研究中，统计检验力通常被设置为 0.80。这意味着研究者有 80% 的可能性能够准确地检测到现有的效应（例如，如果被试组或实验 [treatment] 过程确实不同，那么研究者就会发现显著差异）。统计检验力水平、预期效应量和显著性水平设定完毕后，研究者就可以进行一次先验的效力分析（详见 Larson-Hall, 2016），分析的结果能预估出实施一项具有足够统计检验力的研究所需的数据集大小。

那么在二语习得和双语研究的不同方向中，常见的效应量是多少呢？调查后发现，它们大于邻近学科中的效应量。普隆斯基和奥斯瓦尔德（Plonsky & Oswald, 2014）从二语研究（包括主要研究和元分析）中收集了 400 多个效应量并绘制了效应量的分布图。基于该分布图，作者们提出了领域特定的截断值以区分每个效应级别——小效应（分布的第 25 个百分位）、中等效应（第 50 个百分位）和大效应（第 75 个百分位）。在此过程中，他们还修正了所有效应量的截断值，这些值与科恩（Cohen, 1988）的基准相比都有所上升。例如，对于组间的平均差异，普隆斯基和奥斯瓦尔德建议，小效应的 $d = 0.60$（科恩的 $d = 0.20$），中等效应的 $d = 1.00$（科恩的 $d = 0.50$），大效应的 $d = 1.40$（科恩的 $d = 0.80$）。我们在下面将会看到，这些值的变化会对样本量大小的计算产生影响。作者们将这些截断值与科恩的基准的差异以及这些值与其他领域中类似的元分析的差异（Hattie, 1992；Lipsey & Wilson, 1993；Richard, Bond & Stokes-Zoota, 2003；Tamim, Bernard, Borokhovski, Abrami & Schmid, 2011）都归因于二语研究领域相对不成熟的发展现状与潜在的出版偏倚。

在心理学这一邻近学科中，一般认为 $d = 0.40$ 的效应量（Kühberger, Fritz &

Scherndl，2014；Open Science Collaboration，2015)是小效应。在这种情况下，布莱塞和史蒂文斯(Brysbaert & Stevens，2018)建议研究者在进行反应时实验时，应该争取在每个条件下都获得 1 600 个观察值(如 40 名被试×40 个项目；20 名被试×80 个项目；80 名被试×20 个项目)，以达到 0.80 的统计检验力。如上文所述，二语研究的效应量往往更大。因此，回到显微镜的类比，二语研究者不需要那么多观察值就可以达到同样的统计检验力。要确定所需观察值的数量，研究者可以以他们研究的试点数据为基础进行模拟。布莱塞和史蒂文斯(Brysbaert & Stevens，2018)用基于 R 语言开发的 simr[①] 软件包(Green & MacLeod，2016；Green, MacLeod & Alday，2016)进行了这一步骤。他们想从现有的数据集中随机抽取若干份样本，并对每个样本进行多次期望的统计分析。为了准确地估计检验力，研究者最好使用自己的数据(可以是真实数据或是模拟数据)或来自类似研究的数据集进行模拟(Brysbaert & Stevens，2018)。使用研究者自己的数据更佳，因为眼注视时间的差异可能与任务和研究群体有关。要计算研究设计的统计检验力，只需计算模拟结果具有统计显著性的频率。一项研究的统计检验力是具有统计显著性的测试所占的比例。例如，如果对数据集运行 2 000 次统计检验，其中 1 200 次具有统计显著性，则预估该设计的统计检验力为 0.60。

一旦研究者对测试的检验力有了初步估计，他们就可以修改不同的参数，如被试数量、项目数量以及观察到的条件间的差异。如果最初的模拟显示统计检验力不足，那么就必须增加样本量，此时研究者仅需复制数据集。虽然这样做产出的结果可能不精确——因为没有两组数据是完全相同的——但是能满足大多数研究者的需要。项目和被试的目标数量就是数据集的大小(被试数量×项目数量)，该数据集能够在 80% 的模拟测试中返回积极的测试结果。

前面的讨论强调了项目和被试对统计检验力的重要性。[4] 表 5.2 列出了我从基于文本的眼动追踪研究的综合评述中归纳的每个条件的项目和被试数量。表 5.3 则是从视觉情境研究的综合评述中归纳的同类数据。这些数字在一定程度上代表了当代二语眼动追踪研究中观察值的数量。对许多研究方

[①] 软件包，暂未在国内找到相应的权威中文译名，所以保留原名。

向来说,单元数(cell size)(被试数量 n×每个条件的项目数 k)的中位数都接近 300,例如语法研究中有 260 个观察值,ISLA 中有 295 个观察值,视觉情境及预测研究中有 315 个观察值。这相当于 20 名被试在每个条件下看了 15 个项目,或者 15 名被试在每个条件下看了 20 个项目。然而,这种规模的单元数并不能保证统计检验力达标。布莱塞和史蒂文斯(Brysbaert & Stevens, 2018)建议让母语者作为反应时研究的被试。为了预估研究设计的统计检验力,研究者需要考虑额外的因素,特别是条件之间的效应量或平均差异、研究类型(被试内设计或被试间设计,见 5.2)和将要进行的分析的类型。

表 5.2 二语文本眼动追踪研究的观察值数量(2007—2017)

研究方向	每个条件的项目数			每个条件的被试数[b]		
	平均值	中位数	最小值~最大值	平均值	中位数	最小值~最大值
语法	11.99	10	4~42	28.42	26	14~60
词汇	33.70	14.25	4~225	26.24	26	15~42
ISLA	19.52	19	3~36	21.63	15.5	3~66
翻译字幕[a]	184	254	18~280	25	25.5	9~40
测试评估	11.25	9	3~24	28.25	30.5	14~38

注:[a] 对于翻译字幕研究来说,相关的单位可以是时间,而不是显示的翻译字幕数量。片段的平均长度:10min;长度中位数:5min;范围:4min~25min。[b] 在被试内设计中,每个条件的被试人数是总样本量;在被试间设计中,该数字则是总样本量除以条件的数量。

表 5.3 二语视觉情境眼动追踪研究的观察值数量(2003—2017)

研究方向	每个条件的项目数			每个条件的被试数[b]		
	平均值	中位数	最小值~最大值	平均值	中位数	最小值~最大值
单词识别	21	20	5~48	41	39	14~70
预测	11	9	3~28	40	35	16~100

续 表

研究方向	每个条件的项目数			每个条件的被试数[b]		
	平均值	中位数	最小值~最大值	平均值	中位数	最小值~最大值
指称加工	11	8	6~18	45	36	34~66
产出[a]	14	10	7~22	24	20	15~48

注：[a] 在一些研究中的项目数量是基于针对被试的产出所给出的反馈的量。[b] 在被试内设计中，每个条件的被试人数是总样本量；在被试间设计中，该数字则是总样本量除以条件的数量。

一旦确定了每个条件下的项目量，并充分考虑了所有其他的研究设计因素，研究者就可以开始创编项目了。大多数实验都不止一个条件。因此研究者需要创建一个项目集，用以为整个实验填充数据。在开始考虑项目列表之前，最好先创建项目和项目版本（见 5.1）。正如我们在 5.2 中所见，列表分配在被试间设计与被试内设计中看起来不同，在经过平衡与未经过平衡的设计中看起来也会有些不同。因此我们在本章中讨论的所有不同主题都汇聚在了项目创编这一步骤。至此，你可以将在本章中所学的内容应用于实际了。

下面我们用蒙特罗·佩雷斯等人（Montero Perez et al., 2015）的一项研究为例进行讲解。这项研究是针对法语二语大学生的源语字幕研究。在 5.2 中我们提到过蒙特罗·佩雷斯和她的同事们想要比较完整源语字幕和关键词源语字幕对词汇习得的影响。实验采用被试间设计，（从最初的 51 名候选人员中挑出的）三十四名被试被随机分配观看任意一种条件下的两个视频片段。两种条件下的被试人数相等。在这两个视频片段中，被试一共遇到 18 个目标词（即项目）。因此每个单元（即每个字幕条件）的观察值数量为 17 名被试×18 个项目＝306。

现在想象一下这项研究采用的是被试内设计。在这种情况下，所有 34 名被试都会观看关键词源语字幕和完整源语字幕的视频，但由于视频片段经过平衡，因此在这两种源语字幕类型的视频中，每名被试都只能看到一半的目标词，具体来说，就是乐高视频（假设该视频有完整源语字幕）中的 11 个目标词和酿酒厂视频中的 7 个目标词（假设该视频有关键词源语字幕）。图 5.6（此处复制为图 5.9）直观地展示了这两种设计之间的差异。这个例子展示了经过平衡的被试内设计为何对材料创建有更大需求（因为被试在每个条件下看到的项目更少），而被试间设计则需要更多的被试（因为每个条件下的被试数量更少）。

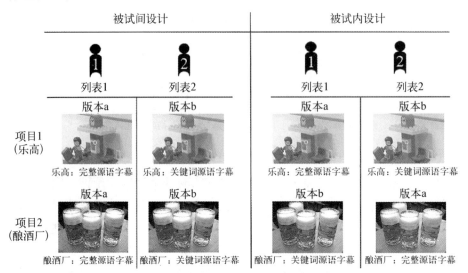

图 5.9 源语字幕在词汇习得中的作用：被试间设计和被试内设计

注：在一个经过平衡的、包含两种条件的被试内设计中，每种条件的被试数量是原来的两倍，但每种条件下的项目数量仅为原来的一半。

（来源：基于 Montero Perez et al., 2015）

虽然在给定条件下，实验仅包含不到十名被试或不到十个项目可能不是非常理想，但研究背景的实际情况可能会促使研究人员采用被试间设计或被试内设计。具体来说，一些因被试样本少而产生的局限可以通过在研究中纳入更多项目以及以被试内实验进行研究来抵消。相反，如果需要考虑实验长度（如被试是儿童），研究者就可以减少项目数量，并招募更多被试。最终，当单元数相等时，被试内设计会比被试间设计更具统计检验力，因为每名被试都充当了自己的实验对照（见 5.2）。

综上所述，当代二语眼动追踪研究的单元数的中位数接近 300，相当于每个条件下 15 名被试×20 个项目或 20 名被试×15 个项目。然而，这些数字本身并不能保证研究具有足够的统计检验力，因为统计检验力还取决于许多其他因素。在决定研究所需的样本量时，要考虑的关键因素包括可行性、方法信度、特定子学科的常见效应量、招募被试的难易程度及研究设计的类型。

5.6 结论

在本章中,我介绍了实验设计的基本原则,重点关注了研究的总体结构。眼动追踪研究者可以与其他定量研究者遵循相同的实验设计原则,但另有一些眼动追踪方法中特有的新概念、规则或限制需要注意(见第六章)。从这个角度来看,设计原则的基础知识对于创建一项好的眼动追踪研究至关重要。在众多因素中,我选择了五个我认为对一项完整的研究至关重要的关键因素。首先是项目和项目版本的相关概念(见 5.1)。同一项目的不同版本反映了自变量的不同水平,因此它们也是研究设计的直接表现。在设计自己的研究项目或指导学生时,我喜欢把不同的实验条件列在纸上,类似于 5.1 中所示的图表。我发现这有助于将研究中的统计方面和实验方面联系起来。有了项目的概念后,研究者需要考虑实验是以被试间设计进行还是以被试内设计进行(见 5.2)。有很多研究都可以采用任意一种设计类型。在这种情况下,被试内设计可能是首选,因为它产生的噪声数据较少(每名被试都能够充当自己的实验对照),因此被试内设计的统计检验力更强。5.5 阐述了确定足够的样本量的指导原则,这里再次涉及统计检验力的问题。你想要研究的效应越小,你需要用以进行有效统计测试的被试和项目就越多。虽然样本大小的问题无法用简单的答案来回答,但我在第 162 页表 5.2 和表 5.3 中总结了当代二语眼动追踪研究中常见的项目和被试数量,可供参考。最后,项目是一个更大的单元的核心,这个单元被称为试次(见 5.3)。试次由主要任务和次要任务组成(见 5.4),有时研究者只记录主要任务中的眼动追踪数据。尽管如此,次要任务还是可以使研究者更充分地了解被试的专注程度、二语熟练度以及完成任务的能力,同时也能给被试一个参与实验的目的(不论目的真实与否)。

为读者建立起这些概念之后,下一步就该讨论专门适用于眼动追踪的研究指南了。在第六章中,我们将讨论眼动追踪法与其他行为研究方法的不同之处。

注释

1. 关键试次或实验性试次,即会被纳入数据分析的试次,见 5.3。

2. 即使对被试内设计来说也是如此,因为项目往往是经过平衡的(本节将在后文详细介绍关于平衡的内容)。
3. 如果研究者认为被试多次观看相同的项目不会影响实验结果,那么就没有必要创建列表。在这种情况下,研究者不需要进行平衡,他们可以在被试内设计中呈现所有项目的所有版本(如 Godfroid et al., 2015; Kaushanskaya & Marian, 2007)。这在二语和双语研究的眼动追踪研究中不太常见(因为在很多情况下,最好避免重复),但从设计的角度来看,这样设计更简单。
4. 对线性混合效应模型来说是如此,这是布莱塞和史蒂文斯(Brysbaert & Stevens, 2018)的论文的重点,不过,对于涉及某种类型的数据平均的分析(如 t 检验、方差分析和线性回归)来说也是如此。当对数据进行平均计算时,观察值越多,产生的平均值就越精确(即具有较小标准差的平均值),因此效应量也更大(Brysbaert & Stevens, 2018)。

第六章

眼动追踪研究设计

本章旨在让读者掌握研究设计的方法论知识和技能,并以此为他们自己的眼动追踪研究做好准备。在实验设计的一般原则的基础上(见第五章),我对特定于眼动追踪研究的方法进行了概述。首先是定义兴趣区的必要性(见 6.1),这对基于文本的眼动追踪和视觉情境范式及与之类似的研究来说是关键元素。其余部分介绍了针对不同范式的指南,即基于文本的眼动追踪和视觉情境眼动追踪的指南,这些指南还可被沿用至其他多模态的研究设计。6.2 讨论了基于文本的设计中的空间因素、艺术因素和语言因素。6.3 深入讨论了如何为视觉情境实验创建听觉和视觉材料,这些内容对研究多媒体学习的研究者也很有帮助。读者可以将 6.2 和 6.3 作为各自研究范式的主要信息来源。然而,一些原则(如屏幕布局)的应用范围更广,因此,对眼动追踪研究者在其他领域的工作方式有一个大致的了解也会对你自己的研究有所帮助。

6.1 定义兴趣区

眼动追踪研究中最重要的概念可能是**兴趣区**(interest area/area of interest/region of interest)。兴趣区是几乎所有眼动研究的核心,它们搭建了研究设计与数据分析之间的桥梁,前者以研究问题为基础,后者得出研究问题的答案。因此,兴趣区是贯穿整个眼动追踪研究周期的核心,从研究概念化到数据分析与结果展示都是如此。在眼动追踪研究中,兴趣区是指研究者定义的空间区域,研究者会从该区域的眼动记录中提取眼动数据进行进一步分析。换句话说,眼动仪记录了被试在摄像机的整个校准区域内的眼球运动(如计算机屏幕或空间中的二维平面),但研究者只会对被记录下的数据中某一区域的子集进行分析,兴趣区就是研究人员用来界定这一区域的。一般来说研究者应设置兴趣区(即手动绘制或由应用软件自动绘制)来获取用以回答研究问题的数据(详见6.1.4)。这就是为什么研究者在研究设计的早期(创编材料和设计研究问题)就要考虑兴趣区的设置,这点非常重要。除了少数特例外,研究者一般在收集数据前就应设置好兴趣区。[1]如果你能事先知道被试会在研究中看到什么,我强烈建议在实验开始之前就应用兴趣区。将兴趣区的定义推迟到数据收集完成之后是一个常见的错误。虽然这样做可能会节省一些前期工作,但常常会在后期产生许多额外工作,可能还需要逐个对试次进行手动数据编码,这一过程相当乏味。在收集数据之前就设定好兴趣区,这样研究者就能更深入地思考如何解答研究问题。在实践中这样做通常能使你的研究更合理、更具说服力。

那么我们如何在具体的研究中确定兴趣区呢?这个问题的答案取决于你的研究方向(见第三章和第四章)。大体上讲,二语习得和双语研究的兴趣区可分为三类:(1)基于单词的兴趣区;(2)更大范围的文本区域;(3)图像。第四类,即移动兴趣区,已见于产出研究(Flecken, Carroll, Weimar & Von Stutterheim, 2015)和同步聊天研究(Michel & Smith, 2017, 2019)。移动兴趣区会在后文的6.1.3.2、9.3.1的研究思路10及9.3.2.3中被再次提及。

6.1.1 基于单词的兴趣区

许多方向的研究都使用了基于单词的兴趣区,包括双语词库(De León Rodríguez et al., 2016; Miwa, Dijkstra, Bolger & Baayen, 2014)、词汇习得(Godfroid, Boers & Housen, 2013; Godfroid et al., 2018; Montero Perez, Peters & Desmet, 2015)、语法习得(Godfroid & Uggen, 2013; Sagarra & Ellis, 2013)及测试评估(McCray & Brunfaut, 2018)。直观地说,如果一项研究旨在探索眼球运动和词汇习得之间的关系,那么主要兴趣区就是被试需要学习的目标词(见图6.1)。这是因为研究者主要感兴趣的是被试对特定单词的眼球运动与习得之间的关系,因此在分析数据时,研究者可能会忽略被试对文本其他部分的加工。现在我们假设研究者想要研究语境在词义推断中的作用。这时除了目标词外,研究者还需要更多兴趣区,用以记录被试对目标词周边语境的加工。额外的兴趣区可以是基于单词的,比如目标词区域,也可以包含更大的区域(例如,将目标词之前的所有区域作为一个兴趣区)。研究者采用何种方法取决于他们想要对语境影响做出何种分析。研究者还可以同时用这两种方式来定义兴趣区,然后到分析阶段再选取一种能够提供更丰富的研究信息的方法。

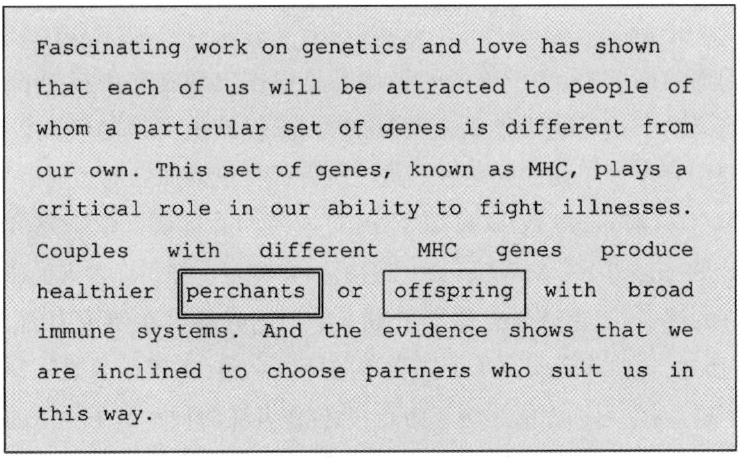

```
Fascinating work on genetics and love has shown
that each of us will be attracted to people of
whom a particular set of genes is different from
our own. This set of genes, known as MHC, plays a
critical role in our ability to fight illnesses.
Couples with different MHC genes produce
healthier perchants or offspring with broad
immune systems. And the evidence shows that we
are inclined to choose partners who suit us in
this way.
```

图 6.1 词汇学习研究中的兴趣区

注:作者们分析了被试对新(伪)词 *perchants* 及其同位语 *offspring* 的注视时间。为了进一步研究语境的影响,研究者可以划定包含整个真假词对的额外兴趣区。

(来源:Godfroid et al., 2013)

与词汇研究类似,许多句子加工研究都有基于单词的兴趣区,但与之不同的是,句子加工研究中的兴趣区以关键的语法特征为中心,如结构或形式,研究者想要研究的就是此类特征的习得。我们以霍普和莱昂·阿里亚加(Hopp & León Arriaga, 2016)的研究为例。在 3.2.1 中我们提到霍普和莱昂·阿里亚加对西班牙语中的格加工很感兴趣。因此对于包含双宾语动词的句子,主要的兴趣区是间接宾语及其冠词标记或格标记,在研究中,此类标记或符合语法(*al*),或不符合语法(*el*)。此外,作者们还将冠词前的动词、冠词后的直接宾语和句尾的介词短语作为单独的兴趣区(见图 6.2)。通过如此定义额外的兴趣区,霍普和莱昂·阿里亚加就能够比较被试对符合语法与不符合语法的句子的加工并更有力地证明被试对格标记的敏感性(或缺乏对格标记的敏感性)。

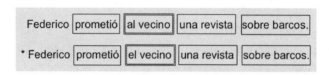

图 6.2　符合语法的句子与对应的不符合语法的句子的兴趣区

注：主要兴趣区用双粗体线标出，所有次要兴趣区用单粗体线标出。
（来源：Hopp & León Arriaga, 2016）

在前面的例子中，基于单词的兴趣区是根据出现在句中或更长文本中的单词定义的。尽管这可能是最常见的情况，但其他类型的研究设计也可能也需要用到基于单词的兴趣区。这些研究都将单词孤立地呈现出来，如关键词源语字幕(Montero Perez et al., 2015)或一些心理语言学研究(De León Rodríguez et al., 2016; Miwa et al., 2014)。蒙特罗·佩雷斯等人的研究就是一个很好的例子，因为该研究体现了基于单词的兴趣区在使用中的灵活性。如3.2.4所述，这些作者研究了不同类型的源语字幕(关键词源语字幕和完整的源语字幕)对学习词汇的影响。为此，两位作者在两种字幕条件下的目标单词上采用了相同的兴趣区；换言之，不管目标词是出现在完整的源语字幕中还是出现在关键词源语字幕中，研究者使用的兴趣区都是相同的(见图6.3)。通过操控页面布局，研究者能够关注视觉显著性在多模态词汇学习中的作用(假设关键词源语字幕的视觉显著性更强)。他们不需要分析被试对整个屏幕的

图 6.3　全文源语字幕(左)与关键词源语字幕(右)

注：兴趣区在法语目标词 *figurines*(英文为"figurines"，意为"小雕像")的周围。
（来源：Montero Perez et al., 2015）

观看行为,甚至不需要分析被试对整行字幕的观看行为,而是可以专注于视频源语字幕中的学习目标。

最后,一些心理语言学实验使用大声朗读任务(De León Rodríguez et al., 2016)或词汇判断任务(Miwa et al., 2014)研究单个词的加工。在这种情况下,被试所看到的屏幕上只有单词或非言词(nonword)。这时使用兴趣区就有些多余。被试没有动机把目光从单词上移开(2017年10月9日与美和[Miwa]的个人交流)。不过从概念上讲,研究者仍然想知道被试看了多长时间以及注视点在词的什么位置(见图6.4)。这些示例着重说明了兴趣区的重要性,尤其是当屏幕上有多条信息而研究者只想分析其子集时。

图6.4 用眼动追踪进行的英语词汇判断任务

注:圆圈代表被试在四个英语单词内的注视点。

(来源:Miwa et al., 2014)

6.1.2 较大的文本区域

除了单词层面,还有一些研究设计需要定义较大范围的兴趣区。这些较大的区域可能包括一整行或多行源语字幕、一个词库(word bank)或一个文本段落。较大的兴趣区非常适合考察读者根据给定任务或任务指令(如观看视频或做短文填空)所做出的更全面的加工行为。麦克雷和布兰福(McCray and Brunfaut, 2018)的测试评估研究就是一个很好的例子,他们在研究中使用了较大的兴趣区和基于单词的兴趣区。如3.2.5所述,作者们考查了在标准化阅读测试中,在填空题中得分较高的测试对象与得分较低的测试对象的加工情况。作者们假设,与表现较好的测试对象相比,表现较差的测试对象会更多地使用局部阅读策略。局部阅读的衡量标准之一是在填空任务中被试注视空格周围的单词的时间。为了测定这一时间,研究者在空格前与空格后的三个词(单词数量是作者们自己决定的)周围划定了兴趣区(见图6.5)。关于整体加工差异,作者们假设高水平的被试在任务加工(词库)上耗费的时间相对较少,而将更多的时间留给更高层次的文本加工(整个文本区域)。为了验证这些假设,麦克雷和布兰福分别围绕词库和整个文本定义了两个较大的兴趣区。因此作者们总计有三种不同类型的兴趣区——空格、三个词的短语以及词库与文本,每个兴趣区都能体现被试行为的不同方面。

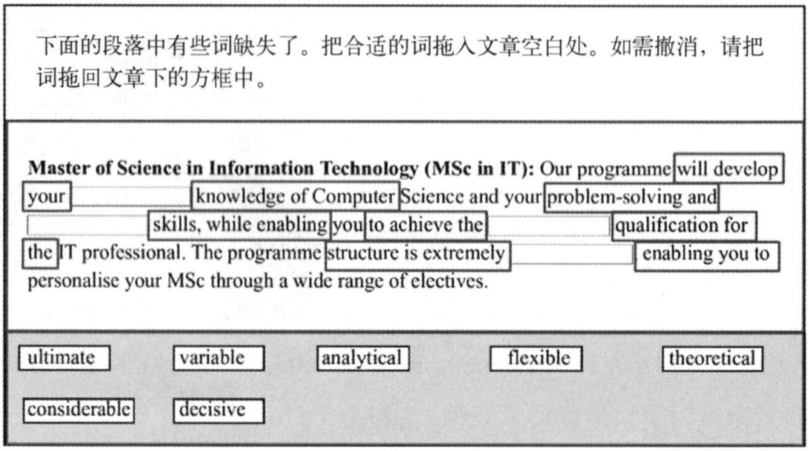

图 6.5 填空测试中不同类型的兴趣区

(来源:修改并转载自 McCray, G. & Brunfaut, T., 2018. Investigating the construct measured by banked gap-fill items: Evidence from eye-tracking. *Language Testing*, 35(1), 51-73, 使用经世哲出版公司[SAGE Publications, Ltd.]许可。© 2016 原作者)

6.1.3 基于图像的兴趣区

6.1.3.1 基于文本的研究中的图像

定义兴趣区的第三种方法是关注对图像的加工。当然,图像是视觉情境研究的主要兴趣区(见第四章和6.1.3.2),但图像也在使用书面文本的多模态研究中发挥着作用。例如,3.2.3 中介绍过的雷韦斯、萨克斯和哈马(Révész, Sachs & Hama, 2014)试图验证 ISLA 中不同任务的认知复杂性。为了测量注视行为,作者们将每个任务版本中的两项图片提示合并成单一的兴趣区(见图 3.4,复制为下方的图 6.6)。在李和温克(Lee & Winke, 2018)的测试评估研究(见 3.2.5)中,兴趣区是托福初级口语考试的不同组成部分,如图 6.7 右侧所示。最后,在苏沃罗夫(Suvorov, 2015)的语言测试评估研究中,作者把在线测试界面中的视频作为进一步分析的基础(见图 6.6)。

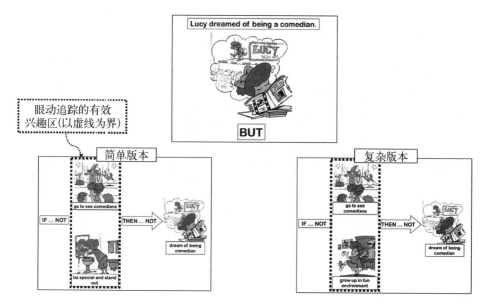

图 6.6　图像兴趣区

（来源：Révész et al., 2014）

与关注整体加工的基于文本的研究（见 6.1.2）一样，使用图像兴趣区的研究探讨的是学习者对语言任务（包括语言测试评估任务）的总体加工。这些研究的目的不是解答与语法敏感性或某些语言特征的习得有关的问题，而是解答任务设计的问题。例如，苏沃罗夫（Suvorov, 2015）研究的问题是在听力测试中使用的视频类型（内容视频或情境视频）是否会影响英语二语测试对象的观看行为和测试表现。为此，作者获取了屏幕中视频区域的眼动指标（见图 6.7 中左侧的兴趣区），并将这些眼动指标与被试在相应子测试中的得分相关联。

6.1.3.2　视觉情境范式中的图像

鉴于在视觉文字实验中视觉与音频同时呈现，因此在这类实验中使用图像作为兴趣区是默认选项（若非唯一选项）。视觉情境中的兴趣区与我们到目前为止讨论过的基于文本的研究相似。不同之处在于，在视觉情境范式中任何试次通常都包含多个图像或物体且每个图像或物体通常都需要有各自的兴趣区。研究人员如何做到这一点取决于一些实验的具体情况。

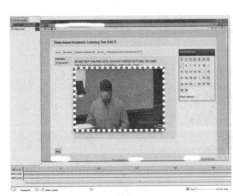

图 6.7　测试评估研究中的兴趣区

(来源：左图：印刷经耶鲁大学查尔斯·贝林博士[Dr. Charles Bailyn]许可；Suvorov, 2015。右图：Lee & Winke, 2018,© 2013 美国教育考试服务中心[Educational Testing Service]。使用经许可。)

在典型的视觉情境实验中，当听觉输入中出现物体名称时，被试应该要将他们的注意力转移到屏幕中的物体上。例如，在听到"这名男子正在给狗洗澡"（原句为"The man is washing the dog"）时，随着句子最后一个词的呈现，被试应该要看着"狗"的图像（见图 6.8，采用自 Andringa & Curcic, 2015）。因此，狗是**目标物**(target)，数据分析将会集中在这个目标上，而汽车则是**干扰物**(distractor)。目标物和干扰物都需要有各自的兴趣区。

图 6.8　目标图像（右）与非目标干扰物的图像（左）

(来源：Andringa & Curcic, 2015)

图 6.9 以同样的试次说明了在图像周围划定兴趣区的三种主要方法。最简单的方法是将整个屏幕分成两份（两张图像）或四份（四张图像）。这种方法的缺点在于，你无法分辨被试是在看图像还是图像之间的空白。例如，在图 6.9 上段的图中，尽管所有的注视点都应该落在"车"上或"狗"上，但还是不确定被试的第二个注视点原本想要落在何处。第二种方法——如图 6.9 中段

所示——是在图像周围绘制大小相同的框,即使图像本身的大小(像素面积)不同,也是如此。安德林加和库里契克(Andringa & Curcic, 2015)就是这样划定兴趣区的。兴趣区中的空白区域为记录错误及人类视觉系统中的错误起到了缓冲作用。然而当注视点较远时,这些注视点就会在数据分析中被忽略。图 6.9 的中段展示的就是这种情况,第二个注视点没有落在任何一个方框中。最后,最保守的选择是沿着图像中物体的边缘绘制不规则形状的兴趣区。在我们的例子中,如图 6.9 的下段所示,只有落点在"狗"上的第三次注视会被纳入分析。因为物体的像素大小不同,所以研究者需要确保在使用不规则形状的兴趣区时他们进行的比较是有效的。较大的物体自然更容易引来目光。要处理这些大小差异,研究者可以在改变音频的同时,比较相同场景中被试对相同物体的观察(更多信息见 6.3.2)。总之,同一组眼动数据的处理方式可能会有所不同,这取决于研究者对兴趣区的设计。

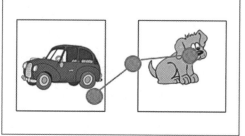

图 6.9 视觉情境实验中离散图片的三种兴趣区

(来源:图片刺激来自 Andringa & Curcic, 2015)

目标(target)图像与**非目标**(nontarget)图像的区分是视觉情境研究的基础。然而,哪些是非目标图像以及它们在研究中的作用需要视研究而定。特伦基、米尔科维奇和阿尔特曼(Trenkic, Mirković & Altmann, 2014)的一项研究就包括多种非目标图像。如 4.2.2.3 所述,这些作者测量了被试的英语定冠词和不定冠词的知识。被试被要求把物体放在容器里(如 *Put the cube in the can*,意为"把方块放进罐子里")。作者们改变了容器名词前面的冠词(即

*inside **the** can or inside **a** can*,意为"在**这只**罐子里或在**一只**罐子里")以及屏幕上的可能的目标所指物的数量(即一只打开的罐子或两只打开的罐子)。除了目标物,即被试要放入方块的那只罐子,每个场景还包括一个竞争物、一个干扰物和两个填充物(见图 6.10)。在这里,**竞争物**(competitor)是另一只关着的罐子或被试不放入方块的罐子。或者说,竞争物是屏幕上任何与目标物有共同的形式、语音、语义或语法属性的物体。因为两者有共同的属性,所以通常假定竞争物会与目标物竞争被试的视觉注意力。特伦基等人的研究中的另一种容器(即篮子)是**干扰物**(distractor)。干扰物的作用在于确保被试在听时认真投入。在特伦基等人的研究中,立方体可能会被放进不止一种容器里,所以被试必须仔细听才能知道要做什么。**填充物**(filler)(铅笔、绳子)与事件描述无关。它们只是让视觉显示看起来更多样化、更真实。小贴士 6.1 总结了视觉实验中四种可用的图像类型及其功能。

图 6.10 同一视觉显示中的四种图像角色

(来源:Trenkic et al.,2014)

小贴士 6.1 图像在视觉情境范式中的关键角色

　　目标物:被试应当观察或操作的对象。

　　竞争物:由于与目标物相似(如相同的语音、形式、语义或语法特征)

而应当与目标物争夺注意力的对象。

干扰物：非目标物体的统称；当显示中有超过一种竞争物时，这是竞争物的另一种说法。

填充物：用来填充屏幕的对象，以隐藏研究目的，使任务看起来更真实。

特伦基等人（Trenkic et al., 2014）在**视觉场景**（visual scene）中嵌入物体，而不是把它们作为不同的图像呈现。对场景的使用可以让研究者创建出更连贯的语境，以供被试解读听觉输入。这在研究代词消解等语篇层面的现象时（Cunnings, Fotiadou & Tsimpli, 2017; Sekerina & Sauermann, 2015）或当有多个施事参与同一活动（Hopp, 2015）时可能很重要。其他时候，比如在单词或句子加工研究中，使用单独的物体还是使用嵌入物体的场景可能并不重要（2018年4月3日与阿尔特曼的个人交流）。然而，选择场景或离散图像可能会影响你对兴趣区的定义。当对象在更大的视觉环境中被呈现时，你可能更倾向于使用紧贴着对象轮廓的不规则形状的兴趣区（见图6.11上段）。这也是特伦基和她的同事们（Trenkic et al., 2014）设计兴趣区的方法（2018年5月31日与特伦基的个人交流）。即使是手绘兴趣区，你也可以考虑添加一个缓冲区（物体周围额外的空白部分）用以记录略微偏离目标的眼注视（见图6.11中段）。此外，研究者也可以像处理离散图像

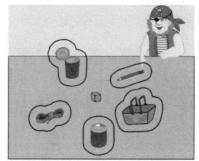
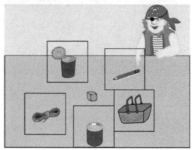

图6.11 视觉场景中围绕物体的三种兴趣区

（来源：图片刺激来自 Trenkic et al., 2014）

那样在不同的物体周围画方框(见图6.11下段)。有趣的是,研究者通常不会在他们的论文中描述他们兴趣区形状的详细信息,所以读者只能自行推测这一部分。本着研究透明的精神,作者们最好在他们的研究论文中添加这些信息。在论文中附上兴趣区形状的示意图(如本节中所示)对读者也会非常有帮助。

适用于场景中围绕物体的兴趣区的原则同样适用于电影——研究者可以通过在物体周围绘制兴趣区来追踪被试对电影中不同物体的注意。例如,弗莱肯等人(Flecken et al., 2015)使用矩形兴趣区来捕捉并记录被试在观看运动事件时的注视数据(见图6.12)。弗莱肯等人的研究有两个特别之处。首先,这是一项产出实验(见4.2.4);其次,它需要使用**动态兴趣区**(dynamic interest areas),因为运动本身就是动态事件。具体来说,运动就是一个实体(如行人)沿着一条轨迹向一处端点(如汽车)移动的过程。为了捕捉被试对移动物体的注意,兴趣区必须也沿着实体运动的轨迹移动,因此,研究者需要逐帧定义兴趣区。因为大多数电影是以每秒24帧的速度拍摄的,所以这意味着研究者必须至少每秒更新24次兴趣区!这相当于在研究中绘制近3 000个

图6.12 电影中运动事件的动态兴趣区

注:当行人走向汽车时,相应的兴趣区也必须逐帧绘制。

(来源:转自 Flecken, M., Weimar, K., Carroll, M. & Von Stutterheim, C., 2015. Driving along the road or heading for the village? Differences underlying motion event encoding in French, German, and French-German L2 users. *The Modern Language Journal*, 99, 100-122,使用经威利[Wiley]许可。© 2015 *The Modern Language Journal*)

兴趣区来对 20 个长约 6 秒的视频片段进行编码。因此，即使软件开发人员正在努力使这一过程自动化——至少实现部分自动化，但目前使用动态兴趣区的研究仍然非常耗时（见 9.3.1 的研究思路 10 以及 9.3.2.3）。

6.1.4　为你自己的研究设置兴趣区

以上概述表明，兴趣区可以有不同的形状和大小以满足眼动追踪研究者的研究兴趣和分析需求。研究者如何定义兴趣区将决定他们可以针对哪些区域计算哪些指标（见第七章）。兴趣区真正定义了研究者将如何看待他们的数据，所以仔细阅读论文的这一部分（通常是方法部分）是很重要的。另一方面，为了便于读者阅读，研究者的论文中需要包含兴趣区的信息。在进行自己的眼动追踪研究时，你可以在先前研究的基础上决定你将重点关注分析哪些区域。为此，了解一下先前的眼动追踪研究是很有帮助的；第三章和第四章中文献综述可以帮助你了解不同的学科分支。同时，眼动追踪的魅力之一在于，只要论据合理，研究者总是有发挥创意的空间。例如，如 6.1.2 所述，麦克雷和布兰福（McCray & Brunfaut, 2018）决定将空格前与空格后的三个词作为兴趣区，以比较两组测试对象的局部加工程度。这个决定是作者们基于自己对刺激物和当前任务的理解做出的。可以说，如果兴趣区少于三个词，那么测试对象就无法获得足够的语法和词汇信息来填补缺失的单词；而较大的兴趣区（如从句）又会占据文本的很大一部分，这部分区域就会使局部加工数据的来源存疑。在视觉文字研究中，研究者首先需要清楚地知道每幅图像在显示中所起的作用。兴趣区可以通过分割屏幕、绘制大小相等的方框或重描物体的轮廓来定义，研究者也可以自行决定是否使用额外的缓冲区，以防实验中发生人为或技术（眼动仪）错误。总之，兴趣区在不同研究学科间的差异非常大，甚至在同一学科中也存有较大差异，这取决于研究者的研究目标。因此，研究人员应该要了解相关领域的整体情况。掌握这些知识并对自己的材料和研究目标有良好的理解后，定义兴趣区应该不是难事。

6.2　基于文本的眼动追踪研究指南

现在，我们已经讨论了绘制兴趣区的概念和实践环节，现在我们开始介绍项目设计的具体细节。不同研究范式的指南也会有所差异，本章的其余部分将据此展开。在本节中，我将首先关注特定于基于文本的眼动追踪的因素，在 6.3 中再讨论与视觉情境研究设计的相关内容。

6.2.1　空间限制

当被试注视屏幕边缘时，眼动记录的准确度往往会降低。最极端的情况下还会发生轨迹丢失，这是由于眼动仪无法定位视线而导致的短暂的记录中断（更多关于轨迹丢失的信息，见 8.1.2）。不过，研究人员可以采取一些措施来防止轨迹丢失或其他系统故障。在这里，我们将集中讨论有助于设计出可靠的研究的要素。我会在 9.3.2.2 中介绍在数据收集过程中提高记录质量的实用建议。

首先，研究人员可以**在屏幕边缘插入边距**。这些边距（大型空白边界）不包含任何信息，因此，很少会有注视停留在这些区域。对一些类别的研究来说，没有必要留出大量空白区域（如字幕研究），研究人员只需确保他们的兴趣区（如翻译字幕的区域）远离屏幕边缘即可。在我自己的研究中，我会留下至少 1.5cm 至 2cm 的边距作为缓冲区。其次，无论研究是包含一行还是多行文本，基于文本的眼动追踪研究者都应该**避免把兴趣区设置在一行的末尾或开头**。ISLA、词汇（带有注释的研究）和测试评估的研究也需要使兴趣区远离屏幕两侧。这是因为观看者往往会忽略或跳过这些区域的信息。雷纳（Rayner, 2009）指出，一行文字的第一个注视和最后一个注视通常分别落在距行首和行尾 5 到 7 个字母空格的地方。大部分的注视都会落在这个范围内。当读者的目光在文本的行间移动时（这种长距离的眼球运动被称为"回扫[return sweep]"），他们就会积累额外的错误。因此，在这些换行过程中，为使眼睛注视预期位置，矫正眼跳是很有必要的。所有这些因素都说明，最好让兴趣区远离屏幕的外边缘区域。再次，研究者应该特别注意，**兴趣区应该足够大**，以降低跳读和观察到零次注视的概率。（含有许多跳读的数据会造成分析困难，见第七章。）由于注视（即非跳读）的概率与单词长度成正比，因此与较短的单词相比，较长的单词能为数据分析提供一定的优势。这并不代表短的单词就不能被分析，只是研究者可能需要更有创造力一些，例如，关注跳读率的*降低*以及注视时间的*增加*（示例见 Drieghe, 2008）。当兴趣区是一个由 7 个字母组成的单词时,跳读率会低至 10%,而当兴趣区是一个仅含一个字母的单词时,跳读率则为 80%(Vitu, O'regan, Inhoff & Topolski, 1995)。同样,对于应用基于图像的兴趣区的 ISLA 研究或测试评估研究而言,研究者应该确保他们的兴趣区足够大,以便追踪被试对该区的注视。不过在实践中,研究者不用太过担心这个问题,因为基于图像的兴趣区通常都比较大。最后,考虑到眼动仪的技术限制(即准确度和精确度的限制,见 9.1.3),建议使用**双倍行距**(double spacing)的文本,因为双倍行距能防止垂直漂移——系统记录下的高于或低于实际注视位置的眼注视。漂移看起来就像眼注视的气泡框漂浮在文本的上方或下方一样(示例见第 270 页图 8.5)。然而,要发现记录中的漂移并进行纠正(见 8.1.3),文本需要使用双倍或三倍行距,否则读者会被误认为是正在阅读其实际观看位置的上一行或下一行。

以我和同事们的研究为例,我们在实际研究中应用了上文中加粗字体的四项原则。图 6.13 来自戈德弗鲁瓦等人(Godfroid et al., 2018)的研究,展示了研究者干预前(右上)与干预后(右下)的屏幕显示。文本选自一部以阿富汗为背景的真实存在的英语小说。一块计算机屏幕可以容纳大约四分之一的文本页面(左上)。研究人员想要研究一语和二语读者对文本中自然出现的法尔西语-达里语(Farsi-Dari)的词汇附带习得(如示例中的 *jo* 和 *dishlemeh*)情况。首先要注意的是,这两篇文本都应用了双倍行距,并且四边都有 2.5cm 的边距。文本包含两个目标词,*jo*(意为"亲爱的"或"阿姨")以及 *dishlemeh*(一种主要由食糖制成的甜味糖果)。你会注意到我们在下方的文本中取消了 *dishlemeh* 的斜体格式,因为我们不想在视觉上强化文本中的目标词。目标词周围的方框代表需要分析的兴趣区(见 6.1),但被试在实验过程中看不见这些方框。这里需要提到一些我和同事们在文本中做的微调。在原始文本(右上)中,目标词 *dishlemeh* 是其所在行的第一个单词。我们前面讨论过,这种情况是不理想的,所以我们强行使目标词的上一行以 *something* 结尾,以使 *dishlemeh* 更靠近该行的中间位置。其次,我们将 *Bibi* 和 *jo* 的兴趣区合并成一个单独的、更大的兴趣区。为了降低跳读的概率,将 *Bibi jo* 作为一个整体的分析单元无论是从眼动追踪的角度还是从语义的角度来说(如上文所述,*Bibi jo* 的意思是"亲爱的 Bibi"或"Bibi 阿姨")都是合理的。不过,合并两个兴趣区会带来一个新的问题,因为现在 *Bibi jo* 也成了其所在句及其所在行的第一个词。因此，我们对原文做了个小修改（*Bibi jo too always bring* → *Also Bibi jo always bring*），解决了这个问题。

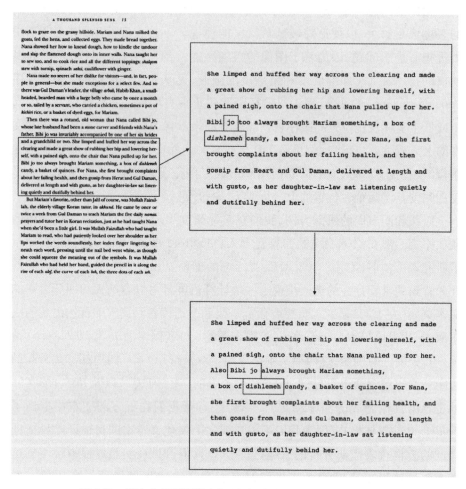

图 6.13　研究人员干预前（右上）和干预后（右下）的屏幕显示
（来源：Godfroid et al.，2018）

6.2.2　艺术因素

印刷是视觉阅读的方法。专门从事印刷和视觉研究的学者们关注的是能够使阅读更方便的印刷特征（Legge & Bigelow，2011）。眼动追踪研究者也同样关心**文本易读性**（text legibility），至少，眼动追踪研究者希望以一种不会妨碍读者流畅阅读的方式呈现文本。进一步来说，许多眼动追踪研究者发现了具有生态效度的研究设计的价值。**生态效度**(ecological validity)要求，在当代眼动追踪技术的限制下，眼动追踪研究中的文本特征应该尽可能接近自然阅读中的文本特征(见 Godfroid & Spino，2015)。那么，现在的问题是在眼动追踪实验中应该使用何种字体才能使测量准确，使阅读体验自然(思辨讨论见 Spinner, Gass & Behney，2013)。这个问题对于对单词层面的现象感兴趣的研究者(如语法和词汇研究者)尤其重要，因为字体类型和大小会决定一个词或多个词在视野中所占的比例(见表 2.1)。

视觉研究的结果比较乐观。研究者发现，流畅阅读所需的字号范围相当广：视距为 40cm 时，4 磅至 40 磅的字体就可以满足流畅阅读(Legge & Bigelow，2011)。在 40cm 的视距下(略短于大多数眼动追踪实验中的视距)，4 磅至 40 磅大小的字母对向的是 0.2°至 2°的视角(视角的更多信息见 2.1)。在日常生活中，靠近此范围两端的字号通常被用于患者信息手册或报纸的标题，而二语眼动追踪研究则倾向于使用此范围中间的字号。大多数二语研究都使用 **18 磅至 24 磅的字体**，而 18 磅字体似乎尤其受欢迎。

在第 30 页表 2.1 中，我列出了在眼动追踪实验中 16 磅至 24 磅字体在常用视距下与视角度的转换。较大字体通常用于单个词的阅读任务，例如，美和等人(Miwa et al.，2014)在词汇判断任务中使用了 44 磅的字体，德莱昂·罗德里格斯等人(De León Rodríguez et al.，2016)在单个词的口头阅读中使用了 72 磅的字体。斯平纳等人(Spinner et al.，2013)的研究表明，与使用 Calibri[①]的 24 磅字体相比，被试在阅读 Calibri 的 44 磅字体时，跳过句中功能词的概率更低。然而当研究者直接在计算机屏幕上呈现真实材料时，他们会使用较小的字体，如巴克斯(Bax, 2013)的研究中以 11 磅的字体呈现的雅思(国际英语语言测试系统)阅读理解文章。不难预见，ISLA 的研究者在未来的研究中也会使用相似的方法。较小的字体能使一行容纳更多文本，但作为一名研究者，如果想要准确记录单词层面的注视数据，你需要测试眼动仪能否满足你的需求。总之，你应该选择一种读者能够轻松阅读的字号，这样眼动仪就能准确地记录单词层面的数据；如果可能的话，就使用在实验室之外的类似任务中采用的字号。

[①] 一种字体，国内没有相应的权威中文译名，所以保留原名。

字号显然是一项重要因素,但超过一半(54%)基于文本研究的作者没有在他们的论文中报告字号信息。为了促进二语眼动追踪研究领域的发展,报告字号和字体以及其他屏幕布局信息将是推动复制性研究、促进研究方法标准化以及提高未来研究质量的重要一步(Spinner et al., 2013)。

与字号类似,字体类型是设计眼动追踪研究时需要考虑的另一个特征。字体类型包括**等宽**(mono-spaced)字体(即宽度固定的字体)和比例(proportional)字体。等宽字体的每个字母或字符占据的水平空间相同。例如,图 6.14 的第二行中,每个字符的宽度相同。等宽字体的优点在于它可以让研究者以视角度传达实验的关键信息。利姆和克里斯蒂安森(Lim & Christianson, 2015:1290)的研究也体现了这一点,他们在研究中报告:"刺激以 14 磅的等宽字体呈现。被试在距离他们眼睛 66cm 的显示器上用双眼观看刺激;在这个距离下,1 个视角度对应约 2.5 个字符。"当其他眼动追踪研究者阅读这些信息时,他们可以将这些数字运用到自己的实验设置中并复制相同的研究设计。不过,当研究者使用比例字体而不是等宽字体或未报告字体类型的信息时,就无法进行复制性研究。如图 6.14 的第一行所示,比例字体中的不同字母具有不同的宽度。例如,大写字母"P"比小写字母"i"宽得多。正因如此,单词长度无法换算为视角度,研究者也不能对不同研究进行比较。

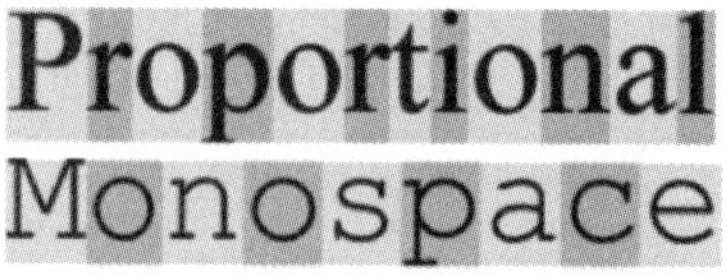

图 6.14　等宽字体与比例字体的示例
(来源:由 GarethIwalt 创建,经《知识共享署名许可 3.0 未移植版》[Creative Commoms Attribution 3.0 Unported]许可。)

在眼动追踪研究中,等宽字体更受青睐的另一个原因与眼动仪的准确度有关。准确度是指眼动仪记录的眼睛注视位置与眼睛真实注视位置的匹配程度(更多信息请见 9.1.3)。根据经验,你应该避免在眼动仪的误差范围内定义兴趣区。例如,据制造商手册所述,"EyeLink 1000"[①]眼动仪的平均准确度为视角的 0.25°~0.50°。要对此有个具体的概念,你可以把手臂伸直,在这个距离上,一个视角度大约对应的是你小指的宽度(更多细节见 2.1)。通常,在使用 EyeLink 1000 记录时,所记录的注视位置与实际注视位置的误差往往只有

[①] "EyeLink"是眼动追踪技术的品牌名称,国内没有相应的权威中文译名,所以保留原名。"EyeLink 1000"是其中一种眼动仪的型号。

小指大小的一半，甚至更小。了解这些知识后，我们来看基于文本的加工研究，以利姆和克里斯蒂安森（Lim & Christianson, 2015）的研究为例。据利姆和克里斯蒂安森所述，在研究中，单个字符对应的视角约为 0.4°。因此研究者完全具备了研究以单词为单位的兴趣区的能力，但他们目前具备的空间分辨率还不高，所以无法以字母为单位进行更精细的分析。要进行基于字母的分析，他们必须放大字号，直到相应的视角度超过眼动仪的误差范围（>0.5°）。

一般来说，与比例字体相比，使用等宽字体更有助于研究者选择适合其研究问题和眼动追踪设备的字号。使用等宽字体还可以让研究者更好地控制视觉输入。图 6.15 列出了等宽字体的不同类型，第二列为实际字体样例。

字体类型	示例
Courier	The quick brown fox jumped over the lazy dog.
Courier New	The quick brown fox jumped over the lazy dog.
Lucida Console	The quick brown fox jumped over the lazy dog.
Monaco	The quick brown fox jumped over the lazy dog.
Consolas	The quick brown fox jumped over the lazy dog.

图 6.15　12 磅等宽字体的示例

最后，因为我们领域中的大多数眼动追踪实验都是在电脑屏幕上进行的，所以研究者最好认真思考需要使用的**背景色**（background color）。在我们的实验室里，我们更喜欢使用浅灰色的背景而不是白色背景，因为这样可以减轻被试的眼疲劳。研究者可以从色轮中选择背景色，也可以在编程软件中分别输入红、绿、蓝（rgb）的值。例如，我和同事们使用的浅灰色背景的 rgb 值为 204、204、204。一旦选择了背景色，你就需要在所有屏幕上使用相同的颜色。像许多其他类型的研究一样，眼动追踪实验有不同的阶段，包括摄像机的设置与校准、指令、练习试次、主要实验和任何潜在的次要任务。背景色应该在所有不同阶段中都保持一致，因为色调变化可能会导致瞳孔大小的变化。这可能会有损数据质量，因为当代的视频眼动追踪依赖的是对瞳孔的精确测量。从实际角度来看，在整个实验中保持相同背景意味着你可能需要在编程软件中修改多处的默认背景色（通常是白色）。

6.2.3　语言限制

基于文本的实验的最后一组指南适合研究者用以比较单词层面或短语层

面的兴趣区,这些兴趣区在内容或词汇构成上存在差异(见 6.1.1 及 6.1.2)。这包括语法方向和词汇方向的大多数研究(见 3.2.1 及 3.2.2),但目前还不包括 ISLA、测试评估和字幕研究(见 3.2.3、3.2.4 及 3.2.5)。如果你不确定在研究中是否应该控制书面材料的语言属性,你可以问自己这样一个问题:我是在比较词汇构成不同的单词或短语吗?如果你的回答是肯定的,那么你就需要控制材料的语言属性。

在 2.5 中我介绍了许多影响眼动的语言变量。在设计研究时,应该把这些变量纳入考量。假设有一项研究重点关注同源词在二语阅读中的作用,那么它可能包括如下项目:*It was very kind/considerate of you to send me flowers*(意为"你之前给我寄花真是太好心/体贴了")。(*Considerate* 和 *considerado* 是英语–西班牙语同源词,而 *kind* 和 *amable* 不是。因此,它们分别代表了一对同源词与非同源词。) *Kind* 和 *considerate* 这两个词有一些共性,包括其词性和词义,但它们的区别远不止同源这一个方面。*Kind* 是一个比 *considerate* 更短、使用频率更高的词,母语为英语的人通常在很小的时候就开始使用 *kind*,而且相比 *considerate*,人们也更熟悉 *kind*。综上所述,如果研究目的是探索同源情况在二语阅读中的作用,那么直接比较这两个目标形容词的眼动追踪数据并不是一个好主意。还有许多其他的语言变量可以解释眼动数据的差异。

在一项设计严谨的研究中,目标词或目标短语只在研究者想要研究的变量(如同源情况)方面存在差异,而目标词的所有其他语言属性变量都已经过仔细的控制。如 2.5 所述,影响注视时间的"三大"变量是**频率**、**语境约束**或**可预测性**以及**词长**(Kliegl, Nuthmann & Engbert, 2006:13)。因此,在设计基于文本的研究时,首先应该想到的是这些变量:我的词对或短语的使用频率是否大致相同?它们出现在相同的语境中吗?它们的长度相同吗?其他需要控制的变量包括习得年龄、词性、具体性以及在从句中的位置(见 2.5)。此处的问题是:母语者是从几岁开始使用目标词或目标短语的?我的词对或短语的词性是否相同(如皆为名词或皆为动词-名词搭配)?所有项目是具体的还是抽象的?我的词对或短语在句中出现的位置相似吗(如不在从句或句子的末尾)?第二章的表 2.3(第 51 页)为这些不同变量的概览。重要的是它详述了你可查询的信息来源(如语料库、规范化数据库)或者你可收集的用于确定实验条件是否匹配得当的数据的类型。

6.2.3.1 实验控制与统计控制

当针对给定的**语言变量**（linguistic variable）（如词的属性）把控材料时，第一步是获取数据集中所有项目的该变量信息。若要控制频率不变，你就需要知道目标词的出现频率；若要控制词长不变，你就需要知道目标词的词长，以此类推（详见第 51 页表 2.3）。图 6.16 展示了戈德弗鲁瓦和乌根（Godfroid & Uggen, 2013）对其项目列表使用控制变量法的结果。戈德弗鲁瓦和乌根想要在研究中控制目标动词的词长和出现频率。她们研究了 24 个德语动词的二语加工过程，其中包含 12 个不规则动词和 12 个规则动词。研究者记录了每个动词的词长和词频。关于词频，研究者查阅了免费的在线语料库 *digitales Wörterbuch der deutschen Sprache*，"德语数字词典"（www.dwds.de）。每百万词的频率是原始

	A	B	C	D	E	F
F2			fx	=(E2/15462297)*1000000		
1	动词类型	动词不定式	译文	词长	点击频率	每百万词频率
2	不规则动词	essen	to eat	5	1182	76.44
3	e → i(e)	werfen	to throw	6	2161	139.76
4		lesen	to read	5	3795	245.44
5		stehlen	to steal	7	211	13.65
6		brechen	to break	7	954	61.70
7		sprechen	to talk	8	5220	337.60
8		组平均值(标准差)		6.33 *(1.21)*	2253.83	145.76
9	不规则动词	fahren	to drive	6	3249	210.12
10	a → ä	fangen	to catch	6	924	59.76
11		laufen	to run	6	6226	402.66
12		schlafen	to sleep	8	1207	78.06
13		tragen	to carry	6	3499	226.29
14		waschen	to wash	7	310	20.05
15		组平均值(标准差)		6.50 *(0.84)*	2569.17	166.16
16	规则动词	fühlen	to feel	8	2228	144.09
17		legen	to put	5	5043	326.15
18		kaufen	to buy	6	2099	135.75
19		kochen	to cook	6	353	22.83
20		lachen	to laugh	6	1320	85.37
21		schreiben	to write	9	5139	332.36
22		segeln	to sall	6	81	5.24
23		singen	to sing	6	668	43.20
24		studieren	to study	9	677	43.78
25		trinken	to drink	7	1333	86.21
26		wandern	to hike	7	437	28.26
27		zeigen	to show	6	9248	598.10
28		组平均值(标准差)		6.75 *(1.29)*	2385.50	154.28

图 6.16 戈德弗鲁瓦和乌根（Godfroid & Uggen, 2013）修改后的动词列表

注：研究中所有动词的词长和词频信息均已记录。每百万词频率的计算方式见公式栏。

点击数除以 15.462 297，这是语料库中的总词数（单位为百万）。一旦研究者记录了每个动词的词频和词长信息，他们就可以比较不同动词类型的统计数据。为此，他们对规则动词和不规则动词进行了 t 检验，并对规则动词、变化为 $e→i$ 的不规则动词以及变化为 $a→ä$ 的不规则动词进行了单因素方差分析。当条件没有显著差异时，如图 6.16 所示，研究者得出结论，他们的刺激在因变量上匹配得当。²

此处描述的需要在条件间手动匹配项目的过程叫做**实验控制**（experimental control）（另见 2.5）。实验控制是控制书面材料最常见的方法，尤其是当材料是由句子而不是较长的文本组成的时候。当研究者在句中确定了具体的兴趣区并集中分析这些兴趣区时，实验控制的效果最好。当研究者想要研究一句句子中所有的词或使用较长的文本时，可能就需要另一种类型的控制。

统计控制（statistical control）是指在统计分析中将语言变量作为控制变量输入系统的做法（见 2.5）。研究者通常无法对这些在分析中输入的变量进行实验控制，因此需要求助于统计控制。例如，在焦普、德里格和杜伊克（Cop, Drieghe & Duyck, 2015）的研究中，双语者阅读了阿加莎·克里斯蒂（Agatha Christie）的小说，小说一半是英文，另一半则是荷兰语译文。这种巧妙的设计使研究者能够控制两种文本的内容和一般语言属性，但单句句子的差异仍然存在。同样，苏布尔（Sonbul, 2015）在一项词语搭配加工研究中测量了英语一语和二语者对不同形容词-名词序列的搭配强度（collocation strength）的敏感性。由于形容词-名词的组合往往是近义词（如 *fatal mistake*，意为"致命错误"；*awful mistake*，意为"可怕的错误"；*extreme mistake*，意为"极端的错误"），因此研究者无法控制每个三因素中形容词的词长和频率。在这样的设计中，研究者选择从统计学上来处理条件之间的差异。这样，他们就能获得他们所要研究的内容的更准确的估值，例如焦普、德里格和杜伊克（Cop, Drieghe & Duyck, 2015）所研究的双语效应以及苏布尔（Sonbul, 2015）所研究的对词语搭配的频率的敏感性。

表 6.1 局部重现了苏布尔（Sonbul, 2015）的一项统计分析，并以之为例展现了统计控制的应用。在苏布尔的研究中，主要变量是词语搭配频率。与苏布尔的假设一致，词语搭配频率是一语和二语英语者第一遍阅读时间的显著预测因子。此处我们还关注表中包含的许多其他变量。年龄和词汇量是个体差异变量；试次数是与实验相关的控制变量。这里最有趣的是词对长度（Pair

Length)和单词 2 的频率(Word 2 Frequency),它们是与形容词-名词组合相关的控制变量。如前文所述,苏布尔无法控制词语搭配的长度(例如,*fatal mistake* 比 *extreme mistake* 短)或词语搭配组成部分的频率(例如,在英国国家语料库中,*fatal* 出现的频率低于 *extreme*)。如前例所述,为了处理这些变量对第一次阅读时间的潜在影响,苏布尔计算了词语搭配的长度和频率信息。然后,她将这些变量输入多元回归分析。这两个变量都具有统计显著性,这表明苏布尔对其进行统计控制是合理的。将这些控制变量添加到模型中后,结果进一步证明了研究者的观点,即英语一语和二语者对词语搭配频率是敏感的,而对其他与词语搭配频率相关的变量(如构成搭配的单词的频率)不敏感。因此,统计控制可以在研究设计中解开实验控制的桎梏,并为研究者提供更多的灵活性。小贴士 6.2 总结了设计文本眼动追踪研究的要点。

表 6.1
181

表 6.1 第一遍阅读时间的对数的最佳拟合线性混合效应模型

预测因子	估计值	标准误差	*t* 值	*p* 值(>|t|)
(截距)	6.22	0.03	248.04	<0.001
试次数	−0.00	0.00	−1.28	0.20
词汇量(*resid*)	−0.04	0.00	−7.76	<0.001
词对长度(*resid*)	0.03	0.00	10.17	<0.001
单词 2 频率(*log*)	−0.11	0.05	−2.29	0.02
词语搭配频率(*log*)	−0.02	0.01	−2.47	0.01
年龄	0.02	0.00	3.91	<0.001
词汇量(*resid*)×试次数	−0.00	0.00	−2.22	0.03

注:"resid"代表残差。
(来源:Sonbul, 2015)

小贴士 6.2 如何设计基于文本的研究
1. 确保你在屏幕外缘插入边距;兴趣区应该足够宽,以便记录到注视点

> （换言之，兴趣区需要足够宽，以减少跳读的可能性）；准确度较低的眼动仪需要更大的兴趣区；避免将兴趣区设置在句子的首位或一行文本的首位；最后，使用两倍行距。
> 2. 等宽字体优于比例字体；保证字号在流畅阅读的范围内（Legge & Bigelow, 2011），并报告你使用的字体类型和字号；在整个实验过程中背景屏幕的颜色保持一致。
> 3. 应当对语言变量（如词长、频率和语境的可预测性）进行实验控制或统计控制。

6.3　视觉情境研究[3]

虽然文本和视觉情境研究者经常在理论上有共同的研究兴趣，但这两种范式的材料创建却很不同。与基于文本的研究不同，视觉情境研究需要用到的文本很少，甚至不需要文本；这些研究结合了视觉和听觉，研究者在设计研究时，这两种类型的刺激都需要仔细考虑。视觉情境研究的一个基本观点是，眼动反映了视觉和听觉（语言）加工的相互作用，而且眼动数据也需要根据这一观点解读（Huettig, Rommers & Meyers, 2011）。研究者可以操控视觉（即图像）、语言或两者的组合，从而分析两种输入类型对被试的观看行为的共同影响。为了反映视觉情境范式的多模态性质，我将把这一节分为两部分。首先，我会介绍与视觉相关的问题（见6.3.1），然后探讨听觉材料设计中的要点（见6.3.2）。

6.3.1　选择图像

6.3.1.1　实验设计

视觉材料创建的一般原则是尽量减少和控制视觉材料加工带来的整体影响。在一项理想的视觉情境实验中，屏幕上有若干个物体（通常是2到4个，但也可能更多），观察者的视线在不同物体间游移，且视线均等。只有当听觉输入开始播报时，被试才会更明显地看向一个或多个物体。因此，这种注视变化被归因于随时间逐渐呈现的语音信号,而不是图像的某些固有属性。

要使眼睛注视行为与听觉输入相关联,屏幕上的图像在**视觉显著性**(visual salience)方面应该具有可比性。如果屏幕上的某些视觉特性能够使图像更加吸引人,那么这可能会影响注视行为并混淆实验结果。研究者应该尽量选择不会在视觉、语音、语义或语言方面造成任何混淆的图像(见 6.3.1.2 及 6.3.1.3)。另一项必要措施是在设计研究时将任何其余的外在影响分配到不同的条件中,从而使这些影响在实验设计中得到妥善处理。因此,作为一名研究者,你需要在两个层面上行使控制——材料控制与实验控制。

以迪克格拉芙、哈茨凯尔和杜伊克(Dijkgraaf, Hartsuiker & Duyck, 2017)的研究为例,我们来了解如何进行实验控制。迪克格拉芙和她的同事们将阿尔特曼和上出(Altman & Kamide, 1999)的一项用英语单语者进行的开创性研究延伸到了双语研究领域(回顾见 4.2.2.2)。研究者感兴趣的是,荷兰语-英语双语者能否够根据动词的语义信息来预测即将以其一语及二语播报的内容。例如,当听到"*Mary drives ...*"(意为"玛丽驾驶……")时,听者能根据动词 *drive*(意为"驾驶")的约束性质来预测宾语位置上交通工具(如汽车、面包车)的语义类别吗?迪克格拉芙和同事们使用了带有四张图像的视觉显示,如图 6.17 所示。他们分别比较了在语义限制性条件("*Mary drives ...*")和语义中性条件("*Mary takes ...*")下,听者注视目标物 *car*(意为"汽车")的概率。

图 6.17　迪克格拉芙等人(Dijkgraaf et al., 2017)研究中显示的内容

注:图片由塞弗伦斯等人(Severens et al., 2005)根据图片命名数据库重现。

对于目前的讨论来说,重要的是要使限制性和中性条件下的显示保持不变,仅听觉输入变化(另见 4.2.2.5,Kohlstedt & Mani, 2018),这是**实验控制**的一种方法,并可以说是最简单的一种。保持视觉情境不变的一个好处是,研究者可以放心地将任何观看中存在的差异归因于听觉输入差异。毕竟,图像是不变的。因此，图像中任何其余的缺陷都会相互抵消，使音频成为统计效应的唯一可能来源。就是这么简单。

183
图 6.17

现在，我们进一步讨论这个例子。如前所述，一些研究问题不允许研究者保持视觉输入不变（见 5.1）。关于这一点，我们以玛丽安和斯派维（Marian & Spivey, 2003a, 2003b）的研究以及特伦基等人（Trenkic et al., 2014）的研究为例进行了讨论。同样地，不难想到，迪克格拉芙等人（Dijkgraaf et al., 2017）的研究还可以进一步延伸，在各条件下以不同的显示内容进行研究。一种可能的方法是在显示中加入语义竞争物，例如显示 bike（意为"自行车"）和 car（意为"汽车"）（见 6.1.3.2）。要测试语义竞争物的潜在影响，研究者必须对含有语义竞争物和不含语义竞争物的显示进行比较（见图 6.18）。这意味着两次显示将不再相同。

图 6.18　原始显示（左）和延伸假设（右）

注：右侧显示含有目标物——car（意为"汽车"）——的语义竞争物，bike（意为"自行车"）。图片由塞弗伦斯等人（Severens et al., 2005）根据图片命名数据库重现。
（来源：Dijkgraaf et al., 2017）

当显示不同时，研究者就不能再忽视被试对屏幕上其他图像的观察。也许被试觉得 bike（意为"自行车"）在本质上比 potato（意为"土豆"）更有趣、更吸引人（我当然这么认为），那么这就会改变他们的整体观看行为。要解释这些差异，研究者需要将被试对目标（即 car，"汽车"）的观看量表达为被试对屏幕总体观看量的百分比。研究者可以据此估算出对照条件下被试的观看量在整个屏幕上的基线分布情况。一旦他们考虑了这些**基线效应**（baseline effects，见小贴士 6.3），他们就可以测试被试的观看偏好在语义受限制的情境中的变化以及当屏幕上有语义竞争物时，被试的观看偏好。

> **小贴士 6.3　基线效应**
>
> 　　基线效应是指在没有口语输入的情况下，被试观看给定图像时速度、频率和持续时间等方面的既存差异。基线效应代表了数据中的噪声源，因此研究者最好通过谨慎的材料设计来避免它。如果基线效应确实存在，那么研究者可以在呈现相同基线效应的条件之间进行比较（即比较具有相同显示但不同音频的试次）或修改相应的数据分析来平衡这些影响。

　　实验控制的第三个例子是在不同试次中交替**图像角色**（roles of images）。这很容易做到。你可以轮换改变图像角色，无须考虑不同试次中的显示组成是否变化。简单地说，轮换就是一个试次中的目标图像变为另一个试次中的干扰物，反之亦然。例如，在迪克格拉芙等人的研究中，原目标物 car（意为"汽车"）在 Mary reads/steals a letter（意为"玛丽读/偷了一封信"）的实验中成了干扰物。相反，potato（意为"土豆"）在我们之前的例子中是干扰物，但在 Mary boils/buys a potato（意为"玛丽煮/买了一个土豆"）的试次中成了目标物（见图 6.19）。通过这种方式轮换图像角色能平衡图像在视觉或语言属性上的既存差异（缺陷）。因此，轮换图像角色有助于确保你所测的是音频输入的影响，而不是作为非测量目标的图像特性。

　　相应地，研究者最好对屏幕中图像的**位置**（position）也进行轮换。这样做是为了平衡被试在任务中可能产生的空间偏向。习惯从上到下、从左到右阅读的被试即使是在非阅读任务中，也偏向于从屏幕的左上角开始观看。为了平衡这一点，图像（目标物、竞争物、干扰物、填充物）应该以相同的频率出现在屏幕上的每个位置。这意味着在四图显示中，目标图像出现在试次中每个位置上的概率应为 25%。小贴士 6.4 总结了设计视觉情境实验的要点。

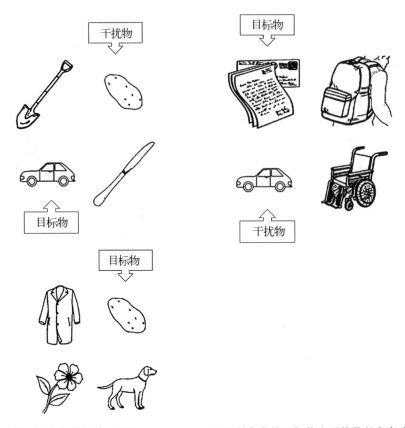

图6.19 迪克格拉芙等人(Dijkgraaf et al., 2017)研究中的目标物和干扰物的角色变化

小贴士6.4　如何设计视觉情境实验：视觉

1. 注意,不要在你的显示中加入任何易在视觉、语音、语义或语言上产生混淆的元素。在屏幕上一同呈现的图像不应该在视觉(形式)、语音或语义属性上重叠,除非这是你研究的重点。在对双语者的研究中,两种语言中的单词的属性都应被纳入考量。
2. 尽量在不同条件下保持图像不变,只改变音频。
3. 如果图像需要在不同条件之间变化,请确保在图像中平衡了基线效应。要做到这一点,需要考虑被试对目标物的观察与屏幕上其他图像的关系。只有这样,才能安全地测试不同条件之间的变化。

4. 尽量在不同的试次中交替图像的角色(例如,目标物与干扰物相互交替或目标物与竞争物相互交替)。
5. 确保你平衡了图像在屏幕上的位置。

6.3.1.2 图像的视觉特性

在上一节中,我描述了视觉情境研究中实验控制的许多优点。做好这些设计的同时,研究者还需要仔细选择图像,因为只有这样才能避免上一节中提到的许多数据问题,包括基线效应(见小贴士6.3)。在此提醒,视觉情境研究者的目标是设计符合以下条件的试次:任何对目标图像的显性注意都可以被归因于听觉输入而不是图像的视觉特性。这意味着研究者应该尽量减少屏幕上图像的视觉特性的影响。研究者需要考虑的特性包括颜色、大小、亮度和对比度以及空间频率(如密集对比稀疏)和图像风格(如线描对比图片)。一般来说,使图像更为**突出**(salient)的特性会吸引听者的目光,并在眼动数据中引起基线效应。这些特性与人们在演示文稿中使用的动画和输入强化技巧差别不大,它们都可以将听者的注意引导到重要信息上。然而,虽然在演示文稿中突出显示信息(如改变字号或颜色)利于阅读,但在视觉情境实验中研究者需要尽量让屏幕上的所有信息看起来都一样重要。

我们通过例子来看一下不同种类的显示可能会对被试的观看行为产生的影响。图6.20展示的三组图像是我仿照玛丽安和斯派维(Marian & Spivey, 2003a, 2003b)的两项有影响力的实验(回顾见4.2.1)制作的。在玛丽安和斯派维的研究中,被试操纵放在白板上的真实物体(手工艺品或玩具复制品)。为了说明方便,在这里我用图像进行了代替。每组图都应当呈现气球、鲨鱼、铲子和帽子。第一组图本是用于教学的。这位教师是凭直觉在网络上找到了这些图像,结果这些图像有的有背景色,有的没有背景色。这些图像虽然可以用于教学,但可能无法通过论文评审,因为它们太多样化了。

其一,图像的背景色不能给图像添加任何内容。通常情况下,没有背景色的线描画是最好的,或者至少是背景色相同的图像。其二,第一组图像在清晰度上有差异(对比"帽子"和"鲨鱼"的图像,图中的帽子可能被误认为是另一条大鱼)。由于单词识别是视觉情境研究的关键组成部分,因此选择易于识别

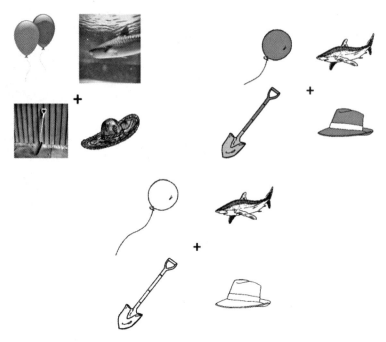

图 6.20 "气球""鲨鱼""铲子""帽子"的三种显示方法

注:第一组图中"鲨鱼"图像的使用经《知识共享署名-相同方式共享 2.5》(Creative Commons Attribution-Share Alike 2.5 license)许可, https://creativecommons.org/licenses/by-sa/2.5/deed.en;第二组和第三组图像根据国际图片命名项目(the International Picture Naming Project)中的图片重制(Bates et al., 2003;Szekely et al., 2003)。

(来源:仿自玛丽安和斯派维[Marian & Spivey, 2003a, 2003b]的研究。)

的原图非常重要。下一节将介绍的规范化数据库有助于实现这一目标。

在这些想法的基础上,我采用了国际图片命名项目(the International Picture Naming Project)(Bates et al., 2003;Szekely et al., 2003)中的图像组成了第二组和第三组图。出于本书的目的,我在第二组图像中添加了阴影,以此代替涂色。色彩可以使图像更加生动,但同时色彩也会给刺激物造成混淆。具体来说,想象在第二组图像中,气球是红色的,那么气球就可能在屏幕上其他物体中脱颖而出,因为它在视觉上更突出。消防车和其他紧急车辆使用红色的原因显而易见:为了引起注意。使用黑白图像或标准彩色图像(Rossion & Pourtois, 2004)可以避免这些问题(见 6.3.1.3)。因此,底端展示的是国际图片命名项目的原始图像,这是最符合研究目的的。这些图像没有颜色的混淆,在很大程度上是清晰可辨的,并且在之前的一项研究中已经得到了广泛的规范化（Bates et al.，2003；Szekely et al.，2003，2004，2005）。因此，寻找合适的图像是材料设计中必不可少的一部分。在开始主要研究之前，请始终确保先用你的材料在类似的被试身上进行试点试次。如果每个试次起始时（在音频开始播放之前）的眼注视在各图像上的分布大致相同，那就说明你的图像非常合适。

6.3.1.3 命名一致性和与规范化数据库

如 6.3.1.2 所述，在视觉情境研究中，图像应该能够被快速、一致地识别；看似次要的细节，如图像大小或背景色，都可能会产生意外的影响。要更好地控制图像特性，研究者可以从已有的数据库中选择图像，特别是当他们需要关于相对常见的物体或动作的图像时。这些数据库中的图像已经得到了广泛的规范化，这意味着已有大量的被试对这些图像做出了回应（例如对它们进行评价或命名）且图像的特性易于理解。由于这些数据库提供了一系列的变量信息（见表 6.2），因此根据任意的变量来查找与之匹配图像相对来说也比较简单。例如，研究者可以从数据库中过滤出视觉复杂度大致相同的图像。

首先是国际图片命名项目（IPNP，the International Picture Naming Project）（https://crl.ucsd.edu/experiments/ipnp/）。该项目由多个数据库组成，提供由儿童和上大学的成人收集的七种不同语言的命名规范：美式英语、保加利亚语、德语、匈牙利语、意大利语、墨西哥西班牙语和中国台湾使用的普通话变体（Bates et al.，2003；Szekely et al.，2003，2004，2005）。它还包括来自斯诺德格拉和范德沃特（Snodgrass & Vanderwart，1980）的另一个著名数据库的图片。斯诺德格拉和范德沃特最初只用美式英语规范了他们的 260 张图片，但多年来，这个数据库已被多种语言标准化，包括英式英语、法语、冰岛语和西班牙语。在 2004 年，罗西翁和波尔图瓦（Rossion & Pourtois）出版了一个带有彩色图像的版本，可以免费获取。塞弗伦斯、范·拉尔曼、拉庭克及哈特苏克（Severens，Van Lommel，Ratinckx & Hartsuiker，2005）使用先前四个来源的图片（示例图片见图 6.18、6.19 和 6.20）创建了一个比利时荷兰语的图片规范数据库。最后，还有洛托、德尔阿夸和若布（Lotto，Dell'Acqua & Job，2001）创建的数据库。例如，在莫拉莱斯等人（Morales et al.，2016）对意大利语-西班牙语双语者的研究中，该数据库中的图片被标准化为意大利语并使用。

表 6.2　图片选择的规范化数据库

参 考 文 献	经规范化的关键变量	图片数量	风格	获取条件
Bates et al., 2003	1. 命名一致性（如 H 统计值） 2. 命名时间 3. 命名一致性的跨语言普遍性与差异性 4. 反应时的跨语言普遍性和差异性 5. 图片特征（如概念复杂度） 6. 主要反应特征和图片特征（如音节长度） 7. 跨语言的频率和长度指标	520	黑白线描画	免费
Szekely et al., 2003, 2004, 2005	1. 命名一致性 2. 命名时间 3. 主要反应特征（如音节长度） 4. 图片特征（如客观的视觉复杂度）	421	黑白线描画	免费
Lotto et al., 2001	1. 概念的范畴典型性程度 2. 熟悉度 3. 命名反应时 4. 命名一致性 5. 概念一致性 6. 名称中字母的长度 7. 名称中音节的长度 8. 书面名称的出现频率 9. 概念的习得年龄	266	黑白线描画	授权用户免费
Rossion & Pourtois, 2004（更新自 Snodgrass & Vanderwart, 1980）	1. 命名一致性 2. 熟悉度 3. 复杂度 4. 组图判断,命名反应时	260	有表面细节的灰度纹理图像以及彩图	免费
Severens, Van Lommel, Ratinckx & Hartsuiker, 2005	1. 名称数量 2. 命名一致性 3. 命名反应时	590	黑白线描画	申请访问许可后免费
Snodgrass & Vanderwart, 1980	1. 命名一致性规范 2. 图像一致性 3. 熟悉度 4. 视觉复杂度	260	黑白线描画	需要许可

在这些数据库中,研究者通常会纳入一系列指标,以使其他使用者能够以更客观的方式控制他们的图像特性。这些指标包括命名一致性(即称呼物体的预期名称的人的百分比)、命名反应时(即被试给物体命名所耗费的时间)、熟悉度评分、视觉复杂度评分、色阶信息等。表 6.2 总结了迄今为止二语和双语视觉情境研究领域中的研究者使用的六个数据库。在注明来源的情况下,大多数当代数据库都可以免费访问。因此,这些数据库是本着开放科学的精神创建的,旨在为学界提供更多便利。

对二语者进行研究时,**命名一致性**(naming consistency)和**名称熟悉度**(name familiarity)尤为重要。词汇量一直是二语研究中的一个因素(二语者的词汇量较小),而这一因素可能会在视觉情境范式中带来意外的结果。研究者不应该假定二语者知道屏幕上的所有物体的叫法,特别是他们熟练度较低时。即使二语被试知道一个物体的名称,他们也可能会因其一语的影响或其在学校学习的目标语言的多样性(如英式英语和美式英语)而使用不同的叫法。作为一名研究者,你需要验证你的二语被试对预期的物体叫法的熟悉程度。如果命名一致性不够强且被试对物体的叫法不够熟悉,那么研究者在眼动追踪数据中可能就观察不到任何效应。要检查词汇知识,研究者可以让一组具有相似二语背景的被试观看这些图像。虽然这样做能让研究者在一定程度上了解主要研究中的被试是否有可能认识这些词,但最稳妥的方法还是直接询问主实验的被试。研究者可以要求被试在实验结束后逐一说出物体的名称。任何包含未知物体或命名不一致物体的试次都需要在进一步的分析中删除。一些研究者也尝试过提前向被试介绍这些物品及其叫法,但这会导致争议。具体来说,给物体命名会提前激活它们的词汇表征,这可能会增强随后会在眼动追踪数据中出现的效应。除非实验前的教学是设计和研究问题的一部分,否则我建议在主实验完成后再收集命名数据。

6.3.1.4 是否需要预览?

在第四章中,我讨论了在视觉情境实验中支撑音频和视觉共同使用的理论依据,即联结假说。简而言之,联结假说认为被激活的心理表征与呈现中的言语流之间的重叠触发了眼球运动(Altman & Kamide, 2007)。要建立这些图像的心理表征,被试需要先看到它们。当被试看到图像时,他们会形成一种心理表征(一段情景记忆),这种心理表征将与随后的音频输入相互作用

（Altmann & Kamide，2007）。这种在音频开始播放之前对屏幕的初始观看叫做**预览**（preview）。

我对本书综述中的实验进行了梳理，查阅了这些研究中各试次开始时是否有预览。总的来说，大多数研究都有预览。同时，预览与产出研究无关，不是因为研究者想在试次早期捕获眼球运动（Flecken，2011；Flecken et al.，2015；Kaushanskaya & Marian，2007），就是因为他们正在进行面对面的互动研究（McDonough, Crowther, Kielstra & Trofimovich，2015；McDonough, Trofimovich, Dao & Dion，2017）。其他研究者使用真实物体让被试操纵（Marian & Spivey，2003a，2003b；Sekerina & Trueswell，2011），但并没有在他们的论文中具体说明是否进行了预览以及进行预览的方式。一种可能是当研究者在两个试次之间改变显示时，预览就自然而然地发生了。因此预览通常存在于在计算机屏幕上进行的基于理解的视觉情境研究中。

达汉、塔南豪斯和萨尔弗达（Dahan, Tanenhaus & Salverda，2007）发现只有在为荷兰语一语者提供预览时，他们才会表现出语音竞争效应。当被试事先不知道屏幕上的物体是什么时，他们对语音竞争物（如 *koffer*，"箱子"，其对应的目标物为 *koffie*，"咖啡"）的注视永远不会超过对干扰物的注视，这表明在试次中 *koffer* 从未参与单词识别竞争。同样地，在费雷拉、富卡尔和恩格尔哈特（Ferreira, Foucart & Engelhardt，2013）的研究中，只有在有预览且显示的物体数量有限时，研究者才在英语一语者加工 *put the book on the chair in the bucket*（意为"把椅子上的书放进桶里"）的过程中发现了花园路径效应。这两项研究的发现可以为其他视觉情境研究提供信息，使相关的研究者了解图像预览的重要性。那些对预测感兴趣的研究者，无论是语音、形态句法、语义还是多线索预测，通常需要确保被试在音频开始播放前或播放时，或者在关键单词之前就知道所有的图像。被试是否会产生预期则取决于其预先激活的视觉情境心理表征与其所听到的内容的相互作用。在不知道屏幕上的图像是什么的情况下，被试的任务将类似于视觉搜索，即快速浏览一个场景以寻找其中预定义的目标对象（见 2.2 和 2.3）。视觉情境范式并非如此。

预览时间（preview time）与预览同样重要。与视觉情境研究的普遍趋势一致（回顾见 Altman，2011b），大多数二语和双语研究者选择 1 秒到 4 秒的预览时间。当前综述中研究的平均预览时间为 2.4 秒（*中位数为 2 秒*），预览时长从 0.21 秒（Mercier, Pivneva & Titone, 2014, 2016）到 5.5 秒（Suzuki, 2017; Suzuki & DeKeyser, 2017）。确定合适的预览时间需要一些技巧。就像实验的其他环节一样，用相似的研究人群在相同的实验设计中进行试点试次有助于你选定预览时长。如果预览时间太短，被试就不能充分观看视觉场景；如果预览时间太长，被试可能会脱离当前场景（失去兴趣）或开始假设图像之间的差异或关联性，并以此猜想整个实验的研究目标。要找到合适的预览时间，最好的办法就是坐在电脑屏幕前并问自己："这样感觉对吗？这次预览是否给了我足够的时间去观看整个场景，而不会感到无聊或开始过度思考？"

与是否要包含预览的问题类似，本书总结的文献中没有对预览时长的系统比较。然而，一些心理学研究者发现，预览的时长可能会影响被试对显示中不同物体的注视（如 Altmann & Kamide, 2009; Dahan & Tanenhaus, 2005; Hintz, Meyer & Huettig, 2017; Huettig & McQueen, 2007; Kamide, Altmann & Haywood, 2003）。在一项针对荷兰语一语者的研究中，许蒂希和麦昆（Huettig & McQueen, 2007）研究了被试在哪一（些）时间框架下能从显示中检索到不同种类的信息（即语音、语义和形状信息）。例如，假设目标物为 beker，"烧杯"，显示中的其他三幅图像分别与之在语音上（即 bever，"海狸"）、语义上（即 vork，"叉子"）和形状上（即 klos，"线筒"）相关。对竞争物的注视能够证明被试从显示中检索到了相应信息。实验 1 中没有预览时间，显示与音频同时出现。在没有图像预览的情况下，被试首先看向了语音竞争物，而不是语义和形状竞争物。这一过程反映了语音识别中的事件顺序——从语音表征到视觉和语义信息。在实验 2 中，被试有 200ms 可以预览显示。有了这次简短的预览后，被试的注视集中在语义和形状竞争物上，而不再是语音竞争物。换言之，预览能使被试激活他们对物体的视觉和语义表征，而正是这些表征推动了与目标物的竞争。总的来说，作者们认为注意力转移是由检索三种信息的时间进程共同决定的。就我们目前的讨论而言，首先，在大多数情况下，预览是必须的；其次，研究者需要仔细考虑预览时长。到目前为止，1 秒到 4 秒的预览在我们的领域中似乎是默认设置。研究者可能会假设某一类型的信息在语音加工的过程中会在某时被激活并以此来改变预览时长（Huettig & McQueen, 2007）。研究语音效应需要的预览可能是最短的，然后是语义、形态句法，最后是语篇层面的研究。

6.3.1.5 我的实验是否应该有注视标记？

与场景预览类似，研究者需要认真思考是否需要在其实验性试次中采用注视标记。注视标记是在试次（见5.3，回顾何为试次）的主要部分前出现的标识（如"+"）。这意味着注视标记通常会出现在需要收集眼动追踪数据的部分之前。最简单的注视标记是一个小的设计特征，用于将被试的注意力引导到任务上，并让他们知道一个新的试次即将开始。在本书中提到的大多数研究的研究者都以这种方式采用注视标记，将其作为一个新试次开始的标志。使用注视标记还有一项潜在优势。由于注视标记通常被放置在屏幕的中央，因此被试在看屏幕上的不同图像时，视线移动的距离是相等的。当所有被试以相同的起始注视位置开始实验时（即他们的眼睛注视着屏幕上的标记），其眼跳长度就得到了控制。相比之下，在边听边看的实验中，可能在语音输入的相关部分开始之前，被试的目光就已经落在了目标图像上；这种情况会使数据分析变得更复杂。因此，注视标记的两个主要好处在于其能够增加试次的结构并使研究者更好地进行实验控制。（第二个优势的适用条件将在下文详细讨论。）不过，添加注视标记会降低研究的生态效度。在实验中设置注视标记后，研究者就无法宣称他们是在自然情境下测量的。同样地，尽管注视标记可以消除表面上的基线效应，但是隐藏的偏倚（即被试对某些图像的偏好）仍然会存在，并可能在试次的后期表现出来。

在当前综述涉及的研究中，大多数视觉情境研究都将注视标记作为试次序列的一部分。大约四分之一（31项研究中的7项）的研究未使用或并未报告使用注视标记，其中大多数为涉及句子验证或解读的指称加工研究（如Kim, Montrul & Yoon, 2015; Sekerina & Sauermann, 2015）。如前所述，支持和反对注视标记都有据可依；不过，你至少需要报告你在研究中是否使用了注视标记以及这么做的原因。此外，当研究目标是预测或预期性加工时（见4.2.2），在实验中使用注视标记更为常见。

接下来，对于注视标记在更长的试次序列中的位置，当前的文献综述存在较大差异。假设被试可以预览图像（见6.3.1.4），那么注视标记可以在预览前或预览后出现。在当前综述涉及的大多数研究中，注视标记都在各试次正要开始时出现在图像预览之前。我们以迪克格拉夫等人（Dijkgraaf et al., 2017）的研究为例。如图6.21所示，他们选择了经典的试次序列：注视标记-图像预览-音频+图像。当使用这种方式时,注视标记会吸引被试的注意。然而,由于预览会在注视标记后出现,因此当音频开始时,被试可以看向屏幕上的任何位置。简而言之,当注视标记出现在预览阶段之前时,初始注视位置和眼跳长度将无法再得到控制。另一种选择是在预览和音频播放阶段之间插入注视标记。要标志一个新试次的开始,研究者可以使用"哔"声代替注视标记。尽管这种试次序列并不常见,但在试次的关键步骤中(即音频正要开始播放之前),它能对被试的眼睛注视进行更好的实验控制。也许在实验设计中这样使用注视标记更合适。以特朗布莱(Tremblay,2011)的研究为例,图 6.22 展示了相应的实验阶段。该研究已在 5.3 中介绍。从研究者的角度来看,每个试次包括三个阶段:单词预览、空白屏上出现的注视标记、单词与音频的共同呈现。(就当前而言,图中未展示被试在试次结尾的鼠标点击,但请参见 5.4。)在这样的设计下,被试在听到 le fameux élan("infamous swing")时,其对四个候选名词中任意一个名词规划并执行眼跳所需的时间是相同的。最后,在霍普的研究中,注视标记是与图像一起呈现的,而不是呈现在空白屏上,并且整个试次中的显示都保持不变(Hopp, 2013, 2016; Lemmerth & Hopp, 2018)。不过,即使屏幕显示没有改变,每个试次仍然包括三个功能不同的阶段,这一点很像特朗布莱(Tremblay,2011)的研究。在预览之后,"哔"声响起,这表明被试应

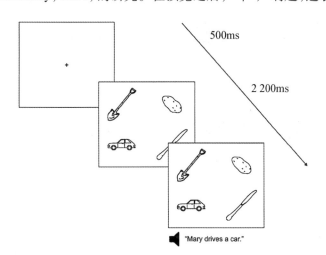

图 6.21 试次的三个阶段

注:(1)注视标记,(2)图像预览,(3)记录被试加工音频与图像时的眼球运动。
(来源:Dijkgraaf et al., 2017)

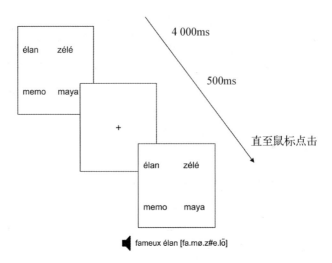

图 6.22 试次的三个阶段

注：（1）单词预览，（2）注视标记，（3）记录被试加工音频与图像时的眼球运动。
（来源：Tremblay，2011）

当开始注视屏幕中央的标记了；直到被试的注视落在标记上，音频才开始播放。实际上这相当于一个"图像预览-注视标记-音频+图像"的序列。小贴士6.5总结了视觉情境实验中其他设计特征的要点。

> **小贴士 6.5　如何设计视觉情境实验：预览与注视标记**
>
> 1. 根据你想要研究的内容选择一个预览时间（通常在1秒到4秒之间）。选择一些被试，对选定的预览时长进行试点试次，并确保在论文中报告你所选的预览时间。
> 2. 如果你决定使用注视标记，那么将其置于预览之后是最有效的。确保在论文中描述你的试次序列。

6.3.2　准备音频材料

仔细选择视觉材料对设计一项合理的视觉情境实验大有帮助，不过，完整的视觉情境范式既需要视觉材料，也需要音频材料。因此，在本节中我们将集中讨论视觉情境设计的第二项关键因素——听觉材料。

6.3.2.1 创建音频材料

视觉情境研究的前提是被试能够识别口语输入并将输入的语言表征映射到视觉显示的心理表征上。要实现这一联结过程,关键是清晰的音频输入(关于视觉输入的指南,见 6.3.1.2 及 6.3.1.3)。视觉情境范式并非旨在测试被试的听力技巧,相反,研究者应该创建容易被被试快速识别的材料。这一点在二语研究中需要特别强调,因为即使在最佳条件下,被试的二语听力理解也会比一语听力理解更慢、更费力。因此你需要创建适合被试的高质量音频文件,当被试为二语者时尤为如此。要做到这一点,研究者通常需要向声音清晰悦耳的人寻求帮助——通常是同部门的同事。经过几次研究,研究者就会知道该联系谁,但如果这是他们第一次录音,研究者可能需要邀请多名候选人到录音室进行录音,然后留下最合适的人选。另一种方法未见于我的综述,那就是使用自动语音合成程序,也被称为文本转语音程序,许多该类型的程序都可以在互联网上获得。这些程序使用简便,通常是免费的,并且可以让你的录音不受协同发音[4]和韵律线索(如重音、音高、语调)影响,而这些因素可能会影响你的研究结果。不过,使用合成语音时,研究者需要确保录音听起来自然。

由于**言语的可理解性**(speech comprehensibility)在针对二语听者的研究中非常重要,因此研究者最好考虑一下被试最常接触的口音。除非研究的是外国口音(如 Ju & Luce, 2004, 2006;Lagrou, Hartsuiker & Duyck, 2013),否则视觉情境研究中的默认做法是使用目标语言的母语者。有趣的是,迪克格拉芙等人(Dijkgraaf et al., 2017)使用了一位主修英语和荷兰语的荷兰语母语者来录制两种语言(即英语和荷兰语)的句子。因为研究中荷兰语-英语的双语被试与录制者有共同的语言背景,因此他们对录制者的英语口音很熟悉。迪克格拉芙和她的同事们还收集了英语语音的口音评分来支持他们的观点,即录制者"荷兰语和英语的发音都很清晰"(Dijkgraaf et al., 2017:923),而且对英语单语听众(另一组被试)来说也是如此。在论文中说明你是如何以及为何选择某位录制者的,这样可以提高研究透明度,并使读者更加相信你材料的质量。要使透明度再提高一些,研究者还可以将他们录制的音频上传到开放存储库,如 IRIS[①]

[①] IRIS(Image Registration, Information Retrieval and Imaging Storage)是图像注册、信息检索和成像存储项目,国内暂未发现相应的权威译名,所以保留原名。

（https：//www.iris-database.org）或开放科学框架（Open Science Framework，https：//osf.io/）。

一旦你确定了录制者，接下来就是录音环节。理想情况下，录音应在配备专业音频设备的隔音或消声室进行。有一个专门的录音空间可以让你避免回声和意外的背景噪声。因为录制者一般都是志愿者，不是专业人员，所以在实际录音之前，不妨先对他们进行一些培训。首先，录制者需要练习在麦克风前讲话。要使录音音量稳定，录制者和麦克风之间的距离应该尽可能保持不变。录制者应该用**中性语调**（neutral intonation）说话，这一点非常重要。韵律在言语中承载着大量的信息，不过韵律效应却很少成为视觉情境研究的主题（个例见 Sekerina & Trueswell, 2011）。因此，为了尽量减少韵律的影响，录制者最好对实验所知较少，这样其录音中就不会出现非预期的重音或语调模式。录制时的**语速要适当**（appropriately paced）。对于说二语者来说，这可能意味着说话的速度要慢一些。例如，在霍普和莱莫斯（Hopp & Lemmerth, 2018：182）的研究中，句子是"以慢速到中速的中性语调"录制的。类似地，伊藤、科利和皮克灵（Ito, Corley & Pickering, 2018：253）以每秒 1.3 个音节的慢语速进行了录制，且句中的短语间还有停顿，以便"为预测性的眼球运动创造最佳条件"。但是，研究者需要在慢语速对预测的好处与诱导被试使用策略的风险之间进行权衡；换言之，如果语速太慢，被试可能会意识到实验目的，并据此改变他们的行为。因此，合适的语速既要听起来自然，又要让被试有充分的时间发挥他们的预测能力（如果他们有的话）。

在你开始录音前，需要给录制者足够的时间去熟悉这些材料。使用单声道模式（而不是立体声）录音通常会使声音更清晰，而且声音能通过耳机两侧均等地传递。保留录音参数，包括使用的软件、采样率等是明智之举。这些信息在以后可以写进论文的方法论板块。

对于录音本身，我的建议是第一次就将其录好。当然，说起来容易做起来难，但如果你成功了，你就可以避免把来自不同录音的项目混在一起。因为被试能够分辨出你是否将项目混在了一起，所以若有必要，最好全部重录。为了增加成功的概率，许多研究者会对一份相同的材料进行**三次录音**（three recordings）。此处指的是将刺激物列表从头至尾录音三次，而不是对同一句句子连续录音三次。因为重音模式会在连续的录音之间延续，所以当你完成对整个刺激物列表的首次录音后，在第二次或第三次录制中就有很大可能可以避免第一次录音中出现的问题。一定要时刻提醒你的录制者保持相同的语速。如果可以的话，在录音期间当场检查音频。最后，和你的被试一样，你的录制者会比你预想中更快地产生疲劳，所以让他们休息一下，请他们喝杯咖啡吧。

准备音频文件的最后一步是**编辑**（editing）。有很多音频编辑软件可以免费使用，其中两种常见的软件程序分别是 Audacity（Audacity Team，2012）和 Praat（Boersma & Weenink，2018）。编辑前，你首先要将所有文件标准化，也就是要将所有音频文件的音量调整到相同的水平。然后，仔细地听辨每个文件，挑选出每句句子都听起来清晰、中性的音频。如果有意外的重音，可以考虑调整相应部分的音高。长度是另一项可以用软件控制的因素（见 6.3.2.2）。文件的保存格式要与使用的实验软件兼容。请确保文件名对你来说是有意义的。研究者通常会使用项目号，并包括关键词与（或）条件（如 01_Constr_Reads_Book.wma 或 06_graben_3sg.wav）。在文件名中包含这些信息能为你在设计实验时省下大量时间。

6.3.2.2 定义时间段

在许多视觉情境研究中，研究者会设法测量一个或多个时间窗口内的眼注视。研究者会提取其在某一（些）时间段内记录的眼动数据并进行分析，这一（些）时间段就叫做**时间窗口**（time windows）。换言之，在音频阶段，研究者会持续记录被试的眼球运动，但他们通常只关注数据中的子集（见 8.5）。空间子集由兴趣区定义（见 6.1）；时间子集由时间窗口或时间段定义。与兴趣区一样（见 6.1），划分研究的时间窗口通常也有多种方法。要确定研究的时间窗口，你需要考虑听觉输入以及输入的不同部分与你的研究问题有何关联。

时间窗口由起点（**起始**，onset）和终点（**终止**，offset）定义。终点可以由研究者预先确定，也可以与试次的结束时间一致，如当被试点击鼠标选择一个对象时（示例见下文）。在预测研究中，时间段通常是被试可以预测即将到来的目标所指物的窗口。我将其称为**预测窗口**（prediction window）。预测窗口通常会从预测性线索的终止（因为听者需要这一线索来进行预测）持续到目标所指物的起始（因为现在已经没有预测空间了）。一些研究者会根据被试规划并执行眼跳所需的时间来调整时间窗口。在这种情况下，时间兴趣区将向右移动 200ms——从预测性线索终止后的 200ms 持续到目标所指物起始后的 200ms——因为 200ms 是被试规划并启动语言介导的眼球运动所需的时间（如 Matin, Shao & Boff, 1993; Saslow, 1967）。与大多数预测研究中的单一预测窗口不同，一些指称加工的研究者会使用多个时间窗口来代表句中不同的关键成分。例如，谢尔丽娜和索尔曼（Sekerina & Sauerman, 2015）在研究被试对俄语和英语中 every 的解读时，使用了四个时间窗口：带有 every 的句子主语、动词、处所介词短语以及句末的静音（见 4.2.3）。

一旦你为自己的项目确定了合适的时间段，下一步就是确定这些时间点在音频文件中出现的具体时间。在这一步，你可以回到你的语音编辑软件，再次听你的音频录音（见 6.3.2.2），仔细听每一句句子。每个时间段的起始和终止发生在什么时候？你需要标记相对于试次开始的起始潜伏期与终止潜伏期（单位为 ms）。图 6.23 为谢尔丽娜和索尔曼（Sekerina & Sauerman, 2015）的研究中，句子 Every alligator lies in a bathtub（意为"每条鳄鱼都躺在浴缸里"）的潜伏期标记。如前所述，谢尔丽娜和索尔曼分析了四个时间段的眼注视：every alligator — lies — in a bathtub —（静音）。为了便于说明，我的研究助理重新录制了这句英语句子，如下文的图 6.23 所示。在录音中，四个时间段的起始和终止时间依次为：every alligator（0ms～1 290ms）、lies（1 290ms～2 010ms）、in a bathtub（2 010ms～3 084ms）、静音（3 084ms～试次结束）。现在，研究者就可以将这些信息（即 1 290ms、2 010ms 及 3 084ms，试次的开始和结束时间）作为**时间戳**（time stamps）加到其眼动追踪实验的编程软件中。在这些时间戳的帮助下，他们就能够分别提取每个时间窗口的眼注视数据，而不需要考虑在时间窗口之外记录的所有数据。这将非常有助于分析。

图 6.23
200

和许多其他研究者一样，谢尔丽娜和索尔曼使用了一些不同的句子来检验他们的研究假设。因此，研究者必须分别测量每句话中关键时间段的起始时间和终止时间。其他研究可能会使用**载体短语**（carrier phrase），一个在所有实验项目中都相同的介绍性短语。英语中的载体短语有 Pick up the ...（意为"捡起那个……"）、Click on the ...（意为"点击那个……"）、Look at the ...（意为"看着那个……"）及 Find the ...（意为"找到那个……"）等。这些短语之所以被称为"载体短语"，是因为它们承载或提供了后续宾语的框架，而此处的宾语就是目标所指物。如果研究者在实验中使用相同的载体短语，他们就能控

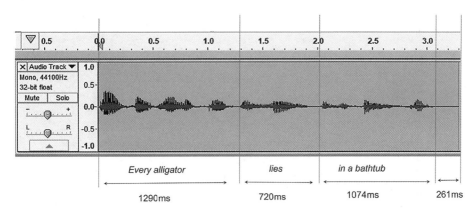

图 6.23 Audacity 中，句子 *Every alligator lies in a bathtub* 的可视化呈现

注：竖线表示四个时间段的起始和终止。

制其声学特性，并且仅需测量一次第一个时间窗口的起始时间。具体来说，第一个时间窗口的起始与载体短语的结束要同时发生。例如，霍普（Hopp，2013）在对德语的语法性别预测的研究中就使用了这种方法。被试听到如 *Wo ist der/die/das gelbe* [名词]（"Where is the$_{\text{MASC./FEM./NEUT.}}$ yellow [Noun]?" 意为"这个$_{阳性/阴性/中性}$黄色的[名词]在哪里？"）的句子后，在屏幕上点击相应的对象。为了对齐不同句子的起始时间，霍普取出载体短语 *Wo ist*、带有语法性别标记的冠词、形容词以及名词，然后在一个新创建的音频文件中将其组合在一起。载体短语在每个文件中的时长正好是 1 103ms。这种技术被称为**剪接**（splicing），是一种控制句中不同部分长度的方法，它能确保不同试次中的时间段从同一时间点开始。使用用户友好型软件时，剪接应该会像复制和粘贴一样容易（见图 6.24），不过还是要注意检查剪接后刺激物是否自然。

另有一些研究者并没有采用剪接句子的方式，而是手动在音频中编辑不同成分的长度。例如，莫拉莱斯等人（Morales，2016）在研究二语西班牙语中的语法性别预测时，手动编辑了载体和定冠词的长度，以使它们在所有试次中都保持一致。具体来说，载体 *encuentra*（意为"发现"）被编辑为长 800ms，定冠词 *el* 和 *la* 被编辑为长 147ms，接着是 50ms 的静音，然后是目标名词的起始。有了这些精确的时间点，研究者就能够将试次中任意时间点的眼注视与被试当时听到的具体输入内容关联起来（见图 6.25）。即 Y 轴的左边的任意眼注视（即负的时间值，图 6.25 中未显示）都落在载体短语 *encuentra* 上。

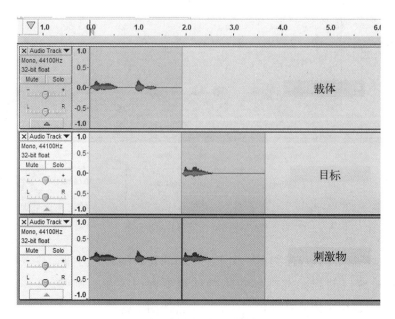

图 6.24 将目标名词剪接到载体短语上

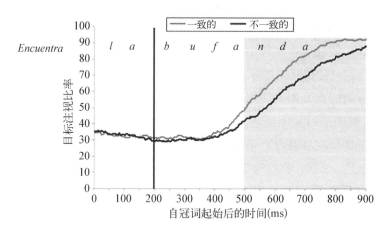

图 6.25 随时间变化的注视模式

注：Y 轴和黑色竖线表示研究中两个关键时间段的起始。根据莫拉莱斯等人（Morales et al., 2016）的分析，阴影区域表示不同条件间的显著差异。

（来源：Morales et al., 2016, 图像经作者许可后修改。）

如果被试对图像的偏好中存在基线效应，那么它可能就会在此处发生，所以将这部分数据也绘制出来可能会很有帮助（对 ERP 的类似论证见 Osterhout, McLaughlin, Kim, Greewald & Inoue, 2004; Steinhauer & Drury, 2012）。冠词 el 或 la 与静音覆盖的时间为 0ms~197ms，目标名词紧随其后。相应地，当被试点击相应的目标名词时，作者们定义的时间兴趣区就会从冠词起始后的 200ms（考虑眼跳潜伏期）延伸至 900ms。

总之，视觉情境研究者有多种不同的方法来准备音频文件。无论是手动编辑文件或进行剪接，在理想情况下，句中的不同部分（如引入或载体短语—预测线索—目标名词）都应该在不同的音频文件中保持一致。例如，如果 300ms 标志着句中一个关键时间窗口的起始，那么这一时间最好在所有句子中都保持一致。以这种方式对齐时间段能产出更清晰的数据，并有助于数据分析。第七章和第八章会介绍这些眼动数据的意义以及相关分析。小贴士 6.6 总结了在眼动追踪实验中创建音频材料的要点。

> **小贴士 6.6　如何设计视觉情境实验：音频**
> 1. 选择一名声音清晰悦耳的录制者。让录制者练习用合适的、缓慢到中等的语速及中性的韵律说话。尽可能在配备专业音频设备的隔音室或消声室进行录制。记下重要的参数（如采样率）以便后续报告。
> 2. 使用音频编辑软件编辑声音文件。对所有文件的音量进行标准化。如有必要，手动编辑不同句子部分的长度。
> 3. 以一种能让你回答研究问题的方式设定时间段。在音频编辑软件中将言语流可视化，以识别精确的时间点。利用这些时间点来对齐不同句子中的部分。

6.4　结论

本章为研究者设计眼动追踪研究提供了详细、实用的指南。这些指南应该与第五章所述的一般方法论原则一起阅读，因为眼动追踪研究遵循与其他类型的实验研究相同的原则。研究设计的一个关键因素是为研究项目设置兴趣区(见6.1)。兴趣区有多种形状和形式,反映了我们领域中眼动追踪应用的多样性。基于文本的眼动追踪研究者和视觉情境眼动追踪研究者使用了四种类型的兴趣区,即基于单词的兴趣区、较大的文本区域、图像兴趣区和动态(移动)兴趣区。定义兴趣区时,研究者需要考虑研究问题、材料以及眼动追踪系统的空间准确度和精确度。

接下来,我们讨论了基于文本的眼动追踪设计和视觉情境眼动追踪设计的细节。眼动仪的性能和人眼的特征会为文本呈现带来空间限制和艺术限制,如文本应该多大、分析的最小区域应该是什么(见6.2.1及6.2.2)。同样,与人类思维加工语言的方式有关的语言因素也需要研究者对其进行实验控制。简单地把一些材料放在屏幕上然后观察会发生什么,这样的研究设计是欠妥的。更好的方法是为相同材料创建不同版本并寻找眼动差异与你所做的改变之间的联系。研究者应该对在实验设计中无法控制的因素进行统计控制(见6.2.3)。第189页小贴士6.2总结了基于文本的眼动追踪设计的要点。

就像基于文本的眼动追踪一样,在视觉情境研究中,仔细的研究设计也是至关重要的,因为在研究过程中,要考虑到所有可能影响被试的注视的因素(见6.3.1.1)。精心设计实验能使研究者控制由材料的视觉(如颜色)和语言(如图像名称)特征(见6.3.1.2及6.3.1.3)引起的潜在混淆。规范化数据库是选择适当视觉材料的有效资源(见第198页表6.2)。对于音频来说,重点是制作清晰、高质量、易于理解的录音(见6.3.2.1)。音频文件有专属的兴趣区,被称为时间段或时间窗口(见6.3.2.2)。研究者可能需要对录音进行编辑以确保时间段在不同句子中从同一时间开始。在第194页小贴士6.4、第204页小贴士6.5和第211页小贴士6.6中,我总结了创建图像和音频的关键注意事项。

最后,设计一项合理的实验与园艺无异。前期的仔细计划能确保你在后期收获最丰硕的成果。即使你发现自己在某个时候陷入了困境,也切记要关注研究周期中的下一个环节。高质量的研究数据是最好的收获!为此,请务必了解材料的属性并花时间仔细设计。要始终保持做试点试次的习惯。在一项精心设计的研究中,不同的设计特征会与研究的总体目标和研究问题紧密相连。

注释

1. 例外包括一些类型的写作研究、面对面互动以及计算机辅助语言学习领域的研究，在此类研究中，被试需要与软件程序互动。
2. 目前的方法依赖于零假设显著性检验（NHST, null hypothesis significant testing），这是二语习得和双语研究中默认的统计方法，但也为解读零结果带来了一些概念上的困难。等效性检验（Godfroid & Spino, 2015）和贝叶斯统计（Dienes, 2014）也可用于检验匹配情况，可以替代 NHST。
3. 与格里·阿尔特曼（Geri Altmann）关于视觉情境范式的长谈对本节帮助颇多。我在此感谢阿尔特曼教授的意见和建议。
4. 协同发音（coarticulation）是指一个音的发音因其邻近音而发生变化。例如，一个在词首的元音通常与其前一个单词末尾的辅音连读。

第七章

眼动追踪指标

眼动指标决定了研究者如何看待其数据。眼动指标是研究者用于划分眼动记录中大量信息的得力助手,这些指标能够使研究者专注于特定事件(如注视、眼跳或注视和眼跳的组合)并测量这些事件的特定属性。眼动指标通常取自屏幕上的特定区域,即**兴趣区**(见 6.1),且(当当前事件相对于同一兴趣区内外的其他事件发生时)研究者可以根据这些指标的时间属性对其进行分类。眼动指标在大多数统计分析中是因变量,但在研究在线加工模式与学习之间关系时,眼动指标也被用作自变量(如 Cintrón-Valentín & Ellis, 2015; Godfroid et al., 2018; Godfroid, Boers & Housen, 2013; Godfroid & Uggen, 2013; Indrarathne & Kormos, 2017; Mohamed, 2018; Montero Perez, Peters & DeSmet, 2015; Pellicer-Sanchez, 2016; Winke, 2013)。

虽然只有在收集了数据后,眼动指标才能通过眼动追踪软件被计算出来,但研究者最好能够提前考虑好将要在研究中使用的指标。对此,本章可以为你提供帮助。第三章和第四章是眼动追踪文献的实质性回顾,在其基础上,本章将全面概述迄今为止研究者在二语习得和双语研究中使用的指标。在决定要使用哪些指标时,了解该领域最常用的眼动追踪指标一定会对研究有所帮助。此外,研究者可能希望对自己研究的子领域中不太常见但具有代表性的指标有更多的了解。我希望本章所述的广泛的指标能启发研究者在更大的范围中选择适合自己研究的眼动追踪指标。事实上,大多数研究者尽管已经在其分析中使用了多项眼动指标,但他们仍然相当依赖眼注视时间类的指标。本章希望大家不要一成不变地使用这几项持续时间类的指标。最后,眼动追踪研究和数据分析也有创新的空间。为了说明当前的发展态势,本章举了几名研究者的例子,他们用自定的变量丰富了现有的指标。

在 7.1 中,我将对当前二语习得和双语方面的眼动追踪研究中使用的不同指标进行概述。我将不同的指标分为三个上位类别——**注视**(fixations)、**回视**(regressions)和**眼动模式**(eye-movement patterns)——以及基于注视的指标的四种子类别。每一种类别及其所包含的指标将在 7.2 中详细讨论:(1)注视次数、概率和比例(7.2.1.1),(2)注视时间(7.2.1.2),(3)注视潜伏期(7.2.1.3),(4)注视位置(7.2.1.4),(5)回视(7.2.2),(6)综合指标或眼动模式(7.2.3)。来自基于文本的眼动追踪及视觉情境眼动追踪的广泛例证将说明研究者如何使用并解读这些指标。最后,我将回到一开始的问题,讨论研究者可以为其研究选用哪些指标(7.3)。

7.1 基于文本的研究及视觉情境研究中的眼动追踪指标

通过对眼动追踪相关文献的综合分析,我们梳理出了二语习得和双语研究领域发表的 52 项基于文本的研究和 32 项视觉情境研究(关于纳入标准的信息,见 3.2 及 4.2)。在两位研究助理的帮助下,我梳理了每项研究中分析的眼动指标,检查了这些分析是否揭示了给定指标的显著差异或非显著差异。下文的两个树形图总结了此次工作中验证的所有眼动追踪指标。图 7.1 展示了基于文本的眼动追踪研究的分析多样性。综合来看,这 52 项基于文本的研究使用了多达 25 项不同的眼动指标,涉及 6 种不同类别(注视次数/概率/比例、注视时间、注视潜伏期、注视位置、回视与眼跳及眼动模式)。图 7.2 展示了用于视觉情境研究的眼动指标,这类指标相对较少。视觉情境研究者在因变量的选择上似乎更加一致。在 32 项视觉情境研究中,他们共分析了来自三个主要类别(注视次数/概率/比例、注视时间和注视潜伏期)的四种不同的眼动指标。基于文本的研究者在眼动追踪指标方面的分析似乎更灵活,至少在选择要分析的变量时是这样。而对视觉情境研究者来说,统计分析方面的分析灵活性更大。我们会在第八章中看到,视觉情境研究者采用了许多不同的统计技术来分析他们的眼动追踪数据,这些数据在复杂程度上有很大的不同(见 8.3 及 8.5)。

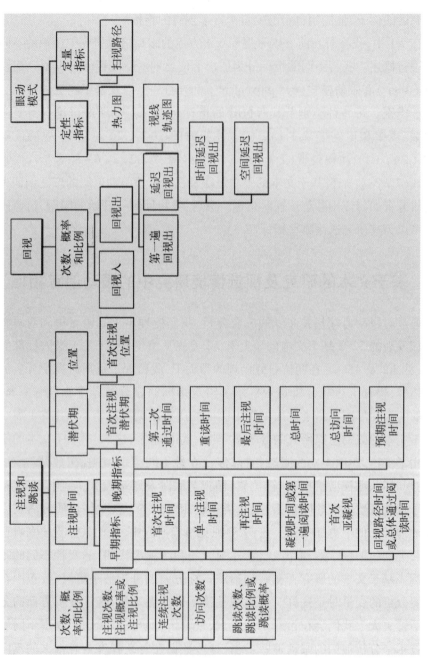

图 7.1 基于文本的研究中使用的眼动指标分类

有这么多的选择(加之你还可能会创建你自己的特定指标),在研究中应该优先考虑哪些指标呢?眼动追踪研究的一个基本原则,是要尽量纳入**一系列不同指标**(a range of different measures),来更全面地了解被试的观看行为。在我们的研究领域,眼动追踪研究者平均在每项基于文本的研究中分析了 3.37 项指标(*SD* = 1.60,范围 = 1~6),在视觉情境研究中平均分析了 1.38 项指标(*SD* = 0.49,范围 = 1~2)。包含多个因变量的好处是,不同的指标可以汇聚多方面的证据来支持或反驳你的假设,或者在更罕见的情况下,可以揭示只在加工过程中的某个节点(如二语者加工阶段的后期或读者最初遇到一个词或短语时)表现出来的某种效应。分析多个眼动指标的潜在缺点在于,这些指标可能是**相互关联的**(correlated),比如,一项指标是另一项指标的子集。当这种情况发生时,所产生的统计检验将不再是独立的,假阳性率(即出现并非真实效应的显著差异)会上升(Vonder Malsburg & Angele, 2017)。为了保证统计检验的独立性,研究者应该对一系列在时间属性上不重叠的指标进行取样(示例见第 260 页图 7.20 和 7.21)。在你了解了不同的指标后,你就会对此有更清楚的了解。然而,最关键的一点是要像选择木偶表演中的木偶一样选择指标,而不是像俄罗斯套娃那样——因为你希望它们有明显不同。

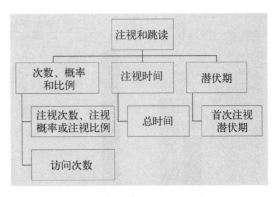

图 7.2 视觉情境研究中使用的眼动指标分类

图 7.3 为基于文本的眼动追踪研究与视觉情境眼动追踪研究中眼动指标的分布概况。该图主要展示了眼动指标的大致类别,描述了眼动数据中的两大主要事件——注视和(回退性)眼跳的不同属性(见 2.2)。在基于文本的研究中,几乎所有的作者(94%)在他们的研究中都分析了至少一项注视时间指标。综述显示,在二语习得和双语研究的文献中发现了 12 项不同的注视时间指标(见图 7.1),这说明注视时间不仅是基于文本的眼动追踪研究中使用频率最高的指标类别,也是最大的指标类别。

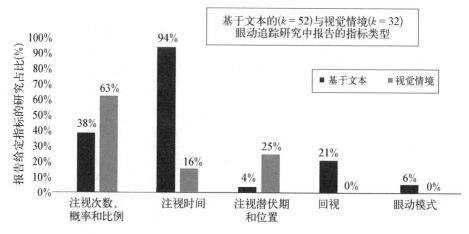

图 7.3　基于文本的研究与视觉情境研究中使用的眼动指标类型

在视觉情境范式中,注视次数及诸如注视比例的衍生指标是最常见的因变量。在所有视觉情境研究中,有 63% 的研究报告了这两项指标,相比之下,基于文本的研究中,这一数字仅为 38%。其他变量的范式指向性更明确;例如,注视潜伏期通常是视觉情境研究(28% 的研究)中分析的变量,但基于文本的研究(4% 的研究)几乎不分析这一变量。相反,五分之一(21%)的基于文本的眼动追踪研究分析了回视,这是一种阅读中特有的眼动行为。近年来,基于文本的眼动追踪研究也已开始将眼动模式(6%)作为综合指标的表现形式。下文将逐一介绍不同类别中的各项指标。每节的开头都会有饼图总结最常见的具体指标(见第 220 页图 7.5、第 223 页图 7.6、第 245 页图 7.11 和第 248 页图 7.13)。这将有助于你了解该领域中常见的及不常用的指标。

7.2　眼动指标

7.2.1　注视与跳读

7.2.1.1　次数、概率与比例

为了说明在二语习得和双语研究中发现的诸多主要眼动指标,我会用一项小说阅读研究中的两项数据试次(Godfroid et al., 2018)为例。在了解各项指标的过程中,你可以随时回来参考图 7.4。在戈德弗鲁瓦等人(Godfroid et al.,

2018)的研究中,英语一语者和二语者阅读了真实的英语小说《灿烂千阳》(*A Thousand Splendid Suns*)(Hosseini, 2007)中的五个章节。小说以阿富汗为背景,包含了许多达里语(Dari,阿富汗的法尔西语方言)单词来体现小说的外国背景。图7.4描述了两名被试对小说中出现的一个不熟悉的词(*tahamul*)的反应。

(a) 即刻(首次通过)反应

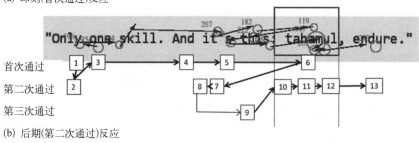

(b) 后期(第二次通过)反应

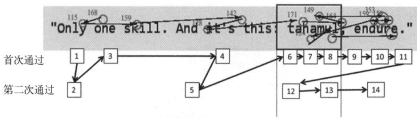

图 7.4 语境中的生词(*tahamul*)的两种不同的阅读模式

注:这句话是对话的一部分。主人公玛利亚姆(Mariam)是个15岁的女孩。她的母亲以及一名家庭教师在讨论玛利亚姆能否被允许去上学。玛利亚姆的母亲不同意。她在这句话之前说:"像你我这样的女人在生活中只需要会一件事,这件事学校不会教。看着我。"(Hosseini, 2007: 17)。如图所示,这件事就是 *tahamull*——达里语中的"忍耐"。

(来源:Godfroid et al., 2018)

图7.5和表7.1总结了二语习得和双语研究中不同的次数指标,图7.4用数据对其进行了具体说明。注视次数及其衍生指标(即概率和比例)已经让我们对自己领域中的各种问题有了更多的了解。当分析区域是屏幕上较大的区域时,次数指标就能够发挥效用。用到这一指标的相关研究包括阅读测试评估(Bax, 2013; McCray & Brunfaut, 2018)、翻译字幕加工研究(Bisson, Van Heuven, Conklin & Tunney, 2014; Muñoz, 2017)以及最适用的视觉情境研究。例如,比森等人(Bisson et al., 2014)使用**连续注视次数**(consecutive fixation counts)来区分被试对不同类型翻译字幕(母语翻译和外语翻译字幕)的阅读行

为。他们发现在不同的翻译字幕条件下,注视次数没有差异;相反,他们发现即使翻译字幕是被试不懂的语言时,他们仍然能够以相当规律的方式阅读翻译字幕(见 3.2.4)。在各种使用词汇兴趣区(Carrol & Conklin, 2015; Pellicer-Sánchez, 2016; Philipp & Huestegge, 2015; Siyanova-Chanturia, Conklin & Schmitt, 2011; Sonbul, 2015)或语法兴趣区(Philipp & Huestegge, 2015; Winke, 2013)的句子加工研究中,对**注视次数**(fixation counts)的分析也很常见。这样,对注视次数的分析就补充了对注视时间指标的分析。对注视次数和注视时间的分析往往能提供趋同证据:效应通常同时存在于注视次数和注视时间中或在两者中都不存在(但有不同的观点,见 Philipp & Huestegge, 2015; Van Assche, Duyck & Brysbaert, 2013)。原因在于注视次数与注视时间是互相关联的(Godfroid, 2012)。当人们更频繁地注视同一区域时,该区域的综合持续时间指标会上升。

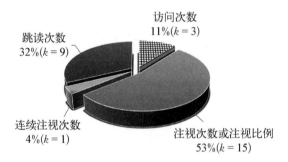

图 7.5 二语习得和双语研究中眼动追踪的次数指标

注:52 项文本研究中,有 20 项使用了这类指标。

表 7.1 次数指标的定义与示例

指 标	定 义	示例(来自图 7.4a)
注视次数	一个兴趣区内的注视总次数	4 次[注视点 6、10、11、12]
连续注视次数	对一个兴趣区的单一访问中的注视次数	首次通过:1 次[注视点 6] 第二次通过:3 次[注视点 10、11、12]
访问次数	访问一个兴趣区的总次数	2 次(如上行所示,有两次通过)
跳读次数	跳过一个兴趣区的总次数	0 次

测量注视与注视的缺乏是视觉情境研究者的主要工作,他们对**注视比例**(fixation proportion)的分析比其他任何因变量都要多(见图 7.3)。被试在某一特定时刻看了图片吗?这是大多数视觉情境研究者以原始或综合形式记录并分析的内容。注视比例分析在预测研究中很常见,从单词层面的加工(如 Marian & Spivey, 2003a, 2003b; Mercier, Pivneva & Titone, 2014, 2016; Tremblay, 2011)到形态句法(如 Mitsugi, 2017; Morales et al., 2016; Suzuki, 2017; Trenkic, Mirković & Altmann, 2014)和语义研究(Dijkgraaf, Hartsuiker & Duyck, 2017; Kohlstedt & Mani, 2018),一直到语篇-句法-韵律接口的研究(Sekerina & Trueswell, 2011)。注视比例也被用于研究对显性主语代词的解读(Cunnings, Fotiadou & Tsimpli, 2017)。研究者想知道对于多少比例的被试以及在多少比例的试次中,眼动仪记录了对给定图像的注视。还有许多人想知道对于不同的被试群体和不同的实验条件,这一数字如何随时间变化(详见 8.5)。当一项研究同时包括一语者和二语(双语)者时,重点往往是二语者或双语者能否表现出与一语者相同的预测性加工或解读偏好(如 Cunnings et al., 2017; Dijkgraaf et al., 2017; Mitsugi, 2017; Sekerina & Trueswell, 2011; Tremblay, 2011; Trenkic et al., 2014)。例如,三木(Mitsugi, 2017)比较了日语一语者和二语者使用格标记来预测动词(日语是一种动词居尾的语言)语态(即主动语态或被动语态)的情况。被试在屏幕上看到两个场景,例如,一名女士殴打一名男士(主动)与一名女士被一名男士殴打(被动)。三木(Mitsugi, 2017)发现在位于有格标记的名词之后、句末动词之前的 1 200ms 内,日语一语者逐渐看向正确的场景,这表明这些被试能够有预测性地使用格标记。另一方面,大学水平的二语学习者没有表现出类似的预测性行为(见 4.2.2.3)。最后,对注视的分析在面对面的互动研究中也有一席之地(McDonough, Crowther, Kielstra & Trofimovich, 2015; McDonough, Trofimovich, Dao & Dion, 2017)。例如,麦克唐纳等人(McDonough et al., 2015)创建了一个新的变量,他们称之为*互相凝视*(mutual eye gaze)。当一语者和二语者在反馈过程中对视时,互动中就会发生互相凝视。研究者发现当反馈与互相凝视同时发生时,二语者更有可能正确地改述她最初所说的话(见 4.2.4)。

　　之前的综述主要关注了分析注视的多种方式,即二元的、是或否的事件(如 McDonough et al., 2015, 2017)、次数(如 Bisson et al., 2014)、比例(如 Mitsugi,

2017)和概率(如 Marian & Spivey，2003a，2003b)。在事件检测算法对原始数据进行处理后，二元的注视数据和计数数据就可以直接从眼动仪中获得(关于数据预处理的详细信息，请见8.1及9.1.3)。二元数据可以很容易地转换成比例(0~1)或概率(%)。要将二元注视数据转换成比例，只需将发生事件的试次数除以总试次数。这样就得到了一个比例，一个介于0和1之间的数。要用百分数表示，可以将该数乘100%(详细说明见8.5.2.1)。这些变量在视觉情境研究中会很有帮助，因为许多视觉情境研究是围绕注视比例或概率分析进行的。例如，在玛丽安和斯派维(Marian & Spivey, 2003a)的研究中，俄英双语者在15%的试次中看向了语间竞争物(如 *spichki*，意为"火柴"，给定目标词为 *speaker*，意为"扬声器")。这一百分比是根据每名被试所参与的20次关键试次得出的，研究者依据被试是否观察了语间竞争物，单独梳理了每个试次。

前面的讨论集中在如何计算注视比例和概率。同样的原则也适用于眼动追踪数据中的其他二元事件，如跳读与回视。这里，我们关注的是跳读，它与注视或"零注视"(zero fixation)是相对的概念(关于回视的概述见7.2.2)。看或不看(即跳过)某物是被试用视觉接触信息的唯一方式。因此，跳读概率与注视概率互为反比。如果给定条件下的注视概率为68%，则跳读概率为32%。在一项关于语言切换的研究中，菲利普和胡斯特杰(Philipp & Huestegge, 2015)报告了在包含两句句子的试次中，句首单词的**跳读概率**(skipping probability)。研究者发现，德语一语-英语二语者在语言切换(即德语-英语或英语-德语)试次中跳读句首单词的概率要低于语言重复(即德语-德语或英语-英语)试次。他们认为，这一发现表明他们的被试在语言切换后采取了"仔细阅读策略"(careful reading strategy)(Philipp & Huestegge, 2015: 662)，这种策略的效应的持续时间相对较短，且不同于其他对句子理解的长效影响。

总而言之，次数指标是告诉我们某事发生频率的眼动指标。眼动追踪软件可以计算不同事件的次数——注视、跳读、访问与回视。研究者可以以原始次数、二元是或否事件、概率(%)或比例(0~1)的形式报告这些指标。顺着拉达赫和坚尼迪(Radach & Kennedy, 2004)的研究思考，我们可以认为次数是针对屏幕上给定区域的**空间眼动指标**(spatial eye-movement measures)，与下面讨论的**时间眼动指标**(temporal eye-movement measures)不同。因为注视次数包含了给定区域内的所有访问或通过活动，所以它是一种晚期眼动指标(有关早期/晚期的特点的更多信息见 7.2.1.2.2）。与总阅读时间类似，注视次数也是一种综合指标。相反，跳读概率最好作为早期指标（Conklin & Pellicer-Sánchez, 2016），因为要跳过一个词，被试必须在这个词仍处于副中央凹视觉区域时就做出决定，换言之，就是在眼睛看到它之前。

7.2.1.2 注视时间

持续时间指标是二语习得和双语研究中最大的因变量类别。对来自15本二语习得期刊和《语言测试》（见第三章）的眼动追踪文献进行梳理后，我们总结了12项不同的注视时间指标（见图7.6与表7.2）。其中一些指标，如首次注视时间、凝视时间、回视路径时间和总时间，现已成为基于文本的眼动追

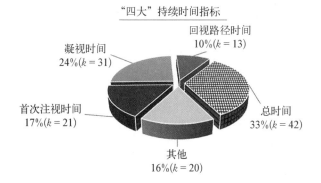

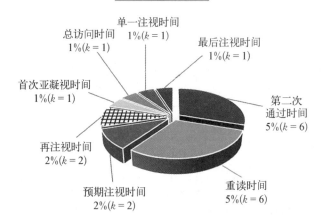

图 7.6 二语习得和双语研究眼动追踪中的持续时间指标

注：上方为"四大"持续时间指标，下方为其他持续时间指标。52 项文本研究中的 49 项使用了这些指标。由于使用凑整法，因此下方图中的数字之和不为 16%。

踪文献中广泛使用的指标(见图7.6上方)。其他指标,如再注视时间、第二次通过时间和重读时间都与研究相关,但文献中未见频繁使用,这可能与这些变量的统计特性有关(即它们通常为零)。最后,持续时间类的眼动指标领域也有了一定的创新,少部分研究者及研究团队正在开发新指标(如首次亚凝视、最后注视时间、总时间差[delta [Δ] total time])以满足他们的研究需求(Hoversten & Traxler, 2016; Indrarathne & Kormos, 2017, 2018; Miwa, Dijkstra, Bolger & Baayen, 2014)。

表7.2 持续时间指标的定义与示例

指标	定义	示例(除另有说明外,均来自图7.7a)
首次注视时间 (first fixation duration)	某一兴趣区内的首次注视的持续时间	[6]
单一注视时间 (single fixation duration)	当某一兴趣区内仅有一次注视时,该区域内的首次注视的持续时间	n/a(不止一次注视)
再注视时间 (refixation duration)	凝视时间(或第一遍阅读时间)与首次注视时间的差	图7.7a: 0 图7.7b: [7]+[8] (记住,[6]是首次注视时间)
凝视时间 (gaze duration)	视线离开某一单个单词的兴趣区前,该兴趣区内的所有注视的总和	图7.7a: [6] 图7.7b: [6]+[7]+[8]
第一遍阅读时间 (first pass reading time)	视线离开一个多词兴趣区前,该兴趣区内的所有注视的总和	见凝视时间(兴趣区为一个单词)
首次亚凝视 (first subgaze)	被试做出外显反应(如按下按钮)前,所有非最终注视的总和	n/a(此实验中无须外显反应)
回视路径时间 (总体通过阅读时间) (regression path duration [go-past time])	从视线首次进入兴趣区开始,直至视线离开该区域继续向右侧移动,在此期间的所有注视的总和,包括回视句子或文本的前面部分时做出的任何注视	[6]+[7]+[8]+[9]+[10]+[11]+[12](尽管[7]、[8]和[9]是兴趣区之外的注视点,但它们是跟随回视到了兴趣区外,因此也包含在总加工时间内)

续 表

指 标	定 义	示例(除另有说明外,均来自图7.7a)
第二次通过时间(second pass time)	当视线第二次访问兴趣区时(或最初跳过兴趣区后),该区域内的所有注视的持续时间的总和	[10]+[11]+[12]
重读时间(rereading time)	一个兴趣区内,除第一次通过中的注视外,其余所有注视的持续时间的总和	[10]+[11]+[12]
最后注视时间(last fixation duration)	在被试做出外显反应之前的最后一次注视的持续时间	n/a(无外显反应)
总时间(total time)	一个兴趣区内所有注视时间的总和	[6]+[10]+[11]+[12]
总访问时间(total visit time)	所有对特定兴趣区的访问的总持续时间	[6]+[10]+[10→11 眼跳时间]+[11]+[11→12 眼跳时间]+[12]
预期注视时间(expected fixation duration)	假设被试将注意均匀地分配在屏幕中的各个兴趣区上,其被预期将在给定兴趣区内耗费的时间	基于音节的预期注视时间:句子:12 个音节 *Tahamul*:3 个音节(25%) ([1]+[2]+[3]+[4]+[5]+[6]+[7]+[8]+[9]+[10]+[11]+[12]+[13])÷4
观察注视时间(observed fixation duration)	眼动仪记录下的在一个兴趣区内的注视时间	[6]+[10]+[11]+[12]
观察注视时间与预期注视时间的差(ΔOE)(difference between observed and expected fixation duration)	假设注意相同,被试在给定兴趣区内的加工时间与预期时间偏离的程度	([6]+[10]+[11]+[12])−([1]+[2]+[3]+[4]+[5]+[6]+[7]+[8]+[9]+[10]+[11]+[12]+[13]))÷4

注:指标表示的是一段时间,这段时间与各注视的时长相对应,通常以 ms 为单位。

7.2.1.2.1 早期眼动指标与晚期眼动指标

在各类眼动指标中,时间或持续时间指标最容易被归类为早期指标或晚期指标。早期和晚期指标在大体上分别与对兴趣区的初次访问和各次后续访问对应。在第216页图7.1中,早期指标和晚期指标在注视时间类别中被表示为两个独立的分支。早期指标(即首次注视时间、单一注视时间、再注视时间、凝视时间或第一遍阅读时间、首次亚凝视、回视路径时间或总体通过阅读时间)可能指示"句子加工的初始阶段中发生的过程"(Clifton, Staub & Rayner, 2007:349),比如**单词识别**(word recognition)或**词汇通达**(lexical access)。其他指标(如第二次通过时间、重读时间、最后注视时间、总时间、总访问时间)则体现相对较晚的加工阶段,也可能表明正常阅读过程的**中断**(interruption)。尽管这些特征在一般情况下都适用,但在语言研究中,早期和晚期指标的区别究竟如何体现还要取决于研究领域和需要研究的主题(见下文示例)。当前的文献梳理显示,一种效应由多项指标(即早期和晚期指标)体现的情况更为常见。这时,研究者可能会对他们的发现更有信心,因为不同的指标在本质上提供了趋同的证据,证明效应真实存在。尽管较为罕见,但如果一个(或一组)时间指标体现了某效应,而该效应却未见于其他指标,那么从理论上来说,这种现象可能更有研究价值,不过前提是这一发现能够被复现。接下来,我将用来

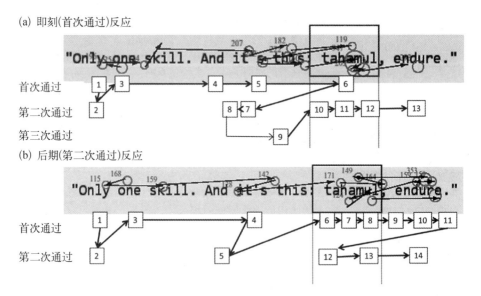

图7.7 语境中的生词(*tahamul*)的两种不同的阅读模式

(来源:Godfroid et al., 2018)

自不同研究领域的两项范例研究来说明这一点。在这两项研究中,作者们都利用他们的发现提出了具体的理论主张——关于一语和二语句法解析的性质(Felser, Cunnings, Batterham & Clahsen, 2012)或关于词汇激活的时间过程(Taylor & Perfetti, 2016)。

费尔泽等人(Felser et al., 2012)研究了英语一语者和二语者在阅读过程中对依存关系(定语从句的填充词-缺位依存关系)的计算(另见 3.2.1)。被试阅读包含定语从句的复杂英语句子。在一半条件下,句中包含一句附加的定语从句(双层嵌套),如(1c)和(1d)。这些双层嵌套的定语从句是"提取孤岛"(extraction islands, Felser et al., 2012:67),这意味着第一句定语从句的关系代词(如 $that_i$)不能来自那里(示例来自 Felser et al., 2012:87,实验 2,已添加排版;e_i 是空语类,表示基部提取位置)。

(1) There are all sorts of magazines on the market.
 (a) 无限制,缺位
  Everyone liked the magazine that$_i$ the hairdresser read **quickly** and yet extremely thoroughly about e_i before going to the beauty salon.
 (b) 无限制,填补缺位
  Everyone liked the magazine that$_i$ the hairdresser read **articles** with such strong conclusions about e_i before going to the beauty salon.
 (c) 孤岛限制,缺位
  Everyone liked the magazine that$_i$ the hairdresser who read **quickly and yet extremely** thoroughly bought e_i before going to the beauty salon.
 (d) 孤岛限制,填补缺位
  Everyone liked the magazine that$_i$ the hairdresser who read **articles** with such strong conclusions bought e_i before going to the beauty salon.

费尔泽和同事们进行了两个实验,旨在厘清语义信息和结构信息在句子加工中的作用。他们发现一语者和二语者对孤岛限制(island constraints)都很敏感：当语义或结构操控发生于第二句定语从句（[1d]与[1c]）时,阅读不受影响。重要的是,在感知发生于定语从句孤岛外的操控时,被试的敏感性不同。高水平二语阅读者比一语阅读者更早地发现了局部的语义不合理之处,正如其第一遍阅读时间所示（实验1）；然而,他们对结构效应的敏感性（[1b]与[1a]）比较迟缓（实验2）。与一语者不同,结构效应直至二语者重读溢出区域（例[1]的下划线部分）时才显现出来；换言之,结构效应在时间和空间上都是延迟的。对句中两个不同部分的早期和晚期眼动指标进行三角测量后,可以看出这一点。费尔泽和她的同事们提出的一项可能的理论蕴理是,这些数据支持了浅层结构假说（Clahsen & Felser, 2006a, 2006b）。因此,二语语法知识不是"不完整的、分散的,就是其形式不适合解析"（Clahsen & Felser, 2006a: 117,引自 Felser et al., 2012）,所以可能会降低被试对结构控制的敏感性,如（3b）与（3a）。

其次,泰勒和佩尔费蒂（Taylor & Perfetti, 2016）在单词学习实验中研究了个体差异和词汇知识对一语阅读行为的影响。在第二项实验中,他们训练35位英语母语者学习180个英语生僻词,并使用了以下正字法（O, orthographic）、语音（P, phonological）和词义（M, meaning）的信息组合：O、P、OP、OM、PM 和 OPM。对每个单词,被试会看一遍、三遍或五遍。在完成单词训练范式后,被试阅读包含新词的句子。此处,研究者会记录被试的眼球运动。研究者关心的是被试从训练中获得的单词知识的不同部分（O、P 和/或 M；接触次数）会如何影响其对句子中单词的加工。

泰勒和佩尔费蒂发现了不同类型的局部单词知识的时间分布效应。一般来说,在训练期间增加被试对正字法的接触会影响早期加工指标。词义训练与阅读技能相互作用,影响的则是晚期加工指标。语音训练与接触次数和被试的词汇知识产生三方的相互作用,会对早期和晚期指标都产生影响。值得注意的是,泰勒和佩尔费蒂的研究采用了七项眼动指标（加上实验1中的另外两项跳读指标）,包括早期和晚期的持续时间指标以及概率。这样,作者们就能揭示单词知识的不同方面在时间上的变化,其中词义效应的显现后于形式效应,这一点至关重要。

正如前例所示,眼动记录能够使研究者更细致地理解语言加工过程中用到的信息类型。这包括但不限于语义与结构线索（Felser et al., 2012）以及形式与意义(Taylor & Perfetti, 2016)。因此,眼动记录具有发展潜力,能够将诸如**单词识别**、**词汇通达**或**重新分析**等一般过程解构为性质不同的形构过程,这在泰勒和佩尔费蒂的单词学习实验中得到了最有力的证明。眼动追踪研究也正在为隐性、显性加工研究以及隐性、显性知识研究添砖加瓦(Andringa & Curcic, 2015; Godfroid, Loewen, Jung, Park, Gass & Ellis, 2015; Godfroid & Winke, 2015; Suzuki, 2017; Suzuki & DeKeyser, 2017),这些领域重点关注受控与自动加工(Godfroid et al., 2015; Godfroid & Winke, 2015)或语言知识的实时检索(Andringa & Curcic, 2015; Suzuki, 2017; Suzuki & DeKeyser, 2017)。随着眼动追踪在二语和双语研究中的应用不断多样化,我们可以期待看到更多关于眼行为时序方面的研究。

现在我们来回顾一下目前眼动追踪文献中已确定的不同眼动指标。这一节将反映早期和晚期眼动指标的区别,并进行相应编排:从早期到中期,最后到晚期眼动指标。

7.2.1.2.2 持续时间指标概述

7.2.1.2.2.1 早期指标

首次注视时间(first fixation duration)是指在某一兴趣区内首次注视的持续时间(为方便读者,请见第 224 页表 7.2 及第 219 页图 7.4,此处复制为图 7.7)。首次注视时间是所有时间指标中最早的指标,通常用来表示读者检索单词含义的难易程度;换言之,首次注视时间通常被作为词汇通达的指标。首次注视时间反映的是单词层面的加工而不是句子整合,并且容易受到早期效应的影响。这些早期效应的来源包括(视觉)输入强化(Alsadoon & Heift, 2015)、同源词之间的正字法重叠(Cop, Dirix, Van Assche, Drieghe & Duyck, 2017)、词频(Godfroid et al., 2013)和文本中的接触频率(Elgort, Brysbaert, Stevens & Van Assche, 2018; Mohamed, 2018; Pellicer-Sanchez, 2016)。有两项语法研究显示,首次注视时间还会影响被试对符合语法的与不合语法的复合词的加工(Clahsen, Balkhair, Schutter & Cunnings, 2013)以及被试对在结构上有可及与不可及先行词的反身代词的加工(Felser & Cunnings, 2012)。因此首次注视时间在词汇加工(包括同源加工)和语法习得研究中非常重要。此外,它还是关注单个词阅读(即阅读在屏幕上单独呈现的单词)的研究中的关键指标。此类研究包括佐以眼动追踪的词汇判断任务(Miwa et al., 2014)以及一项朗读实验,后者研究的是正字法深度(语言书写系统的不透明度)对阅读策略的影响(De León Rodríguez et al., 2016)。

与7.2.1.1中讨论的次数指标不同,当兴趣区是屏幕上的较大区域时,研究者通常不使用首次注视时间;多词单元(multiword unit)、翻译字幕研究(但见Muñoz, 2017)和语言测试评估研究就是如此。值得注意的是,首次注视时间通常不会显示研究者所研究的内容的效应。我发现,在二语习得和双语研究中,首次注视时间经常在体现效应方面比较乏力,而在以一语或单语人群进行的研究中,这类被试的首次注视时间却通常存在显著差异,这一点很耐人寻味。也许一语与二语加工速度的差异使首次注视时间成了一项在二语或双语研究中不太具有信息量的指标,因为读者必须非常快速地阅读才能在首次注视时间中显示出效应。基于当前的综述,将在此处述评的二语与双语文献中的研究结果与一语与单语眼动追踪研究的结果进行对比,方可检验当前的猜想。

单一注视时间(single fixation duration)是当某一兴趣区内仅有一次注视时,该注视的持续时间(见第224页表7.2)。因此,单一注视时间是所有首次注视时间观察值的子集,即有且仅有一次注视的情况。由于许多单词不止一次被注视,因此分析单一注视时间会导致大量数据丢失,所以首次注视时间通常是首选的早期指标(Rayner, 1998)。话虽如此,但单一注视时间与首次注视时间一样,都可用于研究单词层面的词汇加工、语法习得以及单个单词的阅读。在二语习得和双语研究中,只有焦普、德里格和杜伊克(Cop, Drieghe & Duyck, 2015)的小说阅读研究将单一注视时间作为因变量。与能体现单词间正字法重叠效应的首次注视时间不同,单一注视时间在这项研究中并未揭示任何显著差异。

凝视时间(gaze duration)是视线离开某一兴趣区前该区域内的所有注视的总和(示例见第224页表7.2及第226页图7.7)。在阅读研究中,使眼视线离开该区域的眼跳可以是向前的或向后的,与凝视时间无关。对于包含一个以上单词的兴趣区来说,如习语或词语搭配、较大的语法结构或翻译字幕,同样的指标被称为**第一遍阅读时间**(first pass reading time)。因此,凝视时间和第一遍阅读时间的计算方法是相同的,但凝视时间适用于单个单词的兴趣区,而第一遍阅读时间适用于更大的区域。

在所有标准的持续时间指标中,凝视时间可能是最重要的,也是使用最广泛的。大量研究,包括所有的语法或词汇研究,都将凝视时间和首次注视时间作为早期指标报告(如 Balling, 2013; Carrol & Conklin, 2015; Clahsen et al., 2013; Felser & Cunnings, 2012; Godfroid et al., 2013)。然而,有同样数量的研究只报告了凝视时间,而并未报告首次注视时间。这些研究主要是语法研究(如 Felser et al., 2012; Sagarra & Ellis, 2013; Spinner, Gass & Behney, 2013; Vainio, Pajunen & Hyönä, 2016),但也有习语与词语搭配加工的研究(Siyanova-Chanturia, Conklin & Schmitt, 2011; Sonbul, 2015)、源语字幕加工研究(Montero Perez et al., 2015)以及输入强化研究(Winke, 2013)。

当兴趣区包含多个单词时(如上文中的部分研究),有一个问题就值得思考了,即首次注视时间可能提供哪类信息以及这类信息的价值有多大。读者通常需要多次注视才能理解较大区域内的文本,所以(仅仅是)首次注视的持续时间可能并不能告诉我们太多信息。例如,苏布尔(Sonbul, 2015)分析了形容词-名词搭配的第一遍阅读时间(而不是首次注视时间),如 *fatal mistake*,并引用了西扬诺娃-尚图里亚和其同事们之前的研究(Siyanova-Chanturia, Conklin & Schmitt, 2011; Siyanova-Chanturia, Conklin & van Heuven, 2011)作为逻辑依据。维尼奥等人(Vainio et al., 2016)在一项关于修饰词-名词格一致的研究中,也仅选择凝视时间作为早期指标,因为作者们报告说,首次注视时间并未显示出效应。

在许多其他研究中,兴趣区确实仅含有一个单词,但研究者仍然只把凝视时间作为早期指标。通常,他们不会解释为什么他们未分析首次注视时间,但可以想到一些潜在原因。一个原因是首次注视时间包含于凝视时间(凝视时间是首次注视的持续时间加上任何其他首次通过的注视时间),所以这两项指标不是独立的。这对统计测试有着重要影响,而眼动研究者之前大多忽视了这一点,直到最近才逐渐意识到(Von der Malsburg & Angele, 2017)。另一个客观原因是研究者可能热衷于记录由首次注视时间与凝视时间反映的早期阅读过程(见 7.2.1.2.2.1),因为他们认为早期加工最有可能反映自动的、非策略性的阅读或解析过程(Godfroid & Winke, 2015)。然而,除了对早期过程的关注,首次注视和任何额外的首次通过注视之间的细微区别对于具体的研究问题来说可能不那么重要。例如,萨加拉和埃利斯(Sagarra & Ellis, 2013)在研究句子加工中的时间线索时，仅报告了凝视时间和第二次通过时间，并将其分别作为早期和晚期加工的综合指标。这两项指标结合在一起，可以反映被试对一个单词进行的大部分观看活动。

当研究者希望区分某一区域内的首次注视和任意额外的首次通过注视时，他们可以采用再注视时间。**再注视时间**（勿与重读时间混淆，后者是一种晚期指标）是凝视时间（或第一遍阅读时间）与首次注视时间的差（见第224页表7.2和第226页图7.7）。因此，再注视时间独立于首次注视时间，而凝视时间则包含这两者。在二语习得中，迄今为止只有一项研究报告了再注视时间。阿尔萨顿和海夫特（Alsadoon & Heift, 2015）发现阿拉伯英语学习者在阅读句子时，对强化后的英语单词的再注视时间（以及首次注视时间）长于未强化的英语单词。

首次亚凝视（first subgaze）是指在被试按下按钮或做出其他类型的外显反应之前在一个兴趣区内的所有注视的持续时间。首次亚凝视是一个研究团队为满足其研究目的而专门开发的指标。美和和同事们（Miwa et al., 2014）设计了一项词汇判断眼动追踪任务，以研究一语对二语词汇加工的影响。除了首次注视时间外，他们的数据分析还包括两项新指标，首次亚凝视时间和**最后注视时间**（last fixation duration，详见下文），这两项指标有助于分析词汇判断的任务特性。在词汇判断任务中，被试被要求通过按按钮的方式来判断屏幕上出现的一串字母是否是一个单词（是/否反应）。因为按下按钮是一种有意识的、外显的行为，所以研究者认为首次亚凝视"受有意识的词汇判断反应策略的干扰少于以按下按钮为结束的最后一次注视"（Miwa et al., 2014：452）。总的来说，美和和同事们在词汇判断任务中加入了眼动追踪。他们将词汇判断假定为一系列事件的结果，以更深入地了解词汇加工引导词汇判断时的时间进程。日语-英语双语者的眼动追踪数据显示，尽管他们在实验中从未看到过日语，只看到了英语，但在英语的词汇判断任务中，他们还是受到了对应日译（一语）单词的词汇、语音和语义属性的影响。这一发现暗示了任务中两种语言共激活现象的存在（另见3.2.2）。在其他涉及外显决策的任务中，包括语法判断测试、翻译测试、句图匹配任务和书面语言测试评估任务，首次亚凝视也能够提供有帮助的信息。

回视路径时间（regression path duration）或**总体通过阅读时间**（go-past

time)是一项更复杂的持续时间指标,除了持续时间外,还涉及眼球运动的顺序。回视路径时间是视线首次进入兴趣区到离开该区域继续向右移动期间的所有注视的总和。以第 226 页图 7.7a 所示的试次为例,回视路径时间包括兴趣区——tahamul——以外的注视点[7]+[8]+[9]以及在 tahamul 上的注视点[6]、[10]、[11]和[12],因为读者的视线还未移到关键兴趣区外。因此如果在初始访问中发生了回视,那么回视路径时间还将包括对句子或文本前一部分的注视;即包括完全在兴趣区之外的注视。

有人认为,回视路径时间代表了克服加工困难所耗费的时间(Radach & Kennedy, 2004; Rayner & Pollatsek, 2006; Reilly & Radach, 2006)。根据这一观点,在兴趣区之外的回视表明被试存在加工困难,而当视线通过兴趣区时,则说明该困难被成功解决。从这一"问题-修复"的顺序可以看出,回视路径时间是一项混合指标。因为回视路径时间具有(早期)首次通过回视的特征,一些研究者将回视路径时间解读为一项早期指标(如 Chamorro, Sorace & Sturt, 2016)。[1]其他研究者将回视路径时间作为一项晚期加工指标(如 Van Assche et al., 2013),因为这项指标涉及初始回视出(兴趣区)之后的重新分析。两者都是正确的,因为回视路径时间结合了早期和晚期指标的特征。这使其具有了过渡性质(Conklin & Pellicer-Sánchez, 2016),它是所有早期指标中最晚的,也是所有晚期指标中最早的。

回视路径时间是句子加工和文本加工研究中常用的指标。研究者将其用于语法研究(Clahsen et al., 2013; Felser & Cunnings, 2012; Felser et al., 2012; Felser, Sato & Bertenshaw, 2009; Lim & Christianson, 2015)以及词汇研究的所有分支,包括语境词汇学习(Elgort et al., 2018)、习语加工(Carrol & Conklin, 2017; Carrol, Conklin & Gyllstad, 2016)以及双语词库(Hoversten & Traxler, 2016; Van Assche et al., 2013)。回视路径时间是埃尔戈特等人(Elgort et al., 2018)在研究背景情境学习时所用的六项指标之一。作者们绘制了低频二语单词(假定未知)的学习轨迹并将其与高频对照词进行了对比。这些高频对照词在一本通识教育课本中出现了 8 到 64 次。与研究中分析的其他眼动指标类似,低频词的回视路径时间逐渐接近对照词的回视路径时间(说明被试进行了词形学习)。然而,与其他眼动指标不同的是,直至阅读实验结束,回视路径时间都保持在高位水平(见 3.2.2)。该例子说明,作为一项反映单词与文本整合的指标(Elgort et al., 2018),回视路径时间能够补充首次注视时间和凝视时间所体现的词汇通达信息。这使得回视路径时间成为眼动追踪研究者分析工具中的重要力量补充。

7.2.1.2.2.2　晚期指标

第二次通过时间(second pass time)是视线第二次访问兴趣区时或视线最初跳过兴趣区后,该兴趣区内所有注视时间的总和(见第224页表7.2及第226页图7.7)。它与**重读时间**(rereading time)类似,但又不同,因为重读时间包括任何非首次通过的注视(见下文)。第二次通过时间在报告(使用)频率方面处于中间位置。该指标常见于句子和文本加工研究,包括语法研究(Felser et al., 2009; Hopp & León Arriaga, 2016; Roberts, Gullberg & Indefrey, 2008; Sagarra & Ellis, 2013)和词汇研究(Godfroid et al., 2013; Montero Perez et al., 2015),但其在研究中的报告频率不及首次注视时间、凝视时间或总时间。虽然研究者很少解释为何在研究中不包含某一特定指标,但我猜想,可能是因为许多第二次通过时间的值为0。如果被试在首次通过(第一遍阅读)中完成了对一个单词的加工或完全跳过了该区域,那么第二次通过时间就为零。变量中存在多个零值会导致该变量呈非正态分布(双峰或偏态),这时研究者就需要转换数据并(或)进行不同的实验。[2]不过即使第二次通过时间可能需要一些额外的数据准备,我们也有充分的理由将这一指标纳入统计分析。值得注意的是,第二次通过时间涉及初始加工困难之后的重新分析,因此是一项纯后期指标,这一点不同于总时间和总访问时间(见后文)。罗伯茨等人(Roberts et al., 2008)比较了荷兰语一语者和二语者对人称代词的加工,这些人称代词或指句内先行词,或指句外先行词。相较于早期指标,在这项研究中,包括第二次通过时间在内的晚期指标能提供更多信息,因为与荷兰语一语者相比,荷兰语二语者的附加偏好差异在晚期阅读过程中才显现出来。在萨加拉和埃利斯(Sagarra & Ellis, 2013)的研究中,第二次通过时间也是一项重要指标;他们将其与凝视时间一起使用,以了解阅读过程的全貌(凝视时间+第二次通过时间 ≈ 总时间)。通过采用第二次通过时间这一指标,而不是总时间,作者们能够更清楚地区分晚期和早期加工。

重读时间(rereading time,勿与再注视时间混淆,再注视时间为早期指标)是阅读总时间与凝视时间或第一遍阅读时间的差(示例见第224页表7.2及第

226页图7.7)。因此重读时间是一个兴趣区内除第一遍阅读时的注视外的所有注视的总和。因为访问同一兴趣区两次以上的情况相对较少,所以重读时间和第二次通过时间的值通常会相同。重读时间与第二次通过时间具有相同的一般属性;换言之,零值的出现频率很高,且呈偏态分布。[3]

重读时间这一指标被用于少部分语法研究(Boxell & Felser, 2017; Felser & Cunnings, 2012; Felser et al., 2012);另有一项研究探索了输入强化对降低阿拉伯语一语-英语二语者元音盲性的影响(Alsadoon & Heift, 2015),该研究中也使用了重读时间这一指标。费尔泽和她的同事们研究的是长距离依存关系的消解,此类研究通常要用到结构复杂的句子(讨论见 7.2.1.2.1 中的示例 [1],回顾见 3.2.1)。就像第二次通过时间一样,重读时间这一指标适合用于体现一语者和二语者在解析句子时进行的重新分析的量。

需要注意的是,在实证研究中,重读时间和第二次通过时间的区别并不总是很明显。具体来说,第二次通过时间有时被定义为对一个兴趣区的任何重读或再注视,而没有进一步提及重读或再注视(即在第二遍阅读中或之后)发生的时间。严格地说,这使得该指标成了一项重读时间指标,因为第二次通过时间仅与第二次通过时的注视有关。综述中的一些研究也像这样模糊地定义第二次通过时间,这让我相信重读时间这一指标的应用应该比第 223 页图 7.6 所示的更普遍。为了提高术语的准确度,今后的研究者应该对其指标进行清晰的定义;同时,对于第二次通过时间和重读时间,要具体说明是否包括第二次通过(第二遍阅读)外的再注视。

最后注视时间(last fixation duration)是被试做出反应前的最后一次注视的持续时间。通过一项涉及日英双语者的眼动追踪词汇判断研究,美和等人(Miwa et al., 2014)将这一指标引入了双语研究领域。最后注视时间是被试在按下按钮并做出词汇判断前最后一次注视字母串的持续时间。美和和同事们认为,最后注视时间"侧重于体现反应的计划与执行"(Miwa et al., 2014: 455)。它与前文描述的首次亚凝视这一早期指标形成了对比,后者可以反映"文字识别系统中不受有意识的反应策略影响的词汇效应"(同上)。虽然最后注视时间在二语习得和双语研究领域是一项新的指标,但在其他需要被试做出外显反应的任务中,该指标也能发挥效用,例如语法判断测试(GJTs)、翻译测试、句图匹配任务以及书面语言测试评估任务。

总时间(total time)是在一个兴趣区内所有注视时间的总和(示例见第224页表7.2及第226页图7.7)。这是在二语习得和双语研究报告中使用最频繁的眼动追踪指标,它涵盖了所有基于文本的眼动追踪研究的五个研究方向。戈德弗鲁瓦等人(Godfroid et al., 2018)在研究阅读中的词汇附带习得时,主要选择了总时间这一指标作为分析重点,

> (i)因为[总时间]是最能激发教学兴趣的变量,(ii)因为在先前的研究中该指标与学习的关联最强,(iii)因为该指标囊括了首次注视时间和凝视时间(眼动研究中多重测试的注意事项见Von der Malsburg & Angele, 2017)。
>
> (*Godfroid et al.*, 2018: 568)

换言之,只要研究主要关注的是整体效应,总时间都是必不可少的指标,不过一般来说,研究者不应该因此就放弃对其余指标的分析。

效应很可能通过总时间这一指标体现出来,因为总时间涵盖了给定区域内发生的所有观看活动。在二语测试评估中,巴克斯(Bax, 2013)考察了两项雅思阅读任务(句子填空和匹配)的认知效度;两项任务共计11个测试项目。在5个测试项目中,成功与不成功的测试对象(即回答正确和回答错误的人)使用的总时间是不同的。这些发现在巴克斯的其他因变量(访问时间、访问次数以及注视次数)中也得到了验证。在ISLA研究中,因德拉拉特尼和科尔莫什(Indrarathne & Kormos, 2017, 2018)比较了不同教学条件下使役动词 *had* 结构(如 *he had the house painted*,意为"他把房子粉刷了一下")的教与学的有效性。作者们分析了使役动词 *had* 的21次出现的平均总时间,并将其与英语二语学习者在两次单独的前测与后测中的成绩联系起来(Indrarathne & Kormos, 2017)。在翻译字幕研究方面,比森等人(Bisson et al., 2014)要求英语一语者以英语翻译字幕、荷兰语翻译字幕、无字幕三种条件中的一种观看电影《海绵宝宝》中的四个章节。电影配音也有荷兰语与英语两种条件。比森和同事们比较了这些不同条件下翻译字幕区内的总时间,并标准化了其测量的每种翻译字幕在屏幕上出现的时间。在语法研究方面,埃利斯、哈菲兹、马丁、陈、博兰和萨戈拉(Ellis, Hafeez, Martin, Chen, Boland & Sagarra, 2014)研究了拉

丁语二语者加工时制（temporality）时的习得性注意偏向，他们将总时间作为唯一指标进行了分析。最后，在本节开头介绍的戈德弗鲁瓦和同事们（Godfroid et al., 2018）的词汇研究中，分析重点也在总时间上，因为作者们的主要目的是揭示显性注意与词汇附带学习之间的联系。

虽然总时间通常被描述为一种后期指标，但它实际上是一种混合指标，合并了早期与晚期的加工阶段（即凝视时间+重读时间）。在这方面，总时间与回视路径时间（如上所述）有一些相似之处，后者合并了早期加工与克服加工困难所需的时间。总时间的混合性质可能是一些研究者不选择分析它的一个原因。如前所述，总时间合并了其他几项指标，因此这些指标（如凝视时间）往往与总时间互相关联（图示见第 260 页图 7.20）。当研究者分析同一组眼动追踪数据的多项相关眼动指标时，他们会进行几次非独立统计比较。为了控制第一类错误率，冯·德·马尔斯堡和安吉尔（Von der Malsburg & Angele, 2017）建议通过应用邦费罗尼校正（Bonferroni correction）或使用经验法则来降低显著性水平 α，其中需要至少两项的眼动指标具有显著性，才能认为效应可靠。这里提出第三种可行方案，即分析一组彼此不相关的指标，如首次注视时间、再注视时间和重读时间（图示见第 260 页图 7.21）。在这种情况下，不需要额外的步骤来确保统计结果的效度。

总访问时间（total visit duration）是指对某一特定兴趣区的所有访问的总持续时间（示例见第 224 页表 7.2 及第 226 页图 7.7）。访问的定义是"从［一个兴趣区］内的首次注视到同一［兴趣区］内的最后一次注视结束的时间间隔，不包括［兴趣区］外的注视"（Tobii Studio User's Manual v. 3.4.5：110）。因此访问与阅读中的**通过**（pass）的概念类似，但"访问"一词在眼动追踪研究的其他领域中使用得也很广泛。总访问时间是一项使用较少的指标，目前为止只有巴克斯（Bax, 2013）报告过。总访问时间与前文讨论过的总时间非常相似，因此目前并不清楚总访问时间还能提供何种额外信息。[4] 在一项阅读测试评估研究中，巴克斯（Bax, 2013）想要分别验证雅思阅读测试中的项目在考察局部精读与快速（即快速的、有选择性的）局部阅读能力时的有效性。巴克斯分析了总访问时间以及其他三个指标，以衡量读者在回答特定的测试题时对文本特定部分的关注程度。结果发现在所有测试项目的某一子集上，成功的测试对象（即答题正确的人）与不成功的测试对象在总访问时间和其他眼动追踪指标方面存在差异。巴克斯认为这一点确认了测试的认知效度。

在像巴克斯那样的测试评估研究中,屏幕上通常会呈现在功能上有区别的不同区域,比如测试提示或问题、答案选项、阅读文本、图像或视频。在这种情况下,有必要强调"访问"的概念,并分析总访问时间,因为对特定区域的访问是语言测试评估研究中具有功能意义的事件。总的来说,在任何采用屏上较大兴趣区(见 6.1.2)的研究中,总访问时间似乎都是一项有帮助的指标。除测试评估研究外,此类研究还包括翻译字幕研究以及 ISLA 中的某些研究。同时报告总访问时间和总时间似乎有些多余,因为这两项指标非常相似。研究者如果不确定该纳入哪项指标,可以根据屏幕上不同区域的作用来决定。当兴趣区都相同时(如兴趣区全部是单词而不是既有单词又有图像),默认选用总时间。

预期注视时间(expected fixation duration)是假设当被试将注意力平均分配到屏幕上的所有信息上时,他们被预期将会在屏幕上的特定区域内所耗费的时间(见第 224 页表 7.2 及第 226 页图 7.7)。预期注视时间通常被拿来与观察到的注视时间进行比较,后者是由眼动仪采集到的被试在该区域内实际耗费的时间。因此,**观察注视时间与预期注视时间之差**(difference between observed and expected fixation duration)或 ΔOE 表明的是,在被试以相同深度加工所有信息的假设下,他们在特定区域内耗费的时间相较于预期是多还是少。在这方面,ΔOE 与热力图上的色标(见 7.2.3.1)在定量方面有相同效用:正值表示注意较多(热力图中的暖色),而负值表示注意较少(冷色)。

ΔOE 的计算可以是基于字母、音节或单词(基于音节计算的观点,见 Indrarathne & Kormos, 2017, 2018)的。举例来说,假设一名被试用 8s 或 8 000ms 的时间阅读了一篇含 80 个音节的短文,相当于每个音节的平均阅读时间为 100ms。如果文本中的目标结构有五个音节那么长,那么预期注视时间就为 500ms。如果被试花了 625ms 阅读目标结构,那么 ΔOE 就为 125ms。因德拉拉特尼和科尔莫什(Indrarathne & Kormos, 2017, 2018)以这种方式计算了 ΔOE,用以量化注意力加工(另见 Godfroid & Uggen, 2013)。他们以总时间作为计算的基础,但原则上相同的公式可以应用于任何注视时间指标。当使用 ΔOE 时,注意是根据被试在任务本身中的表现来衡量的,而不是以对照条件为参照,因此研究者可能不需要担心其实验条件与对照条件的可比性(Indrarathne & Kormos, 2017)。尽管如此,在因德拉拉特尼和科尔莫什(Indrarathne & Kormos, 2017,

2018)的研究中,ΔOE 和总时间(一项传统的指标)的计算结果非常相似,因此,这种计算注意的新方式与计算总时间是否有区别还有待更多研究来进行验证。

从概念上来说,当不同群体在任务上所花的时间不同时,ΔOE 是一项值得研究的指标,就像在因德拉拉特尼和科尔莫什的研究中一样。理论上,控制任务时间上的差异后,ΔOE 应该能够敏锐地体现出在注意中特定于目标形式的差异。ΔOE 也可用于量化由重复相同任务引起的注意变化。例如,一些关于输出假设的实证研究(Swain, 1985)在实验设计中使用了"输入-输出-输入"的序列(即读-写-读)(如 Izumi & Bigelow, 2000; Izumi, Bigelow, Fujiwara & Fearnow, 1999; Song & Suh, 2008)。在眼动追踪的复制性研究中(He & Li, 2018),ΔOE 可以显示在第二次阅读任务中被试对目标结构的注意力是否如输出的注意功能(noticing function)(Swain, 1985)所预测的那样不成比例地增加,或者读者是否仅是在第二轮任务中整体加快或放慢了速度。

7.2.1.3 注视潜伏期

首次注视潜伏期(first fixation latency)或**首次进入时间**(time to first fixation)是指从试次中预先设定的时间点开始,到被试看向特定兴趣区所花的时间(见表 7.3)。首次注视潜伏期不同于前文描述的首次注视时间,因为首次注视潜伏期不是指最初的注视持续了多长时间,而是指注视需要过多长时间才发生。这使得首次注视潜伏期成了"单点指标"(Andersson, Nyström & Holmqvist, 2010: 3)。仅有首次注视的开始才与首次注视潜伏期的计算有关。

表 7.3 首次注视潜伏期的定义与示例

指 标	定 义	示例(来自图 7.8)
首次注视潜伏期(首次进入时间)(first fixation latency [time to first fixation])	从试次中预先设定的时间点开始,到被试看向特定兴趣区所花的时间	[1]和[2]之间的时间

从本质上讲,首次注视潜伏期需要相对于试次中的其他事件来测量。最简单的情况就是从试次起始(即试次开始时)就开始测量首次注视潜伏期。在其他研究中,包括视觉情境实验,从较晚的时间点开始测量可能更有意义,例如口语或书面输入中语言线索的起始(开始)或终止(结束)(如 *Encuentra la pelota*,

"找到那个球"),其中阴性冠词 la 充当了阴性名词 pelota 的线索(Grüter, Lew-Williams & Fernald, 2012)。当测量始于试次后期时,研究者需要通过在眼动追踪软件中插入*时间戳*来标记测量的起始点。这一步骤示于6.3.2.2,以视觉情境研究的听觉刺激物为例。这样做是为了测量一个关键词开始或结束的确切时间,并将该信息输入编程软件。从概念上讲,添加时间戳就像设置秒表一样,它会在试次的正确时刻开始为眼注视的"比赛"计时。

  首次注视潜伏期是视觉情境范式中使用第二广泛的指标,仅次于注视比例和注视概率(见第218页图7.3)。在当前综述中,25%的视觉情境研究报告了潜伏期指标(Dussias, Valdés Kroff, Guzzardo Tamargo & Gerfen, 2013; Grüter et al., 2012; Hopp, 2013, 2016; Hopp & Lemmerth, 2018),包括两项语言产出研究(Flecken, 2011; Kaushanskaya & Marian, 2007)。首次注视潜伏期在研究特定任务时也被证明是有帮助的,比如图片-单词干扰(Kaushanskaya & Marian, 2007)以及修改后的 Stroop 任务(Singh & Mishra, 2012)。相比之下,只有一项文本研究(De León Rodríguez et al., 2016)包含了首次注视潜伏期,目的是衡量被试在单个词的阅读任务中注视一个单词所花费的时间(见图7.8)。

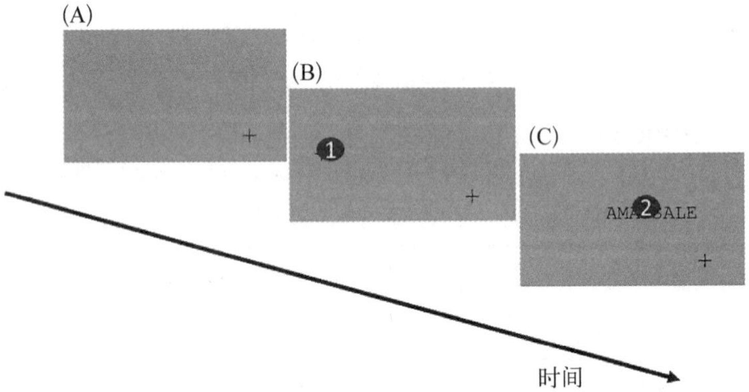

表 7.3
230

图 7.8 单个词阅读的首次注视潜伏期

注:首次注视潜伏期是被试的视线从左侧的十字标记(阶段 B)移到右侧的单词或伪词上(阶段 C)所耗费的时间。

(来源: De León Rodríguez et al., 2016)

  在 Stroop 任务中,辛格和米什拉(Singh & Mishra, 2012)要求被试通过看屏幕边缘的四个色标之一(见图7.9)来选择单词字体的颜色,同时忽略单词的含义。首次注视潜伏期在眼动追踪中的此类应用类似于在按钮实验中测量反应时(另见4.2.1)。在一项设计得当的产出研究中,弗莱肯(Flecken,2011)使用首次注视潜伏期来观察早期双语者如何概念化并描述事件。她发现,对进行时更频繁的使用(荷兰语中的 *aan het* 动词、英语中的动词-*ing*)与对视频中动作区域(如一名男士正在折纸飞机的手)更快的注视是相互关联的,这个区域包含了事件持续性质的信息。弗莱肯认为,被试对动作区域的注视表明,他们正在提取与事件持续状态相关的信息,而这相应地又与他们对进行时的使用有关(见4.2.4)。首次注视潜伏期在视觉情境的预测研究中也发挥了重要作用(Dussias et al., 2013; Grüter et al., 2012; Hopp, 2013, 2016; Hopp & Lemmerth, 2018)。在这里,研究者通过分析潜伏期来揭示预期性加工;即看向听觉输入中尚未提及的屏幕上的所指物(见4.2.2)。在研究者的预期中,与没有信息线索的试次相比,在包含信息线索的试次中,听者应该能根据线索进行预测,从而更快地看向目标图像。首次注视潜伏期可以告诉我们听者是否确实在预测试次中更快地看向了目标物。

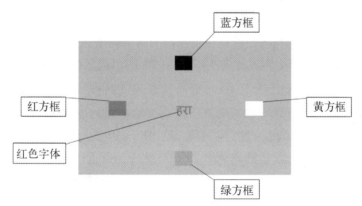

图7.9 Stroop任务中的首次注视潜伏期

注:被试看到用其一语写的颜色词(如 *hara*,"绿色")后,需要注视与字体颜色(此处为红色)匹配的色标,同时忽略单词的含义。

(来源:Singh & Mishra, 2012)

为了证实这一点,霍尔格·霍普和同事们(Hopp, 2013, 2016; Hopp & Lemmerth, 2018)在一系列研究语法性别的视觉情境实验中选用了首次注视潜伏期作为指标。在2016年的研究中,霍普研究了词汇训练对英语一语-德语二语者在实时听力过程中使用语法性别线索的影响。研究采用前测-

实验-后测设计,前测与后测通过眼动追踪进行;霍普发现中级学习者只有在练习了实验中使用的限定词-名词组合后,才能在后测中有预测性地使用语法性别(见4.2.2.5)。在对注视潜伏期的统计分析的基础上,霍普还补充了注视比例随时间变化的图表。值得注意的是,霍普并没有对这些图表中的数据进行统计分析,而是完全依赖于对首次注视潜伏期的分析并以此在统计层面上支持自己对于被试是否进行了预测的论断。尽管精细度略有欠缺,但在视觉情境实验中通过首次注视潜伏期来分析被试的观看情况更简单一些。

7.2.1.4　注视位置

首次注视位置(first fixation location)表示目光的着陆位置,以占兴趣区总长度的百分比来表示(见表7.4)。例如,如果被试的目光最初落在长度为八个字母的单词 *amassale* 中的第四个字母 *s* 上(见图7.10),那么其首次注视位置便为50%。注视位置在二语和双语研究中仍是一项新指标。到目前为止,只有德莱昂·罗德里格斯等人(De León Rodríguez et al., 2016)使用了这项指标(与首次视时间和首次注视潜伏期一同使用)来揭示阅读策略受到的跨语言影响(见图7.10)。德莱昂·罗德里格斯和他的同事们招募了水平相当的法德双语者并让他们在实验中大声读出法语或德语中的单词及伪词(见图7.10)。因为法语相对德语来说更难懂,因此研究者想知道两种语言的正字法差异是否会影响双语者的首次注视。研究者发现受影响的并不是被试的首次注视潜伏期而是其首次注视位置,他们将其归因于法语与德语正字法的差异。因此首次注视位置可以帮助研究者理解阅读过程中细微的、次词汇的细节。今后的研究者可能会发现首次注视位置是研究目光着陆位置的一项有效指标(见2.4)并且能够反映该着陆点在阅读进程中的变化情况。

表7.4　首次注视位置的定义与示例

指标	定义	示例(来自图7.10)
首次注视位置 (first fixation location)	在兴趣区内首次注视的位置,用占该区域总长度的百分比表示	50%(*s* 是由8个字母组成的单词 *amassale* 中的第四个字母)

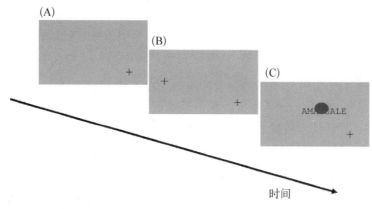

图 7.10 单个词阅读实验中的首次注视位置
（来源：De León Rodriguez et al., 2016）

7.2.2 回视

回视（regressions）是将目光向自然阅读的反方向移动的眼球运动，例如英语中从右到左的眼球运动以及阿拉伯语中从左到右的眼球运动。任务顺序是回视中的固有概念；换言之，眼动要遵循明确的顺序，从兴趣区 1 到兴趣区 2，再到兴趣区 3，等等。当任务顺序中断，目光游移到屏幕上先前的兴趣区时，这种眼球运动就被定义为回视。在阅读以及与阅读密切相关的任务中，回视是最有意义的，因为完成此类任务的方式通常是默认的（如在阅读英语时逐字地从左到右进行眼动）。其他任务，如观看带翻译字幕的视频或描述图像或视频，在被试与材料的互动方面限制较少。在这类任务中，眼球在兴趣区之间的移动被描述为**切换**（transitions），而不是向前或回退性的眼球运动。切换尚未在二语研究中被分析（见 9.3.1，研究思路 9）；然而，因切换而产生的**访问**（visits）是测试评估研究中的重要数据来源（Bax，2013；McCray & Brunfaut，2018；Suvorov，2015）。

能否测量回视是不同制造商生产的眼动仪的显著差别。因此，研究者可能要提前考虑是否要将回视作为其研究的一项重要指标（选择眼动仪时考虑要素见第九章）。在撰写本书时，有一家主要的眼动仪制造商生产的眼动仪是不支持回视测量的。当眼动仪不能测量回视时，研究者可以对回视进行手动编码或者将所有基于回视的指标从分析中剔除。另一种方法是与会编程的同事合作编写脚本,从原始的眼动追踪数据中提取基于回视的指标。

回视通常被认为是**重新分析**(reanalysis)的一项指标。被试的回视行为说明他们在目光离开屏幕上的某一区域后,仍然需要进一步加工该区域。正因为如此,研究者才通常将回视与不同类型的加工困难——词汇、句法和语篇(即文本整合)困难——联系在一起。其他回视则反映了纠正眼动错误的尝试。这些回视让读者的目光在最初越过目标后(即着陆点在目标后)能够重新聚焦到预期目标上(见2.4)。值得注意的是,即使是熟练的成人一语者,其阅读时也有大约10%~15%的眼跳是回视(Rayner, 1998, 2009),这表明回视是正常阅读过程的一部分。在儿童一语读者中,回视率则更高(Reichle et al., 2013)。一语阅读进程中递减的回视率表明阅读技巧和回视之间存在联系,这种联系也可以延伸到二语读者中。

赖希勒、沃伦和麦康奈尔(Reichle, Warren & McConnell, 2009)扩展了 E-Z Reader 模型,这是一个非常著名的阅读过程中的眼动控制模型,带有回视成分(另见2.6)。他们假设**后词汇语言加工**(postlexical language processing)出现问题时,可能会发生回视。他们把后词汇语言加工定义为将单词与更高层次(句法、语义和语篇层面)的表征联系起来的过程。在正常的理解过程中,眼动记录无法明显体现后词汇加工的影响;然而,当单词整合失败时,随之而来的可能就是回视或对同一个单词的再注视。因此赖希勒等人(Reichle et al., 2009)报告的计算机模拟支持了回视与理解性困难有关的观点。

像其他基于注视的指标一样,回视是一种涵盖多种眼跳类型的术语,这些眼跳会将目光带回文本中早先的位置。区分回视类型的一个关键点在于研究者是以回视的起点还是终点作为参考。**回视入**(regressions in)是指着陆到先前定义的兴趣区*内*的回退性眼球运动;而**回视出**(regressions out)则是指发射*自*给定兴趣区的回退性眼球运动。因此,同一个兴趣区可以既是回退性眼动的起点,也可以是其终点。虽然这两种类型的回视(回视入与回视出)不应该被合并,但实际上研究者经常这么做。通常研究者仅会在他们的论文中简要提及对"回视"的分析,而究竟是回视入还是回视出,则留给读者自行推断。

迄今为止,只有21%的二语眼动追踪研究采用了基于回视的指标(见图7.11),而38%的研究采用的是注视次数指标,更有高达94%的研究采用了持续时间指标。最常被分析的回视类型是**回视入**。如前所述,回视入是指着陆到先前定义的兴趣区内的向后的眼球运动(示例见表7.5及第219页图7.4,为方便读者,此处复制为图7.12)。回视入分析已见于语法研究(Felser et al., 2009; Keating, 2009; Roberts et al., 2008; Spinner et al., 2013; Vainio et al., 2016),最近也见于二语词汇研究(Elgort et al., 2018; Mohamed, 2018)。在一项关于名词-形容词语法性别一致的研究中,基廷(Keating, 2009)想要了解如果西班牙语一语者和二语者从形容词或后续单词中发起回视,他们会回看到句子的哪一部分。他发现除非名词和形容词相邻,否则被试不会从形容词回视到名词来检查其语法性别特征(见3.2.1)。这一发现与冯·德·马尔斯堡和瓦西什特(Von der Malsburg & Vasishth, 2011)的结论一致,他们对一语读者进行研究后发现回视的着陆点不是由语言因素决定的。相比之下,埃尔戈特和她的同事们(Elgort et al., 2018)猜测,在阅读过程中回视到未知词汇可能反映了读者最初对这些单词的误读(如将 *succor* 误读为 *soccer*)。也许令人惊讶的是,研究者发现回视指标与首次注视时间呈现出相似的模式并在与文本中的生词的前五次接触中快速降低(见3.2.2)。然而,对于回视的着陆点是反映了强烈的语言影响还是主要由空间因素决定,目前还没有共识。

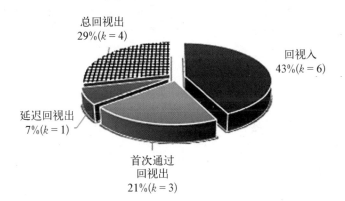

图7.11 二语习得和双语眼动追踪研究中的回视指标

注:52项文本研究中,11项使用了该类指标。

有升必有降,有回视入就有回视出。**回视出**(regressions out)指将目光从给定兴趣区带出并沿阅读反方向移动的眼动(示例见表7.5及图7.12)。虽然回视入本质上是延迟的(你必须先跳过一个单词,才能回过来看它),但回视出可能会发生在阅读过程的不同阶段中,不同的阅读遍数间也可能发生回视出。**首次通过回视出**(first-pass regression out)是在对兴趣区进行首次访问时启动的回视。分析该指标的研究者包括基廷(Keating, 2009)、利姆和克里斯蒂安森(Lim & Christianson, 2015)以及穆罕默德(Mohamed, 2018)。**延迟回视出**(delayed regressions out)是指重新访问兴趣区之后的回视(时间延迟回视)或发起自位于主要兴趣区(如溢出区域)之后的单词的回视(空间延迟回视)。首次通过回视与延迟回视结合,就构成了**总回视出**(total regressions out)。研究者通常将单一回视指标与一项或多项时间眼动指标(即眼注视时间指标,见 7.2.1.2)一同分析。基廷(Keating, 2009)的研究是一个例外,他在分析中区分了不同类型的回视出(即首次通过回视出、空间延迟回视出以及总回视出)。他发现只有高水平的西班牙语二语者在自然阅读时才会注意到不合语法的名词-形容词(语法性别)一致,而且前提条件是形容词紧跟在名词后(见 3.2.1)。总回视最能体现研究结果(当存在名词-形容词语法性别错配时,回视更多),但单独分析首次通过回视和延迟回视时,结果也呈现相同趋势。

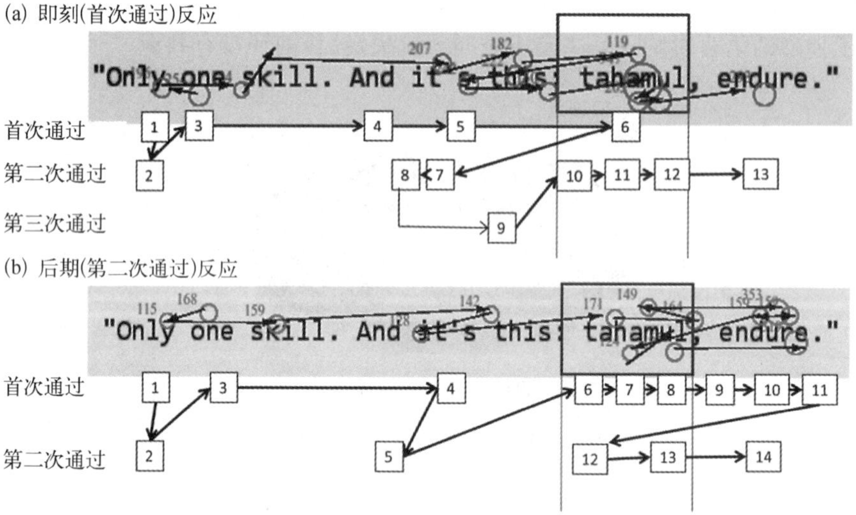

图 7.12 语境中的生词(*tahamul*)的两种不同的阅读模式

(来源:Godfroid et al., 2018)

由于眼跳非常快(见 2.2),因此研究者更关心是否发生了回退性眼动,而不是该回视持续的时间。因此,回视分析的重点是回视次数以及由次数衍生的指标,即回视比例(表示为 0 到 1 之间的数字)和回视概率(表示为 0 到 100 之间的百分比)。需要回顾这些概念的读者可以参考 7.2.1,这一节讨论了注视和跳读的次数、概率和比例。**回视率**(regression rates)是研究者指代回视比例或回视概率时使用的一个更普遍的术语。总之,回视很少仅指代字面含义(见表 7.5)。作为读者,我们必须清楚地知道回视的类型(回视入或回视出)、需要分析的区域与时间窗口(涉及初始回视、延迟回视或总回视)以及如何测量小的异项(计数、比例或概率)。

表 7.5 回视指标的定义与示例

指标	定义	示例(来自图 7.12a & b)
回视 (regression)	与正常阅读方向相反的眼球运动,如阅读英语时从右向左的眼球运动	图 7.12a:[6]→[7] 图 7.12b:[11]→[12]
回视入 (regression in)	落在先前定义的兴趣区内的回退性眼球运动	图 7.12a:对于 tahamul,无 图 7.12b:[11]→[12]
回视出 (regression out)	自给定兴趣区发射的回退性眼球运动	图 7.12a:[6]→[7] 图 7.12b:对于 tahamul,无
首次通过回视出 (first pass regression out)	在读者移至下一个区域之前,自给定兴趣区发射的回退性眼球运动	图 7.12a:[6]→[7] 图 7.12b:对于 tahamul,无
(空间)延迟回视出 ([spatially] delayed regression out)	自位于给定兴趣区之后的区域发射的回退性眼球运动	图 7.12b:对于 tahamul,[11]→[12]
(时间)延迟回视出(第二次通过回视出) ([temporally] delayed regression out [second pass regression out])	当读者再次访问给定兴趣区时,自该区域发射的回退性眼球运动	图 7.12a:无 图 7.12b:无
总回视出 (total regression out)	首次通过回视与延迟回视出的总次数或总频率	图 7.12a:[6]→[7] 图 7.12b:[11]→[12]

注:所有指标都可以表示为次数、比例(0~1)或概率(%)。

7.2.3 综合眼动追踪指标

综合眼动追踪指标是将多个事件(如注视和眼跳)合并为单一、定性或定量表达的指标。热力图、视线轨迹图和扫视路径都是用于将眼注视的**空间分布**(spatial distribution)和**持续时间**(duration)可视化的综合指标。它们主要用于测试评估研究(见图7.13),有助于研究者理解该类研究的数据。虽然热力图、视线轨迹图和扫视路径很方便,但它们在本质上也是描述性的。热力图、视线轨迹图和扫视路径本身并不构成数据分析。特别是对热力图来说,其外观可以根据你选择的设置而改变(Bojko, 2009; Holmqvist et al., 2011),因此热力图可能能够也可能不能忠实地展现你的数据(Bojko, 2009)。所以当研究者仅依靠数据的视觉化呈现得出结论且没有统计支持时,应该斟酌再三。在本节靠后的部分,我会讨论一项语法研究(Godfroid et al., 2015)。在该研究中,作者们使用推论统计证实了其对视觉扫视路径的分析。研究者确实可以对热力图和视线轨迹图进行数据分析(Holmqvist et al., 2011),但迄今为止,很少有二语习得和双语研究领域的研究者尝试这样做。基于上述内容,本节将重点关注能够从热力图、视线轨迹图和扫视路径中推断出的内容以及如何使这些工具充分展现研究的结果。

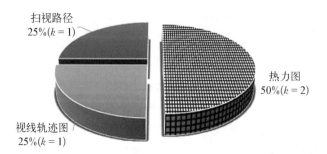

图7.13 二语习得和双语眼动追踪研究中的综合指标

注:52项研究中有3项使用了这些指标。

7.2.3.1 热力图、亮度图与视线轨迹图

简单地说,热力图是屏幕显示的可视化呈现,注视数据一览无遗,由不同颜色表示,如红色、黄色和绿色(不过,颜色可以自定义)。暖色调表明注视活动更多。这可能意味着被试对该区域的注视时间更长或该区域内的注视次数

更多,具体视热力图类型而定;在实践中,这两者往往是相互关联的。要创建热力图,研究者首先需要选择他们想要包括的被试以及试次。由于热力图记录的是眼注视的空间分布,因此,除非试次具有完全相同的空间布局(即相同的背景图像或句子),否则研究者最好不要聚合不同试次中的数据。研究者可以生成单个被试(如 Bax, 2013)的热力图,也可以生成被试组的热力图,如试次任务相同的母语与非母语的儿童英语使用者(如 Lee & Winke, 2018)。图 7.14 为李和温克(Lee & Winke, 2018)的研究中的热力图,展现了两组被试的数据(彩图版请见李和温克的文章)。

一旦你选择了要包含在热力图中的数据子集,眼动追踪软件就会把所有数据样本(即由眼动仪记录的各单个数据点)绘制在背景图像上。在缩放处理后,软件会将注视点与数据集中所有的值进行比较,随后,每个眼注视都会被赋予反映其权重的颜色。一个区域内的眼注视时间越长或注视次数越多,该区域的色调就越暖(技术细节见 Holmqvist et al., 2011)。**颜色图例**(color legend)现在已是眼动追踪软件的标配,它体现了该过程的结果(见图 7.15a)。较老的软件版本不提供图例,所以读者无法准确解读已发表的研究中的热力图。因为颜色是根据被收集的数据呈现的,所以研究论文应该始终包括颜色图例。在软件设置中,研究者可以通过降低或提高最大值的阈值(如什么算作红色)来进一步定制热力图的色度。如果研究目标是比较不同被试组(如母语者与非母语者)的整体观看活动,那么建议研究者使用这种方法,因为如果不进行此类调整,两张热力图中的颜色所代表的意义就会不同。一旦算法发挥了作用,该软件就会绘制出一张清晰的注视全景图,其中显示的所有注视活动都以从暖色(最活跃)到冷色(最不活跃)的色度呈现。

创建热力图时,首先要决定是采用注视次数还是注视时间作为热力图的因变量(见表 7.6)。请务必在出版物中报告这些信息,以便读者准确解读这些数字。在**注视次数热力图**(fixation count heatmap)中,每次注视的权重相同,与其持续时间无关。而**注视时间热力图**(fixation duration heatmaps)会根据注视的时长为其赋予不同权重(较长的注视用较暖的颜色绘制)。两家主要制造商的眼动仪都支持为相对注视行为(而非绝对注视行为)创建热力图。相对时间热力图与相对次数热力图对于呈现多被试和(或)多试次数据非常有效,因为对参与主体或试次的记录通常在长度上有差异。如果不根据各被试或试次

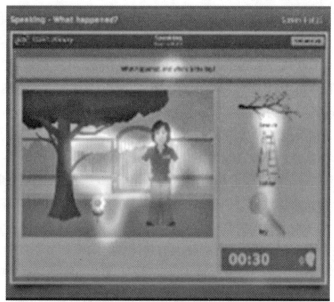

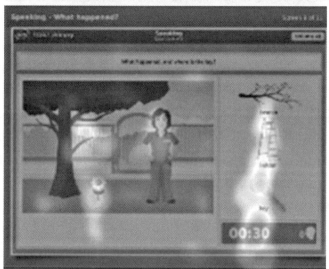

图7.14 英语口语测试中的注视行为热力图：英语一语儿童（上）与英语学习者（下）

（来源：转载自 Lee, S. & Winke, P., 2018. Young learners' response processes when taking computerized tasks for speaking assessment. *Language Testing*, 35（2），239-269，使用经世哲出版公司［SAGE Publications, Ltd.］许可。© 2017 原作者，© 2013 美国教育考试服务中心［ETS, Educational Testing Service］。任务样例来自小学托福口语考试，使用经版权所有者 ETS 许可。）

(a) 热力图

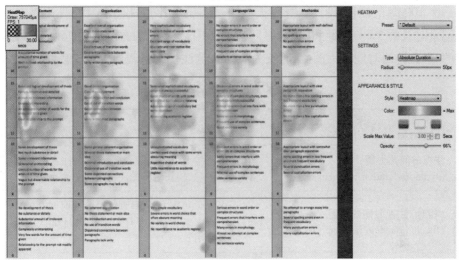

(b) 亮度图

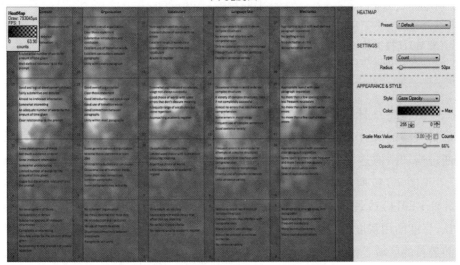

图 7.15 论文评分数据的两种可视化呈现：(a)热力图与(b)亮度图

注：图中影像表示十位评分员用分析评分准则对论文进行评分时的注视时间。图为试次全程（36 分钟）的数据，均使用默认色度。

（来源：数据由美国教育考试服务中心［ETS］的劳拉·巴拉德［Laura Ballard］博士和密歇根州立大学的宝拉·温克［Paula Winke］博士提供；Ballard，2017）

调整试次长度,那么在较短的试次中,注视的权重通常会被低估。例如,总时长为 5 000ms 的试次中的一次 250ms 的注视和总时长为 2 000ms 的试次中的一次 100ms 的注视,即使本身时长不同,也应有相同的权重,因为两者都占总记录时长的 5%。因此,在相对时间热力图中,这两次注视的颜色应该是相同的,但在绝对时间热力图中,时长为 250ms 的注视的色调会相对较暖。

表 7.6 四种类型的热力图

指标	定义
注视时间热力图 (fixation duration heatmap)	在背景图像上以不同颜色表示单个注视的持续时间的图示,较长时间的注视用暖色表示
(相对)注视时间热力图 (fixation duration heatmap [relative])	属于注视时间热力图,呈现的是注视时间在试次时长中所占的比例(当有多个试次且试次时长不同时适用)
注视次数热力图 (fixation count heatmap)	在背景图像上以不同颜色表示注视次数的图示,较高的注视密度用暖色表示
(相对)注视次数热力图 (fixation count heatmap [relative])	属于注视次数热力图,呈现的是注视次数在一个试次中的总注视次数中所占的比例(当有多个试次且试次时长不同时适用)

尽管热力图是最常见的数据可视化类型,但它有一个潜在缺点:屏幕上最受关注的部分是着色的,因此读者很难看到这部分的数据。研究者可以通过增加图像透明度来解决这个问题,如李和温克(Lee & Winke, 2018)的例子(见图 7.14)所示。另一种方式是生成**亮度图**(luminance map)(Holmqvist et al., 2011)或**透视图**(see-through map)(SR Research, 2017)。与热力图相反,亮度图用灰度呈现数据(见图 7.15b)。屏幕上吸引最多注视或注视停留时间最长的区域是清晰的,而其他区域则被覆盖了阴影。因此,读者一眼就能看出被试最喜欢看屏幕上的哪些区域,因为读者的目光会直接被这些区域吸引。热力图和亮度图互为镜像;因此,哪种图示能够更恰当地记录研究数据取决于研究者的个人偏好。

最后,将个体注视数据叠加到背景图像上(不进行任何进一步的数据聚合)的视觉资料被称为**视线轨迹图**(gaze plot,见图 7.16)。在二语测试评估研究中,视线轨迹图是与彩色热力图共同呈现的(Bax,2013;Lee & Winke,2018)。热力图或亮度图可以反映被试的整体观看情况,而视线轨迹图在此基础上补充了个体注视信息以及注视顺序信息。在视线轨迹图中,每个注视点都被绘制为一个单独的点。点的大小可能与注视时间成比例,也可能不成比例:当点的大小存在差异时,较大的点表示注视时间较长。这些点由线段(眼跳)连接,共同代表了一项给定任务的注视顺序或**扫视路径**(scanpath)。因此,视线轨迹图是扫视路径的一种视觉呈现,仅用于描述性目的。在下一节中我们将讨论如何量化扫视路径并对其进行统计分析,即**扫视路径分析**(scanpath analysis)。

图 7.16 英语口语测试中的视线轨迹图:英语—语儿童(上)与英语学习者(下)

(来源:转载自 Lee, S. & Winke, P., 2018. Young learners' response processes when taking computerized tasks for speaking assessment. *Language Testing*, 35(2), 239–269, 使用经世哲出版公司[SAGE Publications, Ltd.]许可。© 2017 原作者,© 2013 美国教育考试服务中心[ETS, Educational Testing Service]。任务样例来自小学托福口语考试,使用版权所有者 ETS 许可。)

在单独绘制个体注视时，就像在视线轨迹图中一样，最好将数据量限制在较短时间内（如一名被试或一个短试次中的眼球运动），以免显示过于杂乱，不便于解读（见 Bax, 2013）。在某些情况下，重点显示试次中某一特定时间段的数据可能更有意义。例如，李和温克（Lee & Winke, 2018）将一名英语母语儿童和一名非英语母语儿童在限时口语任务中的相似时间点（任务剩余 17 秒~19 秒时）的视线轨迹图进行了对比。他们展示了这两个孩子与屏幕上计时器互动的不同方式。在进行大量的数据三角测量后，他们建议在改版的口语测试中删除计时器或对其进行修改，使其更适合儿童（见 3.2.5）。因此，视线轨迹图是研究者据以提出论断的信息源之一。这就突出表明，视线轨迹图应该为研究带来明确的附加值，且通常需要与其他指标进行三角测量才能与其他数据来源一同被写入研究论文。

7.2.3.2 扫视路径

扫视路径是眼动模式的视觉或数字呈现，它显示的是在时间和空间上的一系列注视与眼跳。与注视时间或回视相比，扫视路径可以在更大的时间窗口和更大的空间范围内捕捉眼动行为，因此是一项综合指标。在眼动追踪软件中，扫视路径通常被表示为**视线轨迹图**（示例见图 7.16），这种形式可用于描述性目的。因此，扫视路径的功能之一就是进行基于扫视路径可视化（如视线轨迹图）的描述性分析。扫视路径也可用于检查记录质量，特别是在以基于文本的刺激物进行研究时（见 8.1.2）。当阅读数据的扫视路径整体显示于文本上方或下方时（示例见第 270 页图 8.5），这表明在数据记录中存在垂直偏移，研究中可能需要对其进行调整。最后，扫视路径不同于热力图和视线轨迹图这类综合指标，因为它可以被纳入统计分析（例见 Godfroid et al., 2015）。因此，如果使用得当，扫视路径可以兼具该指标特有的整体性、综合性与统计数据分析的严密性。

扫视路径在二语研究中仍然是一项新指标。在教育学、语言学和心理学等邻近学科中，研究者也会通过分析扫视路径来解答与我们的领域相关的问题，此类问题包括：

- 成人一语读者在阅读说明性文本时会使用哪些整体阅读策略？（Hyönä, Lorch & Kaakinen, 2002）
- 背景音如何影响正在观看电影片段的观众的视线扫视路径？（Vilaró

et al., 2012）
- 在真实课堂中，文化背景不同的专家和新教师如何运用他们的目光注视？（McIntyre & Foulsham, 2018）
- 被试能否有意义地解读自己和他人的静态及动态注视显示？（Van Wermeskerken, Litchfield & Van Gog, 2018）

这些问题与二语研究的许多领域有关，包括阅读研究、字幕研究、基于课堂的研究以及依赖被试通过**刺激回忆法**（stimulated recall）进行内省的研究（Gass & Mackey, 2017），在这类研究中，被试自己的眼动追踪数据可能能够为内省提供记忆支持。换言之，扫视路径分析在二语习得和双语方面有广泛的应用前景（相关应用示例见图 7.17）。读者不妨思考一下，扫视路径能否以及能通过何种方式为自己的研究助一臂之力。

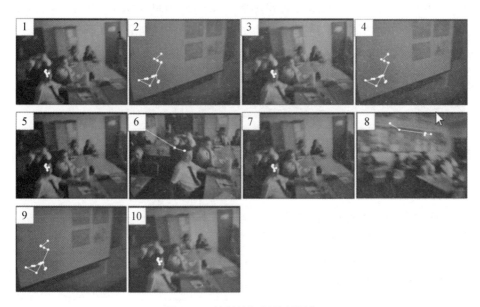

图 7.17　教师的扫视路径顺序

注：教师的目光在学生、教材及整个教室之间自由交替。
（来源：复制自 McIntyre & Foulsham, 2018，经《知识共享署名 4.0 国际》[Creative Commons Attribution 4.0 International License]许可。© 2018 原作者，http://creativecommons.org/licenses/by/4.0/）

要进行**扫视路径分析**（scanpath analysis），研究者就需要考虑他们该如何在进一步分析中表示扫视路径。一种方法是通过符号串（如 A、B、C、D 及其组合)来表示扫视路径,其中每个符号都代表屏幕上的一个有功能意义的区域。研究者根据他们对刺激、被试的主要任务以及研究问题的理解来定义区域(见第五章及第六章)。例如,在源语字幕研究中,图像区可以是一个区域,而翻译字幕区可以是另一个区域。或者,在同一实验的改版中,图像区可以是一个区域,而翻译字幕区可以细分为若干个更小的区域。这完全取决于研究者想研究的内容。

在一项关于书面语法判断测试的研究中,戈德弗鲁瓦等人(Godfroid et al., 2015)为用于测试的句子划分了四个以语法违例为中心的功能区域(见图7.18)。在存在语法违例的句子中,错误被标记为**主要兴趣区**(primary interest area)(B),因为这是被试首先应该放慢速度的地方(见3.2.1)。主要兴趣区之前是**句子起始区**(sentence-initial region)(A);主要兴趣区之后是**溢出区**(spillover region)(C);最后是**句尾区**(sentence-final region)(D)。本质上,像A~D这样的功能区域是研究者为了便于分析自行划分的(见6.1)。因为兴趣区的划分存在一定程度的主观性,所以研究者最好与同事核对对空间的划分。如果执行得当,划分结果既能够简洁明了地展现出刺激物(即视觉显示或文本),又保留了回答研究问题所需的重要信息。

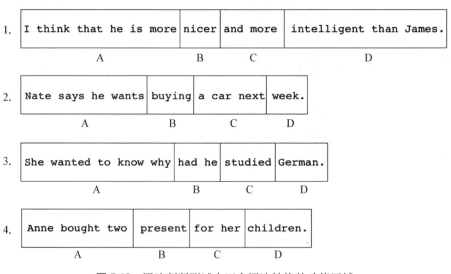

图7.18 语法判断测试中四个语法结构的功能区域

注:A为句子起始区;B为主要兴趣区;C为溢出区;D为句尾区。

(来源:Godfroid et al., 2015)

一旦划分完成，研究者就可以用符号串表示观察到的眼动模式。为此，每个区域必须由一个符号表示（见图 7.18），且应该用相同的符号表示该区域的每次眼注视或访问。因此，在个体注视层面上，图 7.19 所示的注视顺序可以表示为 AAAAAABBCDDD，如果只关注访问，则可以进一步简略表示为 ABCD。这种方法为描述不同句子的眼动模式提供了通用的度量标准。戈德弗鲁瓦和同事们（Godfroid et al., 2015）发现，与没有时间压力的情况相比，在有时间压力的情况下，非母语者进行语法判断测试时产生的含有回视的扫视路径较少。研究者认为，在二语组中扫视路径中回视的减少表明受控加工的减少是由时间限制导致的（Clifton et al., 2007; Reichle et al., 2009）。换言之，在时间压力下进行语法判断测试可能会增加二语者进行受控加工的困难，而受控加工是访问显性知识的必经之路，因此二语者可能会被迫对隐性（Ellis, 2005）或自动化显性（Suzuki & DeKeyser, 2017）知识产生更多依赖。这些发现强调了时间压力在测量隐性、自动化显性知识以及显性、自动化显性知识时的重要性。在方法论层面上，戈德弗鲁瓦等人的研究展示了研究者如何使用扫视路径来理解特定任务条件（如限时与非限时的测试条件）对被试任务表现的影响。

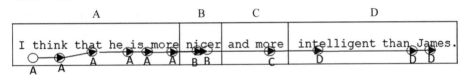

图 7.19　不同功能区域叠加的句子阅读模式

注：这种眼注视顺序在个体注视层面上可以表示为 AAAAAABBCDDD，在访问层面上可以表示为 ABCD。

未来的研究者可能希望通过直接比较不同试次（符号串）的扫视路径相似性来扩展这种方法。使扫视路径匹配得当所需的编辑（如插入、删除或替换符号）越少，使其对等的转换成本也就越低，因此各扫视路径也会越相似。字符串编辑法，如莱文斯坦度量（Levenshtein metric，Levenshtein, 1966），可用于对字符串进行自动或半自动匹配。字符串编辑比较的结果是大量成对（字符串-字符串）的相似值，这些值代表匹配两个字符串所涉及的成本。随后，研究者就可以对这些相似值进行统计分析。

冯·德·马尔斯堡和瓦西什特（Von der Malsburg & Vasishth, 2011）的研

究体现了这一方法。他们对自己的扫视路径相似度算法的输出结果进行了聚类分析,并将该分析应用于来自梅塞格尔、卡雷拉斯和克里夫顿(Meseguer, Carreiras & Clifton, 2002)的现有阅读数据。他们使用这一新方法在暂时歧义句的阅读中观察到三种具有代表性的"扫视路径标志"(scanpath signatures)(Von der Malsburg & Vasishth, 2011: 109)。有趣的是,这些扫视路径标志中只有一种(即回视至句子开头后重读)与句法的重新分析明确相关。他们得出结论:一语读者在重新分析句子时可能并不如梅塞格尔和他的同事们(Meseguer et al., 2002)之前提出的那样那么有选择性。他们认为结果中存在差异的原因在于研究者只对句子的各部分进行了单独分析(如分析基于单词的兴趣区内的眼动数据),而未考虑整个句子范围内的眼动模式,这导致了信息丢失。

总之,当使用符号串进行扫视路径分析时,有四个必要步骤:(1)将视觉显示划分为若干个功能区域并为各区域指派不同的符号;(2)用相应的符号表示注视或访问;(3)计算不同扫视路径之间的相似性或将扫视路径分组;(4)将相似度评分或扫视路径类别作为因变量对数据进行统计分析。如果这些步骤能够得到有条理的执行,那么扫视路径分析就有可能丰富二语和双语领域的研究主题,显示内容也能够从简单的句子扩展为高度复杂的视觉材料。

7.3 结论:我应该采用什么指标?

本章对眼动追踪指标的全面描述证明眼动追踪方法用途广泛(见1.1.3)。毫无疑问,这项技术的优势之一是其记录可以用多种不同的方式进行分析。与此同时,当面对如此多的选择时,问题就出现了:在众多选项中,我们应该使用哪一种指标来进行自己的研究呢?在很多情况下,研究者可以利用不止一组指标来解答研究问题。即便如此,不同的选择也各有利弊,因此研究者需要仔细考虑以形成一种适合其自己研究的数据分析方法。最后,我再次梳理了一些可以引导研究者做出决策的因素。

在视觉情境研究中,无论是将简单的**二元事件**(yes/no events)还是总计**比例**(proportion)数据作为指标,研究通常都重点关注注视点(见7.2.1.1)。从音频中的关键点开始测量的**注视潜伏期**(fixation latency)为解读注视数据提供了另一种方法(见7.2.1.3)。这两个变量(二元事件或比例对比潜伏期)对统计分析的要求是不同的。具体来说,二元或聚合的注视事件可能需要用增长曲线进行分析(见8.5.2),不过也有其他统计选项可用(见8.5.1),而注视潜伏期可以用常用的统计技术分析,如 t 检验或方差分析(见8.3)。在选择指标时,这是一个值得考虑的因素。第三个指标是**注视时间**(见7.2.1.2),专门用于涉及句子验证或解读的指称加工(见4.2.3),同时该指标也见于产出研究(见4.2.4);相比之下,占视觉情境范式的一半的预测研究中却很少使用注视时间这一指标(见4.2.2)。一同使用时,这三类基于注视的指标——事件或比例、潜伏期以及注视时间——可以回答大部分视觉情境和产出研究领域的研究问题。

对于基于文本的研究来说,潜在的因变量更多(见第216页图7.1);因此,研究者在分析时将更具灵活性。当前的综述中,四项持续时间指标的使用频率极高。这**"四大"持续时间指标**("big four" durational measures)分别是:首次注视时间、凝视时间、总时间及回视路径时间(见7.2.1.2)。使用这些指标的好处在于,文献中有大量这些指标的使用先例。虽然研究者可能对这些指标很熟悉,但仍应清晰地对其进行定义。在进行综述的过程中,我在相当多的研究中都发现作者要么没有定义他们所用的指标,要么对指标的定义模棱两可(如第二次通过时间与重读时间)。改进报告实践,在论文中清晰、有条理地对所用指标进行定义(如上文表格所示),将有助于该领域方法论实践的标准化。

通过使用与先前的研究相同的指标,研究者可以使其研究更容易在文献中被定位并更具与先前研究结果的可比性。缺点是,"四大"指标就像俄罗斯套娃——它们不是相互独立的(见图7.20)。当研究者分析多项互相关联的眼动指标时,他们发现假阳性结果的风险更高(即并非真实效应的显著效应)。要控制假阳性率,研究者可以考虑在他们的测试中应用邦费罗尼校正(Von der Malsburg & Angele, 2017)。例如,在 α 值设为 0.05 的条件下分析相同数据集的"四大"指标时,经邦费罗尼法调整后的显著性水平应为 $\alpha = 0.05/4 = 0.012\,5$。

另一种方法是通过选择**具有统计独立性**(statistically independent)的持续时间指标来避免非独立性问题。独立的持续时间指标包括首次注视时间、再注视时间与重读时间(见 Alsadoon & Heift, 2015)或凝视时间与重读时间(见 Sagarra & Ellis, 2013)。这些指标在时间属性上都没有重叠(见图7.21),因此它们可以在研究论文或会议报告中以堆叠柱状图的形式被呈现(示例见

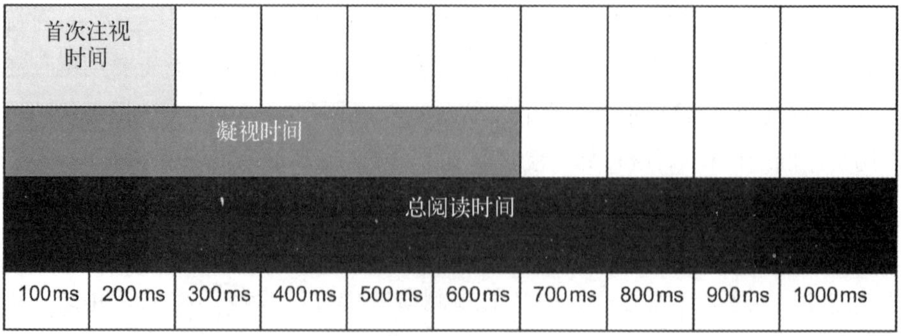

图 7.20 三种常用的持续时间指标之间的重叠（非独立）

注：*首次注视时间*是*凝视时间*的一部分，*凝视时间*是*总时间*的一部分。第四项指标，*回视路径时间*（此处未显示）也与凝视时间互相关联。

图 7.21 以具有统计独立性的持续时间指标表示一段观看过程的不同部分

注：*首次注视时间*、*再注视时间*和*重读时间*的值互不相关（上图）。如果研究主要关注"早期"和"晚期"加工的区别，那么首次注视时间和再注视时间可以被纳入*凝视时间*（下图）。

Alsadoon & Heift, 2015），这种方式很好地将总时间分解为不同的组成部分。当这些指标一同使用时，它们能说明效应是*何时*发生的——早期、晚期或二者兼有（见 7.2.1.2.2），从而揭示某次加工的时间进程。不过，在二语和双语研究中，再注视时间和重读时间在一定程度上尚未被普遍使用。因此，在写作论文时，研究者可能需要对此进行更多的解释与解读。再注视时间和重读时间也可能出现大量零值（兴趣区只受到一次注视或仅在第一遍阅读中被访问），所以在进行任何统计分析之前都应检查数据分布，这一点非常重要（见 8.2.2）。

最后，我希望本章所梳理的大量指标能够促使研究者进行一些尝试。大多数研究者在其分析中已经包含了多项指标，但他们仍然严重依赖注视时间。研究者可以在研究中探索跳读、访问以及回视类指标的价值。如果使用得当，热力图、视线轨迹图以及扫视路径在特定的研究中也可以提供有价值的信息。不同的指标能提供不同的、互补的被试加工行为信息，这也是本章中多次出现的主题。例如，跳读比例可以告诉你被试的注意力是否集中在某一兴趣区内（见 7.2.1.1）；回视次数可以反映额外的加工过程或加工困难（见 7.2.2）。将常用指标和一些不常用的指标搭配使用可能会是一个不错的出发点。

注释

1. 当读者在第一遍阅读时没有回视出兴趣区时，研究者仍然可以计算回视路径时间，但是在这种情况下，回视路径时间与凝视时间相同。
2. 对第二次通过数据进行标准化的最常用的方法是进行对数转换（见 8.2.2）。在某些情况下，即使在转换之后，原始数据集中的大量零值仍然需要关注，这时可以通过特殊的回归模型来解决，如负二项回归（negative binomial regression）（Godfroid et al., 2018）、零膨胀回归（zero-inflated regression）或伽马回归（gamma regression）（Mohamed, 2018）。
3. 对重读时间进行标准化的最常用的方法是进行对数转换（见 8.2.2）。在某些情况下，即使在转换之后，原始数据集中的大量的零值仍然需要关注，这时可以通过特殊的回归模型来解决，如负二项回归（negative binomial regression）（Godfroid et al., 2018）、零膨胀回归（zero-inflated regression）或伽马回归（gamma regression）（Mohamed, 2018）。
4. 与总时间相比，总访问时间还包括在注视之间进行的任何眼跳的持续时间；然而，因为眼跳很短，所以眼跳时间通常不会使值明显上升。

第八章

数据清洗和数据分析

本章主要讲述数据收集与结果报告之间的步骤。在二语习得和双语研究中,大多数眼动追踪研究者会对他们的数据进行推论统计分析,但这需要一些必要的准备工作。我们将数据清洗(8.1)和异常值处理(8.2)作为数据分析前的两个必要准备步骤。接下来,我将概述当前眼动追踪研究中常见的统计实践(见8.3)。此概述将为本章的其余部分——两项新的推论统计技术的概述——做好铺垫。

在8.4中,我会介绍线性混合效应模型(linear mixed-effects model),这是二语和双语眼动追踪研究中发展最快的分析技术。8.5主要介绍眼动追踪数据的时间进程分析,也会介绍增长曲线分析(Mirman, 2014)。如果你已经熟悉了多元回归(multiple regression),那么8.4与8.5对你是最有帮助的(见Field, 2018; Gries, 2013; Jeon, 2015; Larson-Hall, 2016; Plonsky & Ghanbar, 2018; Plonsky & Oswald, 2017)。话虽如此,但这些章节在大体上对所有读者而言应该都是有帮助的、易于理解的。每个分析部分的最后都包含眼动追踪数据的具体分析实例(见8.4.4及8.5.2.5)与分析结果的报告样例(见8.4.5及8.5.2.6)。本章在最后为眼动追踪研究者在统计方法的选择方面提供了指导(见8.6),并同时考虑了眼动指标的不同可能类型。

8.1 数据清洗

数据清洗指研究者在数据收集与数据分析之间采取的步骤。当有外部因素影响时，数据就是不纯净的（即"混乱"数据或"噪声"数据）。作为一名研究者，你可以通过合理的实验设计（见第五章及第六章）并遵循数据收集的最佳实践（见第九章）来减少数据中的噪声。你应该尽可能收集最好的、最纯净的数据。纯净的数据就是好数据，或者更准确地说，数据质量能够有力地体现整体研究质量。即便如此，在行为研究（包括眼动追踪研究）中，一定程度的噪声还是不可避免的。这种噪声的来源不同，可能包括技术错误（即眼动仪或其他设备的错误）和人为错误（被试错误、你自己的错误）。既然不能完全去除噪声，那你该如何处理呢？

研究者可能会使用一个或多个软件程序（见8.1.1）来进行数据清洗。在专用软件的帮助下，研究者通常会（i）逐一检查被试记录与试次（见8.1.2），（ii）纠正其漂移（可选）（见8.1.3），然后开始检查数据集的异常值（见8.2）。在整个过程中一定要确保保存一份数据的原版拷贝；换言之，要妥善保存原始记录，并确保操作都在数据集的副本上进行。

8.1.1 数据清洗软件

眼动追踪记录包含了大量被试的行为信息。然而，如果没有专用软件程序的帮助，管理所有数据可能非常具有挑战性。目前，大多数二语研究者依靠眼动仪制造商的专供软件来可视化、清洗并导出他们的数据。EyeLink 的制造商——SR Research[1]（www.sr.research.com）为此开发了 Data Viewer[2] 软件程序。Tobii[3] 眼动仪（www.tobii.com）附带 Tobii Pro Studio[4] 软件，集数据编程、数据收集及数据分析于一体。最后，现在被苹果公司收购的司迈有限公司（Sensori Motoric Instruments）[5]拥有一款名为 BeGaze[6] 的分析软件，能够为统计分析做好数据准备。所有这些软件程序都附有详尽的使用手册，能够使

---

[1] SR Research 是一家加拿大眼动仪制造商，国内暂未发现相应的权威译名，所以保留原名。
[2] EyeLink 的数据处理软件，国内暂未发现相应的权威译名，所以保留原名。
[3] Tobii 是一家瑞典的眼动追踪技术公司，国内暂未发现相应的权威译名，所以保留原名。
[4] Tobii Pro Studio 是一款集合在 Tobii 眼动仪上的软件，国内暂未发现相应的权威译名，所以保留原名。
[5] SMI，应为"SensoMotoric Instruments"，一家提供计算机视觉应用的德国制造商，专注于眼动追踪技术。
[6] 一款眼动数据分析软件，国内暂未发现相应的权威译名，所以保留原名。

读者了解数据清洗的一些技术性问题。EyeLink 和 Tobii 眼动仪还提供免费或收取许可费的专家技术支持（见 9.2.1）。

近年来，不依赖于任何特定制造商的眼动追踪解决方案越来越多。一些研究者已经在 R——一种免费的统计软件环境——中开发了数据清洗包，以执行一些相同的清理程序。布莱斯（Braze，2018）以 R 语言为基础编制的所有不同软件包的列表可以在 https://github.com/davebraze/FDBeye/wiki/Researcher-Contributed-Eye-Tracking-Tools 上找到。

其中一些软件包需要输入原始的眼动追踪数据。你可以将原始数据（即眼动仪记录的样本数据）从当前的眼动追踪软件中导出为 csv、txt 或 xls 文件。你可以在 DataViewer 中查找*样本报告*（sample report），也可在 Tobii Pro Studio 中导出*时间戳数据*（timestamp data），或在 BeGaze 中导出*注视数据*（gaze data）（而不是*事件数据*［event data］）。

如果你精通某个程序（例如 R），就完全可以使用它来清洗原始数据。然而，对于许多研究者来说，使用多个程序（如专供软件及 R、SPSS 或 Excel）来进行不同方面的数据处理与分析会更有意义。这项工作的关键在于研究者需要知道所有必要步骤并根据个人使用不同软件程序的经验来确定如何最高效地完成这些步骤。本节对此进行了相关概述，希望能够使你更自信地进行数据清洗。

8.1.2 逐一检查被试记录与试次

数据收集完成后，你肯定希望立即查看宝贵的新数据集。如果你在数据收集期间记录了日志（见 9.3.2.2.2），那么它这时就会发挥作用。首先，删除所有在记录过程中被标记为有问题的被试的数据集。在这个阶段，你要寻找数据中的明显异常值——那些在研究中分心、睡觉、受影响或玩手机的被试。在大多数情况下，在数据收集的过程中研究者应该就已经很清楚哪些人的数据是不可用的。在最初的筛选后，你就可以逐一检查其余被试在各试次中的记录。在这里，你要寻找的是那些有问题的（如按钮按得太快或试次中断）或看起来不对劲的（如一次非常规的记录）试次。以下是研究者在这个阶段应该标记的一些试次的例子（图 8.1 及 8.3）。所有示例均来自戈德弗鲁瓦等人（Godfroid et al., 2018）小说阅读研究的真实数据（未清洗）（见 3.2.2）。

要检查数据质量,研究者可以估计一个试次中以及被试总体数据中的**轨迹丢失**(track loss)量。轨迹丢失(即眼动追踪摄像机丢失了被试的视线轨迹)非常重要,因为如果记录中丢失了太多信息,那么研究者最好弃置这些数据。图 8.1 为疑似轨迹丢失的情况。从第三行和第四行起,读者的眼跳就变得很长。这就产生了一个问题:是眼动仪丢失了被试的视线(并因此停止了对注视的记录)还是被试当时只是在略读而不是阅读文本?Tobii 会自动报告给定被试轨迹丢失的百分比。[1] 在 DataViewer 中,研究者可以在**时序图**(temporal graph)中绘制原始数据,从而直观地发现轨迹丢失(见图 8.2)。在时序图中,顶部的横轴表示时间,绘制的线条表示以像素呈现的眼睛注视的 x 与 y 的坐标(即注视位置)。与我们最初的假设相反,图中显示的是正常的眼动追踪记录,没有眨眼或轨迹丢失(没有粗的垂线)。下文的图 8.4 展示的数据来自一个存在问题的试次。将其与图 8.2 进行比较后,我们似乎可以放心地得出结论:在目前的例子中,被试只是在略读文本。自然阅读中存在少量的略读也是正常的,尤其是在阅读较长的文本时。因此,该试次(或被试)的数据是否应该被剔除,取决于研究目标如何以及略读行为的普遍程度如何。

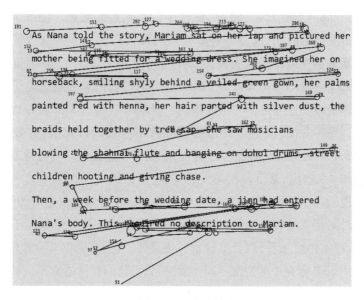

图 8.1 文本略读

注:除了屏幕底部,眼跳线段没有中断,这表明记录是正常的(没有轨迹丢失),被试只是在略读文本。
(来源:Godfroid et al., 2018,未清洗的真实数据。)

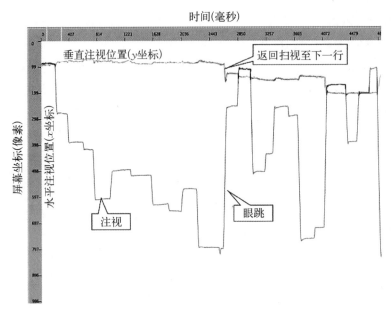

图 8.2 图 8.1 中原始数据的时序图(0 秒~4.8 秒)

注：眼动记录以屏幕像素显示了未受眨眼干扰的两条连续的位置信息轨迹(参比图 8.4)。

图 8.3 和 8.4 则显示了"噪声"试次中的眼动追踪数据。图 8.3 中的数据显示了大量向下的眼动，这是一种非常规的阅读行为。这些垂线可能是**眨眼**(blinks)、**轨迹丢失**或眼动仪失控，因为眼动仪检测到了两个角膜(即**分裂角膜**[split cornea]，见 Holmqvist et al., 2011)。同样，我们需要通过电子表格或时序图中的原始眼动追踪数据来了解情况。眨眼和轨迹丢失都会导致位置信息值的缺失。另一方面，虽然分裂角膜会导致不一致的位置值，但数据不会丢失。从图 8.4 中的可视化数据可以看出，眨眼或轨迹丢失的可能性非常大。仅在试次前的 4.8 秒内，就出现四条大的垂线，而且该情况在整个试次过程中还会重复出现(参比先前的图 8.2)。垂线代表无法获得位置信息时的时间间隔。由于中断时间相当短(<100ms)，因此这些垂线很可能代表眨眼而不是轨迹丢失，不过从技术角度来看，两者的区别并不重要，因为两者都会导致信息丢失。

与一些 ERP 研究中的情况不同，眼动追踪实验的被试通常不会被要求抑制其眨眼。要求被试在阅读过程中抑制眨眼实际上可能会适得其反——被试可能会开始更频繁地眨眼。不管怎样，眨眼都是眼动数据中的**伪影**(artifact)，它们对数据质量的影响需要仔细评估(在数据收集过程中尽量减少眨眼的方法

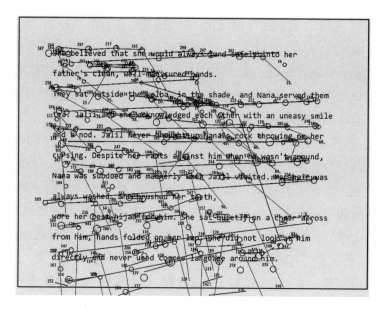

图 8.3　眼动记录中的眨眼

注：每次眨眼都伴随着两次标志性的眼跳（向下与向上的线），即眼睑先覆盖瞳孔，然后抬起再使瞳孔露出。

（来源：Godfroid et al., 2018, 未清洗的真实数据, 未用于分析。）

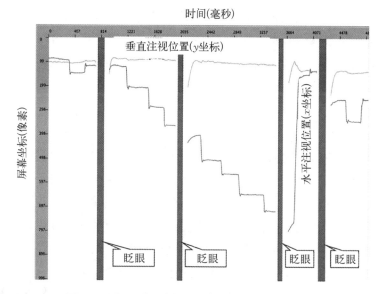

图 8.4　图 8.3 中原始数据的时序图（0 秒~4.8 秒）

注：眼动记录以屏幕像素显示了频繁受眨眼干扰的两条连续的位置信息轨迹（参比图 8.2）。

见 9.3.2.2）。如果像目前的样例试次一样，试次中存在多次眨眼，那么研究者最好放弃该试次。在其他情况下，研究者可以从记录中删除眨眼的数据。好消息是眨眼不会影响你对注视时间的计算（见 7.2.1.2），因为眨眼发生在两次伪性的眼跳之间（图 8.3 中向下与向上的线）。因此，制造商的软件在计算注视时间时会自动过滤眨眼。

总之，研究者可以进行不同的检查来确保**眼动数据质量**（Mulvey et al.，2018），包括检查轨迹丢失。适当的培训以及眼动仪操作练习（见 9.3.2.2.2）会对减少轨迹丢失有很大帮助。同样，合理的实验设计也可以防止轨迹丢失。不推荐在设计中同时涉及计算机与书面任务。在此类设计中，被试需要把目光从屏幕上移开，比如在纸上读或写，这样的设计本身就会引起轨迹丢失。如本节所述，研究者可以通过检查原始数据来进一步把控数据质量。霍尔姆奎斯特等人（Holmqvist et al.，2011）的报告称，对于未经预选的欧洲被试，训练有素的眼动仪操作员的丢失率一般为 2%～5%。丢失程度会因技术因素、人员（被试和操作员）因素及任务设计因素的不同而变化（进一步讨论见 9.3.2.2）。

为了提高透明度，研究者应该在论文中报告缺失的数据与被排除的被试数量，并应按被试组别与试次条件分列这些信息。为了保有充足的统计检验力（见 5.5），研究者需要招募新的被试来填补各名被排除的被试的数据。随着这些做法在领域中逐渐成为规范，眼动追踪学界便能界定二语习得和双语研究中常见的、可接受的轨迹丢失范围。最重要的是，研究者和读者能更确信所收集的眼动追踪数据是有效且完整的。

8.1.3 漂移校正

在逐一检查试次数据后，数据清洗的第二步是识别含有**漂移**（drift）的试次，以便进行调整或弃置这些试次的数据。漂移是指被试被记录下的眼睛注视位置与其实际注视位置之间的系统性偏移。如果被试实际注视的位置并不是被仪器记录下的位置，那么此类漂移就会使研究的内部效度大打折扣。适当的摄像机设置和校准对减少漂移至关重要，因此，漂移校正的第一个方法应该是训练数据收集技能（见 9.3.2.2），从根源上避免漂移的发生。在阅读研究中，当眼注视较为一致地浮在一行文字的上方或下方时，垂直漂移很容易被发现，因为读者在阅读时倾向于看文字，而不是看文字的上方或下方。如果你遵循基于文本的眼动追踪研究指南（见6.2），使用双倍或三倍行距的文本，那么发现垂直漂移就会更容易。当研究者使用单倍行距的文本或复杂的视觉显示（如网站界面、在线词典条目、绘图）或漂移比较严重时，可能就无法有把握地识别注视的目标。在这种情况下，在进一步分析中将存在漂移的试次剔除是唯一稳妥的做法（另见9.1.3）。

研究者可以对漂移进行手动校正或自动校正。DataViewer（EyeLink的数据处理程序）支持手动或半自动调整注视位置，一次可以调整一个或多个注视。马萨诸塞州大学的眼动追踪实验室（http://blogs.umass.edu/eyelab/software/）也有一款具有类似功能的开源软件。因为漂移是一个系统性问题，所以研究者通常会一次校正多个注视。图8.5显示的是某一试次的未校正状态以及用三种方式对其进行漂移校正后的情况——手动校正、使用DataViewer内置的漂移校正功能进行校正或两者结合使用。我先在每一行文本中选择相应的眼注视，然后手动将其下拉（见图8.5b）或使用内置的漂移校正功能（见图8.5c）对其进行校正。漂移校正功能会将所有注视点与其屏幕坐标中的平均像素高度在垂直方向上对齐。在当前示例中，平均位置在文本中各行的上方；因此，在图8.5d中，我手动将它们再向下拉了一些。手动校正后，所有的注视的校正量就基本是相同的，这样一来，虽然像素高度中可能仍会存在细小的波动，但研究者就能够确定注视向上或向下移动的距离。

还有一个更高效的方法不涉及人工判断。科恩（Cohen，2013）编写了一个R函数——Fix_Align.R，它能够替你数据清洗。如果你有大量的数据需要清洗，那么这个程序可以帮你省下不少力气。Fix_Align.R使用线性回归将单个的注视点分配到（多行实验中的）文本行中，并根据回归分析来删除或标记异常值与不明确的注视点。最佳拟合回归线，即程序的清洗解决方案，是根据被记录下的眼注视位置，使回归线的似然度（likelihood）最大化的那条线。科恩（Cohen，2013）报告称：一位经验丰富的眼动追踪研究者手动清洗了与软件相同的数据，两者的结果近乎完美地一致（一致性达99.78%）。研究者可以用R中的trial_plots参数来评估自动清洗程序清洗数据的质量。

为了尽量减少事后的调整，研究者最好将兴趣区设置得足够大，这样就可以吸收少量的漂移（见6.1）。具体来说，在兴趣区中添加一个额外的缓冲区能够解释眼动记录中的人为与技术（眼动仪）误差。图像周围的缓冲区或图像中

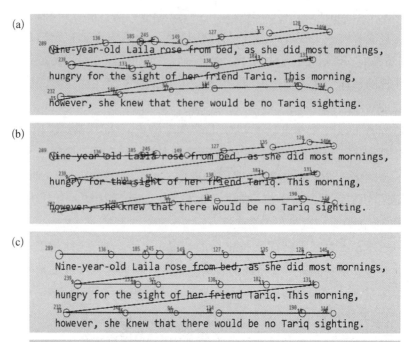

图 8.5 某一试次漂移校正前后的情况

注：(a) 数据清洗后眼动记录中的垂直漂移及相应数据集，(b) 手动调整，(c) 半自动清洗加漂移校正，(d) 漂移校正后手动调整。清洗后的数据可以更准确地反映注视的真实位置。

的物体都是很好的例子：见第 175 页图 6.9、第 177 页图 6.11 及第 178 页图 6.12，这些是视觉情境研究与产出研究的示例。在基于文本的研究中，关于注释的研究（即文本中难词的翻译或释义）是一个特别典型的例子，它说明了兴趣区的重要性。在阅读过程中，边注是清晰、独立的目标。如图 8.6 所示，从文本到注释需要经过长距离的眼跳，而长距离的眼跳更容易出错。因此即使眼动仪可能无法识别眼跳是否真的落在了注释上，任何指向注释区域的眼跳也都很有可能是以注释为目标的。因此在研究设计或分析中，将注释周围的兴趣区设置得大一些就可以解释这些误差的不同来源。

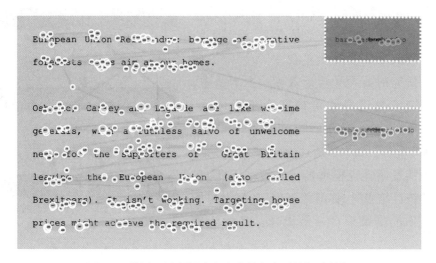

图 8.6 英语二语者阅读含边注的文本时的阅读数据

注：注释周围的兴趣区（方框）稍大一些就可以解释眼动记录中的技术或人为错误。
（来源：数据由智利瓦尔帕莱索天主教大学［Pontificia Universidad Católica de Valparaíso, Chile］的卡罗琳娜·波娜丽丝［Carolina Bernales］博士提供。）

总之，随着部分自动与全自动数据清理程序的出现，数据清理这一研究过程中的步骤也开始变得更有吸引力、更有趣。研究者现在可以选择通过上下移动注视来手动校正漂移，也可以选择在特殊软件或代码的帮助下自动校正漂移；而如果一些研究者使用的默认软件程序不含漂移校正功能，那么开源软件就可以助其一臂之力。漂移校正的相关内容——对于数据中的少量漂移，研究者是否以及如何进行校正——应该也是研究论文的一部分。

8.2　处理异常值

确定数据记录的质量之后，研究者就可以进入数据清洗的下一阶段——处理异常注视。**异常值**（outliers）是指在某一研究中与研究现象无关的异常的值（abnormal values）（Barnett & Lewis, 1994; Lachaud & Renaud, 2011; Ratcliff, 1993）。在统计学中，异常值不在研究中收集的其他数据的数据分布中。异常值可长可短，可大可小。异常值可以根据其绝对值（即相对于预先指定的截断值）或落在分布尾部的数据点来定义。在大多数情况下，研究者需要处理数据集中的异常值，因为异常值会破坏研究的概念和统计效度。在本节中，我将介绍**处理异常值的四个步骤**（four-stage procedure for dealing with outliers），如图 8.7 所示。如本节所述，筛选数据中的异常值能提高统计模型的拟合度。因此，在解读统计结果时，你就能更有把握，因为你知道你的结果来自一个拟合良好的统计模型。

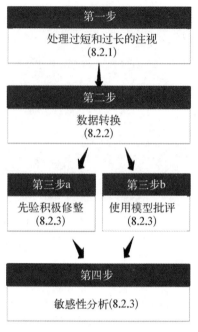

图 8.7 处理异常值的四个步骤

8.2.1 处理过短与过长的注视

有些注视需要特别注意，因为它们的值在生物学上是不合理的。例如，人们认为**眼脑延迟**（eye-to-brain lag）为 50ms；换言之，50ms 是读者注视刺激物以提取有用的视觉信息再对其进行加工所需的最短时间（Inhoff & Radach, 1998）。同样，在熟练的一语者进行一语阅读时，其平均注视时间在 225ms 到 250ms 之间（Rayner, 2009），而二语者在进行二语阅读时，这一值还会再大一些（不过，具体会大多少仍是未来研究的重要问题之一）。有了这些数字，我们就能大致预估合理的、常见的注视时间范围。

在一语阅读数据的频率分析中，雷纳（Rayner, 1998）发现仅有 3% 的注视在 50ms 至 100ms 之间，且仅有不到 1% 的注视超过了 500ms。对于过短的注视，研究者通常认为其不能反映认知过程，但可以反映其他事件，如微眼跳（见 2.2）、试次开始或结束时被截断的注视或眼动数据中的眨眼或其他伪影（见 8.1.2）。因此，在应用研究中最好**合并或删除过短的注视**，因为它们并不能反映大多数应用眼动追踪研究者的想要研究的内容（即认知）。

合并或删除注视的具体步骤在制造商手册中有详细说明（见 8.1.1）。一般认为一个过短的注视需要与另一个在其附近的（如在 0.5°的视角以内）较长注视合并，否则就需要删除该短注视。短注视可以作为数据解析算法(Tobii)的一部分由软件程序自动处理，也可以由 DataViewer(SR Research)中的四步自动清洗程序进行清理。这两家制造商都有合并注视与删除注视的默认时间阈值，研究者也可以结合研究需要自行设定。

对于过长的注视，**删除(而非合并)** 也很常见。根据康克林和佩利塞尔-桑切斯(Conklin & Pellicer-Sánchez, 2016)以及基廷(Keating, 2014)的建议，眼动追踪研究者通常会删除超过 800ms 的注视，因为这些注视被认为是注意力缺失的信号。一语阅读研究中的常见做法就是删除过长注视。鉴于目前二语阅读中的这一基准尚未确定，因此在二语研究中我们有必要重新评估这一建议截断值(即>800ms)的效度。毕竟，二语读者阅读得比一语读者慢，因此其注视时间分布范围的数值很可能会明显高于一语者。

要将研究中的数据分布可视化，研究者可以将项目中注视时间做成**直方图**(histograms)。如果一项研究有多个任务或被试组，那么每个任务或每组的数据都应该被绘制在单独的直方图中。这里，我用自己的两个科研合作项目的数据来说明这一步骤。戈德弗鲁瓦等人(Godfroid et al., 2018)比较了英语母语者与高水平的非英语母语者的数据(见 3.2.2)。由于二语者的熟练度较高，因此母语者与非母语者之间的差异预计会比较小。相比之下，戈德弗鲁瓦和乌根(Godfroid & Uggen, 2013)的被试是德语初学者，他们只接受了 3.5 周的大学教学(见 3.2.1)。实验中，所有被试组都自然阅读与其水平相符的材料——高水平二语者和英语母语者读英语小说，德语初学者读简单的句子。图 8.8 分别呈现了这些数据集的三个直方图。

如图所示，三组被试在注视时间的分布上表现出明显的相似性。平均注视时间正如预期的那样，随着熟练度降低而增加，曲线也逐渐变得平坦。不过，总的来说，三组图像的形状仍然非常相似。值得注意的是，在该分布的右尾，二语者的过长的注视数量并未显著增加。超过 800ms 的注视在母语者的注视中占 0.1%，在高水平的非母语者数据中占 0.2%，在初学者数据中占 1%。这些数字与雷纳(Rayner, 1998)之前的估值一致。因此，常规阅读行为中 **800ms 的截断值**(800ms cutoff value)可以沿用至包含二语熟练度不同的被试的二语阅读研究。要在自己的研究中评估建议截断值并确定合适的持续时间下限，研究者可以用类似的方式绘制自己的研究数据。

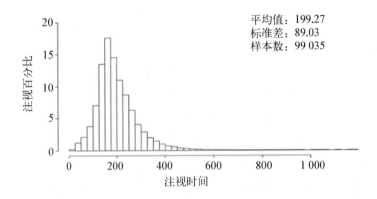

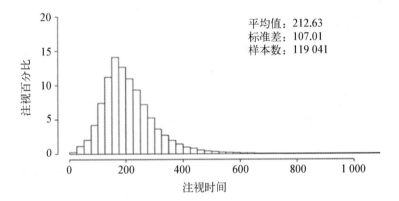

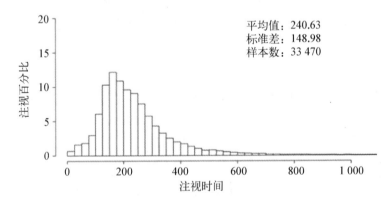

图 8.8 句子阅读中注视时间的频率分布

注：(a) 母语者，(b) 高水平二语者，(c) 二语初学者。

8.2.2 数据转换

就像一般的反应时(RT, reaction time)数据一样,注视时间和注视潜伏期的分布往往是偏态的。它们不是正态分布,但由于观察到的较大值较少,因此它们的分布图往往在右侧有一条长尾(示例见图 8.8)。正如惠伦(Whelan, 2008: 477 以及我的补充)所指出的,"对偏态数据、包含异常值的数据、异方差[具有不等方差]数据或同时具有多项上述特征的数据来说,使用假设检验……会降低这些检验的效力。"因此,眼动追踪研究者和反应时研究者一样需要解决数据中的偏态问题,以满足参数检验的正态性假设,并保障统计效力。

解决偏态问题的常用方法是对数据进行**对数转换**(logarithmic transformation);换言之,就是创建一个新变量 X',它等于原变量的对数:$X' = \log(X)$。对数转换会使较大值减小得比较小值减小得多:$\log_b(x) = y \Leftrightarrow b^y = x$。这正好可以解决右偏态数据。因此,经过对数转换的变量更接近正态,并且在统计分析中也应该使用这个变量 $\log(X)$。[2]

虽然**正态性假设**(normality assumption)(即假设因变量为正态分布)对参数统计非常重要,但在眼动追踪研究中,并非所有研究者都对这一假设进行了检验。为了更详细地研究这一问题,我查阅了文献中所有包含注视时间或潜伏期指标的研究。我和一名研究助理具体检查的内容为:(i)研究者是否在论文中报告了其进行的变量转换,若未报告,那么(ii)他们是否确认过数据的确为正态分布,因此无须进行数据转换。欣慰的是,并无作者报告称其注视时间或潜伏期指标的数据呈正态分布(如前文所述,眼动追踪的数据通常是偏态分布的)。然而,尽管明确了数据不符合非正态分布,却仅有 26% 的研究者报告了对数据进行的对数转换或其他转换。可能在其余 74% 的研究者中有一部分的确转换了数据,但并未报告。这种做法不利于提升研究透明度,还可能会为研究结果的解读增加困难。即便如此,目前的数据也仍然表明,不符合正态分布的情况在眼动追踪研究领域普遍存在,这会严重有损统计分析的效度(参比 Whelan, 2008)。在本节的其余部分中,我将解释研究者应该如何检查数据的正态性并在必要时对其进行对数转换,以确保其满足参数统计的关键假设。

第一步是确定数据是否需要转换。为此,你可以用直方图(见图 8.8)或箱线图绘制数据,然后检查数据分布是否呈现出偏态或不对称。如果你使用的是注视时间指标或潜伏期指标,那么你可能需要进行数据转换。在眼动追踪研究中,尽管在一般的反应时研究中研究者也经常使用倒数转换 $\left(x' = \frac{1}{x}\right)$ (如Baayen & Milin, 2010; Ratcliff, 1993; Whelan, 2008),但对数转换仍是迄今为止最常见的转换类型。不论是哪种情况,研究者都需要注意观察中的零值(如跳读)。零的对数(log 0)和一除以零$\left(\frac{1}{0}\right)$在数学中都无意义的,因此它们会在数据集中产生缺失值。要解决这个问题,研究者可以在所有观察值上加上一个小的正值(如+1),以此去掉零值。另外,负数的对数也是没有意义的,这一点也需要注意(在眼动追踪研究中,计算差值或 ΔOE 时可能会出现负数,见 7.2.1.2)。应用与之前相同的逻辑,研究者可以先确定变量中的最小值(如−239),然后把"1"或别的小数值与该观察值的绝对值之和(如 1+239=240)加到所有数值中。这样,数据中的最小值既不是零也不是负数。

在进行对数转换之后,最再次好检查新的数据分布,以验证其否达到了预期效果。转换成功后,数据直方图中的曲线将更接近钟形,且相应的偏度值与峰度值也会更接近零。虽然对图形的目视检查应该是判定的主要依据,但小于 2 甚至 1 的偏度值通常表明数据分布具有良好的对称性(Larson-Hall, 2016)。图 8.9 是数据转换前与数据转换后的直方图以及对应的原始数据和转换后数据的 Q-Q 图[①](分位数−分位数图)。原始眼动追踪数据的右尾特征表明其为正偏态分布,而经对数转换后的数据则更对称地分布于平均值两侧。Q-Q 图也反映了同样的信息,图中,经对数转换后的数据点紧挨着对数正态分布直线。

简而言之,通过对持续时间或潜伏期指标的对数转换,研究者可以首先解决数据集中的正向异常值问题。转换数据还有助于满足参数统计的正态假设,从而开拓统计分析的可能性。然而,数据转换是否成功,还需要独立验证各数据集方可知晓。

---

① Q 指 quantile,即分位数。

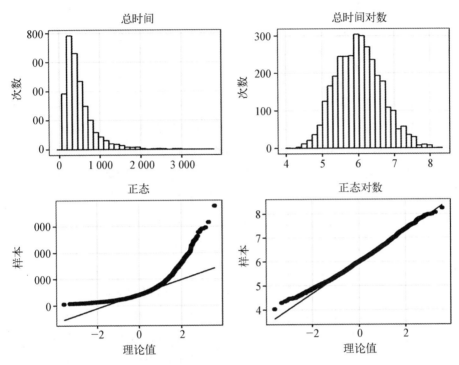

图 8.9 对数转换前（左图）与转换后（右图）总阅读时间的典型分布情况

注：下方双图说明两个数据集分别符合假设中的正态分布与对数正态分布。

8.2.3 如何处理异常值：模型批评还是积极的先验筛选？

习惯上，异常值在数据分析前就需要被识别出来，这是数据分析前的准备工作的一部分。回忆一下，异常值需要特殊处理，因为研究者普遍认为它们不能反映研究重点关注的现象（Barnett & Lewis, 1994；Lachaud & Renaud, 2011；Ratcliff, 1993）。在 8.2.1 中，我阐述了从眼动数据中删除在生物学上不合理的值的方法。此类轻度的先验数据筛选始终是个不错的选择。在这里，我们需要探讨的是除了删除<50ms 或<100ms 以及>800ms 的注视，在进行数据分析之前是否还需要进行额外的数据筛选。

大多数研究者认为，在分析之前额外进行积极的数据清洗很重要。不过，也可以等到分析之后再识别异常值。具体来说，方差分析（ANOVA）、回归分析和线性混合效应模型（LMMs, linear mixed-effects models）等统计分析方法都可以帮助研究者在统计模型拟合之后识别异常值。这种方法称为**模型批评**（model criticism）（Baayen & Milin, 2010）。它的优点是能够在提高模型拟合度的同时，使数据集中的大部分数据保持完好。我会在这一部分讨论这两种方法。

在进行任何异常值检测之前，研究者都首先需要确保数据处于他们希望用于数据分析的分布中（见 8.2.2）。异常值在数据转换后很可能就是一个"正常公民"（Baayen & Milin, 2010: 16），因此就没有必要进行进一步处理。一旦进行了适当的数据转换（如对数转换），进行**先验数据清洗**（a priori data cleaning）的研究者就可以选择许多不同的方法来识别异常值（见小贴士 8.1）。每个方法所影响的数据点的数量不同，对统计分析效力的影响程度也不同（见 Ratcliff, 1993）。二语和双语研究中的常见做法是：研究者设置一个阈值——通常高于或低于平均值 2、2.5 或 3 个标准差（SDs, standard deviations），超过该阈值的观察值即为异常值。由于阅读速度的个性化程度很高，会因个体与项目的不同而存在差异，因此平均值和 SD 应该在个体被试与项目的层面上计算，而不是在被试组或项目组的层面上计算（Lachaud & Renaud, 2011）。当然，前提条件是每名被试和每个项目都有足够的观察值来计算有意义的 SD（见 5.5）。如果计算的是总均值（即所有被试和项目的均值）的 SD，那么阅读特别慢的被试和特别困难的项目的数据会被不成比例地截断，而相对来说阅读较快的被试和比较容易的项目的异常值则不容易被发现。因此最好避免使用总均值。一个折中的解决方案（如果单个被试与单个项目的 SD 过大）是使用每个条件的平均值。最后，值得注意的是，二语眼动追踪数据在本质上就是多变的（比如，二语者的 SD 往往更大）。因此即使截断值高于或低于均值 2SD，仍有很多值是"正常"的。

当发现异常值时，研究者可以对这些观察值进行修整（删除、截断、消除），或者用其相应的截断值替换。替换异常值的过程被称为**缩尾**（winsorization）（Barnett & Lewis, 1994; Wilcox, 2012）。删除异常值会使数据集规模减小，而缩尾则能够保留更多信息。此外，研究者可以为其想要缩尾的数据设置窗口，类似于删除异常值时的做法。例如，在 0.10 的缩尾中，所有低于第 5 个百分位或高于第 95 个百分位的值将分别被替换为位于第 5 个百分位或第 95 个百分位的值。

小贴士 8.1　如何处理数据集中的异常值

1. 先验数据筛选＊

这是到目前为止最常见的方法,但它往往意味着更多的数据丢失或数据操控。要在分析前处理异常值,研究者可以遵循以下三个步骤:

(1) 计算平均值和 SD
- 根据被试和项目计算平均值(默认)
- 或者根据条件计算平均值(前提:各被试或项目的观察值数量很少)

(2) 设置范围
- 平均值±$2SD$(最严格,影响的数据点最多)
- 平均值±$2.5SD$
- 平均值±$3SD$(最宽松,影响的数据点最少)

(3) 对异常值进行删除或抑制(缩尾)
- 异常值修整:删除超过平均值±$2/2.5/3SD$ 的观察值
- 缩尾:用相应的截断值替换超过平均值±$2/2.5/3SD$ 的观察值

2. 模型批评结合轻度初始修整(Baayen & Milin, 2010)＊

(1) 拟合一个统计模型(如方差分析、回归分析、LMM)。
(2) 保存标准化残差(z 计分)。
(3) 识别 $|z|>2$、$|z|>2.5$ 或 $|z|>3$ 的观察值。
(4) 从数据集中删除那些有异常残差的观察值。
(5) 做最终的分析,重新拟合与步骤 1 中相同的统计模型。

＊始终记住首先需要删除生物学上不合理的值。

如前所述,如果研究者选择了以**模型批评**为基础的后验方法,那么就没有必要盲目地删除或替换一组值。模型批评涉及在模型拟合后对给定统计模型的残差的检查(有关影响的其他补充措施见 Nieuwenhuis、te Grotenhuis & Pelzer, 2012)。残差能够告诉我们哪些观察值的预测不佳、哪些观察值可以被统计分析解释。它们是模型中每个观察值的预测误差。即使数据点离平均值很远(先验方法中需要删除的候选数据),统计分析仍然能够很好地解释它们(小的残差)。在这种情况下没有必要进行修整或缩尾。因此在模型批评中,仅需修整残差较大的观察值。

尽管巴廷和米林(Baayen & Milin, 2010)在 LMM 的背景下讨论了模型批评,但这种方法并非专门适用于混合效应建模。研究者还可以在方差分析或线性回归中保存残差(更多信息,见 Field, 2018),然后按照相同的步骤处理异常值。要进行模型批评,研究者需要首先将他们的统计模型(如方差分析、回归分析、LMM)与数据拟合并保存标准化残差(更多信息,见 Field, 2018)。有了这些信息,研究者就可以识别出异常值,即标准化残差绝对值大于 $2SD$ ($2<|z|$)、$2.5SD$ ($2.5<|z|$) 或 $3SD$ ($3<|z|$) 的数据点;设置宽松还是严格的阈值由研究者个人决定(见小贴士 8.1)。在模型批评中,通常假设参数统计分析的残差是正态分布的。因此,在一个合适的模型中,绝对值大于 2 的标准化残差约占 5%,绝对值大于 2.5 的标准化残差占 1.2%,绝对值大于 3 的标准化残差占 0.27%。超出建议范围的标准化残差应从分析中删除。例如,在图 8.10 的**残差散点图**(residual scatterplot)中,任何在 $\pm 2.5SD$ 之外的数据点在再次分析之前都会被删除。

在删除异常值后,研究者会对修整后的数据集再进行一次同样的分析并将结果与原始分析进行对比。无论是选择对数据进行先验清洗还是使用模型批评,研究者都需要进行这一步(比较两种分析方法)。这种比较被称为**灵敏度分析**(sensitivity analysis)(Lachaud & Renaud, 2011),因为它的目的是测试统计分析的结果对所选择的清洗程序的灵敏程度(Ratcliff, 1993)。

通过灵敏度分析,研究者可以知道数据清洗后的统计分析结果是保持不变、增加还是失去统计显著性。巴廷和米林(Baayen & Milin, 2010)认为在所有三种情况下,模型后批评的结果更可靠。用他们的话来说,只有最终的分析才能揭示"实际上得到大多数数据点支持"的效应(或效应缺乏)(Baayen & Milin, 2010: 26)。

拉特克利夫(Ratcliff, 1993)在一篇关于先验清洗程序的重要综述中得出结论,认为结果在不同的截断值范围内都应该是可复现的。当结果不趋同时,研究者就有必要进一步检查原始数据集,以了解可能导致观察到的差异的原因(Lachaud & Renaud, 2011)。一种可能的情况是对异常值的处理(可能按条

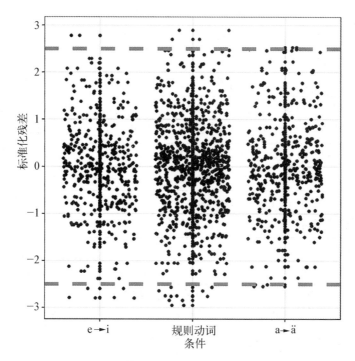

图 8.10 数据重新分析的残差（误差项）

注：数据来自戈德弗鲁瓦与乌根（Godfroid & Uggen，2013）的研究。任何在平均值外±2.5SD（以灰色虚线表示）的数据点都被认为是异常值。

件）截断了数据中的某些分布。具体来说，如果只有在较长的注视时间（即分布的"尾部"）内才能观察到某一实验效应，那么对异常值的处理可能会导致真正的效应在统计分析中消失（Ratcliff，1993；Whelan，2008）。再次强调，这些问题仅限于先验清洗，清洗对象是原始的观测数据而不是残差。因此，研究者需要报告其灵敏度分析的结果，并且对于先验方法，需要描述其可能会采取何种措施以处理由不同清洗程序（如在 2、2.5 或 3SD 处进行修整或缩尾）引起的差异。

为了说明，我将展示四种异常值处理策略对先前发表的一些数据（Godfroid & Uggen，2013）的统计建模的影响。在原始数据集处理上，我采用了四种广泛的策略：不进行修整、仅对生物学上不合理的值进行轻度修整、轻度修整与模型批评结合以及积极的先验修整。为了进行灵敏度分析，我从三方面评估了每种策略。一是需要被移除的观察值的数量，二是整体的模型拟合（R^2 值表示被解释的方差的量）。第三项参照指标是模型中自变量的显著性水平。这项指标会在介绍 LMM 之后在第 298 页表 8.4 中呈现。这三项指标(观察值数量、模型拟合及显著性水平)有助于我们评估不同清洗程序的影响。

原始数据集(即未修整的数据集)总共包含 946 个观察值。我拟合混合效应模型时(模型设定的详细讨论见 8.4)的 R^2 值为 0.086。这两个数字作为目前灵敏度分析的基线。请注意,本分析的因变量是一个正态分布的差异分数(即总时间差),因此不需要数据转换,但如果使用持续时间指标,则很少会出现这种情况。第一步,我从数据集中删除了生物学上不合理的值(见 8.2.1),并用眼动追踪软件自动合并了过短的注视。此外,我手动删除了过长的注视(>800ms)。这 80 次过长的阅读时间表明实验中可能涉及了与戈德弗鲁瓦和乌根想要研究的学习过程无关的其他过程。第二步,我用另一个模型对第二个数据集(即删除了 80 次过长的阅读时间的数据集)进行了拟合。由表 8.1 可以看出,模型拟合情况有所改善,但并不明显(R^2 值从 0.086 增加至 0.091)。在第二个模型中,我保存了每个观察值的残差(预测误差)并对其进行了标准化。按三个自变量分组的残差散点图如图 8.10 所示。第三步,我删除了绝对值大于 2.5SD 的观察值(在灰色虚线之外,如图 8.10 所示),共 23 个。删除这些数据点大大改善了模型拟合,R^2 值从 0.091 上升至 0.16。在研究论文中,这些就是你需要报告的统计分析结果。最后,我还尝试了更传统的异常值处理方法,这种方法在巴廷和米林(Baayen & Milin, 2010)的论文中被称为积极的先验修整。具体来说,在经过轻度修整的数据集中,我分别删除了每个条件下超过项目平均值和被试平均值 2.5SD 的观察值,总计 22 个。尽管在本例中,先验修整和模型批评删除的异常值数量相近,表明这两种策略实际上是同样积极的,但后验方法得出的 R^2 值更大,这说明使用模型批评效果更好。如图 8.11 所示,统计分析中删除的异常值越多,数据也越符合正态分布。

表 8.1 异常值处理的不同策略对比

处理策略	具体措施	过滤掉的观察值数量	剩余的观察值数量	相应条件下的 R^2
无(全部数据集)	无	0	946	0.086
轻度修整	删除 <100ms 与 >800ms 的观察值	80	866	0.091

续 表

处理策略	具体措施	过滤掉的观察值数量	剩余的观察值数量	相应条件下的 R^2
轻度修整,然后基于模型批评进行删除	删除标准化残差±2.5SD 的观察值	103	843	0.16
积极的先验修整	分别删除每个条件下超过项目均值和被试均值 2.5SD 的观察值	102	844	0.12

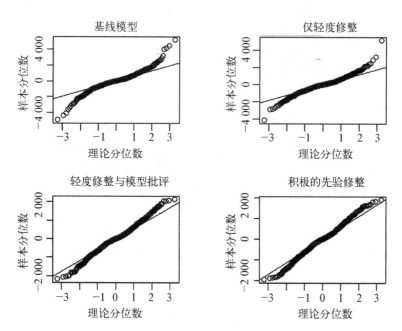

图 8.11 Q-Q 图显示了不同异常值处理策略下的模型拟合情况

注：数据点排布越来越趋近于直线，表明其越来越符合正态分布。

8.3 当前眼动追踪研究中的统计实践概述

当数据清洗完毕并能够用于统计分析时，大多数眼动追踪研究者会进行一个或多个统计检验来评估其实验操控的效果。在本节中，我将概述二语和双语研究者对其眼动追踪数据使用的统计方法。此统计方法的概述有助于引导研究者选择合适的分析方法;一旦你确定了需要分析的因变量(见第七章),就可以参考图8.12、8.14与8.15来选择你的统计选项。此概述还能体现统计实践随时间的发展趋势(见图8.13),尤其是我们还可以根据过去和现在的情况来预测哪些统计技术可能在未来成为主流,从而投入时间来学习这些技术。本章的后半部分就将介绍两种较新的技术——LMM(见8.4)和增长曲线分析(见8.5)并将其应用于现实中的示例研究。

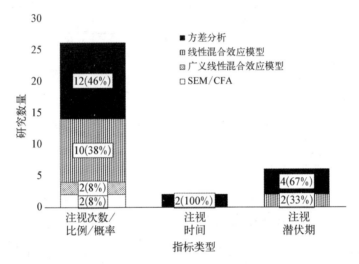

图8.12 视觉情境与产出研究中的统计方法

注:SEM 为结构方程模型(structural equation model);CFA 为验证性因素分析(confirmatory factor analysis)。

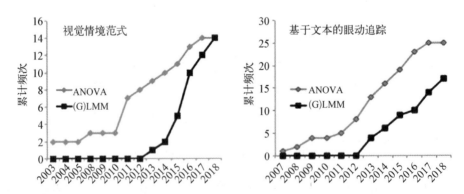

图8.13 二语和双语眼动研究中统计实践的变化趋势

注:ANOVA 为方差分析,(G)LMM 为(广义)线性混合效应模型([generalized] linear mixed effect model),后者正在赶上前者。

在选择统计方法时,**因变量**的性质是关键(关于因变量和自变量的概念,见 5.1 及第 133 页小贴士 5.1)。当前概述主要关注将眼动追踪指标作为因变量的统计方法。虽然这是目前最常见的情况,但有时眼动追踪指标也会充当自变量(尤见 Godfroid & Spino, 2015; McCray & Brunfaut, 2018; McDonough, Crowther, Kielstra & Trofimovich, 2015; McDonough, Trofimovich, Dao & Dion, 2017)。本节中,分析将按组由上位指标类型呈现:注视、回视与综合指标(见第七章)。按照第七章的分类方法,我进一步将注视类型分为四个子类别:注视次数/概率/比例、注视时间、注视潜伏期和注视位置(见第 216 页图 7.1 及第 217 页图 7.2)。读者可以参考第七章的不同部分以回顾这些指标类型的详细描述。就当前概述而言,我记录了每项研究所分析的眼动指标以及所应用的统计技术。若研究者分析了多类指标(如注视时间和回视),我就会把每项指标和与之对应的分析对作为一个单独的例子。因此一项研究可能会在数据集中有不止一行。图 8.12、8.14 和 8.15 展示了基于文本的眼动追踪与包括产出研究在内的视觉情境范式中使用的统计方法。因为视觉情境范式中的某些趋势最明显,所以本节从就从这些趋势开始阐述(见图 8.12)。这将为体量更大、变化更多的文本眼动追踪研究建立基础(见图 8.14 和 8.15)。

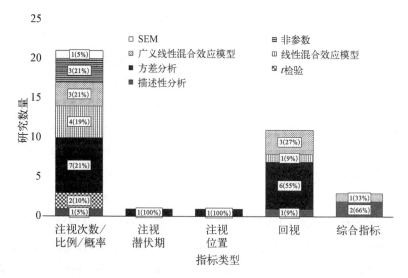

图 8.14 基于文本的研究中的统计方法

注:由于标度差异,对注视时间指标的分析用单独的饼图表示(见图 8.15);SEM 为结构方程模型(structural equation modeling)。

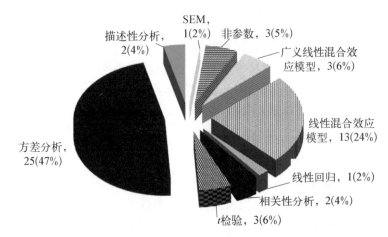

图 8.15 基于文本的眼动追踪研究中对注视时间指标的分析

迄今为止,已发表的视觉情境研究中有一半以上都采用了**方差分析**。无论结果指标是何种类型,研究者都偏向于使用方差分析。使用持续时间指标、潜伏期指标以及次数、比例和概率的研究都高度依赖方差分析,不过这种情况现在正在迅速变化(见下文)。事实上,对所有指标类型都使用方差分析会造成潜在的问题。如 8.4.1 所述,次数、概率和比例数据不应采用方差分析(Jaeger, 2008)。其他方法,例如逻辑回归(logistic regression)与准逻辑回归(quasi-logistic regression),更适合体现二元或比例数据的属性。我将在 8.5.2.3 中阐述这两项技术(逻辑回归和准逻辑回归)。另一方面,如果数据呈正态分布,那么注视时间和注视潜伏期指标可以采用方差分析。这通常需要先进行对数转换来使数据更符合正态分布(见 8.2.2),但遗憾的是,许多研究者在论文中不是忽略了数据转换或假设检查的信息,就是根本没有进行数据转换。因此,在眼动追踪研究中使用方差分析,需要首先了解数据的属性,并确保数据满足方差分析的统计假设。

尽管方差分析是主流的分析方法,但近年来**线性混合效应模型**(LMM,linear mixed-effects model)和**广义线性混合效应模型**(GLMM, generalized linear mixed-effects model)的使用快速增加:见图 8.13。LMM 和 GLMM 都是线性模型(LM, linear model)的延伸;线性模型则以线性回归和方差分析为基础。LMM 和 GLMM 之所以被称为混合效应模型,是因为它们可以容纳固定变量和随机变量的混合(见 8.4.2)。如果你熟悉多元回归(介绍见 Field,

2018；Jeon，2015；Larson-Hall，2016；Plonsky & Ghanbar，2018；Plonsky & Oswald，2017），那么在你的统计学学习之路上，接下来要学习的可能就是 LMM（见 8.4）。LMM 继承了线性模型的所有优点，比如能够同时处理多个自变量，包括连续自变量和分类自变量（见 8.4.2）。其主要的创新之处在于其能够确定使用何种随机效应结构以及如何解读这些随机效应（见 8.4.3）。我们会在 8.4.3 中评述拟合随机效应结构的不同方法，并在 8.4.1 和 8.4.2 中讨论这种新技术值得使用的原因。

  在基于文本的眼动追踪中，因变量的多样性与统计方法的多样性密切相关（见图 8.14 和 8.15）。除综合指标（如扫视路径和视线轨迹图）外，方差分析是可用于分析所有因变量的最常用的技术，正如视觉情境范式的相关统计结果所示。此外，基于文本的眼动追踪中，研究者使用较多的则是更基础的统计方法，包括非参数统计（克鲁斯卡尔-沃利斯检验［Kruskal-Wallis test］、曼-惠特尼 U 检验［Mann-Whitney U test］）、t 检验、相关性分析或者仅在少数情况下使用的描述性分析。视觉情境范式中使用频率不断上升的 LMM 和 GLMM 在此处也展现出了相同的趋势（见图 8.13）。如前所述，对注视次数、概率、比例和未经过转换的注视时间指标数据进行方差分析，在概念上与统计上都是存在问题的（见 8.5.2.3）。同样的问题也存在于回退性眼球运动；对其进行方差分析虽然常见，但同样不合适。一种解决方案（见 8.5.2.3）是执行 elog 变换①，将有界的眼动追踪指标转换为无界的连续变量。这样一来，转换后的数据就可以进行方差分析、回归分析或任何其他的参数分析。更进一步，研究者可以选择广义线性模型或广义线性混合效应模型来分析他们的二元数据或计数数据，具体分析请见 8.5.2.3，以二元逻辑回归为例。

8.4 线性混合效应模型

8.4.1 重复测量方差分析有什么问题？

  习惯上，研究者使用方差分析（ANOVA）来检测条件之间的均值差异（见

---

① Empirical logit (elog) transformation，统计学中的数据转换方式，通常不译为中文，简写为"elog"。

图 8.12、8.14 和 8.15)。当进行重复测量方差分析(repeated-measures ANOVA) (即涉及至少一个被试内变量的方差分析)时,研究者通常分别按被试、按项目 (见图 8.16)组织数据集,并单独根据被试(*F1 分析*)和项目(*F2 分析*)进行分 析,因为这样一来,数据会被聚集(平均)到两项变量的其中一项上。如图 8.16 所示,在 *F1 分析*中,每名被试在每个条件下都有一个值,该值表示该被试在该 条件下所有项目中的平均值。类似地,在 *F2 分析*中,数据被汇总到被试上,因 此每个项目在每个被试组中都有一个值。重要的是,*F1* 和 *F2* 分析考虑到了 仅与一个随机效应有关联的方差。*F1* 分析考虑到了与被试相关的方差,而 *F2* 分析则考虑到了与项目相关的方差。因此你就可以将具有显著性的结果 从被试类推至更大的群体(*F1 分析*),或从项目子集类推至目标语言结构(*F2 分析*)。

全量数据集				F1 按被试分析		
被试	动词	条件	总时间	被试	条件	总时间
1	fahren	a → ä	638	1	a → ä	520
1	schlafen	a → ä	274	1	e → i(e)	747
1	tragen	a → ä	648	1	Regular	378
1	essen	e → i(e)	666	3	a → ä	1453
1	lesen	e → i(e)	910	3	e → i(e)	1588
1	sprechen	e → i(e)	664	3	Regular	774
1	kochen	Regular	382	5	a → ä	616
1	lachen	Regular	348	5	e → i(e)	1035
1	singen	Regular	404	5	Regular	1069
3	fahren	a → ä	2006			
3	schlafen	a → ä	2015	F2 按项目分析		
3	tragen	a → ä	339	动词	条件	总时间
3	essen	e → i(e)	498	fahren	a → ä	972
3	lesen	e → i(e)	4019	schlafen	a → ä	871
3	sprechen	e → i(e)	247	tragen	a → ä	746
3	kochen	Regular	915	essen	e → i(e)	1008
3	lachen	Regular	656	lesen	e → i(e)	1932
3	singen	Regular	751	sprechen	e → i(e)	430
5	fahren	a → ä	273	kochen	Regular	683
5	schlafen	a → ä	325	lachen	Regular	781
5	tragen	a → ä	1251	singen	Regular	757
5	essen	e → i(e)	1859			
5	lesen	e → i(e)	867			
5	sprechen	e → i(e)	380			
5	kochen	Regular	752			
5	lachen	Regular	1338			
5	singen	Regular	1117			

图 8.16　同一数据集的三种排布方式

注:左侧为混合效应回归分析,右上方为 *F1* 按被试进行的方差分析,右下方为 *F2* 按项目进行的方差分 析。箭头表示数据被平均的单元,体现了由于平均而丢失的信息量。

问题是：当一种分析结果显著而另一种分析结果不显著时会发生什么？这样的结果在本质上就存在解读困难，因为每组分析只考虑了一个方差来源，所以就无法确定哪个结果是"正确的"。事实是，单靠按被试分析（by-subject analysis）或按项目分析（by-item analysis）都不能产生准确、可靠的结果。这是因为，正如后面将要讨论的那样，研究者在为他们的数据建立统计模型时需要考虑到所有的方差来源，以最大限度地提高普遍性。考虑到按被试分析在早期的使用颇为广泛，克拉克（Clark，1973）指出，一些研究结论受到了"**语言是固定效应**"**谬论**（language-as-a-fixed-effect fallacy）的影响——所研究的现象可能无法从项目子集被类推至所讨论的目标语言结构。尽管距克拉克的论文发表已经过去了近 50 年，但"语言是固定效应"谬论在大部分二语和双语研究领域中仍然是一个问题，因为二语和双语研究主要依赖按被试分析来获取统计证据。

8.4.2　引入线性混合效应模型

在过去的十年中，**线性混合效应模型**（LMM）作为一种新的、强大的统计技术被引入研究，它让研究者能够在分析时考虑到所有相关的方差来源（Baayen，2008；Baayen，Davidson & Bates，2008）。尽管 LMM 仍然是一种相对较新的技术，但这一技术正在迅速成为二语和双语眼动追踪研究的主流分析方法（见图 8.13）并且可能沿袭其在心理学中的发展态势，在未来十年中逐渐取代方差分析（Barr，Levy，Scheepers & Tily，2013；Matuschek，Kliegl，Vasishth，Baayen & Bates，2017）。

LMM 具有与多元回归相同的灵活性（Jeon，2015；Plonsky & Ghanbar，2018；Plonsky & Oswald，2017），但前者可以过滤掉额外的方差来源。在 LMM 中，每个观察值都被视为一个单独的数据点，在电子表格中以单独的一行表示（见图 8.16，全量数据集）。这使得模型能够充分利用数据中的信息。为了确保研究结果的可靠性、普遍性，研究中的被试和项目的数量需要足够大，以便显现显著的固定效应（Bell et al.，2010；Snijders & Bosker，2012）。最后，LMM 极大地改变了数据集中"异常值"的处理方式（更多信息见 8.2.3）。因此，选择使用 LMM 的方法关系到研究的每个环节，包括研究计划、数据集的组织方式以及数据是否需要修整和修整方法。

LMM 是线性回归和方差分析等混合模型的延伸；之所以有这个名称，是因为此类模型可以模拟**固定变量与随机变量的混合**（mix of fixed and random variables），类似于重复测量方差分析。[3]固定效应是统计分析的结果，通常见于研究论文。随机效应是研究中对结果施加影响的变量（如被试、项目），通常不是研究者的主要关注点（固定和随机效应的更多信息，见小贴士 8.2）。

小贴士 8.2　固定效应与随机效应

固定效应（fixed effects）是研究者在研究中操控、观察或控制的自变量。因为研究者假设这些变量在实验间保持不变（Barr et al., 2013），所以这些变量被认为是固定的。

例如：实验（treatment）和条件是眼动追踪研究中典型的固定效应。

随机效应（random effects）是从总体中随机抽样所产生的自变量。它们在不同的实验间可能会产生变化，因为举例来说，研究者可能会为一项新实验招募不同的被试。

例如：如果你做每次实验时都从总体中随机抽取被试，那么被试就是随机效应。同样，研究中的项目代表了随机效应，因为它们是目标语言现象的所有可能表达的随机子集。

与重复测量方差分析不同，LMM 可以在单个分析中模拟多个自变量的多个随机效应。因此，LMM 的第一个关键优势是其可以同时模拟**多个固定效应**和**随机效应**变量。这一特点解决了重复测量方差分析中传统的按被试分析与按项目分析的局限性（Baayen, 2008；Baayen et al., 2008）。LMM 的另一个相关优势在于其能够处理观察值之间的**非独立性**（non-independence）。在大多数眼动追踪研究中，观察结果都不是独立的。每个被试会为数据集提供多个观察值；同样，项目也通常会被不止一个被试看到。通过随机方差分量，LMM 能够估测观察值之间的相关性。这样就不需要进行数据聚合，而且对固定效应的标准误差（Gelman & Hill, 2007）的估测也会更准确；换言之，该模型能够精确地预估效应，不会因被试或项目的特质而受到影响。接下来，我们将

看看随机方差分量可以采取的不同形式。

当报告于期刊文章中时，LMM 看起来与线性回归类似，但增加了随机效应结构（示例见 8.4.4）。对于固定效应，研究者仍会报告（固定）截距、主效应及其模型的任何交互项。回归分析的一个优点是它既可以处理连续自变量，也可以处理分类自变量，所以无需将连续变量进行分类（如创建子群），否则研究者会损失宝贵的方差。b 回归系数表示预测变量每增加一个单位时结果变量的变化。这些内容并不新，在其他针对二语的出版物中也有相关描述（Jeon, 2015；Plonsky & Ghanbar, 2018；Plonsky & Oswald, 2017）。LMM 的创新之处在于其对随机效应和前文提到的固定效应的预估。

8.4.3　随机效应结构的选择方法：数据驱动与自上而下

巴廷（Baayen, 2008）出版了一本极具影响力的著作，将 LMM 引入了心理学领域，自此之后，研究者一直在讨论随机效应结构的组成（见小贴士 8.3）。目前心理学中的讨论主要关注**模型拟合度**（model fit）（模型对数据的解释能力）与**模型复杂性**（model complexity）（模型中的变量数量）之间的矛盾以及如何权衡这两项标准。向模型中添加更多的随机效应能提高模型的拟合度，但这可能会以降低统计检验力为代价（固定效应可能不再具有显著性）。另一方面，如果未能纳入对结果有很大影响的随机效应，则可能导致固定效应中出现假阳性结果（Barr et al., 2013）。因此研究者需要在模型拟合度和模型复杂性之间取得平衡。用马图舍克等人（Matuschek et al., 2017: 308）的话来说，"最佳模型能够在提供最大统计检验力的同时，将 I 型错误率保持在名义水平（如 $\alpha = 0.05$）。"

> **小贴士 8.3　选择一个随机效应结构**
>
> 每个随机效应最多可由三个随机效应分量表示：
>
> **随机截距**（random intercept）（如按被试的随机截距 [random intercept by participants，如图所示]、按项目的随机截距 [random intercept by items]）：

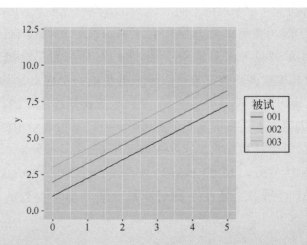

随机截距体现了在参考(基线)条件下被试或项目之间的差异。此处的假设是在截距处被试或项目之间存在个体差异。

随机斜率(random slope)(如按被试的条件随机斜率[random slope for condition by participants,如图所示]、按项目的条件随机斜率[random slope for condition by items]):

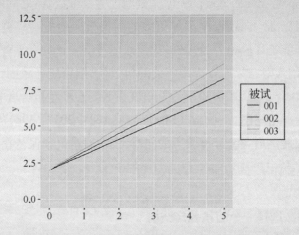

随机斜率体现了不同被试或项目在不同实验条件下的反应或行为的差异。此处的假设是实验条件(或任何想要研究的固定效应)不会以相同的方式影响所有被试或项目。

添加随机斜率仅在被试内和(或)项目内的实验设计中有意义。例如,要对被试对不同实验的反应的个体差异进行建模,每名被试必须经历所有不同的实验。

随机截距-斜率相关性(random intercept-slope correlation):

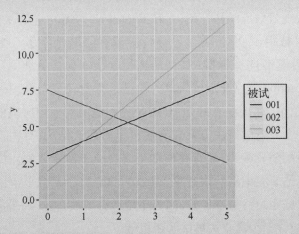

随机截距-斜率相关性体现了被试或项目的随机截距与其随机斜率之间的关系。例如,相关性为负,表明在不同的实验条件下,截距较高的被试或项目会表现出较强的下降趋势。

巴尔等人(Barr et al., 2013)认为进行验证性假设检验的研究者应该采用**最大随机效应结构**(maximal random effects structures)进行分析。最大随机效应结构包含了研究设计所需的所有可能的随机效应分量(即截距、斜率、截距-斜率相关性)。对于模型中的每一个固定效应(包括交互项),研究者都应尝试输入所有与之对应的随机效应(见小贴士8.3)。通过计算机模拟,作者们表明仅含随机截距的模型容易产生虚假显著性(即Ⅰ型错误率很高)。由于最大模型旨在解释尽可能多的随机方差来源,因此这些模型最大限度地提高了结果的普遍性,同时在检查中保留了假阳性数据。对于验证性的、由理论驱动的研究来说,这一特点是理想的(另见 Linck & Cunnings, 2015)。然而,如果模型包含多个自变量,那么最大随机效应结构可能会立即变得非常复杂并可能导致**收敛失败**(failure to converge),即算法无法估计所有的模型参数。不收敛的模型的结果始终不应该被报告,因为这些结果不可信。

马图舍克等人(Matuschek et al., 2017)重新审视了是否值得对所有可能的随机方差来源进行建模的问题,特别是当一些随机效应很小而数据集又不是那么大的时候。同样在进行计算机模拟后,作者们提出,使用**后向模型选择法**(backward model selection approach)或许能产出最佳结果。在这种方法中,研究者从最大随机效应结构开始(参比 Barr et al., 2013)进行逐步修整,首先,尝试删除随机截距-斜率相关性,然后,尝试删除随机斜率。在每一步中研究者都会使用模型选择标准(如似然比检验或赤池信息准则[AIC, Akaike Information criterion])以确定较简单的模型是否与较复杂模型一样能拟合数据(示例见下文)。需要注意的是,马图舍克和他的同事们所提倡的后向模型选择并不是一个万能的解决方案。有些模型有最大结构,有些模型则仅有按被试与按项目的随机截距,而有些模型最终会介于两者之间。尽管这些模型在心理学和二语研究中仍然很常见,但如今的心理学家似乎都认为模型仅含按被试的随机截距始终是不妥的(因为Ⅰ型错误率很高)。如果添加了随机效应,那么模型应该至少具有按被试的随机截距。重点是进行模型选择,以获得一个简洁而又与数据拟合的模型。

8.4.4 实例演示

本节旨在说明 LMM 应用于二语眼动追踪数据时的情况。具体来说,我将遵循当前模型选择的最佳实践(Matuschek et al., 2017):采用后向模型选择法并将其应用于二语学习实验(见图 8.17)。演示数据来自戈德弗鲁瓦和乌根(Godfroid & Uggen, 2013)的研究。[4]本例以 8.2.3 中关于异常值识别的讨论为基础,并在某种程度上先于该讨论。实际上,当前分析的目的是找到最佳拟合的统计模型。然后,可以对该模型的残差(误差项)进行模型批评,以识别极端观察值,这是异常值处理的一部分(见 8.2.3)。

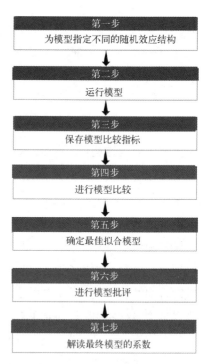

图 8.17 用 LMM 拟合一组固定自变量(固定效应)

戈德弗鲁瓦和乌根（Godfroid & Uggen，2013）调查了初级德语学习者在阅读过程中会在何种程度上察觉或格外注意不熟悉的不规则德语动词（详见3.2.1）。被试阅读了24组关键句子，这些句子包含三类动词：规则动词、元音变化为 $e \rightarrow i(e)$ 的不规则动词、元音变化为 $a \rightarrow ä$ 的不规则动词。因此，有一个（固定的）自变量——条件。它包含三个水平：规则动词、变化为 $e \rightarrow i(e)$ 的不规则动词、变化为 $a \rightarrow ä$ 的不规则动词。根据马图舍克等人（Matuschek et al.,2017）的准则，我从指定最大的随机效应结构开始。我使用了 R（版本3.4.2）中的 lme4 包（版本1.1-17）中的 lmer（）函数，并以受限最大似然（REML，restricted maximum likelihood）法作为估算方法，采用 Satterthwaite① 方法计算 t 检验的自由度。以下是 R 语言代码中使用的公式：

Delta Total Time ~ Condition+(1 | Verb)+(1+Conditon | Subject)

总时间增量 ~ 条件+(1 | 动词)+(1+条件 | 被试)

在这种情况下，最大结构包括按项目的随机截距（1 | Verb）、按被试的随机截距（1 | Subject）、按被试的条件随机斜率（Condition | Subject）以及按被试的条件随机截距-斜率相关性（1+Condition | Subject）。添加按项目的条件随机斜率（以及相应的截距-斜率相关性）是没有意义的，因为每个项目（即每个动词）只与一个条件相关；因为德语动词要么是规则的，要么是不规则的。

我还运行了一个更简洁的模型，在这个模型中，我删除了按被试的条件随机斜率和随机截距-斜率相关性。在缩减模型时，通常一次删除一个随机方差分量，例如首先删除相关性，然后删除斜率。然而，当模型仅包含分类预测因子时，如本例所示，该规则不适用，相关性和斜率需要被一同删除（2018年9月27日与德里格的个人交流）。缩减后的竞争模型仅含随机截距，如下所示：

Delta Total Time ~ Condition+(1 | Verb)+(1 | Subject)

总时间增量 ~ 条件+(1 | 动词)+(1 | 被试)

你可能想知道如何进一步缩减模型，例如将模型缩减至仅含按被试截距或仅含按项目截距。目前心理学界的默认做法是将两个截距都保留（Barr et al.,2013），该做法建立在以下假设的基础上：不同项目——就像不同被试一样——

---

① 一种近似 t 检验的方法，国内暂未发现权威的中文译名，所以保留原文。

会带来不同的反应行为。根据这种做法，马图舍克和同事们（Matuschek et al., 2017）精简后的模型含按被试截距与按项目截距。在当前的示例中，我也将遵循相同的方法。因此，模型 2 具有按项目的随机截距与按被试的随机截距，是模型选择中最精简的候选模型。

表 8.2 呈现了这两个模型的拟合优度统计量。这两个模型均包含了条件的固定效应；不过，我们暂时不关注条件的结果，因为我们需要先找到最佳拟合模型。为了选择最佳拟合模型，我主要采用似然比检验[5]（LRT, likelihood ratio test），并结合赤池信息量准则（AIC, Akaike information criterion），后者是一项根据模型复杂性调整的模型拟合度指标。AIC 的值越小，模型拟合越好（探索性研究中的模型拟合方法见 Gries, 2015）。LRT 是两个模型的偏差（deviance）的对比（详见 Field, 2018）。根据马图舍克等人（Matuschek et al., 2017）的研究，我采用 LRT 显著性水平 α 为 0.20。依照这一标准，$p<0.20$ 表明较简单的模型在拟合数据时的显著性不及更复杂的模型，换言之，更复杂的模型更佳。如果 $p \geqslant 0.20$，那么较简单的模型是首选，因为在统计学上，它与更复杂的模型在数据拟合度上没有差异。在当前的例子中，两项模型指标都表明较简模型更合适：其 AIC 值更小（模型 1：15 021，模型 2：15 019），LRT 不显著（$\chi^2 = 6.64, df = 5, p = 0.25$）。

表 8.2 后向模型选择：最大模型和更精简的竞争模型

结果变量	固定效应	随机效应						p 值	AIC	R^2	
		按被试随机截距	按被试的条件(X1)随机截距	按被试的条件(X1)随机截距-斜率相关性	按项目随机截距	按项目的随机条件(X1)斜率	按项目的条件(X1)随机截距-斜率相关性			R^2m	R^2c
总时间增量	条件(X1)										
模型 1	x	x	x	x	x	x	x	0.25	15 021	0.011	0.12
模型 2	x	x			x				150 19	0.011	0.10

注：在线性回归中，R^2 表示由预测因子解释的结果变量的方差量。在线性混合效应模型中，边际 R^2（R^2m）表示由固定效应解释的方差量。条件 R^2（R^2c）表示由固定效应和随机效应共同解释的方差量。
（来源：基于 Godfroid & Uggen, 2013）

一旦确定了最佳拟合模型，研究者就将把报告重点放在该模型上。在报告结果时最好写明随机效应结构，因为研究者可以借此检查模型拟合[6]，还能在报告中包含关于被试和项目个体差异的有用信息(Cunnings, 2012; Linck & Cunnings, 2015; Matuschek et al., 2017)。表 8.3 呈现了模型 2 的完整结果。我们可以看到,按被试随机截距的方差大约是按项目随机截距方差的三倍。这一结果很常见,因为被试通常是研究中随机方差的最大来源。

现在,终于可以初步查看条件的固定效应的结果了。回想一下,它们是能够解答研究问题(初级水平的学习者是否注意到不熟悉的不规则动词)的系数。$a \rightarrow \ddot{a}$ 动词的系数为 b_1,$e \rightarrow i(e)$ 动词的系数为 b_2,两者都表示相对于规则动词的阅读时间变化(截距系数 b_0)。对于处于习得过程中的不熟悉的动词类型,注意假说(noticing hypothesis, Schmidt, 1990)可以预测其阅读时间(以及正回归系数)的增加(Godfroid, Boers & Housen, 2013)。如表 8.3 所示,被试对 $a \rightarrow \ddot{a}$ 不规则动词的注意显著高于对 $e \rightarrow i(e)$ 不规则动词的注意。在另一项分析中,我们还发现,阅读过程中对动词形式的注意程度与被试在动词产出后测中的得分呈正相关,这证实了在阅读过程中,增加视觉注意有利于二语学习。

表 8.3 最佳拟合的线性混合效应模型

总时间增量 ～ 条件 +(1｜动词)+(1｜被试)			
Delta Total Time ～ Condition + (1｜Verb) + (1｜Subject)			
固定效应	B 值	标准误差(SE)	t 值	p 值
截距(规则动词)	−102.79	62.63	−1.64	0.11
$a \rightarrow \ddot{a}$ 不规则动词	210.11	90.33	2.33	0.030
$e \rightarrow i$ 不规则动词	115.34	90.11	1.28	0.21
随机效应		方差	标准差(SD)	
(1｜被试)		48 930	221	
(1｜动词)		16 026	127	
残差		634 768	797	
边际 R^2/条件 R^2	0.011/0.10			
AIC	15 019			

(来源:Godfroid & Uggen, 2013)

最后,分析结果需要由灵敏度分析来确定,灵敏度分析旨在检验异常值的可能影响(见 8.2.3)。我对模型 2 进行了模型批评,保存并绘制了标准化残差,如第 281 页图 8.10 所示。我从分析中删除了具有较大残差的观察值($k=23$)(见第 282 页表 8.1),然后重新运行了模型。表 8.4 为最终结果,也就是将要报告发表的结果。先前的结论仍然成立,即学习者注意到了 $a→ä$ 动词的变化。对 $e→i(e)$ 动词而言,学习者的表现类似,不过尚未到达显著性水平。因此,我发现了注意(noticing)的证据,不过并不存在于两种动词类型中,这可能是因为模型在纳入被试和项目的随机效应之后效力不足(参比 Godfroid & Uggen, 2013)。如果有研究者想复现这项研究,他们应该考虑增加这两个不规则动词条件下的项目数量。目前,这些结果表明注意(attention and noticing)的增加(Schmidt, 1990)可以在眼动记录中体现出来,还从更广泛的角度说明了眼动追踪方法在研究二语学习过程中的潜力(Godfroid, 2019)。

表 8.4 模型批评后的最终模型

总时间增量 ~ 条件 +(1 ∣ 动词)+(1 ∣ 被试) Delta Total Time ~ Condition + (1 ∣ Verb) + (1 ∣ Subject)				
固定效应	B 值	标准误差(SE)	t 值	p 值
截距(规则动词)	−90.81	64.09	−1.42	0.16
$a→ä$ 不规则动词	176.34	80.75	2.18	0.04
$e→i$ 不规则动词	135.90	80.60	1.69	0.11
随机效应	方差	标准差(SD)		
(1 ∣ 被试)	7 8550	280		
(1 ∣ 动词)	1 2471	112		
残差	503 912	710		
边际 R^2/条件 R^2	0.010/0.16			
AIC	14 425			

注:残差较大($2.5<|z|$)的观察值已从分析中删除。
(来源:Godfroid & Uggen, 2013)

8.4.5 报告结果

以下为 LMM 结果的报告样例,以上文的统计分析为例:

研究采用 R(版本 3.4.2)中 lme4 包(版本 1.1-17)的 lmer( ) 函数对线性混合效应模型进行拟合,以分析数据。研究采用受限最大似然法(REML)作为模型拟合的估计方法。结果变量为总阅读时间增量(Delta Total Reading Time),这是关键动词形式的总阅读时间进行基线校正后的测量值。动词类型是主要的自变量,表示为一个三水平分类变量,即条件,其中的规则动词由 treatment 编码①设定为参照类别。研究采用 Satterthwaite 方法计算 t 检验的自由度。研究采用后向模型选择法,通过模型比较以确定随机效应结构。我从最大随机效应结构开始,逐步剔除任何对模型拟合没有显著贡献的随机效应(Matuschek et al., 2017)。研究进行了 α 水平为 0.20 的对数似然比检验(LRT)(Matuschek et al., 2017),并比较了 AIC 的绝对值,以此评估模型拟合中的变化。最终的随机效应结构包括按被试与按项目的随机截距。

最佳拟合模型的结果见表 8.4。详细的模型比较报告见附录[即表 8.2]。结果显示,条件对含 a→ä 元音变化的不规则动词的阅读时间有显著影响($b=176.34$, $SE=80.75$, $t=2.18$, $p=0.04$),这表明与匹配得当的规则动词相比,被试平均多花费了 176ms 来阅读包含此元音变化的动词。而对于变化为 e→i(e) 的动词,条件并不显著($b=135.90$, $SE=80.60$, $t=1.69$, $p=0.11$),这表明二语学习者在这一特定动词类型上的阅读时间增量在统计上并不可靠。

8.5 分析时程数据

时程分析是视觉情境研究中最常见的方法。与其他统计分析(如阅读研究中的统计分析)不同,该分析将时间作为一个潜在的自变量。回想一下,视

---

① [编者注] Treatment coding,通常是 R 中默认的编码方式。

觉情境研究的特点是口语和书面语言的共同使用(回顾见第四章)。口语本身就具有时间性,因为言语会随着时间的推移自然地展开。因此视觉情境研究中的一个常见问题就是:被试在听到口语输入中的特定线索后,能以多快的速度看向屏幕上的目标图像(见 4.2.2 及 6.3.2.2)?从分析的角度来看,回答这一问题需要记录动态加工数据,这样研究者就可以从统计上确定口语是何时开始影响加工的。如图 8.18 所示,有几种不同的方法来实现这一点。接下去,我将讨论如何分析单独的时间窗口(最简单的情况是分析一个大的时间窗口)并介绍增长曲线分析。

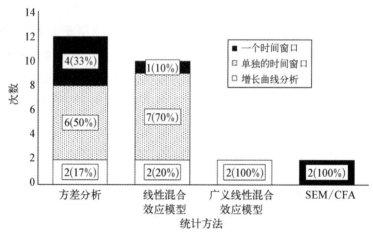

图 8.18 不同统计方法对时间的处理

8.5.1 分析单独的时间窗口

处理时程数据的方法之一是将整个时间窗口切分成较大的片段,例如每个片段 200ms 或 250ms,再将所有注视数据平均至给定的时间窗口,然后使用方差分析或 LMM 等常见的统计技术对每个时间箱进行分析。例如,在一项关于代词消解的研究中,康宁斯、福提奥多和茨姆普利(Cunnings, Fotiadou & Tsimpli, 2017)将主语代词起始后的 1 200ms 分为 6 个 200ms 的时间箱。他们对每个时间箱都进行了相同的分析(LMM)。通过比较不同时间箱的结果,作者们得出结论:与英语一语被试一样,希腊语一语-英语二语被试可以使用语法性别信息来识别句中正确的代词先行词(另见 4.2.3)。如研究所示,将言语流分成更大的段能让研究者使用其熟悉的统计技术来分析时程数据,如 t 检验、方差分析或 LMM。事实上,在二语视觉情境研究中,这是一种相对常见的解决方案(其他例子请见 Dijkgraaf, Hartsuiker & Duyck, 2017; Flecken, Carroll, Weimar & Von Stutterheim, 2015; Ito, Corley & Pickering, 2018; Kim, Montrul & Yoon, 2015; Kohlstedt & Mani, 2018)。然而,此方法的不足之处在于对时间箱的逐个分析将时间——在本质上就是连续变量——视为分类变量。这将使人"误认为连续过程是离散的"(Mirman, 2014: 1)。其他的问题包括研究者在进行二分的、是或否的判断时对 p 值的过度依赖以及确定适当的时间箱长度时的困难(见 Mirman, 2014,第一章)。为了更全面地捕捉言语加工的时间动态,研究者需要将时间作为一项自变量纳入其分析,并进行所谓的**增长曲线分析**。

8.5.2　增长曲线分析

8.5.2.1　数据预处理

　　增长曲线分析是一种混合效应回归模型,用于描绘被试的眼注视随时间推移而产生的整体反应曲线(Barr, 2008; Mirman, Dixon & Magnuson, 2008)。因此,从 LMM 的使用中总结出的许多要点(如如何选择随机效应结构)也适用于增长曲线分析(见 8.4),但与 LMM 不同的是,(应用于眼动追踪数据的)增长曲线分析的结果变量是二元的。

　　视觉情境眼动追踪数据本质上是**二进制数据**(binary data)。它们是由 0 和 1 组成的长串,每一个数字都表示眼注视是否在特定的时间点停留在了屏幕上的给定区域(1 表示是,0 表示否)。这些二进制信息是从原始的眼动追踪数据中获取的,代表眼睛在屏幕像素坐标中的注视位置(见表 8.5)。数据预处理是指将(由眼动仪记录的)x、y 坐标转换为 1 和 0。此外,在数据预处理过程中,来自眼动仪的多个数据样本会被压缩进更大的**时间箱**(time bins)(见图 8.19),使研究者能够计算综合指标。因此,数据预处理的目标是在空间和时间上压缩信息,这样研究者就可以检测到眼睛注视模式随时间的变化。

　　图 8.19 简要展示了分箱过程。在 SR Research 的数据分析软件 DataViewer 中(见 8.1.1),时程分箱报告(time course binning report)能完成大部分数据预处理。作为一名研究者,你只需要选择一个时间箱(如 20ms、40ms 或 50ms)以及一项或多项需要进行数据聚合的眼动追踪指标(如注视次数)。在 Tobii 的

表 8.5　来自一名被试的三个试次的原始眼动追踪数据(试次摘录)

被试编号	试验编号	时间戳	项目	条件	注视位置 X	注视位置 Y
107	1	105 935	pour	内容	0.492 875	0.343 951
107	1	105 938.2	pour	内容	0.459 65	0.342 029
107	1	105 941.6	pour	内容	0.490 078	0.337 698
……						
107	1	105 974.9	pour	内容	0.605 775	0.737 006
107	1	105 978.2	pour	内容	0.608 426	0.735 055
107	1	105 981.5	pour	内容	0.608 053	0.740 365
……						
107	2	110 011.5	spill	内容	0.513 142 8	0.347 103
107	2	110 014.9	spill	内容	0.502 535 2	0.355 047
107	2	110 018.2	spill	内容	0.509 065 7	0.320 309
……						
107	2	110 051.5	spill	内容	0.238 827	0.753 559 5
107	2	110 054.8	spill	内容	0.247 195 4	0.748 224 4
107	2	110 058.2	spill	内容	0.236 621 4	0.739 744 1
107	6	115 091.5	fill	容器	0.640 922 2	0.732 013 1
107	6	115 094.8	fill	容器	0.646 892 3	0.768 200 4
107	6	115 098.2	fill	容器	0.646 918 5	0.759 710 3
……						
107	6	115 131.5	fill	容器	0.640 004 6	0.733 443 3
107	6	115 134.8	fill	容器	0.647 040 5	0.748 224 2
107	6	115 138.2	fill	容器	0.634 893 9	0.743 748 9

注：第 6 列和第 7 列表示 x、y 屏幕坐标中的注视位置。
(来源：Chepyshko, 2018)

时间戳	兴趣区	注视
5	目标物	0
10	目标物	1
15	目标物	1
20	目标物	1
5	干扰物	0
10	干扰物	0
15	干扰物	0
20	干扰物	0

时间箱	兴趣区	注视比例
1	目标物	0.75
1	干扰物	0

图 8.19 基于原始眼动数据计算注视比例

综合软件程序 Tobii Pro Studio 中（见 8.1.1），研究者通常会先导出原始的注视数据（*时间戳数据*[timestamp data]和*视线追踪数据*[gaze tracking data]），然后使用另一个程序（如 R）进行数据预处理。eyetrackingR 包（Dink & Ferguson，2015）中的分步说明能够指导研究者将原始眼动追踪数据转换为适用于数据分析的格式。在这里，我将说明数据预处理的三个主要步骤，以切皮什科（Chepyshko，2018）的视觉情境研究中的原始眼动追踪数据为例。

表 8.5 包含了未经处理的原始眼动追踪数据。因为切皮什科使用了 300Hz 的眼动仪记录数据，所以每行代表一次以 3.33ms 为间隔拍摄的眼球快照（采样率的详细信息见 9.1.3）。**时间戳**（time stamp）表示在眼动仪的内部时钟里测量开始的时间。这些就是原始的眼动追踪数据。在将这些数据绘制成图表或用于统计分析之前，仍然需要对其进行一些整理（手动或自动）。

首先，研究者有必要进行少量**分箱**（binning）（参比 8.5.1），以便将大量原始的（未处理的）眼动追踪数据缩减为更易于管理的单元。分箱是有帮助的，因为

> ［眼动仪］的采样频率可能比行为变化要快得多（例如，眼动仪可能每 2ms 记录一次眼球位置，但规划并执行一次眼球运动通常需要 200ms），这可能会产生许多相同的观察值以及假阳性结果。
>
> （*Mirman*，*2014: 18-19*）

表 8.6 为分箱过程的结果。研究者将数据分成 50ms 的箱，一个时间箱由 15 个

数据样本组成(Chepyshko，2018)。"看目标物的次数"和"看干扰物的次数"这两列分别代表由软件计算出来的在目标物区域和干扰物区域内的注视总量。与单独的逐箱分析不同(见8.5.1)，使用增长曲线分析的研究者即使在分箱之后，也会保留其时程数据的时间信息。为此，在统计分析中，箱数("时间箱"列)应作为连续自变量被输入。

表8.6 来自一名被试的三个试次的分箱眼动追踪数据(试次摘录)

被试编号	试验编号	时间箱	项目	条件	看目标物的次数	看干扰物的次数
107	1	1	pour	内容	0	5
……						
107	2	3	spill	内容	10	0
……						
107	6	8	fill	容器	15	0

注：每个时间箱表示15个原始数据样本的汇总数据。当被试在时间箱内看向屏幕中除了目标物区域与干扰物区域的其他地方时，"看目标物的次数"和"看干扰物的次数"相加不等于15。
(来源：Chepyshko，2018)

一旦数据被分箱，研究者就可以提取出用于数据可视化与分析的综合指标(见表8.7)。**注视比例**是一个时间箱内的总观看次数除以数据样本的总数(观看与非观看次数之和)：注视比例 = $\frac{总注视次数}{总数}$ (见表8.7)。注视比例是一个介于0到1的数字，类似于百分比，可用于绘图(见7.2.1.1)；不过，最好不要使用注视比例作为因变量进行分析，因为这样做会违反许多统计假设(见8.5.2.3)。因此，研究者会计算**注视几率**(odds of fixation)，并将其作为第二项综合指标。比例和几率都可用于描述事件的可能性，它们相互关联，但又截然不同。在视觉情境研究中，几率表示观看某一图像的总次数除以未观看该图像的总次数：几率 = $\frac{总注视次数}{总数-总注视次数}$，见表8.7。例如，0.50的注视比例对应的几率为 $\frac{0.50}{0.50}=1$，表示看图像与不看图像的可能性相等。几率大于1表示看图像的可能性更大(例如，1.5的几率 = 66.67%的概率)，几率小于1则表示不看图像的可能性更大(例如，0.5的几率 = 33.33%的概率)。几率可以进行数据可视化，但最重要的是，它们是逻辑回归与准逻辑回归的基本构建单元，我们将在 8.5.2.3 对其展开讨论。

表 8.7　含自变量的分箱后的眼动追踪数据，用于绘图与分析：注视比例与 elog

被试编号	试次编号	时间箱	项目	条件	兴趣区	总注视次数（SumFix）	总数（N）	注视比例（FixProp）	elog	权重（wts）
107	1	1	pour	内容	目标物	0	15	0.00	−3.43	2.06
107	1	1	pour	内容	干扰物	5	15	0.33	−0.65	0.28
……										
107	2	3	spill	内容	目标物	10	15	0.67	0.65	0.28
107	2	3	spill	内容	干扰物	0	15	0.00	−3.43	2.06
……										
107	6	8	fill	容器	目标物	15	15	1.00	3.43	2.06
107	6	8	fill	容器	干扰物	0	15	0.00	−3.43	2.06

注：wts 表示权重（weights），在准逻辑回归中与 elog 结合使用。
（来源：Chepyshko, 2018）

8.5.2.2　数据可视化

视觉情境研究的一个吸引人的特点，是它能详细地在视觉上呈现被试的眼注视行为随时间的变化。这些图被称为**增长曲线**（growth curves）；它们能直观地呈现大量数据，符合数据可视化的最佳实践（Larson-Hall, 2017）。我真的很喜欢使用它们。增长曲线是**增长曲线分析**（growth curve analysis）的基础。具体而言，增长曲线分析的目的是描述一条或多条增长曲线的形状。

增长曲线可以根据 8.5.2.1 中所描述的综合指标生成，这些指标包括**比例**和**几率**；也可以根据几率的衍生指标——**对数几率**（**logit**）（log odds）和 **elog**（empirical logit）（更多信息见 8.5.2.3）——生成。增长曲线是平均所有被试与项目之后，对被试观看屏幕上不同图像的情况的描述。作为一名研究者，你需要决定要在哪一时间段为屏幕上的哪些图像或对象绘制数据。这些都非常重要,因为选择绘制的对象以及相应的绘制时间段将对随后的数据分析产生很大影响。

请看切皮什科(Chepyshko, 2018)的例子。切皮什科想要测试熟练度不同的英语一语者和二语者是否可以根据动词语义来预测将要出现的方位动词的论元。他的展示包含一个施事者(如 *cook*,"厨师")、一个内容(content)(如 *coffee*,"咖啡")和一个容器(container)(如 *t-shirt*,"短袖衫"),见图8.20。我们感兴趣的是,听者是否会预期出现在诸如 *spill*("洒")的内容动词(即内容的宾语 *coffee*)以及诸如 *stain*("弄脏")的容器动词(即容器的宾语 *t-shirt*)之后的不同宾语。为了回答这个研究问题,作者可以进行一些比较,这些比较会提供互相关联但略有不同的信息(另见6.1.3.2及6.3.1.1):

(i) 比较对内容的观看与对容器的观看 $\left[\dfrac{观看次数(内容)}{观看次数(容器)}\right]$,

(ii) 比较对目标物的观看与对干扰物的观看 $\left[\dfrac{观看次数(目标物)}{观看次数(干扰物)}\right]$,

(iii) 比较对目标物的观看与对所有其他事物的观看 $\left[\dfrac{观看次数(目标物)}{观看次数(其他)}\right]$。

每次比较的几率公式都不同(回想一下,几率 = $\dfrac{观看次数}{非观看次数}$),因为分子和分母不一样。几率是你的因变量。你的每一个预测因子都将表明几率是如何随自变量的变化而变化的。因此你需要紧扣研究设计和研究问题来定义几率(即选择分子和分母)。例如,在比较(i)中,无论被试听到的是内容动词还是容器动词,关注的焦点都是对内容的观看。在这种情况下,研究者期望几率在内容动词条件(其中内容图像是目标物)下较高,而在容器动词条件(其中容器图像是目标物)下较低。在比较(ii)和(iii)中,需要关注的图像会随着动词的变化而变化,所以分析者始终在对被试对目标物的观看进行建模。因此几率应该总是大于1(倾向于目标物)。在这种情况下,动词类型这一自变量能够说明被试在两种动词类型条件下对目标物的观看是否不同。

对于分母,巴尔(Barr, 2008)建议把**所有非目标观看**(all non-target looks)作为参考,与上文的(iii)一致。这样一来,对屏幕空白部分的观看也会被纳入

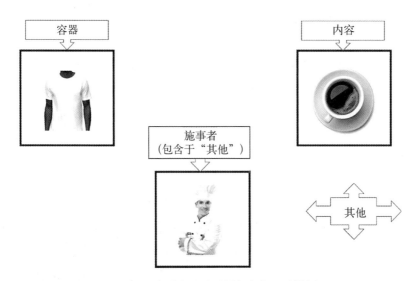

图 8.20 动词论元预测研究中的显示样例

注：每次显示包括一个施事、一个内容和一个容器。相应的音频描述或包括一个内容动词（"*The cook spilled the coffee on the t-shirt*"，"厨师把咖啡洒在了短袖衫上"），或包括一个容器动词（"*The cook stained the t-shirt with coffee*"，"厨师用咖啡把短袖衫弄脏了"）。方框代表兴趣区，被试不可见。

（来源：复制自 Chepyshko，2018）

分析（另见 Dussias，Valdés Kroff，Guzzardo Tamargo & Gerfen，2013）。通过把外部的观看纳入分析，研究者可以排除条件的潜在混淆效应对观看行为的影响。例如，由于认知负荷增加，在对认知或注意要求较高的条件下，被试可能会更多地观看空白区域。如果研究者只考虑被试对目标图像和干扰图像的观看，那么这些信息将会丢失并可能导致混淆的结果。因此，无论哪个区域是兴趣区，都要与屏幕上的所有其他区域进行比较。例如，$\frac{观看次数（目标物）}{观看次数（其他）}$ 或 $\frac{观看次数（竞争物）}{观看次数（其他）}$。

然而，在绘制图表时，研究者通常会在数据可视化中省略掉这些外部注视（即他们不会绘制被试对其他的注视）。这可能会产生误导，因为图表所显示的内容可能并不完全是统计分析的结果，这样一来读者可能弄不清楚确切的几率公式。要使数据可视化与统计分析一致，研究者可以考虑**把外部注视绘制为图表**（plotting these outside looks）中的附加线，尤其是当他们计划在之后再纳入这些数据时，正如巴尔（Barr，2008）和我建议的那样。在所有情况下，研究者都应该清楚地说明其在分析中纳入了屏幕上哪些区域，以便读者能够回顾这一步骤并正确地解读统计结果。

现在我们来看图8.21,该图显示了切皮什科(Chepyshko,2018)的研究数据的两组增长曲线。这些是 0ms~850ms 的时间窗口的数据,与动词部分(*The cook spill/stained …*)对应。[7]这些图表显示了被试对目标物和干扰物的观看情况,这也是研究的主要关注点。图中的比例之和不为1,这是因为被试还看了屏幕上的其他区域。由于这是早期预测窗口,动词紧随施事者,因此注视比例开始时很低(许多外部注视),但会随着时间的推移增加。重要的是,我们可以看到,在动词起始后的 600ms~850ms 内,在内容动词(上方)这一条件下,目标物注视和干扰物注视之间的差距在扩大。如果在统计上得到证实,那么这些分岔线就可以表明在内容动词条件下,被试对动词论元进行了预期性加工。具体来说,英语母语者一听到动词的形式就能预期到并注意到内容动词(如 *spill the coffee*)的论元,而不是容器动词(如 *stain the t-shirt*)的论元。

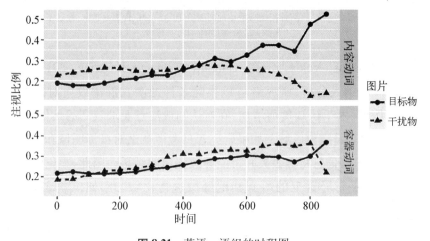

图 8.21 英语一语组的时程图

注:线条表示在听觉输入分别呈现内容(上方)方位动词和容器(下方)方位动词的过程中,被试对目标物(圆圈)和干扰物(三角形)的注视比例。

(来源:Chepyshko,2018)

如此处所示,对数据的**目视检查**(visual inspection)是分析中重要的第一步。通过仔细查看数据图示,你可以发现有预期或竞争迹象的趋势。这些模式可以在之后通过增长曲线分析在统计上得到验证或否定(见8.5.2.5)。你可以检查比例数据,如此处所示;也可以使用你计划用于分析的对数几率或 elog 数据[8]。最重要的是,你首先需要查看数据,因为这能真正帮助你理解研究中所发生的事情。同样,在阅读他人的研究结果时,最好养成习惯,将统计分析结果与图表放在一起,并检查数据的视觉呈现能否反映统计结果。

8.5.2.3 逻辑回归或准逻辑回归

上一节强调了数据可视化在视觉情境眼动追踪数据分析中的重要性。**注视比例**通常用于绘制图表(见图 8.21),也许是因为大多数人思考事件发生的可能性时,都依赖于比例$\left(\text{比例}=\frac{观看次数}{观看次数+非观看次数}\right)$。尽管对单独的时间箱进行一系列方差分析(见 8.5.1)后再以此在统计上分析比例数据也是一种常见做法,但并不推荐。这种做法可能导致虚假(无效)的结果,因为比例数据违反了方差分析的概念和统计假设(Jaeger, 2008)。

第一,方差分析是处理无界连续变量的。而另一方面,比例是在 0 至 1 之间的数字,是有界的:比例不能小于 0 或大于 1。当对比例数据进行方差分析时,置信区间可能超过这一范围,这会使它们难以解读(Jaeger, 2008)。在统计学上,过大的置信区间会导致方差分析将"概率质量[例如,$\bar{Y}$是真实总体均值的概率]归因于永不可能发生的事件,从而有可能低估实际可能发生的事件的概率质量"(Jaeger, 2008: 435,原文强调,我的补充)。简而言之,不正确的置信区间可能导致虚假的结果(Jaeger, 2008)。

第二个问题是二元数据遵循的是二项分布(一种不同于正态分布的概率密度分布)。二项分布的方差是不相等的:分布中间的方差($p = 0.50$)比端点的方差更大。这违反了方差分析的方差相等假设,也是方差分析不应该用于分析比例数据的第二个原因(Jaeger, 2008)。综上所述,研究者可以对注视比例进行数据可视化,但不应将其作为分析的因变量。

几率(odds)$\left(\frac{观看次数}{非观看次数}\right)$是另一种更有利于统计分析的可能性指标(见 8.5.2.1 及 8.5.2.2)。几率适用于已知的分析方法,如线性模型(即回归),因为几率可以转换成无界数据。这个过程需要用到一个两步**联系函数**(link function)。第一步,用软件根据二元注视数据计算几率。根据定义,几率的范围是 0 到 ∞,没有上限。第二步,用软件取几率的自然对数,称为**对数几率**(log odds)或 **logit**。这会去除数据下界,使对数转换后的数据范围变为 −∞ 至 ∞。这两个步骤成功地将原始的二元变量转换为线性回归的潜在结果变量!因此,从概念上讲,逻辑回归本质上是对数几率空间中的线性回归。

　　了解对数几率、几率和比例之间的关系有助于你解读逻辑回归中的回归系数(实例见 8.5.2.5)。比例为 0.50,对应的几率为 $\left(\frac{0.50}{0.50}\right)=1$,对应的对数几率为 $\ln\left(\frac{0.50}{0.50}\right)=\ln(1)=0$。对于较高的比例,几率大于 1,对数几率大于 0(即为正);而对于较低的比例,几率小于 1,对数几率小于 0(即为负):见图 8.22 及小贴士 8.4。[9]因此,报告结果时可以在对数几率、几率和比例标度之间选择,非常方便。

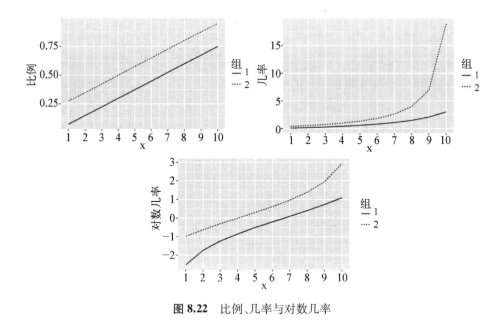

图 8.22　比例、几率与对数几率

小贴士 8.4　比例、几率和对数几率

似然度相同,几率均等

比例$(Y)=0.50\Leftrightarrow$几率$(Y)=1\Leftrightarrow$对数几率$(Y)=0$

似然度较高,几率增加

比例$(Y)>0.50\Leftrightarrow$几率$(Y)>1\Leftrightarrow$对数几率$(Y)>0$

似然度较低,几率降低

比例$(Y)<0.50\Leftrightarrow$几率$(Y)<1\Leftrightarrow$对数几率$(Y)<0$

> logit 联系函数保留了效应的原始方向性。这意味着对数几率标度中的正(负)回归系数表示注视比例的增加(减少)。然而,如图 8.22 所示,对数几率、几率和比例之间的关系是非线性的。如果预测因子 X_i 增加一个单位,那么回归系数 b_i 就表示因变量 Y 的对数几率变化(Field, 2018)。要报告几率或比例标度的相应差异,就需要进行**反变换**(back transformation)(详见 Liberman, 2005)。因此,逻辑回归结果的解读类似于线性回归,但其与经过 logit 变换的因变量有关。

尽管 logit 成功地消除了比例数据中的边界,但它不能处理 0 或 1。这是一个数学问题。[10]要缓解这个问题,研究者可以从多个试次中汇总注视比例,这样,注视比例的汇总得分就不太可能为 0 或 1。例如,巴尔(Barr, 2008)在其最初的逻辑回归理论论文中,分别进行了按被试分析和按项目分析;换言之,在一项分析中,数据按项目汇总,而在另一项分析中,数据则按被试汇总(见 8.4.1)。然而,即使在数据汇总之后,一些比例完美的观察值可能仍然存在。在真正的逻辑回归中,这些观察值会从分析中被删除,因此数据中的统计信息数量就会不可避免地减少。

要完全避免该问题,研究者可以执行**准逻辑回归**(quasi-logistic regression),作为逻辑回归的近似替代方案(见表 8.8)。准逻辑回归是对经过 **elog 变换**的注视数据进行的线性回归(Barr, 2008; Jaeger, 2008; Mirman, 2008)。elog 的定义如下(另见第 305 页表 8.7):

$$\text{elog} = \ln\left(\frac{\text{观看次数}+0.5}{\text{非观看次数}+0.5}\right) \text{ 或 } \text{elog} = \ln\left(\frac{\text{总注视次数}+0.5}{\text{总数}-\text{总注视次数}+0.5}\right)$$

使用逻辑回归时,软件可以执行 logit 变换,而在准逻辑回归中,研究者需要自行进行 elog 变换。为此,研究者仅需在几率公式的分子和分母上添加一个值为 0.5 的调整因子,然后像对 logit 那样,取其自然对数后,就能得到用于分析的 elog 值。一些二语和双语研究者已经成功地将这种方法应用于眼动追踪的数据分析:增长曲线分析示例请见三木和麦克温尼的研究(Mitsugi & MacWhinney, 2016),对单独时间箱进行 elog 分析的样例请见康宁斯等人、迪克格拉芙等人及伊藤等人的研究（Cunnings et al.，2017；Dijkgraaf et al.，2017；Ito et al.，2018）。

一旦有了 elog 变量，你就可以通过广义线性混合效应建模来分析数据。这些模型与之前我在 8.4 中描述的模型相同。相比之下，当研究者在逻辑回归中使用真实几率时，他们应该选择具有逻辑（二项）联系函数的广义线性混合效应模型，即逻辑混合效应模型。这样一来软件就会应用 logit 联系函数（因此你不需要自己计算对数几率），但如果模型包含随机变量，这种做法也会增加处理时间（技术细节见 Mirman，2014）。因此从实际出发，基于 elog 的 LMM 进行计算所需的时间相对较短。在下文的示例中我们也会看到（见 8.5.2.5），无论研究者选择哪个结果变量（经 logit 变换或 elog 变换），结论即使不相同，也都应该非常相近。表 8.8 总结了这两种方法间的主要区别。

表 8.8 逻辑回归与准逻辑回归的比较

	逻辑回归	准逻辑回归
因变量	$\text{logit}(\text{观看次数}) = \ln\left(\dfrac{\text{观看次数}}{\text{非观看次数}}\right)$	$\text{elog}(\text{观看次数}) = \ln\left(\dfrac{\text{观看次数}+0.5}{\text{非观看次数}+0.5}\right)$
联系函数	是，软件应用 logit 联系函数	否，研究者准备因变量，然后使用常规回归
0 和 1	删除	纳入
分析	GLMM	LMM
计算时间	当模型中存在随机效应时，计算时间长	快

8.5.2.4 选择时间项

增长曲线模型旨在获取纵向数据。因此，增长曲线分析的一个决定性特征是模型将时间作为预测因子纳入。那么表现是如何随时间变化的呢？或者用眼动追踪的术语来说，随着时间推移，当被试听到越来越多的语言输入时，他们的注视模式会发生怎样的变化呢？通过在增长曲线分析中将时间作为自变量输入，研究者就能够解决该问题以及与之相关的其他问题。

随着时间推移而发生的变化往往是非线性的,无法准确地用直线表示。在这些情况下,模型中只使用时间作为预测因子可能不够,因为这么做就相当于假设时间与变化呈线性关系。从我在 8.5.2.2 中介绍的增长曲线(图表)来看,简单地说,统计模型应该捕捉图表的总体趋势或**函数形式**(functional form)(Mirman, 2014)。这在切皮什科(Chepyshko, 2018)的部分数据中得到了说明,如图 8.23 所示。[11]

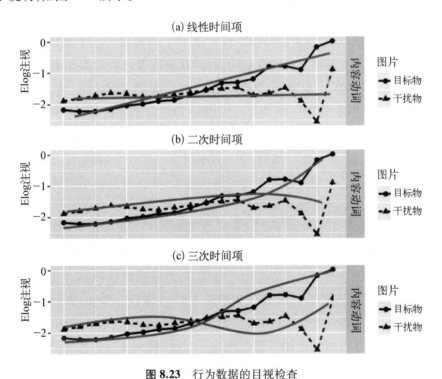

图 8.23 行为数据的目视检查

注:(a)直线无法很好地拟合数据,但(b)或(c)中的曲线可以做到。这表明在统计分析中需要高阶多项式(时间^{2}或时间^3)。

(来源:Chepyshko, 2018)

得到线性的时间-结果关系意味着我们可以在数据点之间绘制一条直线,这样就能很好地捕捉数据(即大多数观察值将以随机模式落在这条线附近)。就像许多视觉情境研究的情况一样,对切皮什科的数据而言,使用直线实际上遗漏了相当数量的数据点。数据模式中存在系统性偏差,由观察值在时间段末端的上移(特别是对目标而言)所致。如果你在数据中看到了这种类型的曲率,那么具有一处或多处弯曲的曲线可能更适合用于解释你的数据。实际上,中间及底端图表中的线条也的确更好地捕捉了数据的形状。在统计上实现此模式的方法之一是在分析中引入高阶时间项(如时间的二次方或时间的三次方)。这些项有时被称为**高阶多项式**(higher-order polynomials),从根本上说,这只是一个花哨的术语,用来表示幂大于 1 的预测因子。

该方法的基本思想,是预测因子的多项式阶数(如时间^1、时间^2、时间^3)应该等于线上弯曲的次数+1。一开始你可能需要一些练习来辨别你所拥有的曲线类型,但随着你观察图表的经验不断丰富,你会发现在数据中找到转折点或拐点对你来说并非难事。直线没有弯曲,因此研究者可将时间作为线性预测因子与直线一起建模:时间^1=时间。当线上有一处弯曲点(一个拐点)时,研究者可以考虑使用二次项:时间^2。对于两次改变方向的线条(即 S 形曲线),可以采用三次项:时间^3。理论上我们可以不断地向模型中添加高阶项,直至拟合线与观察线完全匹配。然而,这么做不仅会过度拟合数据,还会限制研究结果的普遍性。[12] 为了避免过度拟合和解读困难,建议研究者不要使用超过三阶(Barr, 2008)或四阶的(Mirman, 2014)时间项。

当在统计分析中输入多个时间项时,各预测因子会高度相关:随着线性时间的增加(时间=1、2、3、4……),二次时间(时间^2=1、4、9、16……)和三次时间(时间^3=1、8、27、64……)也会增加。因此,**自然多项式**(natural polynomials)的一个缺点是其违背了回归分析中的非共线性假设(Field, 2018; Larson-Hall, 2016)。当各预测因子高度相关时,整体模型虽仍然有效,但单个预测因子的结果无法再被独立解读。要处理这一问题,研究者可以使用**正交(不相关)多项式**(orthogonal [uncorrelated] polynomials)。使用正交多项式后,时间这一变量就能得到重新标度并以均值为中心(Mirman, 2014),这样一来,所有的多项式都在同一标度上,更重要的是,由此得到的时间值是独立的(见图 8.24)。然后,研究者就能够独立地检查增长曲线的不同分量——斜率的倾斜度(时间的回归系数)和曲率的锐度(时间^{2}和/或时间^{3}的回归系数)。因此对许多研究设计来说,正交多项式是首选(Mirman, 2014)。

使用正交多项式确实影响对截距 b_0 的解读。在视觉情境眼动追踪实验中,截距所对应的通常是在时间窗口开始或时间为 0 时,被试观看目标图像(或任何其他被选中的图像)的可能性。研究者可以通过截距值识别**预期基线**

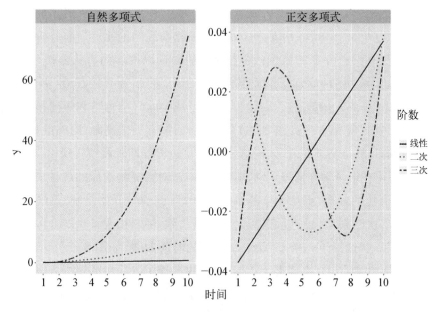

图 8.24 自然多项式与正交多项式

效应（anticipatory baseline effects）（Barr，2008；Barr, Gann & Pierce，2011），即被试听到输入的关键部分之前，其视觉行为的偏向（更多信息见 6.3.1.1、6.3.1.2 及 6.3.2.2）。这种效应可以在统计上与**速率效应**（rate effects）（不同的时间预测因子的系数）区分开来，后者反映了语言信号本身的影响（Barr，2008；Barr et al., 2011）。另一方面，在含正交多项式的模型中，截距表示各条件的总体均值（由于时间这一变量以均值为中心）间的差异，而不是时间为 0 时各实验条件间的差异。因此，当检验时间为 0 时的差异很重要时（例如，需要以此排除组间或条件间的既存差异），研究者可以使用自然多项式；否则正交多项式可能是一种信息量更大、更精细的方法。

8.5.2.5 实例演示

在本节中我们已将增长曲线分析分解为不同的组成部分。如上所述，视觉情境眼动追踪数据的增长曲线分析是一种混合模型（8.4）、逻辑或准逻辑回归（8.5.2.3），可以将随时间的非线性增长（8.5.2.4）纳入分析。现在，我们把这些不同的构件结合起来，并将其用于实例分析。我们将重新分析来自切皮什科（Chepyshko，2018）的 0ms~850ms 时间窗口的注视数据（见 8.5.2.2）。

回顾一下，切皮什科想要研究英语一语和二语者是否能使用方位动词的语义（如 to fill、to pour、to spill、to stain）来预测动词的论元。当前分析关注一语者在两类动词条件下的数据：内容导向的动词以内容为直接宾语（如 spill the coffee 内容 on the t-shirt 容器），容器导向的动词以容器为直接宾语（如 to stain the t-shirt 容器 with coffee 内容）。因此，当"spill"或"stain"与咖啡和短袖衫的图像一起被呈现时（见第307页图8.20），每个动词都有一个清晰、明确的目标物。当前分析的目的是测试英语母语者能否在加工过程早期阶段预料到相应的目标物，这可以由在语音输入播报到动词部分时被试对目标物图像的观看来反映。

对于当前的分析，我从一个**基本模型**（base model）开始绘制，该模型仅包含线性和二次时间项（已进行正交化处理以消除共线性，见8.5.2.4）。根据目视检查结果，我选择了一条U型（二次方）的时间曲线，如图8.23所示。二次曲线和三次曲线都很好地捕捉了数据，因此我选择了更简单的解决方案。请注意，基本模型及其时间项的统计显著性所体现的是从两类动词的平均值来看，被试是否随着时间的推移开始更多地查看目标物。由于屏幕上有三幅图像（见第307页图8.20），因此0.33的目标物注视比例反映的是被试看向目标物的机会水平。此外，因为所有的句子都遵循相同的结构（施事+动词+宾语1+介词+宾语2），所以在句子的前半部分，被试会更多地看向施事（如厨师）。

接下来，我分三步为动词类型添加了固定效应。在**模型0**（Model 0）中，我添加了动词类型作为主效应。在**模型1**（Model 1）中，动词类型可与线性时间交互。最后，在**模型2**（Model 2）中，动词类型也可与二次时间交互（见表8.9和表8.10）。这种前向的、逐步推进的方法类似于米尔曼（Mirman, 2014）的非线性时间项样本分析。它结合了一组给定的时间项，后者由研究者根据目视检查与模型比较事先选定。

表8.9和表8.11总结了逻辑回归与准逻辑回归的模型比较结果。这两类分析的结果趋于一致：在这两种情况下，向模型中添加交互项（即使得注视在这两类动词条件下随时间产生不同的变化）都显著地优化了模型拟合。尽管AIC值在基本模型、模型0和模型1中是相近的，但在模型2的逻辑回归中，它们却大幅下降（回想一下，AIC值越小越好）。此外，LRT返回的模型2的 p 值在逻辑回归与准逻辑回归分析中都很显著。因此最复杂的模型（模型2）也是最好的模型。

表 8.9 逻辑回归中的前向模型选择：一个基本模型与三个竞争模型

	结果变量	固定效应					p 值	AIC	R^2	
	对目标物的观看的对数几率	时间	时间^2	动词类型	动词类型×时间	动词类型×时间^2			R^2m	R^2c
基本模型	x	x	x					113 933	0.03	0.43
模型 0	x	x	x	x			0.28	113 934	0.03	0.44
模型 1	x	x	x	x	x		0.05	113 932	0.03	0.43
模型 2	x	x	x	x	x	x	<0.001	113 912	0.03	0.43

注：结果变量 = $\ln\left[\dfrac{观看次数（目标物）}{观看次数（其他）}\right]$

（来源：基于 Chepyshko，2018）

表 8.10 准逻辑回归中的前向模型选择：一个基本模型与三个竞争模型

	结果变量	固定效应					p 值	AIC	R^2	
	对目标物的观看的 elog	时间	时间^2	动词类型	动词类型×时间	动词类型×时间^2			R^2m	R^2c
基本模型	x	x	x					41 372	0.03	0.25
模型 0	x	x	x	x			0.37	41 374	0.03	0.25
模型 1	x	x	x	x	x		0.14	41 373	0.03	0.24
模型 2	x	x	x	x	x	x	0.04	41 371	0.03	0.24

注：结果变量 = $\ln\left[\dfrac{观看次数（目标物）+0.5}{观看次数（其他）+0.5}\right]$

（来源：基于 Chepyshko，2018）

表 8.11 逻辑回归分析中的最终模型（模型 2）

含二次与线性时间项的逻辑回归分析				
固定效应	B 值	SE	z 值	p 值
截距	−1.36	0.21	−6.58	<0.001
时间（线性）	2.00	0.50	4.01	<0.001

续 表

含二次与线性时间项的逻辑回归分析				
固定效应	B 值	SE	z 值	p 值
时间(二次)	0.06	0.05	1.32	0.19
动词类型	−0.14	0.16	−0.84	0.40
时间(线性)×动词类型	−1.30	0.48	−2.70	0.007
时间(二次)×动词类型	−0.42	0.09	−4.74	<0.001
随机效应	方差		SD	
(1 | 被试)	1.79		1.34	
(时间 | 被试)	9.39		3.06	
(1 | 动词)	0.08		0.28	
(时间 | 动词)	0.66		0.82	
残差	12.87		3.59	
边际 R^2/条件 R^2	0.03/0.43			
AIC	11 3912			

(来源：基于 Chepyshko，2018)

鉴于两种分析间的相似性，我们将在本节的其余部分集中讨论逻辑回归的结果(但别忘了，elog 回归产生了非常相似的结果)。表 8.11 为模型 2 的详细结果。显著的交互项表明听者对内容动词和容器动词的反应不同。为了理解这种交互的本质，我进行了两次后续分析，分别分析了被试对每种动词类型的注视模式。结果表明，与听到容器动词时看向容器的宾语时相比，听者在听到内容动词时能更快地将视线定位到内容的宾语上。[13]

为解读方便，图 8.25 展示了被转换回比例标度的两类动词的预测值。我们发现，在这个早期的时间窗口中，仅内容动词对被试的注视模式产生了影响。切皮什科(Chepyshko，2018)将被试对内容动词和容器动词的加工差异归因于动词概念表征的固有差异。具体来说，他认为 spill 和 stain 等动作的知觉和运动相关性与内容动词的动词论元结构更接近,因为这些相关性为被泼洒(spilled)的内容或造成污渍(stain)的内容指派了核心角色。这就在更大程度上促进了被试对内容动词的加工,而不是对容器的加工(Chepyshko, 2018)。虽然当前分析仅关注一语听者的数据,但切皮什科的研究中的二语者也表现出了类似的观看模式。

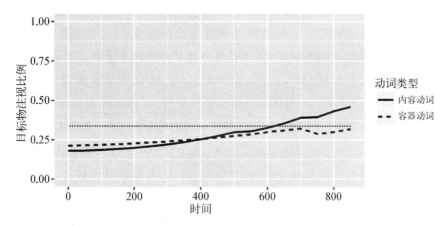

图 8.25 早期时间窗口中对目标物的观看的拟合值(预测值)

注:水平虚线表示被试看向目标物图像的机会水平。在动词起始后约625ms开始,被试对目标物的观看超过了机会水平,但仅限于内容动词条件。

(来源:基于Chepyshko, 2018)

8.5.2.6 报告结果

以下是增长曲线分析结果的报告示例,以上文的统计分析为例:

> 为了研究注视模式,我对听者在动词持续期间内的眼注视进行了逻辑增长曲线分析。我将从动词起始到终止的时间段定义为时间窗口,跨度为850ms。基于对数据的目视检查,分析采用正交二次时间项对注视轨迹建模。该模型还包含动词类型的固定效应(内容对比容器,简单效应编码)及其与所有时间项的交互。我以前向的、逐步的方式添加了动词类型效应。我采用α为0.05的对数似然比检验(LRT)进行了模型比较,以确定最佳拟合模型,并使用了正态近似法($^*|z|>1.96$)以确定单个预测因子的显著性。在本分析中,收敛的最大随机效应结构包含线性时间项的按被试与按动词的随机截距和随机斜率。所有分析均在R(版本3.4.2)

中使用 lme4 包（版本 1.1-17）中的 glmer( ) 函数执行。模型采用受限最大似然法（REML）进行拟合。

最佳拟合模型的结果见表 8.11。详细的模型比较报告见附录［即表 8.9］。最终的模型包含动词类型与时间的显著交互，包括线性时间（$b = -1.30$, $SE = 0.48$, $z = -2.70$, $p = 0.007$）与二次时间（$b = -0.42$, $SE = 0.09$, $z = -4.74$, $p < 0.001$）。这些交互表明听者对内容动词和容器动词的反应不同。我分别运行了每种动词类型的增长曲线模型，对这些交互进行了跟进。在内容动词条件下，被试对目标物的注视增长更明显且持续为正：线性时间（$b = 3.09$, $SE = 0.69$, $z = 4.47$, $p < 0.001$）及二次时间（$b = 0.17$, $SE = 0.07$, $z = 2.32$, $p = 0.02$）。对于容器动词，在线性时间中体现的增长并没有那么明显（$b = 1.60$, $SE = 0.78$, $z = 2.04$, $p = 0.04$），且二次时间项显示负增长（$b = -0.45$, $SE = 0.06$, $z = -7.5$, $p < 0.001$），这表明被试对目标物的注视随着时间的推移逐渐趋于稳定。因此，与容器动词相比，内容动词能使被试更快地对目标做出反应。如图 8.25 所示，从约 625ms 起，被试就以高于机会水平的准确率预测了内容动词的正确的动词论元。当前时间窗口中未见被试对容器动词进行预测的证据。

8.6 结论：我应该使用哪种分析方法？

本章概述了眼动追踪研究者可以使用的主要统计方法。统计分析的好坏取决于数据的质量。因此在考虑使用任何统计方法之前，研究者都需要先确定其数据的质量。为此，我在 8.1 中详细介绍了数据清洗的不同步骤：逐个试次地检查单个被试的记录（见 8.1.2），并根据研究设计（见 8.1.3），在必要、可取和可能的情况下校正记录中的漂移（见 8.1.3）。异常值的处理与数据清理问题密切相关（见 8.2）。眼动记录可能包含生物学上的异常值（注视时间太短或太长以至于无法反映认知加工）与统计学上的异常值（与需要研究的现象无关的注视）。两者都需要研究者采取某种行动。在 8.2.1 中，我已经证实，一语文献中所建议的删除注视的截断值——分别是 50ms 至 100ms 和 800ms——或许同样适用于对二语和双语者的研究。随后，我在 8.2.3 中呈现了异常值处理的四个步骤，此方法的优点在于能够在数据分析后识别统计异常值。无论选择哪种方法,在进行异常值检测之前,数据都必须分布得当(例如,连续变量应该正态分布)。这一方面仍有待很大改进空间,因为当前的文献回顾显示,只有四分之一的二语习得和双语眼动追踪研究者在论文中报告了数据转换或(通过检查数据的正态性)确认了其数据无需转换(见 8.2.2)。

在选择统计分析方法时,因变量的性质是关键。图 8.26 为统计分析方法的选择导图,研究者可根据其数据类型——二元-分类、次数或连续数据——选择适当的方法。对于眼动指标的最大类别——眼注视时间,如果结果指标呈正态分布,那么研究者就可以选用方差分析和线性回归。如前所述,此时通常需要先进行对数转换。不幸的是,方差分析已被过度地用于分析有界连续变量,如注视比例(0~1)或回视概率(%),这会使分析有产生虚假(无效)结果(见 8.5.2.3)的风险。为了避免这些概念问题与统计问题,研究者可以计算其数据的 elog(见 8.5.2.3),这是一个无界的连续变量,适用于方差分析或回归分析。另一种解决方案是将比例或概率分解为项目层面的二元数据,这样每个观察值都可在电子表格的单独一行中表示为"0"或"1"。二元数据适用于逻辑回归分析,即对数几率空间中的线性回归(见 8.5.2.3)。对于次数指标也可以用类似的方法(Cameron & Trivedi, 1998; Hilbe, 2007)。

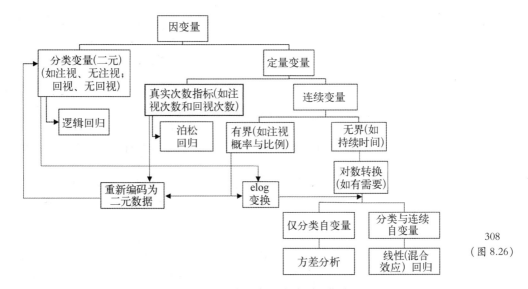

图 8.26 眼动追踪研究中的常用统计选项菜单

近年来,眼动追踪研究者在其研究领域中进行了不少统计方面的创新,越来越多的学者采用了(广义)线性混合效应模型(见第284页图8.13)。混合效应模型是一种强大又灵活的分析技术:每种回归模型(如线性模型或广义线性模型)都有相应的混合效应回归模型。这些混合效应模型在眼动追踪研究中占有一席之地,因为研究通常包括各被试与各项目的多个观察值。因此,本章的目的之一是通过介绍关键概念与一个研究实例(见8.4及8.5)来推动混合效应建模在二语习得和双语研究中的应用。

尽管这些新技术值得投资,但归根结底,在眼动追踪研究中,最重要的应该是分析的清晰性和完整性而不是复杂性。无论是对于单变量还是多水平的逻辑分析来说,检查描述性分析、验证假设以及可视化数据仍然是任何统计分析的基础。作为研究者,我们应该以一种清晰易懂的方式与读者交流我们的研究结果,为此,数据丰富的图表和完整的研究结果报告至关重要。

注释

1. 轨迹丢失也可以在其他层面进行计算:比如试次层面或项目层面。为了确定轨迹丢失量,研究者会计算缺失位置信息的原始眼动数据样本的百分比,即电子表格中缺少 x、y 屏幕坐标值的行的百分比。
2. 对变量进行转换(除了增加效力或减少 I 型错误外)不会影响结果的显著性,但会影响对结果的解读。具体而言,任何结果都应根据转换后的变量进行解读,如持续时间的对数或潜伏期的对数。要在原始标度上解读关键结果,研究者可以对其估计进行反变换,如使用指数函数对对数进行反变换。
3. 在重复测量方差分析中,被试内变量(如时间[前测、后测、延时后测])分为固定效应和随机效应。研究者在研究文章中通常会报告固定效应;不过,随机效应也会作为统计输出的一部分被估算(Field, 2018)。具体而言,随机效应分量能够说明重复测量如何以不同方式影响单个被试或项目(*随机斜率*)以及被试或项目在时间[1]上存在何种差异(*随机截距*)。
4. 戈德弗鲁瓦和乌根是二语研究中 LMM 的早期使用者,但像当时的许多研究者一样,她们仅用按被试随机截距进行了数据分析。在这里,我将展示使用更复杂的随机效应结构时的结果。
5. 当使用 anova( ) 函数在 R 中执行 LRT 时,默认情况下是使用最大似然算法重新拟合模型。由于当前演示主要关注如何比较具有不同随机效应结构的模型,因此我在代码中禁用了重新拟合功能。感兴趣的读者可以参阅康宁斯和芬莱森(Cunnings & Finlayson, 2015)的研究,其中有更详细的讨论。

6. 在随机效应结构中,研究者需要注意完全截距-斜率相关性($r=1$ 或 $r=-1$)。完全相关性说明模型中的参数过多;换言之,模型已被过度参数化,随机效应结构需要简化(Bates, Kliegl, Vasishth & Baayen, 2015; Matuschek et al., 2017)。

7. 动词窗口的具体长度因试次而异,但在所有情况下,窗口都仅包含动词。有关时间窗口设置的其他示例与讨论请见6.3.2.2。

8. 因为比例和概率是非线性关系,所以当比例小于0.30或大于0.70时,一些模式上的差异可能会显现出来。

9. 例如,0.80 的注视似然度,其对应的几率为 $0.80/0.20 = 4/1 = 4$(通常读作"四比一几率"),对应的对数几率为 $\ln(0.80/0.20) = \ln(4) = 1.386$;0.20 的注视似然度,其对应的几率为 $1/4$(一比四),对数几率为 -1.386。

10. $\ln(0)$($p=0$ 的 logit)与 $\ln(\infty)$($p=1$ 的 logit)都是没有意义的。

11. 请注意,因为我们即将进入推论统计领域,所以我在图表中使用了 elog 数据而不是比例数据,以备后续的 elog 分析。

12. 要检验所选解决方案的适用性,研究者可以进行模型选择(见 8.4.3 及 8.5.2.5)。在模型选择法中,只有当含高阶项的模型的拟合效果显著优于不包含相同项的子集模型时,该模型才会被保留。

13. 这一发现的依据是内容动词的时间效应更大且持续为正,这表示被试对目标物的注视的增长更为明显:线性时间($b=3.09$, $SE=0.69$, $z=4.47$, $p<0.001$)与二次时间($b=0.17$, $SE=0.07$, $z=2.32$, $p=0.02$)。对于容器动词,在线性时间中体现的增长并没有那么明显($b=1.60$, $SE=0.78$, $z=2.04$, $p=0.04$)且二次时间项显示负增长($b=-0.45$, $SE=0.06$, $z=-7.5$, $p<0.001$),这表明被试对目标物的注视随着时间的推移逐渐趋于稳定。

第九章

建立眼动追踪实验室

本章旨在使你了解如何开展眼动追踪研究,重点关注眼动追踪研究的核心设备——眼动仪(见9.1)以及眼动追踪实验室的物理空间与社会空间(见9.2)。为进一步帮助大家开启自己的研究,我还根据使用及未使用眼动仪的实际研究提出了10种研究思路(见9.3.1)。本章包含了我从前几章中总结的一些技巧和窍门,结尾处另有一些实操建议(见9.3.2)。

9.1 选择眼动仪

9.1.1 眼动仪的类型及前身

在过去的140年里,人们开发并尝试了各种记录眼球运动的方法。我们知道,阅读是由一系列注视和眼跳组成的,而最早帮助研究者获取这一发现的论据的技术,是让研究者能够听到而不是看见眼球运动(Wade, 2007)。例如,赫琳(Hering, 1879)用橡皮管来听眼部肌肉发出的声音,而拉马尔(Lamare, 1892)通过一根将眼睑与鼓连接起来的小管,将眼动转化为鼓点。随后,研究者很快就开始尝试将眼动可视化,包括使用眼罩和镜子(Wade, 2007)。不过,雷蒙德·道奇(Raymond Dodge)的研究(Dodge, 1903, 1904; Dodge & Cline, 1901)带来了一项突破,他决定拍摄从眼球表面反射的光线(历史回顾见 Wade & Tatler, 2005)。图9.1为道奇设计的用于记录眼球运动的摄影装置,图9.2a是一名被试在两个试次中的眼动记录。波茨坦大学的研

第九章　建立眼动追踪实验室　325

图9.1　道奇的动态光点追踪仪

注：1.5米长的放大机后方有一块缓慢下降的摄影底片记录角膜反射。
（来源：转载自 Diefendorf, A. R. & Dodge, R., 1908. An experimental study of the ocular reactions of the insane from photographic records, *Brain*, 31(3), 451-489,使用经牛津大学出版社许可。）

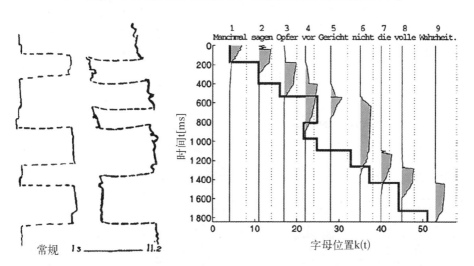

图9.2　(a)道奇与(b)波茨坦大学研究小组所记录的眼动图示

注：(a)（左）为一名健康被试的摄影记录图示。各试次始于记录底部。竖线代表眼注视，水平线代表眼球运动。一节横线为10ms。(b)（右）为句子"Sometimes victims do not tell the complete truth in court"的眼动轨迹。试次始于记录顶端(时间=0ms)。黑色垂直线段为注视，水平线段为眼跳。
（来源：[a] 转载自 Diefendorf, A. R. & Dodge, R.,（1908）. An experimental study of the ocular reactions of the insane from photographic records, *Brain*, 31(3), 451-489,使用经牛津大学出版社许可。）
[b] Engbert, R., Nuthmann, A., Richter, E. M. & Kliegl, R., 2005. SWIFT：A dynamical model of saccade generation during reading. *Psychological Review*, 112(4), 777-813, APA,转载经许可。）

究小组至今仍在使用类似的记录方法(见图9.2b)。

有趣的是,这些早期方法中,有一部分是当前眼动记录技术的前身。例如,将外部物体直接安装在眼球上的想法已演变为接触镜法(Duchowski, 2007; Eggert, 2007; Young & Sheena, 1975),而道奇及其之后的研究者所用的视频摄像技术则为视频眼动追踪开辟了道路。第三种方法被称为眼电图法,最早用于两次世界大战期间(如 Jacobson, 1930; Meyers, 1929; Schott, 1922)。本书讨论的大部分研究使用的都是视频眼动仪;因此,我们将主要关注这项技术。其他的记录方式如今也仍有研究者使用,但更多用于特定的研究领域。

巩膜接触镜(scleral contact lenses)主要用于临床研究和眼部生理研究。巩膜接触镜也被称为探测线圈法,通过测量嵌入镜片的两个或三个探测线圈的电磁感应,它能非常精确地进行眼部测量(见图9.3)。然而,这种接触镜是侵入式的,在植入前需要对被试的眼球进行麻醉。因此,探测线圈法似乎更适用于受过相关训练的小样本被试。

眼电图法(electrooculography)常用于睡眠研究,因为被试在记录过程中不需要睁开眼睛。这是因为眼电图是通过一组置于眼睛周围的电极(见图9.4)来测量由眼球转动引起的皮肤电位变化的(Duchowski, 2007; Eggert, 2007; Young & Sheena, 1975)。霍尔姆奎斯特等人(Holmqvist et al., 2011: 10)指出,眼电图法是"一种低成本的眼动追踪技术",但它不如其他眼动追踪法那么准确、精确(Wade & Tatler, 2005)。

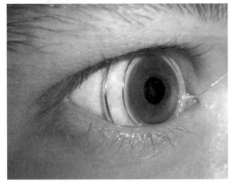

图 9.3 巩膜接触镜

注:扭转线圈置于眼球上,细线从鼻腔伸出。
(来源:转载经 Chronos Vision 许可。)

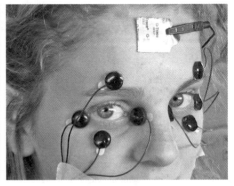

图 9.4 眼电图

注:眼周的四个输入通道记录水平与垂直眼动。
(来源:Metrovision,转载经许可。)

最后，**视频眼动仪**（video-based eye trackers）的应用最为广泛，也是大多数语言加工研究的必要设备。自 20 世纪 70 年代中期问世以来，视频眼动追踪技术的价格在逐渐降低。这类眼动仪的原理，是检测眼部的一个或多个特征点（如瞳孔、角膜缘、虹膜、角膜的光反射；见图 9.5），并利用几何原理推断注视点。最常用的方式是结合**瞳孔与角膜反射追踪**（pupil and corneal-reflection tracking），其工作原理类似于道奇的动态光点追踪仪。瞳孔是眼睛中央的暗区，因此在胶片上很容易被识别，而角膜反射则由眼动仪发出的（近）红外光引起。光线会从角膜前部反射出来，产生角膜反射（见图 9.5），也被称为**第一普尔金耶影像**（first Purkinje image）（见小贴士 9.1）。由于角膜曲率高于眼球，因此角膜反射与瞳孔中心的相对位置会随着眼位而变化（见图 9.6）。因此注视点的估测是基于角膜反射和瞳孔中心之间的角度矢量以及其他的几何计算。这解释了瞳孔和角膜反射眼动仪是如何协同工作的。我们现在来讨论这些眼动仪的不同硬件设置，这对了解系统特性非常重要（Holmqvist et al., 2011）。

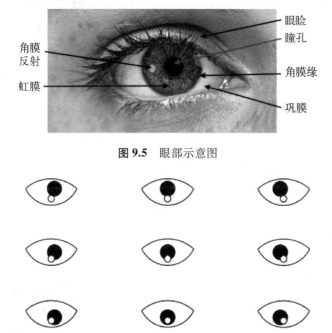

图 9.5 眼部示意图

图 9.6 不同注视点下，瞳孔与角膜反射的相对位置

（来源：转载自 Duchowski, A. T., 2007. *Eye tracking methodology: Theory and practice*. London：Springer, 使用经施普林格·自然[Springer Nature]许可。）

> **小贴士 9.1　普尔金耶影像**
>
> 　　普尔金耶影像是物体自眼球弯曲度反射出来的影像,包含四幅视像:第一普尔金耶影像(P1)由角膜前表面反射的光线形成,通常用于确定眼注视的准确度;第二普尔金耶影像(P2)由角膜后表面反射的光线形成;第三普尔金耶影像(P3)由晶状体前表面反射的光形成;第四普尔金耶影像(P4)由光线在晶状体后表面反射而成。

9.1.2　视频眼动仪

　　一般来说,眼动仪有**固定式**(static)与**移动式**(mobile)两类。固定式眼动仪适用于实验室研究,此处的实验室研究泛指可在实验室内进行的任何研究。如果数据需要在真实场景中采集,如在语言教室或操场上,那么就有必要使用移动式眼动仪(下节中有更多关于移动式眼动仪的信息)。固定式眼动仪与移动式眼动仪的安装方式不同,因此有时人们也会按照安装方式对其进行描述。**遥测式**(remote)眼动仪将眼球运动记录器与红外光源放置在与被试有一定距离的地方:或置入显示器(见图 9.7),或置于被试面前的桌子上(**桌面式**)(desk-mounted)(见图 9.8 及 9.9)。

　　相比之下,**头戴式**(head-mounted)眼动仪由于安装在头带或盔帽上,因此佩戴位置非常接近头部,这进一步增加了其使用的灵活性(见图 9.10)。**眼动追踪眼镜**(eye-tracking glasses)是一种特殊的头戴式眼动仪(见图 9.11 及 9.12)。虽然大多数遥测式和头戴式眼动仪都是可移动的,但也有一些相对来说较为固定。例如,要与两台计算机一起使用的眼动仪就不便移动。最后一种是**塔式**(tower-mounted)眼动仪,它属于固定式眼动仪(见图 9.13a 及 9.13b)。在依赖瞳孔与角膜反射的眼动仪中,这类眼动仪能提供最精确、最准确的数据,因为它们能徐缓地限制头部运动(Holmqvist et al., 2011)。总之,在选用眼动仪时,研究者可能需要在两方面间进行权衡,一是使用的灵活性与可移动性,二是数据的准确度与精确度。

　　一些头戴式眼动仪和一些非头戴式的遥测眼动仪将**头部追踪**(head

tracking)(即追踪头部运动)作为设备的一项标准或可选功能。在计算眼睛注视位置时,头部追踪可以对细微的头部运动进行补偿,这样一来,研究者无须限制被试头部运动也能获得高质量的数据。头部跟踪仪使用光学反射器或磁传感器来测定头部在空间中的位置。光学反射器是一个红外反射器(标志点),置于被试前额,用于测量精确的头部运动(见图 9.14)。

图 9.7 遥测式眼动仪
注:摄像机内置于显示器。
(来源:Tobii Pro TX300)

图 9.8 遥测式眼动仪
注:摄像机置于被试桌前。
(来源:SR research Ltd. Eyelink 1000)

图 9.9 遥测式眼动仪
注:摄像机置于被试桌前。
(来源:Applied Science Laboratories EYE-TRAC 7)

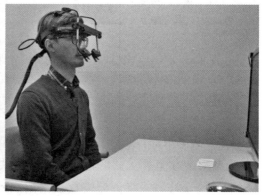

图 9.10 头戴式眼动仪
(来源:SR research Ltd. Eyelink II。图片由加拿大阿尔伯塔大学[University of Alberta]比较心理语言学中心[Center for Comparative Psycholinguistics]特别提供。)

图 9.11 眼动追踪眼镜

(来源：Tobii Pro Glasses 2。图片由智利瓦尔帕莱索天主教大学 [Pontificia Universidad Católica de Valparaíso, Chile] 语言与认知实验室 [the Laboratory of Language & Cognition] 提供。)

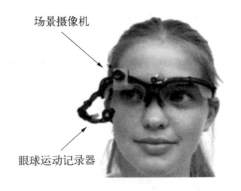

图 9.12 头戴式移动眼动仪

(来源：De Beugher, Brône & Goedemé, 2014。转载经 SCITEPRESS 许可。)

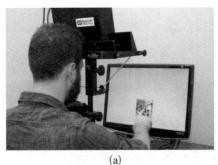

(a)

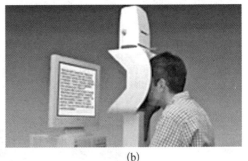

(b)

图 9.13 (a) 置于被试头部上方的塔式遥测眼动仪与 (b) 高速塔式眼动仪

注：左图 (a) 中的眼动仪与图 9.8 中的眼动仪属相同型号，但安装方式不同。

(来源：(a) SR research Ltd. Eyelink 1000；(b) 图片经司迈有限公司 [SensoMotoric Instruments GmbH] 许可后复制。)

磁力头部跟踪仪(见图 9.15)由一个磁场发生器和一个头部传感器组成，通常安装在盔帽上，由这两个传感器共同测定头部的绝对位置和运动 (Stephane, 2011)。将头部位置数据添加到从眼动仪中提取的注视位置数据中时，生成的头-眼注视矢量就会促成自动化数据分析，补偿头部运动 (Holmqvist et al., 2011)。然而，尽管有这些严密的数据采集方案，仍有许多研究者宁愿冒着数据质量低的风险，也不愿在被试头上放置传感器或反射器：这一点可以从这类跟踪仪的低市场份额看出。

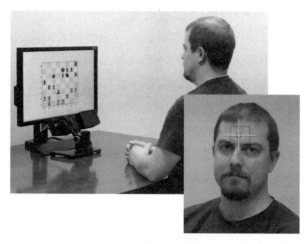

图 9.14 带有目标标记的遥测式头部跟踪仪

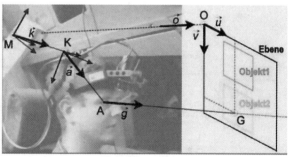

图 9.15 磁力头部跟踪仪

眼动仪的类型如此丰富,你应该选择哪种呢？这在很大程度上取决于你的研究需求、被试人数以及预算。在这里,我们重点关注研究需求和被试,但关于准备材料和经费申请的一些建议可以参考 9.2.1 以及桑斯、莫拉莱斯-弗龙、萨尔维德亚以及萨拉特-桑德斯的文章（Sanz, Morales-Front, Zalbidea & Zárate-Sández, 2016）。在选择眼动仪时,你首先需要提前考虑如何使用这台机器：你要进行哪一领域的研究,是阅读与写作、任务型语言教学（TBLT, task-based language teaching）、互动和反馈、双语词库、语言测试、计算机辅助语言学习（CALL, computer-assisted language learning）还是翻译过程（见第三章及第四章）？你使用的是在单词层面及以下的较小的兴趣区,还是更大的分析区域（见 6.1）？根据你对这些问题的回答,你可以选择不同精度和灵活性的眼动仪。当然,精确和灵活性都是眼动仪的理想特征,制造商们也正在努力开发两项优势兼备的仪器,但目前的大部分眼动仪只能两者取其一。移动式眼动仪通常不需要固定头部,因此更适用于更自然的任务以及针对儿童和临床人群的研究,但这类眼动仪往往更慢,准确度和精确度较差。因此我们通常用它们来研究一些相对笼统的研究问题。固定式眼动仪(无论是否需要头部固定)采集数据的准确度和精确度都更高,而且速度更快,这使得它们能够解答更细致的研究问题以及与单词及次词汇加工相关的问题,不过,这类眼动仪的生态效度较低。图9.16为一些围绕眼动仪的使用的问题,可以帮助研究者选择移动式或固定式眼动仪。

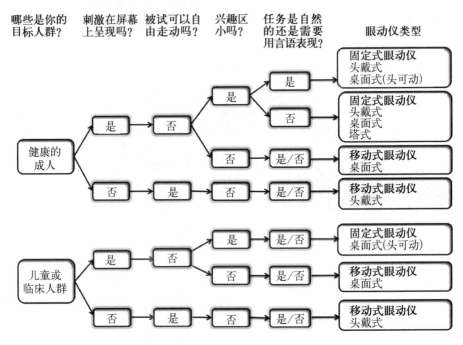

图9.16 决定眼动追踪解决方案的流程图

在这方面需要牢记的一点是,通过选择一款能满足自己研究需求的眼动仪,研究者可以防止数据大量丢失,同时对自己的研究结果更有信心。在一些研究中,眼动数据经常是在头部自由的情况下记录的(如视觉情境范式)。即使在这类研究中,使用带有头部固定装置的眼动仪也不会对研究产生负面影响,但在某些情况下,在头部自由的状态下进行眼动记录是不合适的,还会产生不可用的数据。在二语习得和应用语言学研究中,通常使用非头戴式眼动仪的研究包括但不限于：针对儿童及临床人群的研究、视觉情境研究、测试研究、任务型语言教学研究(TBLT)、以较大文本单位进行的阅读、写作及翻译研究、计算机辅助语言学习研究(CALL)及互动与反馈研究(综述见第三章及第四章)。反之,对于任何兴趣区在单词或语素层面的研究,使用带有头部固定装置的固定式眼动仪都是合适的,甚至可能是必要的,这类研究通常包括阅读、写作、翻译研究以及句子加工研究,但也有其他领域的研究(测试、任务型语言教学[TBLT]、计算机辅助语言学习[CALL]、反馈),这取决于研究问题。

9.1.3 眼动仪如何工作？速率、准确度与精确度

目前为止,我们已经重点介绍了眼动仪款式的大致类型以及如何根据研究需求选用灵活性不同的眼动仪解决方案。除了使用的问题之外,眼动仪的不同技术规格也会影响你对设备的使用。

眼动仪(或者更具体地说,视频眼动仪)本质上是一种快速摄像机,每秒能够拍摄大量的眼球快照。眼动仪的**采样率**(sampling speed)以赫兹(Hz)表示,你通常能在眼动仪型号中找到这一数字。例如,Tobii TX300 以 300Hz(每秒 300 次)的采样率对眼球运动采样;EyeLink 1000 Plus 的双眼采样率均为 1 000Hz(每秒 1 000 次);iView 2K 的采样率高达 2 000Hz,这意味着它每毫秒能够拍摄两张眼球的照片！因此,眼动记录也是不连续的。然而,由于眼动仪的采样率高,因此记录看起来是连续的,就像电影一样,通过快速连续地呈现大量静态帧的集合,让人产生画面在动的错觉。

对眼睛注视位置进行时间采样的一个后果,是眼动记录本身不会包含注视和眼跳。眼动仪的输出由大量原始数据样本组成,如图 9.17a 所示,这些数据只不过是屏幕上的小团(x、y 坐标)。我们需要运行额外的计算机算法才能知道这些小团中哪些是注视、哪些是眼跳(见图 9.17b)。有两类事件检测算法可以做到这一点：基于速度的算法和基于离差的算法(Holmqvist et al., 2011)。**基于速度的算法**(velocity-based algorithms)计算连续数据样本间的眼动速度(以°/s 为单位,见 2.2),并通过这一信息辨识眼跳或注视。由此,该算法可以被细分为(基于速度的)眼跳检测算法与(基于速度的)注视检测算法。当眼动超过某一速度时,眼跳检测算法就能判定发生了眼跳,该速度通常在 30°/s ~

100°/s，具体取决于算法设置（Holmqvist et al., 2011）。而注视检测算法，顾名思义，主要关注注视，该算法会将眼动保持在某一速度阈值（10°/s~50°/s；Holmqvist et al., 2011）以下的所有连续数据样本都判定为注视。默认情况下，这两种算法会非此即彼地对眼动进行归类。这意味着非眼跳（即未被眼跳检测算法识别为眼跳的样本）将被归类为注视，而非注视（即未被注视检测算法识别为注视的样本）将被归类为眼跳。[1] 霍尔姆奎斯特等人解释说，基于速度的算法能产生最准确的结果。SMI Vision、SR Research 和 Tobii 的眼动仪都采用了基于速度的检测算法。然而，要使基于速度的算法发挥作用，理想的最低采样率需为 200Hz~250Hz（Holmqvist et al., 2011），因此高速眼动仪的下限阈值通常为 250Hz。较慢的眼动仪通常使用另一种算法，即基于离差的算法。

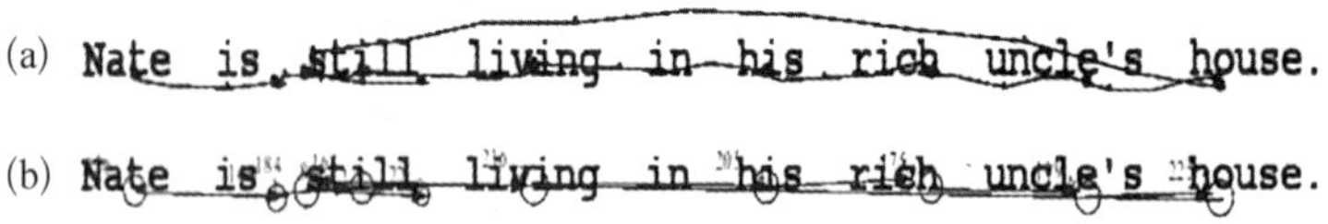

(a) Nate is still living in his rich uncle's house.

(b) Nate is still living in his rich uncle's house.

图 9.17 事件检测前后的眼动数据

注：图 9.17a 为 1 000Hz 的眼动仪采集的原始数据样本。图 9.17b 为同一试次经计算机算法识别出注视（圈）和眼跳（线）后的数据输出。

（来源：数据来自 Godfroid et al., 2015）

基于离差的算法（dispersion-based algorithms）仅用于注视检测。这种类型的算法常见于低速眼动仪，如 Tobii TX2-30，不过也有例外，如 Tobii TX60，这款低速（60Hz）眼动仪使用的是基于速度的注视检测。基于离差的算法计算的是连续数据样本的空间接近性，并忽略任何基于速度或加速度的信息。要将记录中某一时间段的眼动识别为注视，必须有多个数据样本在预先设定的时间段（如 50ms~250ms, Holmqvist et al., 2011）内相互靠近（如在 0.5°~2.0° 半径内，Holmqvist et al., 2011）。与基于速度的注视检测算法一样，眼跳并非由直接测量而得，而是由注视的缺失来推断的。由于使用注视检测算法的眼动仪实际上并不测量眼跳，因此此类眼动仪不适合研究眼跳特性。

如前文所述，眼动追踪的速率很重要，原因之一在于它会限制系统所用的算法类型，从而限制数据的准确度。你购买或租用的眼动仪会附带一个特定的检测算法，通常无法更改。然而，作为一名研究者，你可以进入数据分析软件，更改默认的速度或离差设置；换句话说，你可以修改注视或眼跳的判定阈值。虽然这无法解决前文提到的低速眼动仪的局限性,但通过更改软件设置,你可以自己看到处理后的数据输出——也就是你要分析的注视和眼跳——是否成功捕捉了原始数据样本。

粗略地说,原始样本中较大的团应该被识别为注视,而比较分散的样本可能是眼跳(见图 9.17)。数据在处理前后的任何差异都被称为**算法误差**(algorithmic error)。大的系统性差异表明算法及(或)算法设置并未完全符合研究设计与眼动追踪的硬件属性。想要调整算法设置的研究者必须小心谨慎,因为这么做会改变数据输出并有可能改变结果。一定要将新的数据输出与原始记录进行比较,必要时咨询经验丰富的眼动追踪研究者或制造商。

由于注视与眼跳无法被直接观察到,因此有一些原因可能会导致数据中的测量误差。目前为止,我们已经讨论了算法误差以及其识别方法,接下来,我们讨论**时间采样误差**(temporal sampling error),这是在离散时间点对眼球进行采样所产生的误差。由于眼动记录由快速连续的静态图像组成,因此眼跳或注视通常会在两个记录样本之间开始和结束。这意味着注视和眼跳的起始和终止(即开始和结束)通常与眼动仪所采集的准确时间不一致。当这两者不同步时,眼跳或注视发生的时间会与眼动仪所记录的时间有微小的差异。这就是时间采样误差。越慢的眼动仪,时间采样误差越大,因为每次采集的间隔时间更长,注视和眼跳也由此会在更长的时间内不被检测到(见图 9.18)。尽管当采集的数据量足够大时,误差会趋于平均(Andersson, Nyström & Holmqvist, 2010),但总的来说,眼动追踪的速率会影响各个注视和眼跳的时间采样误差(速率越低,误差越大)。

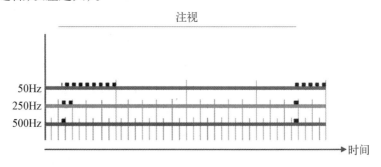

图 9.18 三种眼动仪的时间采样频率

注:每条刻度代表一个数据样本。方框表示时间采样误差。
(来源:改自 Andersson et al., 2010)

图 9.18 用图形表示了采样率与时间误差间的关系。我们假设有三台眼动仪在对一名被试的观看行为进行采样,速率分别为 50Hz、250Hz、500Hz。图 9.18 中的刻度代表各张眼球位置的快照,即眼睛被拍摄的所有时间点。500Hz 的眼动仪的刻度彼此紧密相连,间隔为 2ms,而 50Hz 的眼动仪的刻度很分散,间隔为 20ms。250Hz 的眼动仪介于两者之间,刻度间隔为 4ms。这三台眼动仪记录了一名被试在某一时刻注视某一物体时的眼球行为。被试的每次眼注视包括开始(起始)、结束(终止)和持续时间,我们希望眼动仪能够尽可能准确地测量这些量。然而,如图 9.18 中的方块所示,测量存在一定误差。这些方块代表了眼动仪记录的注视与被试实际注视之间的差异。这种差异被称为时间采样误差。对 500Hz、250Hz 和 50Hz 的眼动仪而言,对注视起始的测量会延迟至下一次采样(下一根刻度),延迟分别为 1ms、3ms 和 15ms。同样,眼动仪直至下一次采样才会记录注视的终点:500Hz 眼动仪在真正的注视结束 1ms 后才会记录此次注视的终止,而 50Hz 的眼动仪则是在 9ms 后。因此,所有眼动仪都高估了被试注视的开始时间和结束时间,但 50Hz 的眼动仪的误差更大。

因为注视有开始和结束(皆由眼动仪测量),所以注视时间就是**双点指标**(two-point measure)(Andersson et al., 2010)。换言之,注视时间以两个时间点为界,两个时间点都由眼动仪记录(见 7.2.1.2)。另一类指标被称为**单点指标**(one-point measures)(Andersson et al., 2010),通常只测量起始时间点。单点指标是潜伏期指标,比如注视潜伏期或第一次访问前的时间(见 7.2.1.3)、眼跳潜伏期(启动眼跳所需的时间)以及超时前的时间。这也许与直觉相反,但双点指标的平均测量误差会小于单点指标。这是因为在使用双点指标时,事件的起始和终止都高于实际值,所以对两者时间间隔的估计会更准确。相比之下,与单点指标测量相关的采样误差无法得到任何补偿。如图 9.18 所示,从试次开始起测量的潜伏期(如第一次访问前的时间、眼跳潜伏期)会被高估(测量的起始将被延迟至下一张眼球快照),而任何涉及试次结束的指标(如超时前的时间)都会被低估(Andersson et al., 2010)。

安德森等人(Andersson et al., 2010)利用中心极限定理证明,在数据充足的情况下,双点持续时间指标的测量误差将平均为 0,单点潜伏期指标的误差将平均为半个眼动仪的采样间隔(例如,50Hz 的眼动仪的误差为 10ms)。这意味着如果你拥有一个**大型数据集**,那么持续时间指标就没有误差,潜伏期指标也可以通过减去或增加一半的眼动仪采样间隔而准确地计算出来。当然,这些指导原则仅适用于大型数据集。若非如此,那么采样误差就是随机的,并且可能会掩盖真实效应,尤其是在这些效应很小的情况下。一种解决方案是使用更快的眼动仪。如前文所述,更快的眼动仪误差窗口更小,因而使误差达到中心趋势所需的数据就越少(即持续时间指标为0,潜伏期指标为半个采样间隔)。采样率增加一倍,保持相同采样误差所需的数据点数量就减少为原来的四分之一(Andersson et al., 2010)。例如,如果将250Hz的眼动仪的时间采样误差保持在<1ms需要100个数据点(例如,在相同的实验条件下,10个试次×10名被试),那么500Hz的眼动仪就仅需25个数据点,而60Hz的眼动仪则需要多达1 600个观察值。一般来说,数据集中的时间噪声必须远低于你希望发现的效应大小。因此,要发现小效应(如实验条件间15ms的差异)需要高速眼动仪或大量数据。对于大效应(>80ms)而言,眼动追踪速率就不那么重要了。

小贴士9.2 眼动追踪速率的重要性

- 眼动追踪速率会影响记录准确度,因为它限制了眼动仪使用的算法类型(即基于速度的算法或基于离差的算法)。
    1. 基于速度的算法
        - 常用于高速眼动仪(即最低采样率为250Hz)
        - 可以检测眼跳和注视
    2. 基于离差的算法
        - 用于低速眼动仪
        - 只能确定注视
- 眼动追踪速率会影响时间采样误差,从而影响数据准确度。
    - 时间采样误差是指被记录的眼跳或注视的开始和结束时间与眼跳或注视实际发生时间之间的差异。
    - 使用更快的眼动仪或收集额外的数据可以平均误差。

总之,小贴士9.2列出了说明速率重要性的主要原因。眼动追踪的速率很重要——这也是眼动仪制造商对其设备宣传最多的特性(Andersson et al.,

2010；Holmqvist et al.，2011；Wang，Mulvey，Pelz & Holmqvist，2017），因为它会影响测量的时间准确度和精确度。不过，其他可能未被充分宣传的属性对数据质量也很重要。这些属性包括空间精确度和准确度，将在下文讨论。

准确度和精确度是数据质量的两项主要指标。[2]当研究者用眼动仪测量被试的注视点时，他们希望（并通常假设）测量是准确的、精确的，这样，作为研究者，他们才能对数据和结果有信心。尽管在日常生活中，*准确度*和*精确度*这两个术语经常换用，但在眼动追踪和其他测量范畴中，这两个术语的含义是不同的。**准确度**（accuracy）（或**偏移量**［offset］）是指被试的真实眼睛注视位置与眼动仪测量的眼睛注视位置之间的差异。根据该定义，要评估测量的准确度，除了眼动仪记录的被试的眼睛注视位置外，我们还必须知道被试真实的注视位置。一种方法是询问你的被试；不过在实践中，研究者和制造商通常会指导被试（或装有人造眼的机器人替身）观察屏幕上非常简单的视觉目标，比如校准点（即位于屏幕不同角落上的点）。**精确度**（precision）——在我们的领域中更为人所知的说法是**信度**（reliability）——指的是在同一位置上测量同一（稳定）眼注视的一致程度。精确度不考虑观测到的数据样本与真实注视位置的距离；换句话说，精确度和准确度是相互独立的。如图9.19b所示，可能有的仪器精确但不准确。同样，也可能出现准确但不精确的测量（见图9.19a）。当注视中心与视觉目标紧密对齐，而单个数据样本分散在注视中心周围时，就会出现这种情况。理想的情况是获得既准确又精确的数据（见图9.19c），因为这样研究者才能正确识别注视和眼跳，并保障研究的内部效度（见图9.19c）。因此，既准确又精确的眼动数据是研究者在研究中进行任何数据分析的基础。

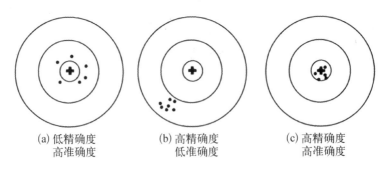

图9.19 眼注视测量的精确度和准确度

注：点代表眼动仪采样的注视位置，十字代表真正的注视点。

虽然准确度和精确度都很重要,但它们对研究的影响是不同的。测量的精确度影响事件检测;也就是将眼动记录——大量原始数据样本——解析为一系列的注视和眼跳(如图9.17)。正如先前在本节中讨论的,眼动仪记录的是大量的单个数据点(x、y坐标),这些数据点是事件检测算法的输入。如果数据点由于精确度低而分散,任何算法的计算都将出现偏差,由此产生的注视和眼跳也可能无法被准确定义。例如,基于离差的算法可能会将单次眼注视识别为两次较短的注视,因为一些数据样本落在了某个半径范围之外。因此精确度不足会对研究结果的效度造成不利的影响,因为它会改变分析中的因变量(注视和眼跳)。相反,当兴趣区较小时,例如阅读研究,眼动仪的准确度可能是个问题(Nyström, Andersson, Holmqvist & Van De Weijer, 2013)。一个例子是对不同文字的研究。在该领域中,研究者已经开始绘制非字母语言中视线的着陆位置(最佳注视位置和偏好注视位置,见2.4)(如对于汉语的研究:Li, Liu & Rayner, 2011; Tsai & McConkie, 2003; Yan, Kliegl, Richter, Nuthmann & Shu, 2010; Yang & McConkie, 1999; Zang, Liang, Bai, Yan & Liversedge, 2013)。这种分析需要将单词切分成更小的单位,比如将一个汉字切分为前半部分和后半部分或将一个日语单词分为单个字符。为了确保结论有效,测量的准确度至关重要,尤其是水平方向上的测量,因为任何偏移都会从本质上改变研究者对阅读文本时注视位置的判断。有趣的是,眼动仪的准确度也成了副中央凹-中央凹效应讨论的焦点,该讨论主要关注注视点右侧单词(单词$n+1$)的属性是否会影响被试对其当前注视的单词的加工(见2.6)。因为几个字母间距的偏移就会造成对单词n的注视和对单词$n+1$的注视之间的差异,因此克利格尔、纽特曼和恩格伯特(Kliegl, Nuthmann & Engbert, 2006)在他们的分析中只纳入了眼动仪将双眼注视都判定在同一个单词上的观察值,并相应地删除了23%的双眼注视不同单词的情况(即**双眼视差**[binocular disparity])。这样处理后,他们希望避免相关的批评,即"由眼动仪的空间分辨率限制而导致的将注视位置判定至邻近单词的任何错误……都可能会产生副中央凹-中央凹效应"(Kliegl, Nuthmann & Engbert, 2006:18)。因为副中央凹-中央凹效应对理解在阅读过程中的注意分配情况很重要(见2.6),所以这个例子体现了眼动仪的空间准确度等看似技术性的细节是如何产生深远的对经验和理论影响的(另见 Rayner, Pollatsek, Drieghe, Slattery &

Reichle，2007；Rayner，Warren，Juhasz & Liversedge，2004)。

在文本研究(如上文的两例)中,水平轴上的准确度往往更受关注。这是因为文本行或屏幕上的行能使研究者更容易发现并纠正数据中的系统性垂直偏移(见 8.1),但水平维度上缺少类似的参考点。在其他研究领域,用于校准注视数据的外部参考对象可能并不明确,因此如果担心准确度,那么使用更大的兴趣区可能是更安全的选择。不过无论哪种情况,最好都事先检查一下你的眼动追踪软件是否支持在收集数据后手动调整记录。始终记住,清洗数据实际上是在更改原始记录,因此需要非常小心(数据清洗的更多细节见 8.1)。

许多因素都有可能影响**数据质量**(data quality),包括特定于眼动追踪硬件与软件的因素、与个体被试特征相关的因素以及环境因素(Holmqvist et al.，2011；Nyström et al.，2013；Wang et al.，2017)。霍尔姆奎斯特等人(Holmqvist et al.，2011)测试了来自几家制造商的 20 款不同眼动仪的精确度。他们报告了眼球运动记录器对精确度的主要影响因素:摄像机的整体质量和分辨率(即用于捕捉眼球图像的像素数量)以及眼球在摄像机画面中的位置(研究者可以对其进行调整)。尼斯特伦等人(Nyström et al.，2013)的研究中也有类似的发现,该研究主要关注一款高端塔式眼动仪的准确度和精确度——SMI HiSpeed 500Hz。尼斯特伦和同事们得出结论,认为"数据质量直接关系到眼球图像的质量以及从图像中提取特征的可靠程度"(Nyström et al.，2013：285)。任何干扰眼球图像的因素,如眼镜、接触镜、瞳孔直径、眼睛颜色和向下的睫毛都可能对记录的准确度和(或)精确度造成不利影响(Holmqvist et al.，2011；Nyström et al.，2013)。更笼统地说,眼动仪手册和制造商网站上提供的估计值代表了给定设备的准确度和精确度的上限,要牢记这一点。这些数据是在最佳记录条件下获得的,通常使用的是人造眼而不是真人被试,并且执行的视觉任务非常简短、简单(Wang et al.，2017)。为了促进不同眼动仪型号的独立对比,眼动研究者协会(EMRA，Eye Movements' Researchers Association)和学术网络 COGAIN(Communication by Gaze Interaction)于 2012 年启动了眼数据质量标准化项目(Eye Data Quality Standardization Project)(COGAIN,日期不详;眼动研究者协会,2012)。该大型项目旨在单独验证大量市售眼动仪的准确度与精确度。作为对该项目的响应,王(音译)等人(Wang et al.，2017)近期比较了 12 款眼动仪后,发现三款眼动仪采集的人眼数据最精确：Dual-Purkinje 成像眼动仪、EyeLink 1000 和 SMI HS240。随着更多研究成果的发表（Holmqvist & Zemblys，2016；Holmqvist et al.，2015），研究者将能够根据独立、公正的质量指标，在眼动仪的选购上做出合理、明智的决定。

9.2 眼动追踪实验室

9.2.1 实际考虑

有志于进行眼动追踪的研究者可能会很乐于得知，进行首次研究时并不一定要投资一台新的眼动仪。一些制造商提供短期的设备租赁服务，价格则比新的眼动仪低得多。对于一些机构管理者来说，这种选择可能更可行，因为他们可能不愿意在没有眼动追踪经验的情况下进行大笔投资。因此，租用设备可以让研究者在建立自己的实验室之前具备所需的使用经验和相关技能。除了租用外，研究者还可以自愿去现有的眼动追踪实验室里工作，这样他们就很有可能能够加入正在进行的项目。虽然不是自己的项目，但研究者可以通过这种方式积累经验，掌握实践知识和大量实用技能。同时，这样的初步经验也能充当研究者拨款申请的加分项或让他们在谈判新项目的启动方案时处于更有利的地位；这样的经验还可以帮助他们判断所使用的眼动仪能在多大程度上满足他们的研究需求。

一旦做出了选择，下一步就是找到制造商或供应商。直接向制造商或供应商索取最新报价是一个不错的办法，因为价格往往会因地理位置和时间因素而变化。在一些国家，主要制造商可能会与第三方供应商合作，也可能没有销售代理。这可能会影响设备的价格和交付。另外，在比较不同公司的眼动仪时，技术支持也是一项重要的考虑因素。大多数供应商会提供安装和支持服务，但这些服务的细节往往在质量、有效期和成本方面有所不同。例如，一些公司提供免费安装和现场培训服务，而另一些公司则会收取培训费用，还有一些公司在其设施内提供免费培训服务，在这种情况下，研究者只需要支付自己的旅费。重要的是，培训课程应根据研究者将要用所购设备进行的具体的研究类型来定制，也就是说，培训应该具有一定的独特性，并且应该包括编程和数据收集的实践练习。不妨提前联系培训团队，申请个性化课程（即基于研究主题、具体研究设计、数据种类等定制的课程）。

　　与购买任何大型设备一样，建议检查产品的保修期，不同的眼动仪保修期差别很大。虽然计算机硬件可能需要每四五年就更新一次，但眼动仪的寿命可能（但不一定）长于这一时间。建议有购买计划的研究者向现有用户咨询一下眼动仪的维修与技术费用。值得注意的是，除初始的培训课程外，不同公司的客户支持和售后响应能力不同。一些第三方供应商会在安装和（或）培训后就不再提供除保修外的其他服务。有的公司则提供终身技术支持，或随购买附赠，或以拥有当前的软件许可证为条件。如果需要特殊的软件许可，那么许可费（可能是几千美元）就需要作为经常性成本加到总售价中。不同眼动仪商家所提供的支持的水平和深度也有相当大的差异。不论是回答关于所购设备的一般问题的热线接线员，还是帮助研究者解决在实验中遇到的具体问题的工作人员，他们所提供的服务都可以被称为支持服务。简而言之，最好在购买之前咨询眼动仪的预期寿命和公司的支持热线。客户的满意是最好的宣传，因此，我们鼓励新的眼动追踪研究者与现有用户联系，了解他们的使用体验。

　　购买眼动仪的另一项考虑因素是运输性。运输性是眼动仪的一个吸引人的特点，因为它为数据采集开辟了许多可能性。总的来说，视频眼动仪大致可以分为三类，具体取决于眼动仪的装配方式。许多眼动仪都配有两台计算机——一台被试机与一台主机，因此运输需要花些工夫。笔记本电脑比台式机更容易运输，但即便如此，安装两台计算机仍需要时间，何况可能还需安装第三台带有眼动追踪摄像头的独立设备。因此，如果研究者要在新的地点建立临时实验室，那么运输含两台计算机的设备比使用眼动仪进行一次性数据收集更有意义。此类眼动追踪设备是在特殊的硬壳箱内运输的，这种硬壳箱可向制造商购买。需要运输时，请检查保修单是否涵盖（境外）运输险或有无必要购买特殊保险。

　　相比之下，安装在笔记本电脑或三脚架上的眼动追踪摄像机就很方便运输，可以放在电脑包或手提行李箱里。这是第三种也是最容易运输的眼动仪，不过这种设备通常也最慢、最不精准的（Holmqvist et al., 2011）。因此在考虑购买什么类型的眼动仪时，读者需要考虑要进行的研究的类型以及分析所需的细节程度。需要分析的区域越小（如对话者的脸与其嘴或眼睛、一段文本与一个单词、图像与图像中的物体),对设备准确度和精确度的要求就越高。同样,一些研究设计(如使用随注视变化的显示的研究[见2.3]以及关注眼跳特性的研究)需要快速的眼动仪来检测眼跳,这样实验才能得以进行。另一方面,使用移动式眼动仪的用户可能会为了更高的灵活性而牺牲一些精确度和准确度。移动式眼动仪的优势在于其在大学外也可以收集数据,如学校或医院、被试的家里,甚至远离大学校园或研究所的国内外社区,许多使用此类眼动仪的研究者因此会寻找在研究文献中代表性不足,但往往比大学生更具异质性的被试来进行研究。

因德拉拉特尼和科尔莫什(Indrarathne & Kormos, 2017, 2018)进行的研究就属于现场研究。实验在斯里兰卡进行,需要收集当地英语学生的实验数据,因此第一作者在飞机上随身携带了一台60Hz的便携式眼动仪(见图9.20)(2016年5月19日与因德拉拉特尼的个人交流)。刘-威廉姆斯(Lew-Williams,即将出版)在芝加哥的居民家中收集眼动数据,使用的是一台笔记本电脑和一台安装在小三脚架上的普通摄像机(见图9.21)。随后他使用定制软件对数据进行逐帧手工编码(另见Godfroid & Spino, 2015)。麦克唐纳、克洛泽、基尔斯特拉和特罗菲莫维奇(McDonough, Crowther, Kielstra & Trofimovich, 2015)在追踪对话者进行交流任务时的注视时使用的是四个眼动追踪摄像机(每名说话者两个,分别对准双眼)和两个作为场景摄像机的网络摄像头(见图9.22)。

图9.20 实验室外的数据采集:斯里兰卡

(来源:图片由约克大学的比玛丽·因德拉拉特尼[Bimali Indrarathne]博士提供。)

图 9.21　于伊利诺伊州芝加哥进行的居家眼动追踪项目

（来源：图片由普林斯顿大学的凯西·刘-威廉姆斯[Casey Lew-Williams]博士提供。）

图 9.22　摄像机布置，用于研究口语互动中的注视情况

（来源：图片由夏威夷大学的达斯汀·克洛泽[Dustin Crowther]博士提供。）

现场眼动追踪研究可能会面临一系列挑战，但在仔细规划和熟悉研究环境后，研究者也可以在此类研究中收获丰硕的成果。首先，最好能有一个安静、无干扰的空间，并能控制温度和照明（另见 9.2.2），这可能需要与当地联系人进行协商。从数据质量的角度来看，最好是在同一空间内收集所有数据，而不是四处移动眼动仪，以确保每名被试的记录条件相似。即便如此，在某些情况下，研究者也可能需要将就于不太理想的解决方案。第二项考虑因素，是现场可能无法获取技术支持，或技术支持仅限于一般的信息技术问题，并且网络可能不稳定。因此研究者必须制定备用计划，以应对技术问题和意外事件。例如，研究者可能会在乡郊或偏远地区遇到停电或电涌，这时就需要使用发电机和电力保护装置。通过熟悉其项目的背景，研究者可以做好充分准备，并为二语习得研究领域贡献来自更多样化的群体的数据。

9.2.2 实验室的空间与技术要求

根据你目前所在机构的情况，在现有设施中找到合适的场所并建立实验室可能有些难度。如果没有固定的研究室或办公空间，那么大储藏室甚至地下室都可以是不错的选择。这样的房间通常都隔音、隔光，改造起来也比建造新实验室便宜。如果可用空间较大，那么要创建实验室大小的单元，一个相对经济的解决方案就是安装模块化的步入式腔室。步入式腔室能够隔音，而且基本上在任何地方都可以安装。这种腔室将一个大空间分成几个较小的单元，这样研究者就可以在其中一个较小的空间内安装设备。由于这类腔室是板房，因此研究者可以根据不同项目的研究需要轻松地对其进行扩建或重排。

一般来说，眼动追踪实验室需要一个能够舒适容纳眼动追踪设备、研究者和被试的物理空间。适用于所有眼动追踪实验室的技术要求屈指可数，我在后面的段落中将会讨论这些问题。有关具体型号的更多详细信息，读者应该查阅其制造商的眼动仪手册。根据经验，实验室应该有宽敞的空间，足以容纳两张桌子，一张用于放置显示机和眼动仪，另一张用于放置主试机（见图 9.23a）。双机配置是大多数制造商生产的眼动仪（而非自制眼动仪）的常见配置：对比图 9.21 和 9.24。**主试机**（host PC）上装有眼动仪软件以运行实验，在一些不同的装配情况下此类软件还可记录数据。研究者通过控制主试机来控制实验流程；被试则坐在**显示机**（display PC）前完成实验。因此，显示机用于向被试展示实验材料。尽管在大多数语言加工研究中，被试在计算机屏幕（即显示机）上观看刺激，但这并不是必需条件。图 9.22 为面对面互动研究中的眼动追踪配置。在该场景中，被试的头部上方置有摄像机，以捕捉视觉场景（另见 4.2.4）。

有了双机配置后，研究者可能会发现把两台计算机放在一起会更方便，这样在设置摄像机时就能方便地接触到被试。图9.23a所示设置方式是比较理想的。然而，很多时候主试机和显示机会被靠着同一面墙放置（即对齐），如图9.24所示。根据我们的经验，这可能会分散被试的注意力，因为他们可能会忍不住去看主试机，从而脱离自己的任务。要解决这个问题也比较简单，我们

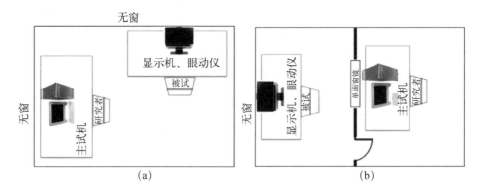

图 9.23　眼动追踪实验室的设置

注：(a)为含主试机和显示机的双机配置，(b)为含两个房间的眼动追踪实验室。（来源：根据 EyeLink II 的规格修改。）

图 9.24　用板隔开的主试机和显示机

注：右侧为被试，左侧为研究者。

在自己实验室的两台计算机之间放置了一块隔板（见图9.24）。另一种方案是把两台计算机置于两个相邻的房间内，最好在房间之间安装一面单向镜窗，这样研究者就可以随时监控实验情况（见图9.23b）。

桌面式眼动仪应该放在坚固的桌子上，避免振动。不要把响应设备如按钮盒、键盘或鼠标放在桌子上，被试应将这些设备拿在手中或置于膝上，避免在眼动记录中产生振动。禁止在眼动仪附近放置或操作手机、风扇、收音机等电子设备，换言之，最好完全清空桌面。桌子应该足够长，以使眼睛与眼动仪保持在理想距离。在我们的两个实验室中，这一距离分别是20英寸~22英寸（50cm~55cm）与27英寸（65cm）。在你的手册中查阅当前眼动仪的适用指标。如果你的眼动追踪系统配有头部支架，那么还要考虑桌面的厚度。需要确认桌子的厚度适中，以便安装下巴托和（或）额托。另一件至关重要的装置是一把可以调节高度的固定椅（无脚轮）。固定椅能使被试的身体在进行实验任务时保持原位，始终处于眼动追踪摄像头的范围内。在被试是临床病人或儿童时，这一点尤为重要，因为对于这类被试，研究者通常不使用下巴托或其他头部固定装置。可调节高度的固定椅并不像人们想象的那么容易找到，通常需要定制。请确保椅子舒适，因为被试可能在长时间内都保持同一姿势。

理想的眼动追踪实验室不应该有窗户，这样研究者就可以控制光线和观看条件。入射的日光会反射到电脑屏幕上，引起被试瞳孔大小的变化，这两种情况都会影响数据质量。如果只有带窗户的实验室，那么应该要避免眼动仪附近的直射阳光，需要使用遮光帘，同时不要把眼动仪放在窗前。请确保每次收集数据时都将实验室的窗帘拉低至同一位置，使所有环节都具有相似的照明条件。这样做的目的是为了给所有被试都创造相同的照明条件，因此，实验室内适当的照明是很重要的。霍尔姆奎斯特等人（Holmqvist et al., 2011）建议使用荧光灯，如霓虹灯，因为它们产生的红外光较少，也不像白炽灯那样有颤动。卤素灯是最不推荐的。浅色的墙漆更有助于最大限度地利用房间的环境光。最后，任何现有的照明计时器都应被关闭，以防止光线在较长的数据收集过程中自动熄灭。

为了产出高质量的数据，被试需要在一个没有外界干扰的安静的空间中进行实验。隔音房是最理想的。另一种方法是在实验室的门上和走廊上挂"请安静"的牌子，以降低噪声水平，并防止他人在实验进行时进入实验室。

9.2.3 管理眼动追踪实验室

大学和研究中心的眼动追踪实验室(与商业实验室不同)通常由一到两名教职工管理,他们负责监督其团队、项目或系内的眼动追踪研究。**实验室主任**(lab director)监督实验室的日常活动,并(共同)负责管理实验室的设备,这些设备要么是他们自己的,要么是学校的财产。他们还监督预算。实验室主任的一项重要任务是为新设备或现有设备的维修和维护寻求资金。资金是必要的,因为用于眼动仪的计算机硬件(如主试机或笔记本电脑、计算机显示器)与任何其他台式机或笔记本电脑的寿命周期相同。根据眼动仪型号的不同,某些部件可能在几年后也需要更换(如镜片、灯泡),软件许可证可能需要每年更新。

实验室主任还负责在学术界和公众中代表眼动追踪实验室。当今世界互联互通,仅需一个网站,实验室成员就能接触到全世界的观众,并建立网络知名度。实验室主任可以通过在推特或脸书等社交媒体上分享实验室的活动和出版物,与网络用户分享实验室的日常成果。在校内外参加会议、组织座谈会、举办研讨会,这也是宣传实验室、提高研究成果及其相关成员知名度的其他方式。在密歇根州立大学(Michigan State University,MSU),一些研究者还在近期创建了一个 MSU 眼动追踪研究组(MSU Eye Tracking Research Group),意在将校内从事眼动研究的研究者聚集在一起,搭建关系网络,促进协同合作。或许你所在的大学中,也有其他的眼动追踪研究者,你可以联系他们并建立类似的伙伴关系。如果实验室的目标之一是招揽人才,那么你还可以组织内部培训课程,吸引研究者来你的实验室工作。作为实验室主任,你需要设法与他人建立联系,共同建立实验室——不仅是物理层面,更要为实验室营造和睦、有活力的研究环境。

实验室通常由技术人员(作为正式雇员聘用)或研究生(对他们来说,这项任务也是培训或工作的一部分)管理。这两类**实验室管理者**(lab manager)的情况不同,各有自己的优缺点。技术人员为实验室成员提供专业的技术知识服务,在编程和运行实验方面提供帮助。他们负责安排数据收集的时段,收集大量数据,并能在关键时刻解决设备或被试在实验中出现的问题。技术人员还可以根据自己的专长,协助进行数据预处理、数据组织(如从眼动追踪软件中提取数据并进行初步的质量检查、在电子表格中组织数据),甚至数据分析。

实验室管理者也需要负责维护眼动追踪设备,并确保计算机及时更新。出现技术问题时,他们通常会与制造商沟通,因为他们了解技术问题。实验室管理者的薪水通常来自软资金,这意味着这份工作有一定的不稳定性。由于资金通常是有限的,实验室管理者的收入往往少于行业岗位。因此,留职可能是个问题。不过,这份工作之所以有吸引力是因为它能够让工作者积极参与研究,而不必承担学术生涯带来的责任。

在许多项目中,包括我们自己的项目,实验室管理者的角色是由研究生承担的。虽然对学生来说,掌握编程和数据收集的方方面面需要经过一段时间的学习,但他们往往有很高的积极性并把这个机会视为其眼动追踪研究者职业生涯的敲门砖。成为实验室管理者后,学生可以从研究过程的各个阶段中——从研究的计划与设计到成果发表——获得实践经验,这些经验会让他们的简历更有竞争力,为其将来的学术生涯打下基础。担任实验室管理者的学生对其同学来说也是宝贵的资源,因为他们可以培养其他人进行自己的实验或参与现有的项目。当实验室管理者准备毕业并离开项目时,这一点就显得尤其重要,因为将积累的经验和专业知识传递下去对维持眼动追踪实验室的良好运作来说至关重要。

实验室管理者的职位在根本上是取决于机构的资金和实验室的规模的。对于小型实验室来说,聘请一名全职技术人员可能不太现实,因为在没有眼动追踪实验时,其工作量就会很少。相比之下,如果实验室得到研究经费或大学内部的资金支持,那么全职实验室管理者的岗位从长期来看可能更具稳定性。

9.3　研究入门

9.3.1　研究思路

9.3.1.1　研究思路1:入门:创建句子加工实验

目标: 用理解性问题做一个简单的句子加工实验

样例研究: Lim, J. H. & Christianson, K.(2015). Second language

> sensitivity to agreement errors: Evidence from eye movements during comprehension and translation. *Applied Psycholinguistics*, 36(6), 1283-1315.

许多句子加工研究者会在各试次或子试次后展示理解性问题,以检查被试对刺激的理解程度(见图 9.25)。不过,研究者的主要兴趣通常不在于被试回答理解性问题的准确性;更确切地说,这些问题是为了确保被试专注于任务并且是为了理解而阅读句子(见 5.4)。研究者也可以将理解性问题作为标准,以判断被试能否被纳入数据分析。例如,利姆和克里斯蒂安森(Lim & Christianson, 2015)从他们的数据分析中排除了四名回答理解性问题的正确率低于 85% 的被试。

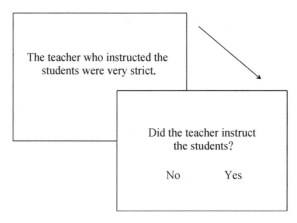

图 9.25 实验项目(左上)后的理解性问题(右下)
(来源:Lim and Christianson, 2015)

有关使用 EyeLink 1000 的实验样例,请参阅 Experimental Builder[①] 用法论坛中的"TextLine with Comprehension Questions"(https://www.srsupport.com/forums/forumdisplay.php?f=7)[②]。

[①] Experimental Builder 是 Eyelink 系列眼动追踪技术软件之一,用于构建实验程序和数据采集,在国内没有相应的权威译名,所以保留原名。

[②] [编者注]原网站可能已失效,另附 SR Research 的支持论坛网址:https://www.sr-research.com/support/。

9.3.1.2 研究思路2：入门：创建文本阅读研究

> **目标**：研究长文本阅读中的眼动模式
>
> **样例研究**：Godfroid, A., Boers, F. & Housen, A.（2013）. An eye for words: Gauging the role of att-ention in incidental L2 vocabulary acquisition by means of eye-tracking. *Studies in Second Language Acquisition*, 35(3), 483-517.

希望在更自然的条件下研究眼球运动的研究者不妨选择向读者呈现更长的连贯文本。这样的文本可以是段落（Balling, 2013; Bolger & Zapata, 2011; Godfroid, Boers & Housen, 2013）、短篇小说故事（Pellicer-Sánchez, 2016）、书中的多个章节（Elgort, Brysbaert, Stevens & Van Assche, 2018; Godfroid et al., 2018），甚至可以是整本小说（Cop, Drieghe & Duyck, 2015; Cop, Keuleers, Drieghe & Duyck, 2015）。在设计文本阅读研究时，屏幕上的文本布局是一项重要的考量因素，即字号和行距（见图9.26、6.2.1和第184页图6.14）。

文本阅读实验有助于研究者比较不同群体的阅读模式，例如双语者和单语者、非母语者和母语者或熟练度不同的二语学习者。此类研究设计也适于研究读者在阅读较长的文本时的词汇附带习得情况。当研究的关注重点是整体阅读模式时，句子层面的分析就可以提供丰富的信息。句子层面的指标不同于基于单词的指标，因为它们是基于句中的所有单词计算的。因此，句子层面的分析可能涉及整个句子的句子阅读时间和注视次数以及综合的眼动指标，如平均注视时间、平均眼跳长度、回视概率和跳读概率（Cop, Keuleers, et al., 2015）。当研究更关注局部阅读（包括对各目标词的单独分析）时，单词层面的分析则更为合适。

在这种情况下，研究者仅提取针对预先确定的目标词的眼动指标，并忽略句子中的其他单词。单词层面分析的"四大"因变量是首次注视时间、凝视时间、回视路径时间和总时间（见7.2.1.2），其他指标，比如注视次数（见7.2.1.1）和回视入（见7.2.2），可以作为补充。研究者通常会对早期和晚期指标都进行测量，以记录单词加工的时程（见7.2.1.2.2）。

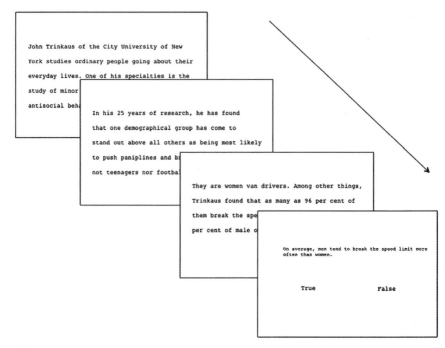

图 9.26 一个段落与一道理解性问题

（来源：Godfroid et al., 2013）

有关使用 EyeLink 1000 进行自然阅读实验的样例模板，请参考 Experiment Builder（v.1.10）在 File->Examples 下提供的"TextPage"模板（https://www.sr-research.com/experiment-builder/）①。

9.3.1.3 研究思路 3：入门：研究阅读中的文字效应

> **目标**：进行一项句子加工研究，比较被试对不同文字的阅读情况
>
> **样例研究**：Feng, G., Miller, K., Shu, H. & Zhang, H.（2009）. Orthography and the development of reading processes: An eye-movement study of Chinese and English. *Child Development*, 80(3), 720-735.

---

① ［编者注］原网站可能已失效，另附 SR Research 的支持论坛网址：https://www.sr-research.com/support/。

阅读研究中的主要问题之一是知觉(低层次)因素与认知(高层次)因素在阅读过程中如何相互作用(见 2.4 与 2.5)。研究者可以通过比较被试阅读不同文字的语言的情况,来研究阅读中的较低层次因素。在两组流利的读者中,较高层次的理解过程的作用会被最小化(两组被试都能够在没有理解困难的情况下阅读);然而,视觉输入则不同,它会使较低层次的正字法因素成为阅读模式差异的可能来源。要研究较高层次的因素,研究者可以让阅读技巧不同的被试组用同一种语言进行阅读,并比较其阅读情况,包括将年级水平不同的儿童与成人进行比较(如 Blythe、Liversedge、Joseph、White & Rayner,2009;Häikiö、Bertram、Hyönä & Niemi,2009;Rayner,1986)、将熟练与不熟练的二语言读者进行比较(该领域还有待研究)、将成人二语读者与成人一语读者进行比较(Cop、Drieghe & Duyck,2015)。这些方法背后的基本原理是:儿童一语读者和大多数二语读者进行较高层次的加工(如单词识别、句子解析)时的效率低于流利的一语读者,但如果他们阅读的文字、输入都相同,那么较低层次的因素就是控制变量。因此,这些被试组眼动记录之间的任何差异都通常被认为反映了较高层次因素的影响。虽然大多数阅读研究仅关注阅读过程(较低或较高层次的加工),但冯、米勒、舒华和张厚粲(Feng,Miller,Shu & Zhang,2009)的研究巧妙地将这两项因素结合了起来。

冯和同事们研究了母语为英语与母语为汉语的儿童和成人在阅读其各自的一语文本时的眼动情况,他们的材料既有具有文化特异性的文本,也有不含文化偏倚的文本。对眼动(注视和眼跳)的分析表明,较高层次的发展因素与较低层次的正字法因素都会对阅读产生影响。研究发现,在发展效应方面,与儿童相比,成年人加工文本的速度更快,注视时间更短,再注视次数更少,从左到右的眼动距离更长。作者们还发现,与年长的读者相比,正字法效应对儿童的影响更显著,这与他们的假设一致。有趣的是,母语为英语的儿童表现出的正字法效应强于其同龄的、母语为汉语的儿童,这主要反映在与眼跳相关的指标上(母语为英语的三年级儿童和五年级儿童向前眼跳的距离比其同龄的、母语为汉语的儿童短)。作者们由此得出的结论是"与注视时间指标相比,在与眼跳相关的指标中所观察到的发展及正字法差异更大"(Feng et al.,2009:732)。这意味着,眼球运动的方位(由眼跳反映)比眼球运动的时间(由注视时间反映)更容易受外部影响(另见 2.4 和 2.5)。因为儿童尚未完全形成自动阅读技能，所以相较于成人的阅读数据，研究者能够更清晰地从儿童的阅读行为中了解与阅读相关的变量之间复杂的相互作用（Feng et al., 2009）。

冯等人的研究体现了跨语言阅读研究的价值。在比较不同语言的阅读模式时，有几点特别值得注意。首先是阅读材料的匹配。为使不同被试群体间的比较更加公平，研究者需要使不同语言的阅读材料尽可能相似。为此，冯和他的同事们使用了之前一项跨文化阅读研究（Stevenson et al., 1990）中使用的两篇文本的中英文版本。这些文本被认为是没有文化偏倚的。为确保读者能获得熟悉的阅读体验，他们还补充了一些具有文化特异性的故事（见下文）。如果无法获取不同语言的平行文本，那么研究者可能需要自行翻译。在这种情况下，研究者需要控制两版文本间影响注视时间的变量，如平均词频；对于文字相同的语言来说，还要考虑平均词长（见 2.5）。在比较阿加莎·克里斯蒂的小说的英语和荷兰语版本时，焦普、德里格和杜伊克（Cop, Drieghe & Duyck, 2015: 9）还按照"信息密度"对句子进行了匹配，即每句句子的实词词频、词数、实词数和字符数。

如前所述，在史蒂文森等人（Stevenson et al., 1990）的两篇普通文本的基础上，冯等人（Feng et al., 2009）还分别补充了三个来自美国和中国阅读系列的、具有文化特异性的故事。三年级和五年级的学生阅读不同的故事（即每人一共阅读五篇），成人则阅读所有八个故事。当以儿童为研究对象时，阅读的主题和语言的复杂程度应与其年龄相符。为此，冯等人先请了各年龄组的教师评估其学习者所用的材料是否合适。最后，在比较文本的不同版本时，文本的显示也很重要。冯和他的同事们调整了两种语言的字号（汉字为宋体，长宽各 24 个像素点；英语的字母均宽则为 7.3 个像素点），以匹配两种语言的文本行数。因此，在英语中，一个由 6 个字母组成的单词对应 1.5 个汉字（Feng et al., 2009）。以这种方式连通两种书写系统后，研究者就能在两种语言间比较眼动指标。例如，眼跳长度是以像素测量的，而非以字母或字符测量；作者们由此发现，成年的汉语母语者与成年的英语母语者在眼跳长度的分布上非常接近。因此，这证实了作者们选择以像素为单位进行测量的合理性。简而言之，以不同语言进行研究时，研究者需要谨慎地选择材料、恰当地进行视觉呈现，还应具备一定的文化意识。这样做非常有助于我们理解阅读的普遍性与语言特殊性。

9.3.1.4 研究思路4：入门：创建视觉情境研究

目标：进行基于动作的视觉情境实验

样例研究：Morales, L., Paolieri, D., Dussias, P. E., Kroff, J. R. V., Gerfen, C. & Bajo, M. T. (2016). The gender congruency effect during bilingual spoken-word recognition. *Bilingualism: Language and Cognition*, 19(2), 294-310.

视觉情境眼动追踪是一种眼动追踪范式，用于研究结合视觉输入（真实物体、物体的图片或视觉场景）的听觉语言加工（见第四章）。许多问题都可以用视觉情境范式研究。在这里，我们重点关注视觉单词眼动追踪在二语研究中最常见的应用，即用于测试被试的语法知识。研究思路是，如果被试能够利用目标词之前的语法线索（如位于名词前、有语法性别标记的冠词），那么他们在目标物被命名前就会看向视觉显示中的相关物体或图片。这种预测性行为被称为**预期性效应**（anticipatory effect）（见4.1）。一般认为，预期性效应能够证明听者拥有某种类型的语法知识（如语法性别、单复数、限定性、生命度、主题角色或语义类别）并能在实时听力中快速使用这些知识。因此研究者会寻找被试眼动记录中的预期性效应，以判断二语学习者、双语者及单语者是否具有能被其快速调用的语法知识，以及这些二语学习者和双语者的知识是否显示出了任何跨语言的影响或来自其当前未在听的那门语言的迁移效应（见4.2.2）。

莫拉莱斯等人（Morales et al., 2016）以意大利语-西班牙语双语者为被试，测试了二语加工过程中一语语法表征的作用。意大利语和西班牙语是两种在类型学上相关的语言，它们有许多相似之处，其中之一就是它们都具有两个语法性别。但即便如此，翻译中对等词（即意大利语和西班牙语中词义相同的词对）的语法性别也并不总是相同的：试比较这两种语言中的"这块奶酪"与"这只猴子"——前者在西班牙语中为 el(阳性) queso，在意大利语中为 il(阳性) formaggio；后者在西班牙语中为 el(阳性) mono，但在意大利中为 la(阴性) scimmia（见图9.27）。实验中，被试只听他们后来习得的语言——西班牙语；意大利语从头至尾都未曾被播报或提及。此外，关键试次的显示始终包含两幅图片，图中的所指物在西班牙语中具有相同的语法性别（即两个 *el* 名词或两个 *la* 名词）。因此，西班牙语的语法性别并不是一条信息量充足的语法线索，因为被试无法根据它来区分这两幅图片。然而，在一些试次中，西班牙语-意大利语翻译词对的语法性别是不一致的，例如 *el*(阳性) mono 和 *la*(阴性) scimmia，意为"这只猴子"（见图9.27右侧）。回想一下，被试从未听过输入内容的意大利语翻译，但即便如此，莫拉莱斯和同事们发现双语者在听的过程中还是会自动激活意大利语翻译和其中的语法性别。具体来说，相较于语法性别一致的试次（此类试次中，两种语言中的性别线索一致），双语者在语法性别不一致的试次（此类试次中，意大利语的语法性别会引发竞争）中对目标物的观看更少；而对意大利语语法性别体系一无所知的西班牙语单语者，对这两类试次的反应相似。

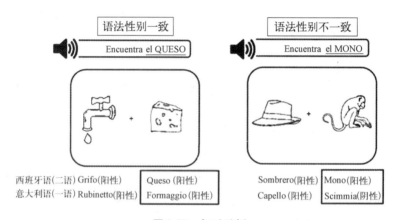

图 9.27 句对示例

注：句子的形式始终为 *Encuentra*+定冠词 *el*(阳性) 或 *la*(阴性)+目标名词，意为"找到这个[目标名词]"。被试的任务是点击与名词相符的图片。

（来源：Morales et al., 2016）

想要复现视觉情境实验的研究者可以访问 IRIS 数据库（https://www.iris-database.org），从已发表的研究中寻找合适的图片和音频刺激。在撰写本书时，特伦基、米尔科维奇和阿尔特曼（Trenkic, Mirković & Altmann, 2014）以及安德林加和库里契克（Andringa & Curcic, 2015）的资料可以直接从数据库中下载。这些作者分别研究了二语学习者对英语定冠词和生命度的掌握程度。另一个方式是通过电子邮件向作者索求研究材料。许多作者如果还保留着这些材料,会很乐意与他人分享——事实上,公开资料是确保资料不会丢失的好办法。对于初级研究者来说,与作者联系也是建立职业关系的一种方式,说不定还能获得他人为其研究项目提的宝贵建议。最后,如果你想设计并进行自己的实验,SR Research 的 Experiment Builder 用法论坛上,有一个名为"VisualWorld_Move"的 EyeLink 1000 使用样例模板,你可以将它作为参考(https://www.srsupport.com/forums/forumdisplay.php?f=7)[①]。

在设计或复现一项研究时,思考语言对非常重要。被试的一语和二语分别是什么?语法特征在两种语言中是如何表现的?最初的视觉情境研究着眼于被试对不存在于一语的二语语法特征的加工情况,例如汉语一语者如何学习二语英语的冠词体系(Trenkic et al.,2014)或英语一语者如何学习二语汉语的量词体系(Lau & Grüter, 2015)。在本节的范例研究中,莫拉莱斯和同事们(Morales et al., 2016)所关注的双语者掌握的两门语言有共同的目标特征,但存在细微的(词汇)差异(另见 Hopp & Lemmerth, 2018)。第三种可能性还有待探索,那就是存在于一语但与二语无关的语法特点是否仍然会影响加工(见 Cunnings, Fotiadou & Tsimpli, 2017,以显性代词或空代词为例)。简而言之,设计视觉情境实验的第一步是进行一次传统的对比分析。

9.3.1.5　研究思路 5:中级:以二语读者为被试复现一语阅读研究

> **目标:** 研究一语与二语读者是否具有类似的个体差异
>
> **样例研究:** Hyönä, J. & Nurminen, A. M. (2006). Do adult readers know how they read? Evidence from eye movement patterns and verbal reports. *British Journal of Psychology*, 97(1), 31–50.

尽管研究者经常将熟练的一语阅读描述得好像一个统一的过程(见 2.2),但大量研究表明,即使是受过教育的成年人,其一语阅读中也存在显著的**个体差异**(individual differences)(如 Henderson & Luke, 2014; Hyönä, Lorch &

[①] [编者注] 原网站可能已失效,另附 SR Research 的支持论坛网址:https://www.sr-research.com/support/。

Kaakinen，2002；Hyönä & Nurminen，2006；Kuperman & Van Dyke，2011；Taylor & Perfetti，2016）。因此可以推断,即使所在的读者群体相对同质、一语相同、熟练度相近,二语读者在阅读中仍然会表现出类似的甚至较大的个体差异。在熟练度不同、一语不同的被试群体中,个体差异会更显著。个体差异研究能够影响眼动控制模型（Henderson & Luke，2014）与一语或二语阅读的发展。研究者可以研究单词、句子和文本层面的加工差异,从而使我们更好地理解阅读中的微观及宏观过程及其如何在个体间变化（Hyönä & Nurminen，2006）。在二语阅读中,同一个体内随时间推移发生的变化（即熟练度的不断提高）是另一个值得研究的课题。

在二语阅读中,关注眼动的个体差异研究很少,但一语阅读文献中有几个很好的例子可以说明此类研究的概况。例如,海诺和努尔米宁（Hyönä & Nurminen，2006）让芬兰图尔库大学（the university of Turku，Finland）的44名学生阅读了一篇关于濒危物种的芬兰语一语文章。被试的任务是总结文章,类似于"学术英语"（English for Academic Purposes）课程的作业要求。海诺和努尔米宁对被试的眼球运动数据进行了聚类分析,将被试按阅读过程的相似性分为若干个群体。在聚类分析后,他们得到了三类读者群体,这三类群体在之前的研究（Hyönä et al.，2002）中也出现过,分别是：慢速线性读者、快速线性读者及主题结构加工者。（主题结构加工者是那些会回看文本中不同部分的副标题和主题句的读者。）最后,被试还会在任务后的问卷中对自己的阅读行为进行评分,这样研究者就能了解读者能在多大程度上意识到自己的阅读风格。

用聚类分析来处理被试的眼动数据是对这一统计技术的一种妙用,其他个体差异研究者也可以效仿。与最先进的统计技术一样,聚类分析也需要相当大的样本量。参与研究的被试数量将决定分析的可行程度。样本量较大（$n>100$）时,识别小群体（即成员很少的集群；Hair，Black，Babin & Anderson，2010）比较容易。反之,较小的样本量——就像海诺和努尔米宁的研究中那样——则更适于识别相对较大的集群。即使研究者没有对眼动追踪数据进行聚类分析,他们可能也需要足够多的被试,以确保测试具有良好的统计检验力（见5.5）。统计检验力是指数据中的效应或关联——如果确实存在的话——被检测出来的可能性。例如,检测小到中等程度的相关性（此类相关性在个体差异研究中经常出现),样本量需为 85(2016 年 8 月 9 日与昂斯沃思[Unsworth]的个人交流)。更大的样本量也更有可能可以充分体现存在于某群体中的个体差异的广泛范围。因此,从大量样本中得出的研究结果更有可能被推广至其他的研究项目与研究背景中。最后,在个体差异研究和其他阅读研究中,阅读材料的选择需要经过深思熟虑。需要考虑的因素包括文本类型(如小说、报纸文章、学术文章、说明文)、内容熟悉度、文本长度和阅读目的(如休闲阅读或被要求写内容概括时,为了记忆而阅读)。被试的阅读方式可能会因这些因素的不同而发生变化。因此,研究者最好能使研究中的文本和阅读任务与被试相符,这样被试所进行的阅读类型才能代表他们在日常生活中的真实阅读情境。

要在 SR Experiment Builder 中设计一个段落或文本阅读实验,研究者可以参照研究思路 2 中介绍的模板。

9.3.1.6 研究思路 6:中级:以二语听者或双语者为被试复现一语视觉情境研究

目标:研究二语听者和双语者是否能使用动词时态来预测句子中后续会出现的内容

样例研究:Altmann, G. T. & Kamide, Y. (2007). The real-time mediation of visual attention by language and world knowledge: Linking anticipatory (and other) eye movements to linguistic processing. *Journal of Memory and Language*, 57(4), 502−518.

进行复制性研究时,建立良好的理论或方法基础很重要。在概念上,复制性研究是指对另一项研究进行一定修改后复现这项研究,以检验不同背景下(如不同人群或不同实验条件)的研究结果是否仍具普遍性(Polio & Gass, 1997; Porte, 2012)。特伦基等人(Trenkic et al., 2014)的研究就是一个视觉情境范式中的例子,他们以二语使用者为被试群体,复现了钱伯斯、塔南豪斯、埃伯哈德、菲利普和卡尔森(Chambers, Tanenhaus, Eberhard, Filip & Carlson, 2002)的第二个实验。特伦基和同事们发现,母语缺乏冠词的汉语一语者能够在听英语的过程中利用英语中的冠词 *the* 和 *an* 更快地确定动作的所指物或目标。具体来说，当 the 修饰的是显示中唯一的所指物时，以及当 a 指代的对象不唯一时，加工速度最快。由此，基于钱伯斯等人以英语母语者为被试的初始研究，研究者在复制性研究中发现了语言信息（口语句子中的定冠词或不定冠词）与非语言信息（视觉显示中的物体数量）在听力过程中的相互作用，延伸了原有的研究结果。

在一语视觉情境文献中，还有一项研究也适合进行复制性研究，那就是阿尔特曼和上出（Altmann & Kamide, 2007）的研究，他们同样研究了视觉显示和语言输入的相互作用对听者注视行为的影响（见 4.1）。这项研究的重点是动词时态。他们想知道在客体的承载性或概念信息已知的情况下，被试会看向显示中的何物（如一个空的葡萄酒杯还是一杯满满的啤酒）是否会受限于将来时（如 will drink）或完成时（如 has drunk）的使用。总的来说，阿尔特曼和上出发现，即便现在完成时的含义更模糊（即现在完成时并不意味着动作已经完成，除非句子明确表示，如 The man has drunk all of the beer），英语一语听者还是会更快地看向与动词所表示的动作相符的物体。适用于基于动作的视觉情境研究（参比 Morales et al., 2016, 研究思路 3①）的建议同样适用于此研究。主要的区别在于，阿尔特曼和上出使用的是*边看边听*（look-and-listen）任务，而不是基于动作的研究（见 5.4）。"看听"意味着被试在听口语句子时仅需观看视觉显示，无须点击任何图片（Morales et al., 2016; Trenkic et al., 2014）或摆弄真实物体（Chambers et al., 2002）。与被试需要点击图片的实验（Dussias, Valdés Kroff, Guzzardo Tamargo & Gerfen, 2013）相比，这样的任务更具生态效度。然而，由于被试在场景观看方面存在个体差异，*边看边听*的设计（也称为被动式听力或自由观看实验）往往会导致数据质量不稳定（Altmann, 2011a; Dussias et al., 2013）。

欲在 SR Experiment Builder 中构建自己的视觉情境实验，你可以使用与研究思路 4 中相同的模板②：

https://www.sr-support.com/showthread.php?342-Visual-World-Paradigm&p=23280#post23280

---

① ［编者注］此处系原文错误，实际应为"研究思路 4"。
② ［编者注］原网站可能已失效，另附 SR Research 的支持论坛网址：https://www.sr-research.com/support/。

9.3.1.7 研究思路 7：中级：进行互动研究

> **目的：** 以已有研究为基础，探讨互动过程中语言学习与行为特征（如凝视）之间的联系
>
> **样例研究：** McDonough, K., Crowther, D., Kielstra, P. & Trofimovich, P. (2015). Exploring the potential relationship between eye gaze and English L2 speakers' responses to recasts. *Second Language Research*, 31(4), 563-575.

在交谈中，我们会自然地观察非语言特征，如手势和面部表情。近期，一组学者使用眼动仪研究了凝视在互动活动中的作用以及凝视是否能够在不同方面促进二语学习的过程——特别是对重铸(McDonough et al., 2015)和语法学习(McDonough, Trofimovich, Dao & Dion, 2017)的反应。在麦克唐纳等人(McDonough et al., 2015)的研究中，学习者参与了四项交际活动（世界记录竞答、讲故事任务、访谈任务和真假辨别任务），活动中，他们会得到一语对话者的反馈。麦克唐纳和同事们研究了对话双方的凝视和纠正性反馈的特征（如韵律、语调）是否与对重铸的正确回应①有关联。换句话说，当反馈环节中一个说话者看着另一个说话者的脸或者两位说话者互相看着对方时，二语学习者进行正确重述的可能性会增加吗？研究者发现事实正是如此。二语者的眼睛注视及其与对话者的互相凝视都预报了对纠正性反馈的正确回应(见 4.2.4)。

在研究互动过程中的眼动行为时，实验需要设置得自然且具有生态效度，避免在被试进行活动时大量地对其动作施加控制。为此，未来的研究者应该考虑以下几点。首先是眼动仪和场景追踪器的放置。互动研究和基于阅读或听力的研究的最大的区别之一是视觉显示。在互动研究中，对话者会看着对方，而阅读和听力研究通常在电脑屏幕前进行。这种自然场景的设置需要使用额外的摄像机，即场景摄像机，以确定某一被试在视野中的位置（在阅读和

---

① ［编者注］原文为 target-like response，指学习者根据纠正性反馈修正并重述了错误语句(non-target-like utterance)。

听力研究中,电脑屏幕被定义为视觉场景)。研究者可以将场景摄像机放置在对话者后方(McDonough et al., 2015)或眼动仪旁(McDonough et al., 2017)。布置环境时,需要特别注意两个场景摄像机的位置(每位对话者一个)以及对话者与眼动仪之间的距离。为此,可以把椅子固定在一个指定的位置,以防止被试移动,再据此固定场景摄像机的位置。此外,研究者还应注意对交际活动的选择。考虑到研究者对现场被试的动作控制较少(如向下看),研究者可以选择涉及较少头部移动的活动(如看海报而不是读报纸)。

9.3.1.8　研究思路 8:进阶:将二语听力作为多模态过程进行研究

> **目的:** 探讨听力过程中的视觉支持对测试对象在综合写作任务中的表现所产生的影响
>
> **样例研究:** Cubilo, J. & Winke, P. (2013). Redefining the L2 listening construct within an integrated writing task: Considering the impacts of visual-cue interpretation and note-taking. *Language Assessment Quarterly*, 10(4), 371-397.

当代的二语听力理解理论学家们对以下观点提出了异议,即听力理解仅取决于听者解码听觉输入的能力(Baltova, 1994;Rubin, 1995;Wagner, 2008)。他们认为人们在听的过程中还会依赖于可进行视觉编码的副语言线索(如手势、面部表情、场景)。因此,测试评估方向的研究者产生了疑问,他们想知道在用于评估二语听力的测试中是否可以融入视觉元素(如图片或视频)。

库比利奥和温克(Cubilo & Winke, 2013)在**综合写作**(integrated writing)任务的背景下进一步研究了这个问题;综合写作任务是"一项要求测试对象据其所看与所听内容进行写作的任务"(美国教育考试服务中心,2005)。实验中,库比利奥和温克改变的是测试对象在听力部分得到的视觉支持的量。在音频与静态图片条件下,被试一边听一场两到三分钟的讲座,一边看屏幕上的静态图片;而在视频条件下,被试所看与所听的是另一场讲座的视频录制。作者们发现两种条件下的总体写作得分并无差异(不过在针对视频讲座的测试中,被试在*语言使用*这一评分标准中的得分明显更高)。与观看视频讲座时相比,被试听音频讲座时记的笔记更多,且大多数被试在问卷调查中表示视频讲座对内容理解更有帮助。

库比利奥和温克建议用眼动追踪法进行一项后续研究,以便获取更可靠、更详细的信息,来了解测试对象在视频听力过程中的观看时间与注视位置。眼动追踪可用于量化测试对象观看屏幕的时间(*相对于低头做笔记或闭眼听讲座的时间*)的百分比。眼动数据也可以帮助研究者了解视频中的哪些元素会使测试对象做笔记。有一种可能性很有意思:讲师的副语言行为(如其手势和面部表情)和视觉辅助工具(如图表或数字)增加了对视频命题内容的强调,从而可能会促使观看者做更多笔记。

当研究者用眼动追踪法来复现这项研究时,视频讲座的选择很重要。理想情况下,视频中的讲师最好能使用各种副语言行为并在视频中展示与内容相关的元素以及与语境相关的元素(见 Suvorov,2015)。研究者还需要注意,手势也可能是在副中央凹中被观察与加工的,而不是被被试直接看到的(见 2.1)。因此,尽管可以肯定地说,当测试对象直接看向说话者的手势时,他们会对其进行加工,但反之则不然。观看者仍可能会从其眼角中获取一些手势信息。研究者可以根据被试所坐的位置与屏幕的距离计算其视野的大小(见 2.1),以此估算其副中央凹的视线范围。需要注意的是,视觉信息的质量会从视觉中央开始迅速下降,从而使副中央凹加工手势的可能性越来越小。或者,研究的重点也可以是手势和眼动行为。在这种情况下,研究者可以对手势本身进行控制,以研究它们是否会触发眼球运动以及这会如何影响理解。

讲座视频可以在一些网站上找到,如 YouTube、TED 或含入门级大学课程的 iTunes U。

9.3.1.9 研究思路9:进阶:研究词汇刻意学习中的认知过程[3]

目标:复现一项研究,以眼动追踪技术测量学习者在学习过程中的注意位置和(或)观看模式

样例研究:Lee, C. H. & Kalyuga, S.(2011). Effectiveness of different pinyin presentation formats in learning Chinese characters: A cognitive load perspective. *Language Learning*, 61(4), 1099-1118.

学习阅读并书写汉语需要掌握一种新的文字,这一过程漫长、艰辛,这也是汉语在美国被列为最难的(第四类)外语的原因之一(国防语言学院外语中心[Defense Language Institute Foreign Language Center],日期不详)。美国大学的大学生在四年的汉语课程中通常被要求学习3 000个汉字(Shen, 2014),不过实际的学习率较低,并且似乎需要更切合实际的学习目标(Shen, 2014)。汉字的学习负担很重,因为学习汉语需要记忆许多新的字形,而且大多数汉字的发音无法通过书写形式来推断(Liu, Wang & Perfetti, 2007; Wang, Perfetti & Liu, 2003)。这两个因素都说明汉语中的语音和书写体系是分开的。因此,汉语学习者必须掌握汉字知识的三项互相关联的构成要素——形(正字法)、音(音位学)、意(语义学)(Perfetti, Liu & Tan, 2005)。每个要素可能都需要有针对性的学习才能被内化,这大大增加了学习负担(Guan, Liu, Chan, Ye & Perfetti, 2011)。

李和卡柳加(Lee & Kalyuga, 2011)重点研究了在词汇学习任务中如何以最佳方式组织词语信息的三种来源:汉字、语音转写(即拼音)及英语翻译。作者们发现不同的呈现格式会影响学习结果。实验的被试是澳大利亚高中生(大部分是继承语学习者)。研究显示,相较于横向阅读从左到右排列的汉字、拼音和翻译的被试,阅读从上到下显示的汉字、拼音和翻译的被试学会的词语更多(见图9.28)。李和卡柳加将被试在纵向格式下较高的学习效率归因于**外部负荷**(extraneous load)的减少,这是一种不利于学习的认知负荷(认知负荷理论的回顾,见 van Merriënboer & Sweller, 2005)。具体来说,在纵向格式中拼音的两个音节直接置于对应汉字的正下方(见图9.28b),这样被试就可以直接比较每个汉字及其发音。然而在横向格式中,学习者必须搜索拼音音节并将其与汉字匹配(见图9.28a),作者们猜测这导致了**分散注意**(split attention)效应(Paas, Renkl & Sweller, 2004)。

李和卡柳加(Lee & Kalyuga, 2011)用九级李克特量表测量学习者的认知负荷。通过在研究中纳入眼动追踪技术,研究者就可以获得注意的并行证据

图 9.28　汉语词语、拼音及词义的三种呈现格式
（来源：改自 Lee & Kalyuga, 2011）

并验证原论文中的核心主张,即横向呈现格式会导致注意分散。眼跳的转移模式反映了屏幕上不同兴趣区之间的眼球运动,它可以解释这一问题(见图9.29)。此外,还有一种新的排列方式是将汉字置于拼音的上方、译文的左侧(见图9.28c),即相邻格式,这种格式可能比横向格式更高效(Lee & Kalyuga, 2011),因为在这种情况下拼音仍然与汉字匹配,翻译也更靠近汉字。

为将原始研究改编为眼动追踪实验,我建议从学习环节中删除口语部分,以免让被试偏向于关注拼音。在进行各学习试次前,注视点都应该是固定的(如固定在词的第一个汉字上),这样研究者就可以比较三种条件下屏幕上的不同元素(即汉字、拼音和翻译)

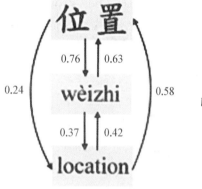

图 9.29　"位置"的转换矩阵
注：汉字、拼音和英文翻译纵向排列。数字代表学习者眼睛下一步移动到某一位置的概率。
（来源：图示由密西根州立大学的 Xuehong [Stella] He 提供。）

之间的转移模式。最好控制这些元素之间的距离。一种方法是先为每个试次创建图像文件,这一步可以在 Adobe Acrobat① 或微软 PowerPoint 中进行;然后创建兴趣区模板并将模板应用或复制到不同词语的试次中;最后,为确保测量词语学习时的稳定性与信度,最好用更多的测试项目扩展词汇后测。对于眼动追踪和其他类型的实验性研究,测试的信度是一个非常重要的考虑因素(见5.5)。

---

① 一款编辑软件,国内没有相应的权威译名,所以保留原名。

9.3.1.10　研究思路10：进阶：采用眼动追踪技术进行实时计算机辅助交流（SCMC）研究

> **目标：** 研究写作伙伴在协作写作任务中的词汇对齐
>
> **样例研究：** Michel, M. & Smith, B. (2019). Measuring lexical alignment during L2 chat interaction: An eye-tracking study. In S. Gass, P. Spinner & J. Behney (Eds.), *Salience in Second Language Acquisition* (pp.244-268). New York: Routledge.

随着科技发展，全球各地的人们用不同语言交流的方式也日益多样化。在几种交流方式中，书面的实时计算机辅助交流（SCMC, Synchronous Computer Mediated Communication）是一种流行的、当代的工具，不仅可用于与他人对话，还有可能促进语言学习。实时计算机辅助交流在语言学习中的作用与其承载性有关。在基于文本的实时计算机辅助交流中，这种承载性之一便是文本的物理可用性，即学习者可以在书面聊天中查看先前的信息，并思考要写些什么。基于聊天屏幕上文本的持久性（与口语的瞬时性相反），史密斯（Smith, 2005）认为实时计算机辅助交流可以促进学习者对形式与意义的注意，并认为书面记录增加了输入的显著性。以此为前提，米歇尔和史密斯（Michel & Smith, 2019）在近期调查了聊天伙伴复用彼此惯用词组的倾向——这一概念被称为**词汇对齐**（lexical alignment），以及显性注意在何种程度上与这一现象有关。

米歇尔和史密斯调查了二语学习者在涉及学术摘要撰写的互动式写作任务中的对齐情况。研究者使用了两个眼动仪（一个在英国，一个在美国）来测量被试对聊天日志中多词表达的注意，他们后来在写作中复用了这些表达（如 *the last part*、*oral cmc and ftf*［口语计算机辅助交流与面对面交流］、*L2 vocabulary learning*）。作者们研究了这些例子是否涉及更高层次的显性注意（以词组长度校正后的总时间和注视次数为指标测量）、词汇对齐是否更隐性地发生或表达的重复出现是否可能只是巧合（也就是说，不是真正的词汇对齐）。

研究中，六名在英国或美国大学学习的被试两两组队，根据要点信息重构一份学术摘要。被试通过书面实时计算机辅助交流进行了六次互动，同时由两国的眼动仪测量其在电脑屏幕上的眼球运动（每个被试坐在不同的电脑屏幕前，因此研究会得到两组不同的眼动数据）。米歇尔和史密斯通过编程语言 R 识别出了两名对话者产出相同的 3 词至 10 词单位（如 of the study）的所有情况。如果此类单位被注视过至少一次，那么作者们就将其定义为眼动分析的兴趣区（此类情况在共计 8 759 词的文本记录中有 58 例）。接下来，他们将这些词汇对齐的可能来源与基线数据进行了比较。基线数据即对话中的话轮（turn），这些话轮虽不含任何词汇重叠，但也至少被查看过一次（共有 135 个话轮）。作者们发现，58 个词汇对齐的可能来源中有 16 个比基线文本受到的注视更多、注视时间更长。他们将这些来源称为词汇对齐的已确定来源。作者们得出结论：尽管聊天伙伴确实会彼此对齐其词汇产出（如这 16 例受高度注意的词汇重叠所示），但有意识的、策略性的对齐程度可能比先前所估计的低。

米歇尔和史密斯在聊天环境中创新地使用了眼动追踪技术，这可以为今后寻求在聊天记录或视频等动态变化的环境中使用眼动追踪技术的研究者提供参考。在这样的环境中，最具挑战性、最耗时的任务是在移动的目标周围绘制兴趣区（另见 6.1.3.2）。这是因为被试每次输入更多文本时，聊天界面中的话语位置都会发生变化，因此 SCMC 也被认为代表了"自发创建并不断移动"（Spontaneously Created and Moving Constantly）（Michel & Smith, 2017: 461）。同样，视频中的目标物体，包括字幕，也会随着视频播放和故事发展而移动。目前的做法是在目标每次在屏幕上移动时，就手动调整兴趣区；然而这是非常耗时的。举例来说，假设你确定了"*of the study*"是两个对话者之间词汇对齐的可能来源，并围绕该短语绘制了一个兴趣区。一旦其中一个聊天伙伴输入新的文本，"*of the study*"的位置就会在聊天记录中向上移动一行。在米歇尔和史密斯的研究中，每个屏幕大约有 30 个话轮，大致平分给两名对话者（2016 年 11 月 10 日与米歇尔的个人交流）。因此，在一个话轮从屏幕上消失前，屏幕上发生了 15 次位置变化，[4] 由此，研究者大约需要手动移动兴趣区 14 次。为此，研究者先停用了目标短语周围的原始兴趣区，然后当目标短语每次移动时，都在新位置绘制一个新的兴趣区。以这种方式编码一个约含 30 个话轮的基线对话需要大约两天的时间(2016年11月10日与米歇尔的个人交流)。在将来,随着 *EyeAnt*① 等新的兴趣区检测程序的开发(Anthony & Michel, 2016),使用移动兴趣区的眼动追踪研究可能会变得不那么费力。事实上,眼动仪制造商司迈有限公司的数据分析软件中已经存在一项功能,能够自动跟踪视频中的移动目标。

9.3.2　初学者小贴士

尽管眼动追踪方面的信息非常丰富,但对于该领域的新研究者来说,这些信息可能并不那么易于获取。发表在期刊文章上的研究通常包含实验设计、数据分析和结果的详细描述,但经常会跳过一些与眼动追踪实验相关的更具技术性的细节。同时,制造商手册确实会提供广泛的实践与技术建议,不过庞大的信息量可能会令人不知所措。在本书的最后,我总结了本书各章提供的技巧和窍门并在此基础上提出了一些额外的见解。

9.3.2.1　设备

- 在购买眼动仪之前,**与当前的眼动仪使用者谈谈**,了解一下他们对自己的眼动仪及客户支持服务的满意度。购买包含技术支持吗,还是需要额外的软件支持合同?制造商的响应速度如何?在一些国家,研究者通常通过第三方供应商购买眼动仪。在做决定之前,一定要确保你了解可以获取哪些客户支持服务以及支持的语言。
- **熟悉设备**。如果你在开展你的首次研究时就遇到了眼动仪的操作问题,那么安装新设备时的兴奋很快就会被沮丧取代。务必确保你知道眼球运动记录器、镜面(如果你的眼动仪有的话)以及红外光源的位置。学习如何清洁并维护这些部件。手册和制造商公司代表能在这方面提供很大帮助。
- 与**设备制造商**保持联系。他们可以解答任何有关设备的问题并协助解决问题。
- 对于遥测式(如台式)眼动仪来说,被试到眼动仪的距离很重要。找出**最佳座位距离**,并标记在桌子上。买一张尺寸合适的桌子,可以放置计算机显示器、摄像头,还要留出摄像头到被试眼睛的额外距离。

---

① 一种软件程序,国内没有权威的译文,所以保留原文。

- 为了做出准确的记录，摄像头放置的位置必须与眼睛呈**正确的角度**。摄像头通常从下方以锐角拍摄眼动情况。如果校准一开始不成功，不妨改变摄像的角度，这是一种常见的补救方法。
- **熟能生巧**。虽然熟练使用需要时间，但你用得越多，就会越了解设备。参与数据收集过程是一个好主意，至少刚开始是如此，而且根据你的研究背景和个人偏好，你可能总是想收集自己的数据。霍尔姆奎斯特等人（Holmqvist et al., 2011：110）指出："力求获取优质数据的研究者应该参与记录过程，这样她就可以参与许多眼球运动记录器的设置与校准过程中的决策。"参与数据采集可以获得不少实践经验，别错过这个机会。
- **培训课程**至关重要。不要忽视培训课程或研讨会，因为这些活动涵盖了与手册中相同的信息，但形式精简得多。通过培训，你还可以学到一些技巧和窍门，这些通常要从丰富的经验或广泛的实践中才能总结出来。无论你是实验室助理、研究生还是教师，花时间参与实践培训课程都是很值得的。
- 不妨购买编程、记录和数据分析的**额外许可证**。有些公司提供的非记录许可证仅支持数据编程与分析，这可能比一个完全许可证便宜，但拥有额外的许可证可以让你的工作更具灵活性，在实验室之外也可以工作。
- 为你的实验室制定一份实验室规范。该规范适用于所有使用者，是使用眼动追踪实验室的详细分步指南，包含有关照明、计算机和用品的信息以及具体的设备操作说明。通用的**实验室规范**不同于研究者为其自己的研究定制的专门研究规范（见9.2.3）。

9.3.2.2 数据收集

9.3.2.2.1 组织数据收集与后勤工作

- 进行**试点研究**（pilot study）。要确保实验按照设计进行，并预见数据收集过程中可能出现的各类问题，进行试点研究是最好的办法，它可以帮助你检查被试是否理解了指令，确认研究能否为你提供你所需的数据和信息，并为你排除技术故障。你可以根据初步的试点结果来调整实验，并根据需要重复这一过程。为了获取最佳（以及最真实的）结果，你可以先在个人情况与正式被试类似的被试身上进行预实验。
    - **合理安排**（1）。由于需要考虑的细节很多，因此招募被试的过程可能会很混乱。一旦宣传单张贴出去、邮件发送完毕，就要做好处理大量简短的应征邮件的准备。回信要及时、礼貌,同时不要慌乱。
- **合理安排**(2)。提前 5 分钟至 10 分钟到达数据收集现场,并确保你携带了所有材料(如同意书、问卷和被试报酬)。为实验室中的各项目建立单独的、贴有标签的文件夹或文件。单个被试的记录可以保存在一个便携的挂式文件盒中,如果实验室没有文件存储空间或使用的是移动实验室,这个特别实用。
- 制定清晰、详细的**研究规范**。一份好的规范应该明确规定每一步该如何进行:从会见被试到设置实验、检查指令和收集数据,到被试汇报,再到数据存储和备份。不要碰运气或想当然,要尽可能具体!除了通用的实验室规范外(见 9.2.3),制定详细的研究规范的目的是保证各环节的数据收集条件都相同,且使研究更可控。
- 确保可行性。数据收集是很耗时的,而摄像机的安装和校准所需的时间也会因被试而不同。**安排足够的时间**,不要让两名被试同时进入实验室。同时安排被试表面上节省时间和人力(如实验室助理的时间),但你很快会发现数据收集过程难以管理。一次安排一名被试进行实验,这样你所收集的就是来自一名全身心投入任务的被试的优质数据。
- 为意外做好充分准备。在收集数据的过程中,最好有一位同事或助理在旁边协助,这样如果有意外发生,他们就可以帮忙。在以临床人群或儿童为被试时,有一名助手尤其重要,因为这些人群可能需要额外关注。如果房间里有**两名研究者**,那么一名就负责设备,另一名则进行指导并为被试做准备。如果你通常是和学生或同事一起收集数据,那么在研究期间也要保持角色不变:一人负责摄像机设置,另一个人负责与被试互动。与单个研究者的数据收集过程一样,要保证所有被试的数据收集条件一致。如果没有条件让两名研究者一起收集数据,那么另一种做法是在实验中添加录音指令,这也是增加内部一致性的方法。
- 确保为被试提供最佳环境(1)。这是正确的做法。**快乐的被试**往往也是好的被试,他们可能会把你的研究告诉他们的朋友,这样他们的朋友也可以成为你的被试(Holmqvist et al., 2011)。在实验开始前,与被试聊聊天、来点零食和茶点,通常都会很受欢迎。闲聊有助于建立融洽的关系并确保被试思路清晰,这样他们就会完全专注于你的研究;不过在现实生活中,并非所有被试都喜欢聊天。这没关系,作为研究者,你可以根据被试的喜好进行调整。

- 确保为被试提供最佳环境(2)。最佳环境不仅要友好、轻松,而且要**安静**,这样有利于被试专注于其任务。如果实验室位于校园或大楼的繁忙区域,那就难免有噪声。除了使用隔音实验室外,另一个经济又有效的办法是在走廊内挂上"请安静——正在收集数据"的标牌,这么做还能防止无关人员在你记录数据时进入实验室。如果是在非办公时间收集数据并且刚好有警卫走进实验室检查,那么挂上标识就特别重要,因为我们的实验室就曾经发生过这样的事!

- 养成习惯:在被试进入实验室时就**检查被试的眼睛**。被试是否戴眼镜、隐形眼镜或有眼妆?他们的眼部有什么特征?当被试向下看时,眼睑离瞳孔远吗?是否有遮住瞳孔的风险?睫毛和眉毛呢,它们会遮挡视线吗?被试的眼睛转向有问题吗?当你的被试走进来的时候,你可以快速对其眼部进行评估,以预见在摄像机设置和校准过程中的潜在问题并省时间。

- 就像你家里的冰箱一样,你的实验室需要一定数量的**用品**才能正常运转。其中包括水、纸巾、卸妆湿巾、睫毛夹及浅色胶带(我们认为还应该有实验室糖果)。

- 使用**在线日历**来安排被试的日程。在线日历在管理大规模的数据收集时很有用。当几个项目同时在实验室进行时,这是必不可少的。使用在线日历时你可以只给研究者访问权限,也可以进行设置,让候测的被试可以查看实验室当前可用的时间,这样可以避免因安排时间而进行反复的电子邮件往来。

- 一定要做好**数据备份**,最好不止一份。多留存几份备份来保护你的数据,因为那是你的劳动果实。当多人同时使用实验室时,总有可能出现人为错误,因此数据备份就更加重要了。

9.3.2.2.2 摄像机设置与校准

- 保存**数据收集日志**(data collection logbook)。记录各被试的数据记录质量,便于在数据分析时参考。首先,写下被试代码或研究对象编号以及实验条件。然后,记下对被试阅读行为的任何备注,比如"阅读得非常仔细"或"跳过了某些片段"。另外,摄像机的安装和校准过程中出现过技术问题吗?数据质量是否出现下降,如轨迹丢失或漂移?当你进入研究过程的下一个阶段时,就会发现这些信息非常有价值。

如果你的实验设计中有欺骗的成分(如[不为被试所知的]不符合语法的形式或伪词、反复出现的句法结构或目标图片的语言线索),那么在数据收集结束时,你必须确认被试并未意识到实验的真正意图。因此,要进行一次简短的交谈,问问被试是否知道实验的目的。这些信息能帮助你筛选出任何以不符合实验预期的方式改变了其阅读或听力行为的被试。

- 进行一次**主视眼测试**(test of eye dominance)。两种常见的测试分别是波尔塔测试(Porta test)(Porta, 1593,引自 Wade, 1998)和迈尔斯测试(Miles test)(Miles, 1930)。前者的测试步骤如下。拇指向上,向前伸出一只手臂;将拇指对齐远方的某一目标物,并遮盖它(见图 9.30)。闭上右眼,用左眼看这一物体;然后再闭上左眼,尝试用右眼看。你会发

图 9.30 波尔塔主视眼测试示例,拇指与停止标志对齐
注:测试者每次闭上一只眼,观察该标志是"跳"到一边还是在原位。

现,当用一只眼睛看时,物体似乎从一边"跳"到了另一边;但用另一只眼睛看时,物体似乎保持在原位。那只在睁开时仍能保持物体与拇指对齐的眼睛就是你的"主视眼"。

图 9.30
360

三分之二的人的主视眼都是右眼(Eser, Durrie, Schwendeman & Stahl, 2008),但也有相当数量的少数派,他们的主视眼是左眼(一小部分人的双眼皆为主视眼,这在射箭等以瞄准为核心的体育运动中是相当难得的特质!)。**单眼记录**往往比双眼记录更准确,所以如果你的机器支持仅对一只眼睛进行追踪,那就只记录主视眼。如果你改变了追踪的眼睛(如从左眼换到右眼),那么你可能就需要调整摄像机的位置才能捕捉到优质的眼睛中心图像。单眼眼动追踪也是针对弱视被试的一种解决方案。

- **摄像机的设置**与**校准**很关键。如果校准失败,就不要继续收集数据了。进行调整后再重新进行校准。一些被试非常渴望参与研究,无论如何都要继续实验,因此你可能还是会在压力下继续实验并收集数据,但那样的数据是不可用的。所以,深呼吸,试着进行下文列出的一些调整,然后再次校准。

- 不妨使用以下技巧来提高**校准准确度**(calibration accuracy)。许多技巧归根到底就是调整视频摄像机的角度,使其拍摄被试的眼睛。首先,检查被试与屏幕的距离。确保他们坐在屏幕的正前方,在必要时调整座椅高度,使被试的眼睛对准屏幕上端的四分之一部分。如果使用的眼动仪没有头部固定装置,那么你需要请被试尽量保持其头部不动;若有头部稳定装置,则可以尝试调整下巴托的高度。一些下巴托可以前后移动,增加了调试时的自由度。

- 如果校准失败,可能是眼动仪把其他物体误识别为瞳孔,常见的混淆物包括眼妆、向下的睫毛或深色眉毛。一些品牌的眼动仪会提供**眼球运动记录器的成像**,其中含有被识别为瞳孔和角膜反射区的区域,这样诊断问题就比较容易。如果无法查看相关图像,你也可以通过排除以下的错误来解决问题:

  - 是睫毛膏或眼线笔留下的痕迹吗?用卸妆湿巾擦除。
  - 是长睫毛或向下的睫毛吗?在实验室里放一把睫毛夹。

- 是深色眉毛吗？定义眼睛的搜索区域，这样就排除了眉毛（仅部分眼动仪支持该功能）；或者询问被试是否同意用白色胶带遮住眉毛。

- 如何处理**眼镜**。大多数公司宣称眼镜不会影响校准，但真实情况可能不太一样。如果你在为戴眼镜的被试校准时遇到困难，就需要检查眼镜有没有滑动。眼镜应该在鼻梁上，镜片应保持清洁。然后让被试稍微倾斜眼镜，这样眼动仪发射的红外光就会以不同的角度照射镜片，这么做是为了防止眩光（即由镜片而不是眼睛反射出来的光束）。佩戴双焦眼镜的被试如果有备用眼镜，则需要在实验时换上，因为双焦眼镜无法校准。戴深色眼镜也会造成校准困难，因为摄像机可能会把深色的镜框识别为瞳孔。在眼动仪功能允许的情况下，尽量手动调整瞳孔检测阈值，或请被试佩戴备用眼镜或隐形眼镜；或者你也可以将浅色胶带缠在被试的镜框上，当然前提是经过被试同意。

- 眼部的**特征**因人而异。有些眼部特征易于校准，有些则不然。单眼皮人群在某些地区很常见。如果你需要记录单眼皮被试的眼动，那么校准可能会更具挑战性，因为在某些角度下，比如被试向下看时，眼睑可会遮住部分瞳孔。同样的情况也会发生在眼睑下垂（上睑下垂）的被试身上，这种情况在老年人中更常见。要想校准成功，最好的办法是改变摄像机的拍摄角度，比如把摄像机移得更近一点，以便从下方拍摄。

- 是否使用**下巴托**。在记录眼球运动时稳定被试的头部通常能得到更高质量的数据，但是这会降低生态效度。我的观点是，如果你的被试觉得使用下巴托舒适，那么最好还是使用。如果你的眼动仪没有下巴托，那么不妨在网上买一个二手的或定制一个。

9.3.2.3 数据分析

- **清洗数据**。在一语阅读研究中，通常的做法是在进行分析之前删除特别长的注视（>800ms 或 >1 000ms）；对于特别短的注视（<50ms、<80ms 或<100ms），要么将其与相邻的注视合并，要么直接删除。需要注意的是，这些做法还未在二语学习者中测试过，在大多数情况下，也未在阅读以外的语言任务中测试过。在 8.2.1 中，我为二语和双语研究者展示了一种可行的方法，以确定一语阅读文献中可用的截断值是否也适用于他们的研究背景。

- 除非你非常清楚被试在看什么，否则不要*调整数据*（见 8.1.3）。我建议研究者为其数据记录设定一项**先验质量标准**(*a priori* quality standard)(轨迹丢失的百分比)并在论文中报告,并在分析前自动剔除任何不符合这一标准的被试文件。研究者还应该逐个试次地对所有通过检验的被试文件进行质量筛查(见8.1.2)。

- 尽早**查看数据**。刚完成数据收集时,你的记忆还很清晰,并且日志就在身边,这时更容易检测到记录中的异常,如偏移、过多的伪影或轨迹丢失(见8.1.2)。如果记录中的噪声数据太多,唯一安全的选择是排除掉这些数据,不对其做进一步分析。只有当注视数据可与明确的外部参考对象(如一行文本)对齐时,进行数据调整(即手动移动注视数据或兴趣区)才是合理的(见8.1.3)。即便如此,进行数据清洗时也应该谨慎,因为本质上你是在对原始记录进行修改。

- 定义**兴趣区**。尽可能在收集数据之前就定义好兴趣区,因为这样更客观,从长远看也更节省工作量(见6.1)。然而,对于某些类型的实验(如写作研究、课堂研究或互动研究),你可能无法事先得知要分析的区域是什么。无论哪种情况,你的兴趣区都应该是与研究问题直接相关的语义或主题单元。不要因为觉得这会对结果有利而试图在事后更改你的兴趣区(Holmqvist et al., 2011)。当你绘制兴趣区时,确保留有空白(如在图片周围或文本行上下留有空白区域或使用两倍行距)。这能确保眼动数据有轻微偏移时仍能被分配到正确的目标区域。

- 请注意,**动态(移动)兴趣区**(如自然对话中对话者的脸、电影中的人物、网站、书面聊天应用程序以及任何被试可以在屏幕上滚动的内容)的绘制是很耗时的。如今,在很大程度上,动态兴趣区仍然是手动编码的,这是一个非常耗时和乏味的过程。随着 *EyeAnt* 等新的兴趣区检测程序的开发,这种情况可能会得到改善(Anthony & Michel, 2016)。与此同时,我们也应该权衡包含动态兴趣区的研究设计的成本和收益(见9.3.1,研究思路10)。在某些情况下,一个简单的设置,如关闭网站滚动功能,就可以在之后节省数十个小时的手动编码工作。

最后,只有通过实践,研究者才能获取进行眼动追踪研究所需的更具经验性的知识。有经验的研究者知道,管理眼动追踪研究的方方面面需要时间,而随着研究者不断开拓需要创新解决方案的新领域,这可能确实是一个永无止境的过程。随着越来越多的二语和双语研究者在其研究中使用眼动追踪技术,同时语言科学领域中的眼动追踪研究者群体不断扩大,我相信创新会越来越多。我们从如本书这样的方法论书籍中学习,也从彼此身上学习。

注释

1. 另有专门的算法用于检测眨眼等光学伪影以及更罕见的眼球行为,如平滑追踪(smooth pursuit),这些不在本讨论中。
2. 在接下来的讨论中,我们会提到测量的空间准确度和精确度,作为对*时间准确度和精确度*的补充,后两者涉及某一事件被检测到的时间与其发生的时间(见第300页图8.18)。
3. 这个想法是由密歇根州立大学二语研究博士研究生何薛红(音译)(Xuehong [Stella] He)提出的。
4. 米歇尔和史密斯只研究了一名对话者与另一名对话者文本的词汇对齐,并没有研究该对话者与自己的文本的对齐。

参考书目

* 表示该研究被纳入二语习得和双语研究的眼动追踪综述。

Aaronson, D. & Scarborough, H. S. (1977). Performance theories for sentence coding: Some quantitative models. *Journal of Verbal Learning and Verbal Behavior*, 16(3), 277-303. doi:10.1016/S0022-5371(77)80052-2

Alanen, R. (1995). Input enhancement and rule presentation in second language acquisition. In R. W. Schmidt (Ed.), *Attention and awareness in foreign language learning* (pp.259-302). Honolulu, HI: University of Hawai'i Press.

Allopenna, P. D., Magnuson, J. S. & Tanenhaus, M. K. (1998). Tracking the time course of spoken word recognition using eye movements: Evidence for continuous mapping models. *Journal of Memory and Language*, 38(4), 419-439. doi:10.1006/jmla.1997.2558

Alsadoon, R. & Heift, T. (2015). Textual input enhancement for vowel blindness: A study with Arabic ESL learners. *The Modern Language Journal*, 99(1), 57-79. doi:10.1111/modl.12188

Altmann, G. T. M. (2011a). Language can mediate eye movement control within 100 milliseconds, regardless of whether there is anything to move the eyes to. *Acta Psychologica*, 137(2), 190-200. doi:10.1016/j.actpsy.2010.09.009

Altmann, G. T. M. (2011b). The mediation of eye movements by spoken language. In S. P. Liversedge, I. Gilchrist & S. Everling (Eds.), *The Oxford handbook of eye movements* (pp. 979-1004). Oxford, UK: Oxford University Press. doi:10.1093/oxfordhb/9780199539789.013.0054

Altmann, G. T. M. & Kamide, Y. (1999). Incremental interpretation at verbs: Restricting the domain of subsequent reference. *Cognition*, 73(3), 247-264. doi:10.1016/S0010-0277(99)00059-1

Altmann, G. T. M. & Kamide, Y. (2007). The real-time mediation of visual attention by language and world knowledge: Linking anticipatory (and other) eye movements to linguistic processing. *Journal of Memory and Language*, 57(4), 502-518. doi:10.1016/

j. jml.2006.12.004

Altmann, G. T. M. & Kamide, Y. (2009). Discourse-mediation of the mapping between language and the visual world: Eye movements and mental representation. *Cognition*, 111 (1), 55-71. doi:10.1016/j.cognition.2008.12.005

Altmann, G. T. M. & Mirković, J. (2009). Incrementality and prediction in human sentence processing. *Cognitive Science*, 33(4), 583-609. doi:10.1111/j.1551-6709.2009.01022.x

Andersson, R., Nyström, M. & Holmqvist, K. (2010). Sampling frequency and eye-tracking measures: How speed affects durations, latencies, and more. *Journal of Eye Movement Research*, 3(3). 1-12. doi:10.16910/jemr.3.3.6

*Andringa, S. & Curcic, M. (2015). How explicit knowledge affects online L2 processing. *Studies in Second Language Acquisition*, 37(2),237-268. doi:10.1017/S0272263115000017

Andringa, S. & Curcic, M. (2016). A validation study: Is visual world eye-tracking suitable for studying implicit learning? Paper to the Fifth Implicit Learning Seminar, Lancaster, UK, June 2016.

Anthony, L. & Michel, M. (2016, March). *Introducing EyeChat: A data collection tool for eye-tracking computer mediated communication*. Paper presented at the UCREL Research Seminar, Lancaster University, UK.

Audacity Team. (2012). *Audacity* [Computer software]. Pittsburg, PA. Retrieved May 15, 2018 from https://audacityteam.org

Baayen, R. H. (2008). *Analyzing linguistic data: A practical introduction to statistics*. Cambridge, UK: Cambridge University Press.

Baayen, R. H., Davidson, D. J. & Bates, D. M. (2008). Mixed-effects modeling with crossed random effects for subjects and items. *Journal of Memory and Language*, 59(4), 390-412. doi:10.1016/j.jml.2007.12.005

Baayen, R. H. & Milin, P. (2010). Analyzing reaction times. *International Journal of Psychological Research*, 3(2), 12-28.

Baccino, T. (2011). Eye movements and concurrent event-related potentials: Eye fixation-related potential investigations in reading. In S. P. Liversedge, I. D. Gilchrist & S. Everling (Eds.), *The Oxford handbook of eye movements* (pp.857-870). New York: Oxford University Press. doi:10.1093/oxfordhb/9780199539789.013.0047

Baccino, T. & Manunta, Y. (2005). Eye-fixation-related potentials: Insight into parafoveal processing. *Journal of Psychophysiology*, 19(3), 204-215. doi:10.1027/0269-8803.19.3.204

Bachman, L. (2005). *Statistical analysis for language assessment*. Oxford, UK: Oxford University Press.

Baddeley, A. D. (1986). *Working memory*. Oxford, UK: Oxford University Press.

Bahill, A. T., Clark, M. R. & Stark, L. (1975). The main sequence, a tool for studying human eye movements. *Mathematical Biosciences*, 24(3-4), 191-204. doi:10.1016/0025-5564(75)90075-9

Bai, X., Yan, G., Liversedge, S. P., Zang, C. & Rayner, K. (2008). Reading spaced and unspaced Chinese text: Evidence from eye movements. *Journal of Experimental Psychology: Human Perception and Performance*, 34(5), 1277-1287. doi:10.1037/0096-1523.34.5.1277

Ballard, L. (2017). *The effects of primacy on rater cognition: An eye-tracking study* (Doctoral dissertation). Retrieved from ProQuest Dissertations and Theses Global. (10274418).

* Balling, L. W. (2013). Reading authentic texts: What counts as cognate? *Bilingualism: Language and Cognition*, 16(3), 637-653. doi:10.1017/S1366728911000733.

Balota, D. A., Pollatsek, A. & Rayner, K. (1985). The interaction of contextual constraints and parafoveal visual information in reading. *Cognitive Psychology*, 17(3), 364-390. doi:10.1016/0010-0285(85)90013-1

Baltova, I. (1994). The impact of video on the comprehension skills of core French students. *Canadian Modern Language Review*, 50(3), 507-531. doi:10.3138/cmlr.50.3.507

Bar, M. (2007). The proactive brain: Using analogies and associations to generate predictions. *Trends in Cognitive Sciences*, 11(7), 280-289. doi:10.1016/j.tics.2007.05.005

Bar, M. (2009). The proactive brain: Memory for predictions. *Philosophical Transactions of the Royal Society B: Biological Sciences*, 364(1521), 1235-1243. doi:10.1098/rstb.2008.0310

Barnes, G. R. (2011). Ocular pursuit movements. In S. P. Liversedge, I. Gilchrist & S. Everling (Eds.), *The Oxford handbook of eye movements* (pp.115-132). Oxford University Press. doi:10.1093/oxfordhb/9780199539789.013.0007

Barnett, V. & Lewis, T. (1994). *Outliers in statistical data* (3rd ed.). New York: Wiley.

Barr, D. J. (2008). Analyzing 'visual world' eyetracking data using multilevel logistic regression. *Journal of Memory and Language*, 59(4), 457-474. doi:10.1016/j.jml.2007.09.002

Barr, D. J., Gann, T. M. & Pierce, R. S. (2011). Anticipatory baseline effects and information integration in visual world studies. *Acta Psychologica*, 137(2), 201-207. doi:10.1016/j.actpsy.2010.09.011

Barr, D. J., Levy, R., Scheepers, C. & Tily, H. J. (2013). Random effects structure for confirmatory hypothesis testing: Keep it maximal. *Journal of Memory and Language*, 68(3), 255-278. doi:10.1016/j.jml.2012.11.001

Bates, D., Kliegl, R., Vasishth, S. & Baayen, H. (2015). Parsimonious mixed models. Retrieved from http://arxiv.org/abs/1506.04967

Bates, E., D'Amico, S., Jacobsen, T., Székely, A., Andonova, E., Devescovi, A., ... Tzeng, O. (2003). Timed picture naming in seven languages. *Psychonomic Bulletin & Review*, 10(2), 344-380. doi:10.3758/BF03196494

* Bax, S. (2013). The cognitive processing of candidates during reading tests: Evidence from eye-tracking. *Language Testing*, 30(4), 441-465. doi:10.1177/0265532212473244

Bell, B. A., Morgan, G. B., Schoeneberger, J. A., Loudermilk, B. L., Kromrey, J. D. & Ferron, J. M. (2010). Dancing the sample size limbo with mixed models: How low can you go? *SAS Global Forum Proceedings*. Retrieved from http://support.sas.com/

resources/ papers/proceedings10/197-2010.pdf

Bertera, J. H. & Rayner, K. (2000). Eye movements and the span of the effective stimulus in visual search. *Perception and Psychophysics*, 62(3), 576-585. doi:10.3758/BF03212109

Bialystok, E. (2015). Bilingualism and the development of executive function: The role of attention. *Child Development Perspectives*, 9(2), 117-121. doi:10.1111/cdep.12116

Binda, P., Cicchini, G. M., Burr, D. C. & Morrone, M. C. (2009). Spatiotemporal distortions of visual perception at the time of saccades. *Journal of Neuroscience*, 29(42), 13147-13157. doi:10.1523/JNEUROSCI.3723-09.2009

*Bisson, M., Van Heuven, W. J. B., Conklin, K. & Tunney, R. J. (2014). Processing of native and foreign language subtitles in films: An eye tracking study. *Applied Psycholinguistics*, 35(2), 399-418. doi:10.1017/S0142716412000434

Blumenfeld, H. K. & Marian, V. (2007). Constraints on parallel activation in bilingual spoken language processing: Examining proficiency and lexical status using eye-tracking. *Language and Cognitive Processes*, 22(5), 633-660. doi:10.1080/01690960601000746

Blumenfeld, H. K. & Marian, V. (2011). Bilingualism influences inhibitory control in auditory comprehension. *Cognition*, 118(2), 245-257. doi:10.1016/j.cognition.2010.10.012

Blythe, H. I. (2014). Developmental changes in eye movements and visual information encoding associated with learning to read. *Current Directions in Psychological Science*, 23(3), 201-207. doi:10.1177/0963721414530145

Blythe, H. I. & Joseph, H. S. S. L. (2011). Children's eye movements during reading. In S. P. Liversedge, I. Gilchrist & S. Everling (Eds.), *The Oxford handbook of eye movements* (pp.643-662). Oxford University Press. doi:10.1093/oxfordhb/9780199539789.013.0036

Blythe, H. I., Liversedge, S. P., Joseph, H. S., White, S. J. & Rayner, K. (2009). Visual information capture during fixations in reading for children and adults. *Vision Research*, 49(12), 1583-1591. doi:10.1016/j.visres.2009.03.015

Boers, F. & Lindstromberg, S. (2009). *Optimizing a lexical approach to instructed second language acquisition*. London, UK: Palgrave Macmillan. doi:10.1057/9780230245006_1

Boers, F. & Lindstromberg, S. (2012). Experimental and intervention studies on formulaic sequences in a second language. *Annual Review of Applied Linguistics*, 32, 83-110. doi:10.1017/S0267190512000050

Boersma, P. & Weenink, D. (2018). *Praat: doing phonetics by computer* (Version 6.0) [Computer software]. Amsterdam, the Netherlands. Retrieved June 1, 2018 from http://www.praat.org

Bojko, A. (2009). Informative or misleading? Heatmaps deconstructed. In J. A. Jacko (Ed.), *Human-computer interaction* (pp.30-39). Berlin: Springer. doi:10.1007/978-3-642-02574-7_4

*Bolger, P. & Zapata, G. (2011). Semantic categories and context in L2 vocabulary learning. *Language Learning*, 61(2), 614-646. doi:10.1111/j.1467-9922.2010.00624.x

Boston, M. F., Hale, J., Kliegl, R., Patil, U. & Vasishth, S. (2008). Parsing costs as predictors of reading difficulty: An evaluation using the Potsdam Sentence Corpus. *Journal of Eye Movement Research*, 2(1), 1-12. doi:10.16910/jemr.2.1.1

Bowles, M. A. (2010). *The think-aloud controversy in second language research*. New York: Routledge.

*Boxell, O. & Felser, C. (2017). Sensitivity to parasitic gaps inside subject islands in native and non-native sentence processing. *Bilingualism: Language and Cognition*, 20(3), 494-511. doi:10.1017/S1366728915000942

Braze, D. (2018). Researcher contributed eye tracking tools. Retrieved from https://github.com/davebraze/FDBeye/wiki/Researcher-Contributed-Eye-Tracking-Tools

Brône, G. & Oben, B. (Eds.). (2018). *Eye-tracking in interaction: Studies on the role of eye gaze in dialogue* (Vol. 10). New York: John Benjamins.

Brysbaert, M. & Stevens, M. (2018). Power analysis and effect size in mixed effects models: A tutorial. *Journal of Cognition*, 1(1), 9. doi:10.5334/joc.10

Bultena, S., Dijkstra, T. & van Hell, J. G. (2014). Cognate effects in sentence context depend on word class, L2 proficiency, and task. *The Quarterly Journal of Experimental Psychology*, 67(6), 1214-1241. doi:10.1080/17470218.2013.853090

Burnat, K. (2015). Are visual peripheries forever young? *Neural Plasticity*, 2015, 307929. doi:10.1155/2015/307929.

Cameron, A. C. & Trivedi, P. K. (1998). *Regression analysis of count data*. Cambridge, MA: Cambridge University Press.

Canseco-Gonzalez, E., Brehm, L., Brick, C. A., Brown-Schmidt, S., Fischer, K. & Wagner, K. (2010). Carpet or Cárcel: The effect of age of acquisition and language mode on bilingual lexical access. *Language and Cognitive Processes*, 25, 669-705. doi:10.1080/01690960903474912

Carrol, G. & Conklin, K. (2015). Eye-tracking multi-word units: Some methodological questions. *Journal of Eye Movement Research*, 7(5), 1-11. doi:10.16910/jemr.7.5.5

*Carrol, G. & Conklin, K. (2017). Cross language lexical priming extends to formulaic units: Evidence from eye-tracking suggests that this idea "has legs." *Bilingualism: Language and Cognition*, 20(2), 299-317. doi:10.1017/S1366728915000103

*Carrol, G., Conklin, K. & Gyllstad, H. (2016). Found in translation: The influence of the L1 on the reading of idioms in a L2. *Studies in Second Language Acquisition*, 38(3), 403-443. doi:10.1017/S0272263115000492

Chambers, C. G., Tanenhaus, M. K., Eberhard, K. M., Filip, H. & Carlson, G. N. (2002). Circumscribing referential domains during real-time language comprehension. *Journal of Memory and Language*, 47(1), 30-49. doi:10.1006/jmla.2001.2832

*Chamorro, G., Sorace, A. & Sturt, P. (2016). What is the source of L1 attrition? The effect of recent L1 re-exposure on Spanish speakers under L1 attrition. *Bilingualism: Language and Cognition*, 19(3), 520-532. doi:10.1017/S1366728915000152

Chen, H. C. & Tang, C. K. (1998). The effective visual field in reading Chinese. In C. K. Leong & K. Tamaoka (Eds.), *Cognitive processing of the Chinese and Japanese* languages (pp.91-100). Dordrecht, the Netherlands: Springer. doi:10.1007/978-94-015-9161-4_5

Chepyshko, R. (2018). *Locative verbs in L2 learning: A modular processing perspective* (Doctoral dissertation). Retrieved from ProQuest Dissertations and Theses Global. (10827321).

Choi, J. E. S., Vaswani, P. A. & Shadmehr, R. (2014). Vigor of movements and the cost of time in decision making. *Journal of Neuroscience*, 34(4), 1212-1223. doi:10.1523/JNEUROSCI.2798-13.2014

*Choi, S. (2017). Processing and learning of enhanced English collocations: An eye movement study. *Language Teaching Research*, 21(3), 403-426. doi:10.1177/1362168816653271

Choi, S. Y. & Koh, S. (2009). The perceptual span during reading Korean sentences. *Korean Journal of Cognitive Science*, 20(4), 573-601. doi:10.19066/cogsci.2009.20.4.008

Choi, W., Lowder, M. W., Ferreira, F. & Henderson, J. M. (2015). Individual differences in the perceptual span during reading: Evidence from the moving window technique. *Attention, Perception & Psychophysics*, 77(7), 2463-2475.

Chukharev-Hudilainen, E. Saricaoglu, A., Torrance, M. & Feng, H. (2019). Combined deployable keystroke logging and eyetracking for investigating L2 writing fluency. *Studies in Second Language Acquisition*, 41(3), 583-604. doi:10.1017/S027226311900007X

Cicchini, G. M., Binda, P., Burr, D. C. & Morrone, M. C. (2013). Transient spatiotopic integration across saccadic eye movements mediates visual stability. *Journal of Neurophysiology*, 109(4), 1117-1125. doi:10.1152/jn.00478.2012

*Cintrón-Valentín, M. & Ellis, N. C. (2015). Exploring the interface: Explicit focus-on-form instruction and learned attentional biases in L2 Latin. *Studies in Second Language Acquisition*, 37(2), 197-235. doi:10.1017/S0272263115000029

Cintrón-Valentín, M. C. & Ellis, N. C. (2016). Salience in second language acquisition: Physical form, learner attention, and instructional focus. *Frontiers in Psychology*, 7, 1-21. doi:10.3389/fpsyg.2016.01284

Clahsen, H. (2008). Behavioral methods for investigating morphological and syntactic processing in children. In I. A. Sekerina, E. M. Fernández & H. Clahsen (Eds.), *Developmental psycholinguistics: On-line methods in children's language processing* (pp.1-27). Amsterdam, the Netherlands/Philadelphia, PA: John Benjamins. Retrieved from http://www.uni-potsdam.de/fileadmin/projects/prim/papers/methods07.pdf

*Clahsen, H., Balkhair, L., Schutter, J. & Cunnings, I. (2013). The time course of morphological processing in a second language. *Second Language Research*, 29(1), 7-31. doi:10.1177/0267658312464970

Clahsen, H. & Felser, C. (2006a). Continuity and shallow structures in language processing. *Applied Psycholinguistics*, 27(1), 107-126. doi:10.1017/S0142716406060206

Clahsen, H. & Felser, C. (2006b). Grammatical processing in language learners. *Applied Psycholinguistics*, 27(1), 3-42. doi:10.1017/S0142716406060024

Clark, A. (2013). Whatever next? Predictive brains, situated agents, and the future of cognitive science. *Behavioral and Brain Sciences*, 36(3), 181–204. doi: 10.1017/S0140525X12000477

Clark, H. H. (1973). The language-as-fixed-effect fallacy: A critique of language statistics in psychological research. *Journal of Verbal Learning and Verbal Behavior*, 12(4), 335–359. doi: 10.1016/S0022-5371(73)80014-3

Clifton, C. J. & Staub, A. (2011). Syntactic influences on eye movements during reading. In S. Liversedge, I. Gilchrist & S. Everling (Eds.), *The Oxford handbook of eye movements* (pp. 895–909). Oxford, UK: Oxford University Press. doi: 10.1093/oxfordhb/9780199539789.013.0049

Clifton, C. J., Staub, A. & Rayner, K. (2007). Eye movements in reading words and sentences. In R. P. G. Van Gompel, M. H. Fischer, W. S. Murray & R. L. Hill (Eds.), *Eye movements: A window on mind and brain* (pp.341–372). Oxford, UK: Elsevier.

COGAIN. (n.d.). The COGAIN Association. Retrieved from http://www.cogain.org/home

Cohen, A. D. (2006). The coming of age of research on test-taking strategies. *Language Assessment Quarterly*, 3(4), 307–331. doi: 10.1080/15434300701333129

Cohen, A. L. (2013). Software for the automatic correction of recorded eye fixation locations in reading experiments. *Behavior Research Methods*, 45(3), 679–683. doi: 10.3758/s13428-012-0280-3

Cohen, J. (1988). *Statistical power analysis for the behavioral sciences*. Hillsdale, NJ: Erlbaum.

Conklin, K. & Pellicer-Sánchez, A. (2016). Using eye-tracking in applied linguistics and second language research. *Second Language Research*, 32(3), 453–467. doi: 10.1177/0267658316637401

Conklin, K., Pellicer-Sánchez, A. & Carrol, G. (2018). *Eye-tracking. A guide for applied linguistics research*. Cambridge, MA: Cambridge University Press.

Cooper, R. (1974). The control of eye fixation by the meaning of spoken language: A new methodology for the real-time investigation of speech perception, memory, and language processing. *Cognitive Psychology*, 6(1), 84–107. https://psycnet.apa.org/doi/10.1016/0010-0285(74)90005-X

*Cop, U., Dirix, N., Van Assche, E., Drieghe, D. & Duyck, W. (2017). Reading a book in one or two languages? An eye movement study of cognate facilitation in L1 and L2 reading. *Bilingualism: Language and Cognition*, 20(4), 747–769. doi: 10.1017/S1366728916000213

Cop, U., Drieghe, D. & Duyck, W. (2015). Eye movement patterns in natural reading: A comparison of monolingual and bilingual reading of a novel. *PLOS ONE*, 10(8), e0134008. doi: 10.1371/journal.pone.0134008

Cop, U., Keuleers, E., Drieghe, D. & Duyck, W. (2015). Frequency effects in monolingual and bilingual natural reading. *Psychonomic Bulletin & Review*, 22(5), 1216–1234. doi: 10.3758/s13423-015-0819-2

Corbetta, M. (1998). Frontoparietal cortical networks for directing attention and the eye to visual locations: Identical, independent, or overlapping neural systems? *Proceedings of the National Academy of Sciences of the United States of America*, 95(3), 831-838. doi:10.1073/pnas.95.3.831

Corbetta, M. & Shulman, G. L. (1998). Human cortical mechanisms of visual attention during orienting and search. *Philosophical Transactions of the Royal Society B: Biological Sciences*, 353(1373), 1353-1362. doi:10.1098/rstb.1998.0289

Cubilo, J. & Winke, P. (2013). Redefining the L2 listening construct within an integrated writing task: Considering the impacts of visual-cue interpretation and note-taking. *Language Assessment Quarterly*, 10(4), 371-397. doi:10.1080/15434303.2013.824972

Cuetos, F. & Mitchell, D. C. (1988). Cross-linguistic differences in parsing: Restrictions on the use of the Late Closure strategy in Spanish. *Cognition*, 30(1), 73-105. doi:10.1016/0010-0277(88)90004-2

Cunnings, I. (2012). An overview of mixed-effects statistical models for second language researchers. *Second Language Research*, 28(3), 369-382. doi:10.1177/0267658312443651

Cunnings, I. & Finlayson, I. (2015). Mixed effects modeling and longitudinal data analysis. In L. Plonsky (Ed.), *Advancing quantitative methods in second language research* (pp.159-181). New York: Routledge.

*Cunnings, I., Fotiadou, G. & Tsimpli, I. (2017). Anaphora resolution and reanalysis during L2 sentence processing. *Studies in Second Language Acquisition*, 39(4), 621-652. doi:10.1017/S0272263116000292

Dahan, D., Magnuson, J. S. & Tanenhaus, M. K. (2001). Time course of frequency effects in spoken-word recognition: Evidence from eye movements. *Cognitive Psychology*, 42(4), 317-367. doi:10.1006/cogp.2001.0750

Dahan, D., Swingley, D., Tanenhaus, M. K. & Magnuson, J. S. (2000). Linguistic gender and spoken-word recognition in French. *Journal of Memory and Language*, 42(4), 465-480. doi:10.1006/jmla.1999.2688

Dahan, D. & Tanenhaus, M. K. (2005). Looking at the rope when looking for the snake: Conceptually mediated eye movements during spoken-word recognition. *Psychonomic Bulletin & Review*, 12(3), 453-459. doi:10.3758/BF03193787

Dahan, D., Tanenhaus, M. K. & Pier Salverda, A. (2007). The influence of visual processing on phonetically driven saccades in the "visual world" paradigm. In R. Van Gompel, M. Fischer, W. Murry & R. Hill (Eds.), *Eye movements: A window on mind and brain* (pp.471-486). Oxford, UK: Elsevier. doi:10.1016/B978-008044980-7/50023-9

Dambacher, M. & Kliegl, R. (2007). Synchronizing timelines: Relations between fixation durations and N400 amplitudes during sentence reading. *Brain Research*, 1155(1), 147-162. doi:10.1016/j.brainres.2007.04.027

De Beugher, S., Brône, G. & Goedemé, T. (2014). Automatic analysis of in-the-wild mobile eye-tracking experiments using object, face and person detection. *International Conference on Computer Vision Theory and Applications (VISAPP)*, Lisbon, Portugal, 625-633.

De Bot, K., Paribakht, T. S. & Wesche, M. B. (1997). Toward a lexical processing model for the study of second language vocabulary acquisition: Evidence from ESL reading. *Studies in Second Language Acquisition*, 19(3), 309-329. doi:10.1017/S0272263197003021

Defense Language Institute Foreign Language Center. (n.d.). Languages taught at DLIFLC and duration of courses. Retrieved from http://www.dliflc.edu/home/about/languages-at-dliflc/

De León Rodríguez, D., Buetler, K. A., Eggenberger, N., Preisig, B. C., Schumacher, R., Laganaro, M., ... Müri, R. M. (2016). The modulation of reading strategies by language opacity in early bilinguals: An eye movement study. *Bilingualism: Language and Cognition*, 19(3), 567-577. doi:10.1017/S1366728915000310

DeLong, K. A., Urbach, T. P. & Kutas, M. (2005). Probabilistic word pre-activation during language comprehension inferred from electrical brain activity. *Nature Neuroscience*, 8(8), 1117-1121. doi:10.1038/nn1504

Deutsch, A. & Bentin, S. (2001). Syntactic and semantic factors in processing gender agreement in Hebrew: Evidence from ERPs and eye movements. *Journal of Memory and Language*, 45(2), 200-224. doi:10.1006/jmla.2000.2768

Deutsch, A. & Rayner, K. (1999). Initial fixation location effects in reading Hebrew words. *Language and Cognitive Processes*, 14(4), 393-421. doi:10.1080/016909699386284

Diefendorf, A. R. & Dodge, R. (1908). An experimental study of the ocular reactions of the insane from photographic records. *Brain*, 31(3), 451-489. doi:10.1093/brain/31.3.451

Dienes, Z. (2014). Using Bayes to get the most out of non-significant results. *Frontiers in Psychology*, 5, 1-17. doi:10.3389/fpsyg.2014.00781

*Dijkgraaf, A., Hartsuiker, R. J. & Duyck, W. (2017). Predicting upcoming information in native-language and non-native-language auditory word recognition. *Bilingualism: Language and Cognition*, 20(5), 917-930. doi:10.1017/S1366728916000547

Dimigen, O., Kliegl, R. & Sommer, W. (2012). Trans-saccadic parafoveal preview benefits in fluent reading: A study with fixation-related brain potentials. *NeuroImage*, 62(1), 381-393. doi:10.1016/j.neuroimage.2012.04.006

Dimigen, O., Sommer, W., Hohlfeld, A., Jacobs, A. M. & Kliegl, R. (2011). Coregistration of eye movements and EEG in natural reading: Analyses and review. *Journal of Experimental Psychology: General*, 140(4), 552-572. doi:10.1037/a0023885

Dink, J. W. & Ferguson, B. (2015). eyetrackingR: An R library for eye-tracking data analysis. Retrieved from www.eyetrackingr.com

Dodge, R. (1903). Five types of eye movement in the horizontal meridian plane of the field of regard. *American Journal of Physiology — Legacy Content*, 8(4), 307-329. doi:10.1152/ajplegacy.1903.8.4.307

Dodge, R. (1904). The participation of the eye movements in the visual perception of motion. *Psychological Review*, 11(1), 1-14. doi:10.1037/h0071641

Dodge, R. & Cline, T. S. (1901). The angle velocity of eye movements. *Psychological Review*, 8, 145-157. doi:10.1037/h0076100

Dolgunsöz, E. & Sarıçoban, A. (2016). CEFR and eye movement characteristics during EFL reading: The case of intermediate readers. *Journal of Language and Linguistic Studies*, 12 (2), 238-252.

Drasdo, N. & Fowler, C. W. (1974). Non-linear projection of the retinal image in a wide-angle schematic eye. *The British Journal of Ophthalmology*, 58(8), 709.

Drieghe, D. (2008). Foveal processing and word skipping during reading. *Psychonomic Bulletin & Review*, 15(4), 856-860. doi:10.3758/PBR.15.4.856

Drieghe, D., Rayner, K. & Pollatsek, A. (2008). Mislocated fixations can account for parafoveal-on-foveal effects in eye movements during reading. *The Quarterly Journal of Experimental Psychology*, 61(8), 1239-1249. doi:10.1080/17470210701467953

Duchowski, A. T. (2002). A breadth-first survey of eye-tracking applications. *Behavior Research Methods, Instruments & Computers*, 34(4), 455-470. doi:10.3758/BF03195475

Duchowski, A. T. (2007). *Eye tracking methodology: Theory and practice*. London, UK: Springer.

Duñabeitia, J. A., Avilés, A., Afonso, O., Scheepers, C. & Carreiras, M. (2009). Qualitative differences in the representation of abstract versus concrete words: Evidence from the visual-world paradigm. *Cognition*, 110(2), 284-292. doi: 10.1016/j. cognition. 2008. 11.012

Dussias, P. E. (2010). Uses of eye-tracking data in second language sentence processing research. *Annual Review of Applied Linguistics*, 30, 149-166. doi:10.1017/S026719051000005X

* Dussias, P. E. & Sagarra, N. (2007). The effect of exposure on syntactic parsing in Spanish-English bilinguals. *Bilingualism: Language and Cognition*, 10(1), 101-116. doi: 10.1017/S1366728906002847

* Dussias, P. E., Valdés Kroff, J. R., Guzzardo Tamargo, R. E. & Gerfen, C. (2013). When gender and looking go hand in hand. *Studies in Second Language Acquisition*, 35(2), 353-387. doi:10.1017/S0272263112000915

d'Ydewalle, G. & De Bruycker, W. (2007). Eye movements of children and adults while reading television subtitles. *European Psychologist*, 12(3), 196-205. doi:10.1027/1016-9040.12.3.196

d'Ydewalle, G. & Gielen, I. (1992). Attention allocation with overlapping sound, image, and text. In K. Rayner (Ed.), *Eye movements and visual cognition* (pp.415-427). NewYork: Springer. doi:10.1007/978-1-4612-2852-3_25

d'Ydewalle, G., Praet, C., Verfaillie, K. & Van Rensbergen, J. (1991). Watching subtitled television. *Communication Research*, 18(5), 650-666. doi:10.1177/009365091018005005

Eberhard, K. M., Spivey-Knowlton, M. J., Sedivy, J. C. & Tanenhaus, M. K. (1995). Eye movements as a window into real-time spoken language comprehension in natural contexts. *Journal of Psycholinguistic Research*, 24(6), 409-436. doi: 10.1007/BF02143160

Educational Testing Service. (2005). TOEFL ® iBT writing sample responses. Retrieved March 30, 2017 from https://www. ets. org/Media/Tests/TOEFL/pdf/ibt _ writing _ sample _ responses.pdf

Eggert, T. (2007). Eye movement recordings: Methods. *Developments in Ophthalmology*, 40, 15-34. doi:10.1159/000100347

*Elgort, I., Brysbaert, M., Stevens, M. & Van Assche, E. (2018). Contextual word learning during reading in a second language: An eye-movement study. *Studies in Second Language Acquisition*, 40(2), 341-366. doi:10.1017/S0272263117000109

Ellis, N. C. (2006). Usage-based and form-focused language acquisition: The associative learning of constructions, learned attention, and the limited L2 endstate. In P. Robinson & N. C. Ellis (Eds.), *Handbook of cognitive linguistics and second language acquisition* (pp.372-405). New York: Routledge.

*Ellis, N. C., Hafeez, K., Martin, K. I., Chen, L., Boland, J. & Sagarra, N. (2014). An eye-tracking study of learned attention in second language acquisition. *Applied Psycholinguistics*, 35(3), 547-579. doi:10.1017/S0142716412000501

Ellis, R. (2005). Measuring implicit and explicit knowledge of a second language: A psychometric study. *Studies in Second Language Acquisition*, 27(2), 141-172. doi:10.1017/S0272263105050096

Engbert, R. (2006). Microsaccades: A microcosm for research on oculomotor control, attention, and visual perception. *Progress in Brain Research*, 154, 177-192. doi:10.1016/S0079-6123(06)54009-9

Engbert, R. & Kliegl, R. (2011). Parallel graded attention models of reading. In S. P. Liversedge, I. Gilchrist & S. Everling (Eds.), *The Oxford handbook of eye movements* (pp.787-800). Oxford University Press. doi:10.1093/oxfordhb/9780199539789.013.0043

Engbert, R., Nuthmann, A., Richter, E. M. & Kliegl, R. (2005). SWIFT: A dynamical model of saccade generation during reading. *Psychological Review*, 112(4), 777-813. doi:10.1037/0033-295X.112.4.777

Ericsson, K. A. & Simon, H. A. (1993). *Protocol analysis: Verbal reports as data* (Rev. ed.). Cambridge, MA: The MIT Press.

Eser, I., Durrie, D. S., Schwendeman, F. & Stahl, J. E. (2008). Association between ocular dominance and refraction. *Journal of Refractive Surgery*, 24(7), 685-689.

Eye Movements Researchers' Association. (2012). Eye data quality. Retrieved from http://www.eye-movements.org/eye_data_quality

*Felser, C. & Cunnings, I. (2012). Processing reflexives in a second language: The timing of structural and discourse-level constraints. *Applied Psycholinguistics*, 33(3), 571-603. doi:10.1017/S0142716411000488

*Felser, C., Cunnings, I., Batterham, C. & Clahsen, H. (2012). The timing of island effects in nonnative sentence processing. *Studies in Second Language Acquisition*, 34(1), 67-98. doi:10.1017/S0272263111000507

Felser, C., Roberts, L., Marinis, T. & Gross, R. (2003). The processing of ambiguous sentences by first and second language learners of English. *Applied Psycholinguistics*, 24(3), 453-489. doi:10.1017/S0142716403000237

*Felser, C., Sato, M. & Bertenshaw, N. (2009). The on-line application of binding Principle

A in English as a second language. *Bilingualism: Language and Cognition*, 12(4), 485-502. doi:10.1017/S1366728909990228

Fender, M. (2003). English word recognition and word integration skills of native Arabic- and Japanese-speaking learners of English as a second language. *Applied Psycholinguistics*, 24(2), 289-315. doi:10.1017/S014271640300016X

Feng, G. (2006). Eye movements as time-series random variables: A stochastic model of eye movement control in reading. *Cognitive Systems Research*, 7(1), 70-95. doi:10.1016/j.cogsys.2005.07.004

Feng, G., Miller, K., Shu, H. & Zhang, H. (2009). Orthography and the development of reading processes: An eye-movement study of Chinese and English. *Child Development*, 80(3), 720-735. doi:10.1111/j.1467-8624.2009.01293.x

Ferreira, F. & Clifton, J. R. (1986). The independence of syntactic processing. *Journal of Memory and Language*, 25, 348-368. doi:10.1016/0749-596X(86)90006-9

Ferreira, F., Foucart, A. & Engelhardt, P. E. (2013). Language processing in the visual world: Effects of preview, visual complexity, and prediction. *Journal of Memory and Language*, 69(3), 165-182. doi:10.1016/j.jml.2013.06.001

Ferreira, F. & Henderson, J. M. (1990). Use of verb information in syntactic parsing: Evidence from eye movements and word-by-word self-paced reading. *Journal of Experimental Psychology: Learning, Memory, and Cognition*, 16(4), 555-568. doi:10.1037/0278-7393.16.4.555

Field, A. (2018). *Discovering statistics using IBM SPSS statistics* (5th ed.). London, UK: Sage.

Findlay, J. M. (2004). Eye scanning and visual search. In J. M. Henderson & F. Ferreira (Eds.), *The interface of language, vision, and action: Eye movements and the visual world* (pp.135-160). Chicago, IL: Psychology Press.

Findlay, J. M. & Gilchrist, I. D. (2003). *Active vision: The psychology of looking and seeing*. Oxford, UK: Oxford University Press.

*Flecken, M. (2011). Event conceptualization by early Dutch-German bilinguals: Insights from linguistic and eye-tracking data. *Bilingualism: Language and Cognition*, 14(1), 61-77. doi:10.1017/S1366728910000027

*Flecken, M., Carroll, M., Weimar, K. & Von Stutterheim, C. (2015). Driving along the road or heading for the village? Conceptual differences underlying motion event encoding in French, German, and French-German L2 users. *The Modern Language Journal*, 99(S1), 100-122. doi:10.1111/modl.12181

Fodor, J. A. (1983). *The modularity of mind: An essay on faculty psychology*. Cambridge, MA: The MIT Press.

Forster, K. I. (1970). Visual perception of rapidly presented word sequences of varying complexity. *Perception and Psychophysics*, 8(4), 215-221. doi:10.3758/BF03210208

Foucart, A. & Frenck-Mestre, C. (2012). Can late L2 learners acquire new grammatical features? Evidence from ERPs and eye-tracking. *Journal of Memory and Language*, 66

(1), 226-248. doi:10.1016/j.jml.2011.07.007

Fox, M. C., Ericsson, K. A. & Best, R. (2011). Do procedures for verbal reporting of thinking have to be reactive? A meta-analysis and recommendations for best reporting methods. *Psychological Bulletin*, 137(2), 316-344. doi:10.1037/a0021663

Fraser, C. A. (1999). Lexical processing strategy use and vocabulary learning through reading. *Studies in Second Language Acquisition*, 21(2), 225-241. doi:10.1017/S0272263199002041

Frazier, L. (1987). Sentence processing: A tutorial review. In M. Coltheart (Ed.), *Attention and performance XII. The psychology of reading* (Vol. XII, pp.559-586). Hillsdale, NJ: Laurence Erlbaum Associates. Retrieved from http://cnbc.cmu.edu/~plaut/IntroPDP/papers/Frazier87.sentProcRev.pdf

Frenck-Mestre, C. (2005). Eye-movement recording as a tool for studying syntactic processing in a second language: A review of methodologies and experimental findings. *Second Language Research*, 21(2), 175-198. doi:10.1191/0267658305sr257oa

Friston, K. (2010). The free-energy principle: A unified brain theory? *Nature Reviews Neuroscience*, 11(2), 127-138. doi:10.1038/nrn2787

Fukkink, R. G. (2005). Deriving word meaning from written context: A process analysis. *Learning and Instruction*, 15(1), 23-43. doi:10.1016/j.learninstruc.2004.12.002

Gánem-Gutiérrez, G. A. & Gilmore, A. (2018). Tracking the real-time evolution of a writing event: Second language writers at different proficiency levels. *Language Learning*, 68(2), 469-506. doi:10.1111/lang.12280

Gass, S. M. (1997). *Input, interaction, and the second language learner*. Mahwah, NJ: Lawrence Erlbaum Associates.

Gass, S. M. & Mackey, A. (2017). *Stimulated recall methodology in applied linguistics and L2 research* (2nd ed.). New York: Routledge.

Gelman, A. & Hill, J. (2007). *Data analysis using regression and hierarchical/multilevel models*. Cambridge, MA: Cambridge University Press.

Gilchrist, I. D. (2011). Saccades. In S. P. Liversedge, I. D. Gilchrist & S. Everling (Eds.), *The Oxford handbook of eye movements* (pp.85-94). Oxford, UK: Oxford University Press. doi:10.1093/oxfordhb/9780199539789.013.0005

Godfroid, A. (2010). Cognitive processes in Second Language Acquisition: The role of noticing, attention and awareness in processing words in written L2 input (Unpublished doctoral dissertation). University of Brussels, Belgium.

Godfroid, A. (2012). Eye tracking. In P. Robinson (Ed.), *Routledge encyclopedia of second language acquisition* (pp.234-236). New York: Routledge.

Godfroid, A. (2016). The effects of implicit instruction on implicit and explicit knowledge development. *Studies in Second Language Acquisition*, 38(2), 177-215. doi:10.1017/S0272263115000388

Godfroid, A. (2019). Investigating instructed second language acquisition using L2 learners' eye-tracking data. In R. P. Leow (Ed.), *The Routledge handbook of second language research in classroom learning* (pp.44-57). New York: Routledge.

Godfroid, A. (in press). Implicit and explicit learning and knowledge. In H. Mohebbi & C. Coombe (Eds.), *Research questions in language education and applied linguistics*. Springer.

* Godfroid, A., Ahn, J., Choi, I., Ballard, L., Cui, Y., Johnston, S., ... Yoon, H.-J. (2018). Incidental vocabulary learning in a natural reading context: An eye-tracking study. *Bilingualism: Language and Cognition*, 21(3), 563-584. doi:10.1017/S1366728917000219

Godfroid, A., Ahn, J., Rebuschat, P. & Dienes, Z. (in preparation). Development of explicit knowledge from artificial language learning: Evidence from eye movements.

* Godfroid, A., Boers, F. & Housen, A. (2013). An eye for words: Gauging the role of attention in incidental L2 vocabulary acquisition by means of eye-tracking. *Studies in Second Language Acquisition*, 35(3), 483-517. doi:10.1017/S0272263113000119

* Godfroid, A., Loewen, S., Jung, S., Park, J.-H., Gass, S. & Ellis, R. (2015). Timed and untimed grammaticality judgments measure distinct types of knowledge: Evidence from eye-movement patterns. *Studies in Second Language Acquisition*, 37(2), 269-297. doi: 10.1017/S0272263114000850

Godfroid, A. & Schmidtke, J. (2013). What do eye movements tell us about awareness? A triangulation of eye-movement data, verbal reports, and vocabulary learning scores. In J. Bergsleithner, S. Frota & J. K. Yoshioka (Eds.), *Noticing and second language acquisition: Studies in honor of Richard Schmidt* (pp. 183 - 205). Honolulu, HI: University of Hawai'i, National Foreign Language Resource Center. Retrieved from http://sls.msu.edu/files/5213/8229/7769/Godfroid__Schmidtke_2013.pdf

* Godfroid, A. & Spino, L. A. (2015). Reconceptualizing reactivity of think-alouds and eye tracking: Absence of evidence is not evidence of absence. *Language Learning*, 65(4), 896-928. doi:10.1111/lang.12136

Godfroid, A. & Uggen, M. S. (2013). Attention to irregular verbs by beginning learners of German. *Studies in Second Language Acquisition*, 35(2), 291 - 322. doi: 10.1017/S0272263112000897

Godfroid, A. & Winke, P. M. (2015). Investigating implicit and explicit processing using L2 learners' eye-movement data. In P. Rebuschat (Ed.), *Implicit and explicit learning of languages* (pp.325-348). Amsterdam, the Netherlands: John Benjamins.

Goo, J. (2010). Working memory and reactivity. *Language Learning*, 60(4), 712-752. doi: 10.1111/j.1467-9922.2010.00573.x

Gough, P. B. (1972). One second of reading. *Visible Language*, 6(4), 291-320.

Green, A. (1998). *Verbal protocol analysis in language testing research: A handbook*. New York: Cambridge University Press.

Green, P. & MacLeod, C. J. (2016). SIMR: An R package for power analysis of generalized linear mixed models by simulation. *Methods in Ecology and Evolution*, 7(4), 493-498. doi:10.1111/2041-210X.12504

Green, P., MacLeod, C. J. & Alday, P. (2016). Package 'simr', Available at: https://cran.r-project.org/web/packages/simr/simr.pdf.

Gries, S. Th. (2013). *Statistics for linguistics with R* (2nd ed.). Berlin, Germany: Walter de Gruyter.

Gries, S. Th. (2015). The most under-used statistical method in corpus linguistics: Multi-level (and mixed-effects) models. *Corpora*, 10(1), 95-125. doi:10.3366/cor.2015.0068

Griffin, Z. M. & Bock, K. (2000). What the eyes say about speaking. *Psychological Science*, 11(4), 274-279. doi:10.1111/1467-9280.00255

Grosbras, M. H., Laird, A. R. & Paus, T. (2005). Cortical regions involved in eye movements, shifts of attention, and gaze perception. *Human Brain Mapping*, 25(1), 140-154. doi:10.1002/hbm.20145

* Grüter, T., Lew-Williams, C. & Fernald, A. (2012). Grammatical gender in L2: A production or a real-time processing problem? *Second Language Research*, 28(2), 191-215. doi:10.1177/0267658312437990

Grüter, T., Rohde, H. & Schafer, A. J. (2014). The role of discourse-level expectations in non-native speakers' referential choices. In W. Orman & M. J. Valleau (Eds.), *Proceedings of the 38th annual Boston university conference on language development* (pp.179-191) Somerville, MA: Cascadilla Press. Retrieved from https://par.nsf.gov/servlets/purl/10028988

Grüter, T., Rohde, H. & Schafer, A. J. (2017). Coreference and discourse coherence in L2: The roles of grammatical aspect and referential form. *Linguistic Approaches to Bilingualism*, 7(2), 199-229. doi:10.1075/lab.15011.gru

Guan, C. Q., Liu, Y., Chan, D. H. L., Ye, F. & Perfetti, C. A. (2011). Writing strengthens orthography and alphabetic-coding strengthens phonology in learning to read Chinese. *Journal of Educational Psychology*, 103(3), 509-522. https://psycnet.apa.org/doi/10.1037/a0023730

Gullberg, M. & Holmqvist, K. (1999). Keeping an eye on gestures: Visual perception of gestures in face-to-face communication. *Pragmatics & Cognition*, 7(1), 35-63. doi:10.1075/pc.7.1.04gul

Gullberg, M. & Holmqvist, K. (2006). What speakers do and what addressees look at: Visual attention to gestures in human interaction live and on video. *Pragmatics & Cognition*, 14(1), 53-82. doi:10.1075/pc.14.1.05gul

Hafed, Z. M. & Krauzlis, R. J. (2010). Microsaccadic suppression of visual bursts in the primate superior colliculus. *Journal of Neuroscience*, 30(28), 9542-9547. doi:10.1523/JNEUROSCI.1137-10.2010

Häikiö, T., Bertram, R., Hyönä, J. & Niemi, P. (2009). Development of the letter identity span in reading: Evidence from the eye movement moving window paradigm. *Journal of Experimental Child Psychology*, 102(2), 167-181. doi:10.1016/j.jecp.2008.04.002

Hair, J. F., Black, W. C., Babin, B. J. & Anderson, R. E. (2010). *Multivariate data analysis* (7th ed.). Hoboken, NJ: Pearson Education Inc.

Hama, M. & Leow, R. P. (2010). Learning without awareness revisited. Extending Williams (2005). *Studies in Second Language Acquisition*, 32, 465-491.doi:10.1017/S0272263110000045

Hattie, J. (1992). Measuring the effects of schooling. *Australian Journal of Education*, 36(1), 5-13. doi:10.1177/000494419203600102

Havik, E., Roberts, L., van Hout, R., Schreuder, R. & Haverkort, M. (2009). Processing subject-object ambiguities in the L2: A self-paced reading study with German L2 learners of Dutch. *Language Learning*, 59(1), 73-112. doi:10.1111/j.1467-9922.2009.00501.x

Hayes, T. R. & Henderson, J. M. (2017). Scan patterns during real-world scene viewing predict individual differences in cognitive capacity. *Journal of Vision*, 17(5), 23, 1-17. doi:10.1167/17.5.23

He, X. & Li, W. (2018, March). Working memory, inhibitory control, and learning L2 grammar with input-output activities: Evidence from eye movements. Paper to the Annual Meeting of the American Association of Applied Linguistics, Chicago, IL.

Henderson, J. M. & Ferreira, F. (1990). Effects of foveal processing difficulty on the perceptual span in reading: Implications for attention and eye movement control. *Journal of Experimental Psychology: Learning, Memory, and Cognition*, 16(3), 417-429. https://psycnet.apa.org/doi/10.1037/0278-7393.16.3.417

Henderson, J. M. & Ferreira, F. (2004). Scene perception for psycholinguists. In J. M. Henderson & F. Ferreira (Eds.), *The interface of language, vision, and action: Eye movements and the visual world* (pp.1-58). New York: Psychology Press.

Henderson, J. M. & Hollingworth, A. (1999). High-level scene perception. *Annual Review of Psychology*, 50(1), 243-271. doi.org/10.1146/annurev.psych.50.1.243

Henderson, J. M. & Luke, S. G. (2014). Stable individual differences in saccadic eye movements during reading, pseudoreading, scene viewing, and scene search. *Journal of Experimental Psychology: Human Perception and Performance*, 40(4), 1390-1400. doi:10.1037/a0036330

Hering, C. (1879). *Condensed materia medica* (2nd ed.). New York: Boericke & Tafel.

Hilbe, J. M. (2007). *Negative binomial regression*. Cambridge, MA: Cambridge University Press.

Hintz, F., Meyer, A. S. & Huettig, F. (2017). Predictors of verb-mediated anticipatory eye movements in the visual world. *Journal of Experimental Psychology: Learning, Memory, and Cognition*, 43(9), 1352-1374. doi:10.1037/xlm0000388

Hirotani, M., Frazier, L. & Rayner, K. (2006). Punctuation and intonation effects on clause and sentence wrap-up: Evidence from eye movements. *Journal of Memory and Language*, 54(2), 425-443. doi:10.1016/j.jml.2005.12.001

Holmqvist, K., Nyström, M., Andersson, R., Dewhurst, R., Halszka, J. & van de Weijer, J. (2011). *Eye tracking: A comprehensive guide to methods and measures*. Oxford, UK: Oxford University Press.

Holmqvist, K. & Zemblys, R. (2016, June). Common predictors of accuracy, precision and data loss in eye-trackers. Paper presented at the 7th Scandinavian Workshop on Applied Eye Tracking, Turku, Finland.

Holmqvist, K., Zemblys, R., Dixon, D. C., Mulvey, F. B., Borah, J. & Pelz, J. B. (2015,

August). The effect of sample selection methods on data quality measures and on predictors for data quality. Paper presented at the 18th European Conference on Eye Movements, Vienna, Austria.

Holšánová, J. (2008). *Discourse, vision, and cognition*. Amsterdam, the Netherlands: Benjamins. Retrieved from http://ezproxy. lib. utexas. edu/login? url = http://search. ebscohost.com/login.aspx?direct=true&db=psyh&AN=2008-00802-000&site=ehost-live

Hopp, H. (2009). The syntax - discourse interface in near-native L2 acquisition: Off-line and on-line performance. *Bilingualism: Language and Cognition*, 12(4), 463-483. doi:10.1017/S1366728909990253

*Hopp, H. (2013). Grammatical gender in adult L2 acquisition: Relations between lexical and syntactic variability. *Second Language Research*, 29(1), 33-56. doi:10.1177/0267658312461803

Hopp, H. (2014). Working memory effects in the L2 processing of ambiguous relative clauses. *Language Acquisition*, 21(3), 250-278. doi:10.1080/10489223.2014.892943

Hopp, H. (2015). Semantics and morphosyntax in predictive L2 sentence processing. *International Review of Applied Linguistics in Language Teaching*, 53(3), 277-306. doi:10.1515/iral-2015-0014

*Hopp, H. (2016). Learning (not) to predict: Grammatical gender processing in second language acquisition. *Second Language Research*, 32(2), 277-307. doi:10.1177/0267658315624960

*Hopp, H. & Lemmerth, N. (2018). Lexical and syntactic congruency in L2 predictive gender processing. *Studies in Second Language Acquisition*, 40(1), 171-199. doi:10.1017/S0272263116000437000437

*Hopp, H. & León Arriaga, M. E. (2016). Structural and inherent case in the non-native processing of Spanish: Constraints on inflectional variability. *Second Language Research*, 32(1), 75-108. doi:10.1177/0267658315605872

Hosseini, K. (2007). *A thousand splendid suns*. New York: Riverhead Books.

*Hoversten, L. J. & Traxler, M. J. (2016). A time course analysis of interlingual homograph processing: Evidence from eye movements. *Bilingualism: Language and Cognition*, 19(2), 347-360. doi:10.1017/S1366728915000115

Huettig, F. (2015). Four central questions about prediction in language processing. *Brain Research*, 1626, 118-135. doi:10.1016/j.brainres.2015.02.014

Huettig, F. & Altmann, G. T. M. (2004). The online processing of ambiguous and unambiguous words in context: Evidence from head-mounted eye-tracking. In M. Carreiras & C. Clifton Jr. (Eds.), *The on-line study of sentence comprehension: Eyetracking, ERP and beyond* (pp.187-208). New York: Psychology Press.

Huettig, F. & Altmann, G. T. M. (2005). Word meaning and the control of eye fixation: semantic competitor effects and the visual world paradigm. *Cognition*, 96(1), B23-B32. doi:10.1016/j.cognition.2004.10.003

Huettig, F. & Altmann, G. T. M. (2011). Looking at anything that is green when hearing "frog": How object surface colour and stored object colour knowledge influence language-mediated overt attention. *Quarterly Journal of Experimental Psychology*, 64(1), 122-145. doi:10.1080/17470218.2010.481474

Huettig, F. & McQueen, J. M. (2007). The tug of war between phonological, semantic and shape information in language-mediated visual search. *Journal of Memory and Language*, 57(4), 460-482. doi:10.1016/j.jml.2007.02.001

Huettig, F., Rommers, J. & Meyers, A. S. (2011). Using the visual word paradigm to study language processing: A review and critical evaluation. *Acta Psychologica*, 137, 151-171. doi:10.1016/j.actpsy.2010.11.003

Huey, E. B. (1908). *The psychology and pedagogy of reading*. New York: Macmillan.

Hutzler, F., Braun, M., Võ, M. L.-H., Engl, V., Hofmann, M., Dambacher, M., ... Jacobs, A. M. (2007). Welcome to the real world: Validating fixation-related brain potentials for ecologically valid settings. *Brain Research*, 1172, 124-129. doi:10.1016/j.brainres.2007.07.025

Hyönä, J., Lorch, R. F. & Kaakinen, J. K. (2002). Individual differences in reading to summarize expository text: Evidence from eye fixation patterns. *Journal of Educational Psychology*, 94(1), 44-55. https://psycnet.apa.org/doi/10.1037/0022-0663.94.1.44

Hyönä, J. & Nurminen, A. M. (2006). Do adult readers know how they read? Evidence from eye movement patterns and verbal reports. *British Journal of Psychology*, 97(1), 31-50. doi:10.1348/000712605X53678

Ikeda, M. & Saida, S. (1978). Span of recognition in reading. *Vision Research*, 18(1), 83-88. doi:10.1016/0042-6989(78)90080-9

*Indrarathne, B. & Kormos, J. (2017). Attentional processing of input in explicit and implicit conditions: An eye-tracking study. *Studies in Second Language Acquisition*, 39(3), 401-430. doi:10.1017/S027226311600019X

*Indrarathne, B. & Kormos, J. (2018). The role of working memory in processing L2 input: Insights from eye-tracking. *Bilingualism: Language and Cognition*, 21(2), 355-374. doi:10.1017/S1366728917000098

Inhoff, A.W. & Radach, R. (1998). Definition and computation of oculomotor measures in the study of cognitive processes. In G. Underwood (Ed.), *Eye guidance in reading and scene perception* (pp.29-53). New York: Elsevier. doi:10.1016/B978-008043361-5/50003-1

Irwin, D. E. (1998). Lexical processing during saccadic eye movements. *Cognitive Psychology*, 36(1), 1-27. doi:10.1006/cogp.1998.0682

Issa, B. & Morgan-Short, K. (2019). Effects of external and internal attentional manipulations on second language grammar development: An eye-tracking study. *Studies in Second Language Acquisition*, 41(2), 389-417. doi:10.1017/S027226311800013X

Issa, B., Morgan-Short, K., Villegas, B. & Raney, G. (2015). An eye-tracking study on the role of attention and its relationship with motivation. *EuroSLA Yearbook*, 15, 114-142. doi:10.1075/eurosla.15.05iss

*Ito, A., Corley, M. & Pickering, M. J. (2018). A cognitive load delays predictive eye

movements similarly during L1 and L2 comprehension. *Bilingualism: Language and Cognition*, 21(2), 251-264. doi:10.1017/S1366728917000050
Ito, K. & Speer, S. R. (2008). Anticipatory effects of intonation: Eye movements during instructed visual search. *Journal of Memory and Language*, 58(2), 541-573. doi:10.1016/j.jml.2007.06.013
Izumi, S., Bigelow, M., Fujiwara, M. & Fearnow, S. (1999). Testing the output hypothesis: Effects of output on noticing and second language acquisition. *Studies in Second Language Acquisition*, 21(3), 421-452. doi:10.1017/S0272263199003034
Izumi, S. & Bigelow, M. (2000). Does output promote noticing and second language acquisition? *TESOL Quarterly*, 34(2), 239-278. doi:10.2307/3587952
Jackson, C. N. & Bobb, S. C. (2009). The processing and comprehension of wh-questions among second language speakers of German. *Applied Psycholinguistics*, 30(4), 603-636. doi:10.1017/S014271640999004X
Jacobs, A. M. (2000). Five questions about cognitive models and some answers from three models of reading. In A. Kennedy, R. Radach, D. Heller & J. Pynte (Eds.), *Reading as a perceptual process* (pp.721-732). Oxford, UK: Elsevier.
Jacobson, E. (1930). Electrical measurements of neuromuscular states during mental activities: 1. Imagination of movement involving skeletal muscle. *American Journal of Physiology*, 95, 567-608. doi:10.1152/ajplegacy.1930.91.2.567
Jaeger, T. F. (2008). Categorical data analysis: Away from ANOVAs (transformation or not) and towards logit mixed models. *Journal of Memory and Language*, 59(4), 434-446. doi:10.1016/j.jml.2007.11.007
Jegerski, J. (2014). Self-paced reading. In J. Jegerski & B. VanPatten (Eds.), *Research methods in second language psycholinguistics* (pp.20-49). London, UK: Taylor & Francis.
Jeon, E. H. (2015). Multiple regression. In L. Plonsky (Ed.), *Advancing quantitative methods in second language research* (pp.131-158). New York: Routledge.
Jiang, N. (2012). *Conducting reaction time research in second language research*. London, UK: Routledge. doi:10.4324/9780203146255
John Hopkins Medicine. (2014). Fast eye movements: A possible indicator of more impulsive decision-making. Retrieved from https://www.hopkinsmedicine.org/news/media/releases/fast_eye_movements_a_possible_indicator_of_more_impulsive_decision_making
Jordan, T. R., Almabruk, A. A. A., Gadalla, E. A., McGowan, V. A., White, S. J., Abedipour, L. & Paterson, K. B. (2014). Reading direction and the central perceptual span: Evidence from Arabic and English. *Psychonomic Bulletin & Review*, 21(2), 505-511. doi:10.3758/s13423-013-0510-4
Joseph, H. S. S. L., Wonnacott, E., Forbes, P. & Nation, K. (2014). Becoming a written word: Eye movements reveal order of acquisition effects following incidental exposure to new words during silent reading. *Cognition*, 133(1), 238-248. doi:10.1016/j.cognition.2014.06.015

Ju, M. & Luce, P. A. (2004). Falling on sensitive ears. Constraints on bilingual lexical activation. *Psychological Science*, 15(5), 314–318. doi:10.1111/j.0956-7976.2004.00675.x

Ju, M. & Luce, P. A. (2006). Representational specificity of within-category phonetic variation in the long-term mental lexicon. *Journal of Experimental Psychology: Human Perception and Performance*, 32(1), 120–138. doi:10.1037/0096-1523.32.1.120

Juffs, A. & Rodríguez, G. A. (2015). *Second language sentence processing*. New York: Routledge.

Juhasz, B. J. (2008). The processing of compound words in English: Effects of word length on eye movements during reading. *Language and Cognitive Processes*, 23(7–8), 1057–1088. doi:10.1080/01690960802144434

Juhasz, B. J. & Rayner, K. (2003). Investigating the effects of a set of intercorrelated variables on eye fixation durations in reading. *Journal of Experimental Psychology: Learning, Memory, and Cognition*, 29(6), 1312–1318. doi:10.1037/0278-7393.29.6.1312

Juhasz, B. J. & Rayner, K. (2006). The role of age of acquisition and word frequency in reading: Evidence from eye fixation durations. *Visual Cognition*, 13(7–8), 846–863. doi:10.1080/13506280544000075

Just, M. A. & Carpenter, P. A. (1980). A theory of reading: From eye fixations to comprehension. *Psychological Review*, 87(4), 329–354. https://psycnet.apa.org/doi/10.1037/0033-295X.87.4.329

Just, M. A., Carpenter, P. A. & Woolley, J. D. (1982). Paradigms and processes in reading comprehension. *Journal of Experimental Psychology: General*, 111(2), 228–238. doi:10.1037/0096-3445.111.2.228

Kaakinen, J. K. & Hyönä, J. (2005). Perspective effects on expository text comprehension: Evidence from think-aloud protocols, eyetracking, and recall. *Discourse Processes*, 40(3), 239–257. doi:10.1207/s15326950dp4003_4

Kaan, E. (2014). Predictive sentence processing in L2 and L1. *Linguistic Approaches to Bilingualism*, 4(2), 257–282. doi:10.1075/lab.4.2.05kaa

Kamide, Y., Altmann, G. T. M. & Haywood, S. L. (2003). The time-course of prediction in incremental sentence processing: Evidence from anticipatory eye movements. *Journal of Memory and Language*, 49(1), 133–156. doi:10.1016/S0749-596X(03)00023-8

*Kaushanskaya, M. & Marian, V. (2007). Bilingual language processing and interference in bilinguals: Evidence from eye tracking and picture naming. *Language Learning*, 57(1), 119–163. doi:10.1111/j.1467-9922.2007.00401.x

*Keating, G. D. (2009). Sensitivity to violations of gender agreement in native and nonnative Spanish: An eye-movement investigation. *Language Learning*, 59(3), 503–535. doi:10.1111/j.1467-9922.2009.00516.x

Keating, G. D. (2014). Eye-tracking with text. In J. Jegerski & B. VanPatten (Eds.), *Research methods in second language psycholinguistics* (pp.69–92). London, UK: Taylor & Francis.

Keating, G. D. & Jegerski, J. (2015). Experimental designs in sentence processing. *Studies in Second Language Acquisition*, 37(1), 1-32. doi:10.1017/S0272263114000187

Kennedy, A. & Pynte, J. (2005). Parafoveal-on-foveal effects in normal reading. *Vision Research*, 45(2), 153-168. doi:10.1016/j.visres.2004.07.037

Kennedy, A., Pynte, J. & Ducrot, S. (2002). Parafoveal-on-foveal interactions in word recognition. *The Quarterly Journal of Experimental Psychology*, 55(4), 1307-1337. doi:10.1080/02724980244000071

Kerlinger, F. N. & Lee, H. B. (2000). *Foundations of behavioral research*. Orlando, FL: Harcourt College Publishers.

Khalifa, H. & Weir, C. J. (2009). *Examining reading: Research and practice in assessing second language reading*. Cambridge, MA: Cambridge University Press.

* Kim, E., Montrul, S. & Yoon, J. (2015). The on-line processing of binding principles in second language acquisition: Evidence from eye tracking. *Applied Psycholinguistics*, 36(6), 1317-1374. doi:10.1017/S0142716414000307

Kliegl, R., Dambacher, M., Dimigen, O. & Sommer, W. (2014). Oculomotor control, brain potentials, and timelines of word recognition during natural reading. In M. Horsley, M. Eliot, B. A. Knight & R. Reilly (Eds.), *Current trends in eye tracking research* (pp.141-155). Springer. doi:10.1007/978-3-319-02868-2_10

Kliegl, R., Grabner, E., Rolfs, M. & Engbert, R. (2004). Length, frequency, and predictability effects of words on eye movements in reading. *European Journal of Cognitive Psychology*, 16(1-2), 262-284. doi:10.1080/09541440340000213

Kliegl, R., Nuthmann, A. & Engbert, R. (2006). Tracking the mind during reading: The influence of past, present, and future words on fixation durations. *Journal of Experimental Psychology: General*, 135(1), 12-35. doi:10.1037/0096-3445.135.1.12

* Kohlstedt, T. & Mani, N. (2018). The influence of increasing discourse context on L1 and L2 spoken language processing. *Bilingualism: Language and Cognition*, 21(1), 121-136. doi:10.1017/S1366728916001139

Kohsom, C. & Gobet, F. (1997). Adding spaces to Thai and English: Effects on reading. In L. R. Gleitman & A. K. Joshi (Eds.), *Proceedings of the twenty-second annual conference of the Cognitive Science Society* (pp.388-393). Mahwah, NJ: Lawrence Erlbaum Associates. Retrieved from https://mindmodeling.org/cogscihistorical/cogsci_22.pdf

Krauzlis, R. J. (2013). Eye movements. In L. R. Squire, D. Berg, F. E. Bloom, S. du Lac, A. Ghosh & N. C. Spitzer (Eds.) *Fundamental Neuroscience* (4th ed., pp.697-714). Waltham, MA: Elsevier.

Kretzschmar, F., Bornkessel-Schlesewsky, I. & Schlesewsky, M. (2009). Parafoveal versus foveal N400s dissociate spreading activation from contextual fit. *NeuroReport*, 20(18), 1613-1618. doi:10.1097/WNR.0b013e328332c4f4

Kreysa, H. & Pickering, M. J. (2011). Eye movements in dialogue. In S. P. Liversedge, I. D. Gilchrist & S. Everling (Eds.), *The Oxford handbook of eye movements* (pp.943-959).

Oxford, UK: Oxford University Press.

Kroll, J. F. & Bialystok, E. (2013). Understanding the consequences of bilingualism for language processing and cognition. *Journal of Cognitive Psychology*, 25(5), 497–514. doi:10.1080/20445911.2013.799170

Kroll, J. F., Dussias, P. E., Bice, K. & Perrotti, L. (2015). Bilingualism, mind, and brain. *Annual Review of Linguistics*, 1(1), 377–394. doi:10.1146/annurev-linguist-030514-124937

Kroll, J. F. & Ma, F. (2017). The bilingual lexicon. In E. M. Fernández & H. S. Cairns (Eds.), *The handbook of psycholinguistics* (pp.294–319). Hoboken, NJ: Wiley.

Kühberger, A., Fritz, A. & Scherndl, T. (2014). Publication bias in psychology: A diagnosis based on the correlation between effect size and sample size. *PLoS ONE*, 9(9), e105825. doi:10.1371/journal.pone.0105825

Kuperberg, G. R. & Jaeger, T. F. (2016). What do we mean by prediction in language comprehension? *Language, Cognition and Neuroscience*, 31(1), 32–59. doi:10.1080/23273798.2015.1102299

Kuperman, V. & Van Dyke, J. A. (2011). Effects of individual differences in verbal skills on eye-movement patterns during sentence reading. *Journal of Memory and Language*, 65(1), 42–73. doi:10.1016/j.jml.2011.03.002

Kurtzman, H. S., Crawford, L. F. & Nychis-Florence, C. (1991). Locating Wh-traces. In R. C. Berwick, S. P. Abney & C. Tenny (Eds.), *Principle-based parsing* (pp.347–382). Dordrecht, the Netherlands: Springer. doi:10.1007/978-94-011-3474-3_13

Kutner, M. H., Nachtsheim, C. J., Neter, J. & Li, W. (2005). *Applied linear statistical models* (5th ed.). Irwin, NY: McGraw-Hill.

Lachaud, C. M. & Renaud, O. (2011). A tutorial for analyzing human reaction times: How to filter data, manage missing values, and choose a statistical model. *Applied Psycholinguistics*, 32(2), 389–416. doi:10.1017/S0142716410000457

Lagrou, E., Hartsuiker, R. J. & Duyck, W. (2013). The influence of sentence context and accented speech on lexical access in second-language auditory word recognition. *Bilingualism: Language and Cognition*, 16(3), 508–517. doi:10.1017/S1366728912000508

Lamare, M. (1892). Des mouvements des yeux dans la lecture. *Bulletins et Mémoires de la Société Française d'Ophthalmologie*, 10, 354–364.

Larsen-Freeman, D. & Long, M. H. (1991). *An introduction to second language acquisition research*. New York: Routledge.

Larson-Hall, J. (2016). *A guide to doing statistics in second language research using SPSS and R*. New York: Routledge.

Larson-Hall, J. (2017). Moving beyond the bar plot and the line graph to create informative and attractive graphics. *The Modern Language Journal*, 101(1), 244–270. doi:10.1111/modl.12386

Lau, E. & Grüter, T. (2015). Real-time processing of classifier information by L2 speakers of Chinese. In E. Grillo & K. Jepson (Eds.), *Proceedings of the 39th Annual Boston*

University Conference on language development (pp. 311 – 323). Somerville, MA: Cascadilla Press.

Lee, C. H. & Kalyuga, S. (2011). Effectiveness of different pinyin presentation formats in learning Chinese characters: A cognitive load perspective. *Language Learning*, 61(4), 1099-1118. doi:10.1111/j.1467-9922.2011.00666.x

*Lee, S. & Winke, P. (2018). Young learners' response processes when taking computerized tasks for speaking assessment. *Language Testing*, 35(2), 239 – 269. doi: 10.1177/0265532217704009

Leeser, M. J., Brandl, A. & Weissglass, C. (2011). Task effects in second language sentence processing research. In P. Trofimovich & K. McDonough (Eds.), *Applying priming methods to L2 learning, teaching, and research: Insights from psycholinguistics* (pp.179-198). Amsterdam, the Netherlands: John Benjamins.

Legge, G. E. & Bigelow, C. A. (2011). Does print size matter for reading? A review of findings from vision science and typography. *Journal of Vision*, 11(5), 8, 1-22. doi:10.1167/11.5.8

Legge, G. E., Klitz, T. S. & Tjan, B. S. (1997). Mr. Chips: An ideal-observer model of reading. *Psychological Review*, 104(3), 524-553. doi:10.1037/0033-295X.104.3.524

Leow, R. P. (1997). Attention, awareness, and foreign language behavior. *Language Learning*, 47(3), 467-505. doi:10.1111/0023-8333.00017

Leow, R. P. (1998). Toward operationalizing the process of attention in SLA: Evidence for Tomlin and Villa's (1994) fine grained analysis of attention. *Applied Psycholinguistics*, 19(1), 133-159. doi:10.1017/S0142716400010626

Leow, R. P. (2000). A study of the role of awareness in foreign language behavior. *Studies in Second Language Acquisition*, 22(4), 557-584. doi:10.1017/S0272263100004046

Leow, R. P. (2015). *Explicit learning in the L2 classroom: A student-centered approach*. New York: Routledge.

Leow, R. P., Grey, S., Marijuan, S. & Moorman, C. (2014). Concurrent data elicitation procedures, processes, and the early stages of L2 learning: A critical overview. *Second Language Research*, 30(2), 111-127. doi:10.1177/0267658313511979

Leow, R. P., Hsieh, H.-C. & Moreno, N. (2008). Attention to form and meaning revisited. *Language Learning*, 58(3), 665-695. doi:10.1111/j.1467-9922.2008.00453.x

Leow, R. P. & Morgan-Short, K. (2004). To think aloud or not to think aloud: The issue of reactivity in SLA research methodology. *Studies in Second Language Acquisition*, 26(1), 35-57. doi:10.1017/S0272263104261022

Lettvin, J. Y., Maturana, H. R., MsCulloch, W. S. & Pitts, W. H. (1968). What the frog's eye tells the frog's brain. In W. C. Corning & M. Balaban (Eds.), *The mind: Biological approaches to its functions* (pp.233-258). London, UK: John Wiley and Sons Inc.

Leung, C. Y., Sugiura, M., Abe, D. & Yoshikawa, L. (2014). The perceptual span in second language reading: An eye-tracking study using a gaze-contingent moving window paradigm. *Open Journal of Modern Linguistics*, 4(5), 585 – 594. doi: 10.4236/ojml.

2014.45051

Leung, J. H. C. & Williams, J. N. (2011). The implicit learning of mappings between forms and contextually derived meanings. *Studies in Second Language Acquisition*, 33(1), 33–55. doi:10.1017/S0272263110000525

Levenshtein, V. I. (1966). Binary codes capable of correcting deletions, insertions and reversals. *Soviet Physics Doklady*, 10(8), 707–710.

Lew-Williams, C. & Fernald, A. (2007). Young children learning Spanish make rapid use of grammatical gender in spoken word recognition. *Psychological Science*, 18(3), 193–198. doi:10.1111/j.1467-9280.2007.01871.x

Lew-Williams, C. & Fernald, A. (2010). Real-time processing of gender-marked articles by native and non-native Spanish speakers. *Journal of Memory and Language*, 63(4), 447–464. doi:10.1016/j.jml.2010.07.003

Li, X., Liu, P. & Rayner, K. (2011). Eye movement guidance in Chinese reading: Is there a preferred viewing location? *Vision Research*, 51(10), 1146–1156. doi:10.1016/j.visres.2011.03.004

Liberman, A. M. (2005). How much more likely? The implications of odds ratios for probabilities. *American Journal of Evaluation*, 26(2), 253–266. doi:10.1177/1098214005275825

Lim, H. & Godfroid, A. (2015). Automatization in second language sentence processing: A partial, conceptual replication of Hulstijn, Van Gelderen, and Schoonen's 2009 study. *Applied Psycholinguistics*, 36(5), 1247–1282. doi:10.1017/S0142716414000137

Lim, J. H. & Christianson, K. (2013). Second language sentence processing in reading for comprehension and translation. *Bilingualism: Language and Cognition*, 16(3), 518–537. doi:10.1017/S1366728912000351

*Lim, J. H. & Christianson, K. (2015). Second language sensitivity to agreement errors: Evidence from eye movements during comprehension and translation. *Applied Psycholinguistics*, 36(6), 1283–1315. doi:10.1017/S0142716414000290

Linck, J. A. & Cunnings, I. (2015). The utility and application of mixed-effects models in second language research. *Language Learning*, 65(S1), 185–207. doi:10.1111/lang.12117

Lipsey, M. W. & Wilson, D. B. (1993). The efficacy of psychological, educational, and behavioral treatment: Confirmation from meta-analysis. *American Psychologist*, 48(12), 1181–1209. doi:10.1037/0003-066X.48.12.1181

Liu, Y., Wang, M. & Perfetti, C. A. (2007). Threshold-style processing of Chinese characters for adult second-language learners. *Memory and Cognition*, 35(3), 471–480. doi:10.3758/BF03193287

Liversedge, S. P. & Findlay, J. M. (2000). Saccadic eye movements and cognition. *Trends in Cognitive Sciences*, 4(1), 6–14. doi:10.1016/S1364-6613(99)01418-7

Liversedge, S. P., Gilchrist, I. & Everling, S. (2011). *The Oxford handbook of eye movements*. Oxford, UK: Oxford University Press.

Loewen, S. (2015). *Introduction to instructed second language acquisition*. New York: Routledge.

Lotto, L., Dell'Acqua, R. & Job, R. (2001). Le figure PD/DPSS. Misure di accordo sul nome, tipicità, familiarità, età di acquisizione e tempi di denominazione per 266 figure. *Giornale Italiano Di Psicologia*, 28(1), 193-210. doi:10.1421/337

Lowell, R. & Morris, R. K. (2014). Word length effects on novel words: Evidence from eye movements. *Attention, Perception & Psychophysics*, 76(1), 179-189. doi:10.3758/s13414-013-0556-4

Luck, S. J. (2014). *An introduction to the event-related potential technique* (2nd ed.). Cambridge, MA: The MIT Press.

Luke, S. G., Henderson, J. M. & Ferreira, F. (2015). Children's eye-movements during reading reflect the quality of lexical representations: An individual differences approach. *Journal of Experimental Psychology: Learning, Memory, and Cognition*, 41(6), 1675-1683. https://psycnet.apa.org/doi/10.1037/xlm0000133

Lupyan, G. (2016). The centrality of language in human cognition. *Language Learning*, 66(3), 516-553. doi:10.1111/lang.12155

MacDonald, M. C., Pearlmutter, N. J. & Seidenberg, M. S. (1994). The lexical nature of syntactic ambiguity resolution. *Psychological Review*, 101(4), 676-703. doi:10.1037/0033-295X.101.4.676

Mackey, A. & Gass, S. M. (2016). *Second language research: Methodology and research* (2nd ed.). Mahwah, NJ: Laurence Erlbaum Associates.

MacLeod, C. M. (1991). Half a century of research on the Stroop effect: An integrative review. *Psychological Bulletin*, 109(2), 163-203. doi:10.1037/0033-2909.109.2.163

*Marian, V. & Spivey, M. (2003a). Bilingual and monolingual processing of competing lexical items. *Applied Psycholinguistics*, 24(2), 173-193. doi:10.1017/S0142716403000092

*Marian, V. & Spivey, M. (2003b). Competing activation in bilingual language processing: Within- and between-language competition. *Bilingualism: Language and Cognition*, 6(2), 97-115. doi:10.1017/S1366728903001068

Marinis, T. (2010). Using on-line processing methods in language acquisition research. In E. Blom & S. Unsworth (Eds.), *Experimental methods in language acquisition research* (pp.139-162). New York: John Benjamins.

Marinis, T., Roberts, L., Felser, C. & Clahsen, H. (2005). Gaps in second language sentence processing. *Studies in Second Language Acquisition*, 27(1), 53-78. doi:10.1017/S0272263105050035

Marslen-Wilson, W. & Tyler, L. K. (1987). Against modularity. In J. L. Garfield (Ed.), *Modularity in knowledge representation and natural language understanding* (pp.37-62). Cambridge, MA: The MIT Press.

Martinez-Conde, S. & Macknik, S. L. (2007). Science in culture: Mind tricks. *Nature*, 448(7152), 414-414. doi:10.1038/448414a

Martinez-Conde, S. & Macknik, S. L. (2011). Microsaccades. In S. P. Liversedge, I.

Gilchrist & S. Everling (Eds.), *The Oxford handbook of eye movements* (pp.95-114). Oxford, UK: Oxford University Press. doi:10.1093/oxfordhb/9780199539789.013.0006

Matin, E. (1974). Saccadic suppression: A review and an analysis. *Psychological Bulletin*, 81(12), 899-917. doi:10.1037/h0037368

Matin, E., Shao, K. C. & Boff, K. R. (1993). Saccadic overhead: Information-processing time with and without saccades. *Perception and Psychophysics*, 53(4), 372-380. doi:10.3758/BF03206780

Matuschek, H., Kliegl, R., Vasishth, S., Baayen, H. & Bates, D. (2017). Balancing Type I error and power in linear mixed models. *Journal of Memory and Language*, 94, 305-315. doi:10.1016/j.jml.2017.01.001

McClelland, J. L. & Elman, J. L. (1986). The TRACE model of speech perception. *Cognitive Psychology*, 18(1), 1-86. doi:10.1016/0010-0285(86)90015-0

McClelland, J. L. & O'Regan, J. K. (1981). Expectations increase the benefit derived from parafoveal visual information in reading words aloud. *Journal of Experimental Psychology: Human Perception and Performance*, 7(3), 634-644. doi:10.1037/0096-1523.7.3.634

McConkie, G. W. & Rayner, K. (1975). The span of the effective stimulus during a fixation in reading. *Perception and Psychophysics*, 17(6), 578-586. doi:10.3758/BF03203972

McConkie, G. W. & Rayner, K. (1976a). Asymmetry of the perceptual span in reading. *Bulletin of the Psychonomic Society*, 8, 365-368. doi:10.3758/BF03335168

McConkie, G. W. & Rayner, K. (1976b). Identifying the span of the effective stimulus of reading: Literature review and theories of reading. In H. Singer & R. B. Ruddell (Eds.), *Theoretical models and processes in reading* (pp.137-162). Newark, DE: International Reading Association.

*McCray, G. & Brunfaut, T. (2018). Investigating the construct measured by banked gap-fill items: Evidence from eye-tracking. *Language Testing*, 35(1), 51-73. doi:10.1177/0265532216677105

McDonald, S. A. (2006). Parafoveal preview benefit in reading is only obtained from the saccade goal. *Vision Research*, 46(26), 4416-4424. doi:10.1016/j.visres.2006.08.027

McDonald, S. A., Carpenter, R. H. S. & Shillcock, R. C. (2005). An anatomically constrained, stochastic model of eye movement control in reading. *Psychological Review*, 112(4), 814-840. doi:10.1037/0033-295X.112.4.814

*McDonough, K., Crowther, D., Kielstra, P. & Trofimovich, P. (2015). Exploring the potential relationship between eye gaze and English L2 speakers' responses to recasts. *Second Language Research*, 31(4), 563-575. doi:10.1177%2F0267658315589656

*McDonough, K., Trofimovich, P., Dao, P. & Dion, A. (2017). Eye gaze and production accuracy predict English L2 speakers' morphosyntactic learning. *Studies in Second Language Acquisition*, 39(4), 851-868. doi:10.1017/S0272263116000395

McIntyre, N. A. & Foulsham, T. (2018). Scanpath analysis of expertise and culture in teacher gaze in real-world classrooms. *Instructional Science*, 46(3), 435-455. doi:10.1007/s11251-017-9445-x

*Mercier, J., Pivneva, I. & Titone, D. (2014). Individual differences in inhibitory control relate to bilingual spoken word processing. *Bilingualism: Language and Cognition*, 17(1), 89-117. doi:10.1017/S1366728913000084

*Mercier, J., Pivneva, I. & Titone, D. (2016). The role of prior language context on bilingual spoken word processing: Evidence from the visual world task. *Bilingualism: Language and Cognition*, 19(2), 376-399. doi:10.1017/S1366728914000340

Meseguer, E., Carreiras, M. & Clifton, C. (2002). Overt reanalysis strategies and eye movements during the reading of mild garden path sentences. *Memory and Cognition*, 30(4), 551-561. doi:10.3758/BF03194956

Metzner, P., von der Malsburg, T., Vasishth, S. & Rösler, F. (2017). The importance of reading naturally: Evidence from combined recordings of eye movements and electric brain potentials. *Cognitive Science*, 41, 1232-1263.

Meyer, C. H., Lasker, A. G. & Robinson, D. A. (1985). The upper limit of human smooth pursuit velocity. *Vision Research*, 25(4), 561-563. doi:10.1016/0042-6989(85)90160-9

Meyer, A. S., Roelofs, A. & Levelt, W. J. (2003). Word length effects in object naming: The role of a response criterion. *Journal of Memory and Language*, 48(1), 131-147. doi:10.1016/S0749-596X(02)00509-0

Meyer, A. S., Sleiderink, A. M. & Levelt, W. J. M. (1998). Viewing and naming objects: Eye movements during noun phrase production. *Cognition*, 66(2), B25 - B33. doi:10.1016/S0010-0277(98)00009-2

Meyers, I. L. (1929). Electronystagmography: A graphic study of the action currents in nystagmus. *Archives of Neurology & Psychiatry*, 21(4), 901 - 918. doi:10.1001/archneurpsyc.1929.02210220172009.

Michel, M. & Smith, B. (2017). Eye-tracking research in computer-mediated language learning. In S. Thorne & S. May (Eds.), *Language, education and technology. Encyclopedia of language and education* (3rd ed.) (pp.453-464). Cham, Switzerland: Springer. doi:10.1007/978-3-319-02237-6_34

Michel, M. & Smith, B. (2019). Measuring lexical alignment during L2 chat interaction: An eye-tracking study. In S. Gass, P. Spinner & J. Behney (Eds.), *Salience in second language acquisition* (pp.244-268). New York: Routledge.

Miles, W. R. (1930). Ocular dominance in human adults. *Journal of General Psychology*, 3, 412-430.

Mirman, D. (2014). *Growth curve analysis and visualization using R*. Boca Raton, FL: Chapman and Hall/CRC Press.

Mirman, D., Dixon, J. A. & Magnuson, J. S. (2008). Statistical and computational models of the visual world paradigm: Growth curves and individual differences. *Journal of Memory and Language*, 59(4), 475-494. doi:10.1016/j.jml.2007.11.006

Mitchell, D. C. (2004). On-line methods in language processing: Introduction and historical review. In M. Carreiras & C. J. Clifton (Eds.), *The on-line study of sentence comprehension* (pp.15-32). Brighton, UK: Routledge. doi:10.4324/9780203509050

* Mitsugi, S. (2017). Incremental comprehension of Japanese passives: Evidence from the visual-world paradigm. *Applied Psycholinguistics*, 38(4), 953–983. doi:10.1017/S0142716416000515

* Mitsugi, S. & MacWhinney, B. (2016). The use of case marking for predictive processing in second language Japanese. *Bilingualism: Language and Cognition*, 19(1), 19–35. doi:10.1017/S1366728914000881

* Miwa, K., Dijkstra, T., Bolger, P. & Baayen, R. H. (2014). Reading English with Japanese in mind: Effects of frequency, phonology, and meaning in different-script bilinguals. *Bilingualism: Language and Cognition*, 17(3), 445–463. doi:10.1017/S1366728913000576

Mohamed, A. A. (2015). The roles of context and repetition in incidental vocabulary acquisition from L2 reading: An eye movement study (Doctoral dissertation). Retrieved from ProQuest Dissertations and Theses Global. (3701105).

* Mohamed, A. A. (2018). Exposure frequency in L2 reading: An eye-movement perspective of incidental vocabulary learning. *Studies in Second Language Acquisition*, 40(2), 269–293. doi:10.1017/S0272263117000092

* Montero Perez, M., Peters, E. & DeSmet, P. (2015). Enhancing vocabulary learning through captioned video: An eye-tracking study. *The Modern Language Journal*, 99(2), 308–328. doi:10.1111/modl.12215

Montero Perez, M., Van Den Noortgate, W. & Desmet, P. (2013). Captioned video for L2 listening and vocabulary learning: A meta-analysis. *System*, 41(3), 720–739. doi:10.1016/j.system.2013.07.013

* Morales, L., Paolieri, D., Dussias, P. E., Valdés Kroff, J. R., Gerfen, C. & Teresa Bajo, M. (2016). The gender congruency effect during bilingual spoken-word recognition. *Bilingualism: Language and Cognition*, 19(2), 294–310. doi:10.1017/S1366728915000176

Morgan-Short, K., Faretta-Stutenberg, M. & Bartlett-Hsu, L. (2015). Contributions of event-related potential research to issues in explicit and implicit second language acquisition. In P. Rebuschat (Ed.), *Implicit and explicit learning of languages* (pp. 349–384). Amsterdam, the Netherlands: Benjamins. doi:10.1075/sibil.48.15mor

Morgan-Short, K., Heil, J., Botero-Moriarty, A. & Ebert, S. (2012). Allocation of attention to second language form and meaning. *Studies in Second Language Acquisition*, 34(4), 659–685. doi:10.1017/S027226311200037X

Morgan-Short, K., Sanz, C., Steinhauer, K. & Ullman, M. T. (2010). Second language acquisition of gender agreement in explicit and implicit training conditions: An event-related potential study. *Language Learning*, 60(1), 154–193. doi:10.1111/j.1467-9922.2009.00554.x

Morgan-Short, K., Steinhauer, K., Sanz, C. & Ullman, M. T. (2012). Explicit and implicit second language training differentially affect the achievement of native-like brain activation patterns. *Journal of Cognitive Neuroscience*, 24(4), 933–947. doi:10.1162/jocn

Morgan-Short, K. & Tanner, D. (2014). Event-related potentials (ERPs). In J. Jegerski & B.

VanPatten (Eds.), *Research methods in second language psycholinguistics* (pp. 127–152). New York: Routledge.

Morrison, R. E. (1984). Manipulation of stimulus onset delay in reading: Evidence for parallel programming of saccades. *Journal of Experimental Psychology: Human Perception and Performance*, 10(5), 667–682. doi:10.1037/0096-1523.10.5.667

Mueller, J. L. (2005). Electrophysiological correlates of second language processing. *Second Language Research*, 21(2), 152–174. doi:10.1191/0267658305sr256oa

Mulvey, F., Pelz, J., Simpson, S., Cleveland, D., Wang, D., Latorella, K., ... Hayhoe, M. (2018, March). How reliable is eye movement data? Results of large-scale system comparison and universal standards for measuring and reporting eye data quality. Paper to the Annual Meeting of the American Association of Applied Linguistics, Chicago, IL.

*Muñoz, C. (2017). The role of age and proficiency in subtitle reading. An eye-tracking study. *System*, 67, 77–86. doi:10.1016/j.system.2017.04.015

Murray, W. S. (2000). Sentence processing: Issues and measures. In A. Kennedy, R. Radach, D. Heller & J. Pynte (Eds.), *Reading as a perceptual process* (pp.649–664). Oxford, UK: Elsevier.

Murray, W. S., Fischer, M. H. & Tatler, B. W. (2013). Serial and parallel processes in eye movement control: Current controversies and future directions. *The Quarterly Journal of Experimental Psychology*, 66(3), 417–428. doi:10.1080/17470218.2012.759979

Nassaji, H. (2003). Higher-level and lower-level text processing skills in advanced ESL reading comprehension. *The Modern Language Journal*, 87(2), 261–276. doi:10.1111/1540-4781.00189

Nesselhauf, N. (2005). *Collocations in a learner corpus*. Amsterdam, the Netherlands: John Benjamins.

Nieuwenhuis, R., te Grotenhuis, H. F. & Pelzer, B. J. (2012). influence.ME: Tools for detecting influential data in mixed effects models. *The R-Journal*, 4(2), 38–47. Retrieved from http://hdl.handle.net/2066/103101

Nyström, M., Andersson, R., Holmqvist, K. & Van De Weijer, J. (2013). The influence of calibration method and eye physiology on eyetracking data quality. *Behavior Research Methods*, 45(1), 272–288. doi:10.3758/s13428-012-0247-4

O'Regan, J. K. & Levy-Schoen, A. (1987). Eye movement strategy and tactics in word recognition and reading. In M. Coltheart (Ed.), *Attention and performance XII* (pp.363–383). Hillsdale, NJ: CRC Press.

Open Science Collaboration. (2015). Estimating the reproducibility of psychological science. *Science*, 349(6251). doi:10.1126/science.aac4716

Osterhout, L., McLaughlin, J., Kim, A., Greenwald, R. & Inoue, K. (2004). Sentences in the brain: Event-related potentials as real-time reflections of sentence comprehension and language learning. In M. Carreiras & C. Clifton (Eds.), *The on-line study of sentence comprehension: Eyetracking, ERPs, and beyond* (pp.271–308). New York: Psychology Press.

Paap, K. R. (2018). Bilingualism in cognitive science. In A. De Houwer & L. Ortega (Eds.), *The Cambridge handbook of bilingualism* (pp.435–465). Cambridge, MA: Cambridge University Press. doi:10.1017/9781316831922.023

Paas, F., Renkl, A. & Sweller, J. (2004). Cognitive load theory: Instructional implications of the interaction between information structures and cognitive architecture. *Instructional Science*, 32, 1–8.

Panichi, M., Burr, D., Morrone, M. C. & Baldassi, S. (2012). Spatiotemporal dynamics of perisaccadic remapping in humans revealed by classification images. *Journal of Vision*, 12(4), 11, 1–15. doi:10.1167/12.4.11

Papadopoulou, D. & Clahsen, H. (2003). Parsing strategies in L1 and L2 sentence processing. *Studies in Second Language Acquisition*, 25(4), 501–528. doi:10.1017/S0272263103000214

Papadopoulou, D., Tsimpli, I. & Amvrazis, N. (2014). Self-paced listening. In J. Jegerski & B. VanPatten (Eds.), *Research methods in second language psycholinguistics* (pp.50–68). London, UK: Taylor & Francis.

Papafragou, A., Hulbert, J. & Trueswell, J. (2008). Does language guide event perception? Evidence from eye movements. *Cognition*, 108(1), 155–184. doi:10.1016/j.cognition.2008.02.007

Paterson, K. B., McGowan, V. A., White, S. J., Malik, S., Abedipour, L. & Jordan, T. R. (2014). Reading direction and the central perceptual span in Urdu and English. *PLoS ONE*, 9(2), e88358. doi:10.1371/journal.pone.0088358

Pawley, A. & Syder, F. H. (1983). Two puzzles for linguistic theory: nativelike selection and nativelike fluency. In J. C. Richards & R. W. Schmidt (Eds.), *Language and communication* (pp.191–227). New York: Routledge.

*Pellicer-Sánchez, A. (2016). Incidental L2 vocabulary acquisition from and while reading: An eye-tracking study. *Studies in Second Language Acquisition*, 38(1), 97–130. doi:10.1017/S0272263115000224

Perfetti, C. A., Liu, Y. & Tan, L. H. (2005). The lexical constituency model: some implications of research on Chinese for general theories of reading. *Psychological Review*, 112(1), 43–59. https://psycnet.apa.org/doi/10.1037/0033-295X.112.1.43

Peters, R. E., Grüter, T. & Borovsky, A. (2018). Vocabulary size and native speaker self-identification influence flexibility in linguistic prediction among adult bilinguals. *Applied Psycholinguistics*, 39(6), 1439–1469. doi:10.1017/S0142716418000383

*Philipp, A. M. & Huestegge, L. (2015). Language switching between sentences in reading: Exogenous and endogenous effects on eye movements and comprehension. *Bilingualism: Language and Cognition*, 18(4), 614–625. doi:10.1017/S1366728914000753

Phillips, C. (2006). The real-time status of island phenomena. *Language*, 82(4), 795–823. doi:10.1353/lan.2006.0217

Pickering, M. J. & Garrod, S. (2013). An integrated theory of language production and comprehension. *Behavioral and Brain Sciences*, 36(4), 329–347. doi:10.1017/

S0140525X12001495

Plonsky, L. (2013). Study quality in SLA: An assessment of designs, analyses, and reporting practices in quantitative L2 research. *Studies in Second Language Acquisition*, 35(4), 655-687. doi:10.1017/S0272263113000399

Plonsky, L. (2014). Study quality in quantitative L2 research (1990-2010): A methodological synthesis and call for reform. *The Modern Language Journal*, 98(1), 450-470. doi:10.1111/j.1540-4781.2014.12058.x

Plonsky, L. & Derrick, D. J. (2016). A meta-analysis of reliability coefficients in second language research. *The Modern Language Journal*, 100(2), 538-553.

Plonsky, L. & Ghanbar, H. (2018). Multiple regression in L2 research: A methodological synthesis and guide to interpreting R^2 values. *The Modern Language Journal*, 102(4), 713-731. doi:10.1111/modl.12509

Plonksy, L., Marsden, E., Crowther, D., Gass, S. M. & Spinner, P. (2019). A methodological synthesis and meta-analysis of judgment tasks in second language research. *Second Language Research*. doi:10.1177/0267658319828413

Plonsky, L. & Oswald, F. L. (2014). How big is "big"? Interpreting effect sizes in L2 research. *Language Learning*, 64(4), 878-912. doi:10.1111/lang.12079

Plonsky, L. & Oswald, F. L. (2017). Multiple regression as a flexible alternative to ANOVA in L2 research. *Studies in Second Language Acquisition*, 39(3), 579-592. doi:10.1017/S0272263116000231

Polio, C. & Gass, S. (1997). Replication and reporting: A commentary. *Studies in Second Language Acquisition*, 19(4), 499-508. doi:10.1017/S027226319700404X

Pollatsek, A., Bolozky, S., Well, A. D. & Rayner, K. (1981). Asymmetries in the perceptual span for Israeli readers. *Brain and Language*, 14(1), 174-180. doi:10.1016/0093-934X(81)90073-0

Pomplun, M., Reingold, E. M. & Shen, J. (2001). Investigating the visual span in comparative search: The effects of task difficulty and divided attention. *Cognition*, 81(2), B57-B67. doi:10.1016/S0010-0277(01)00123-8

Porte, G. (Ed.). (2012). *Replication research in applied linguistics*. Cambridge, MA: Cambridge University Press.

Posner, M. A. (1980). Orienting of attention. *Quarterly Journal of Experimental Psychology*, 32(1), 3-25. doi:10.1080/00335558008248231

Posner, M. I. & Petersen, S. (1990). The attention system of the human brain. *Annual Review of Neuroscience*, 13, 25-42. doi:10.1146/annurev.ne.13.030190.000325

Posner, M. I., Snyder, C. R. R. & Davidson, B. J. (1980). Attention and the detection of signals. *Journal of Experimental Psychology: General*, 109(2), 160-174. doi:10.1037/0096-3445.109.2.160

Potter, M. C. (1984). Rapid serial visual presentation (RSVP): A method for studying language processing. In D. Kieras & M. Just (Eds.), *New methods in reading comprehension research* (pp.91-118). Hillsdale, NJ: Erlbaum.

*Pozzan, L. & Trueswell, J. C. (2016). Second language processing and revision of garden-path sentences: A visual word study. *Bilingualism: Language and Cognition*, 19(3), 636-643. doi:10.1017/S1366728915000838

Pressley, M. & Afflerbach, P. (1995). *Verbal protocols of reading: The nature of constructively responsive reading*. Hillsdale, NJ: Lawrence Erlbaum.

Pynte, J. & Kennedy, A. (2006). An influence over eye movements in reading exerted from beyond the level of the word: Evidence from reading English and French. *Vision Research*, 46(22), 3786-3801. doi:10.1016/j.visres.2006.07.004

Pynte, J., New, B. & Kennedy, A. (2008). A multiple regression analysis of syntactic and semantic influences in reading normal text. *Journal of Eye Movement Research*, 2(1), 1-11. doi:10.16910/jemr.2.1.4

Qi, D. S. & Lapkin, S. (2001). Exploring the role of noticing in a three-stage second language writing task. *Journal of Second Language Writing*, 10(4), 277-303. doi:10.1016/S1060-3743(01)00046-7

Radach, R., Inhoff, A. W., Glover, L. & Vorstius, C. (2013). Contextual constraint and N+2 preview effects in reading. *The Quarterly Journal of Experimental Psychology*, 66(3), 619-633. doi:10.1080/17470218.2012.761256

Radach, R. & Kennedy, A. (2004). Theoretical perspectives on eye movements in reading: Past controversies, current issues, and an agenda for future research. *European Journal of Cognitive Psychology*, 16, 3-26. doi:10.1080/09541440340000295

Radach, R. & Kennedy, A. (2013). Eye movements in reading: Some theoretical context. *The Quarterly Journal of Experimental Psychology*, 66(3), 429-452. doi:10.1080/17470218.2012.750676

Radach, R., Reilly, R. & Inhoff, A. (2007). Models of oculomotor control in reading. In R. P. G. van Gompel, M. H. Fischer, W. S. Murray & R. L. Hill (Eds.), *Eye movements: A window on mind and brain* (pp.237-269). Amsterdam, the Netherlands: Elsevier. doi:10.1016/B978-008044980-7/50013-6

Radach, R., Schmitten, C., Glover, L. & Huestegge, L. (2009). How children read for comprehension: Eye movements in developing readers. In R. K. Wagner, C. Schatschneider & C. Phythian-Sence (Eds.), *Beyond decoding: The biological and behavioral foundations of reading comprehension* (pp.75-106). New York: Guildford Press.

Ratcliff, R. (1993). Methods for dealing with reaction time outliers. *Psychological Bulletin*, 114(3), 510-532. doi:10.1037/0033-2909.114.3.510

Rayner, K. (n.d.) Keith Rayner (1943-2015). Retrieved from http://www.forevermissed.com/keith-rayner/#about

Rayner, K. (1975). The perceptual span and peripheral cues in reading. *Cognitive Psychology*, 7(1), 65-81. doi:10.1016/0010-0285(75)90005-5

Rayner, K. (1979). Eye guidance in reading: Fixation locations within words. *Perception*, 8, 21-30. doi:10.1068/p080021

Rayner, K. (1986). Eye movements and the perceptual span in beginning and skilled readers.

Journal of Experimental Child Psychology, 41(2), 211-236. doi: 10.1016/0022-0965(86)90037-8

Rayner, K. (1998). Eye movements in reading and information processing: 20 years of research. *Psychological Bulletin*, 124(3), 372-422. doi: 10.1037/0033-2909.124.3.372

Rayner, K. (2009). Eye movements and attention in reading, scene perception, and visual search. *The Quarterly Journal of Experimental Psychology*, 62(8), 1457-1506. doi: 10.1080/17470210902816461

Rayner, K., Juhasz, B. J. & Pollatsek, A. (2005). Eye movements during reading. In M. Snowling & C. Hulme (Eds.), *The science of reading: A handbook* (pp.79-97). Oxford, UK: Blackwell.

Rayner, K. & McConkie, G. W. (1976). What guides a reader's eye movements? *Vision Research*, 16(8), 829-837. doi: 10.1016/0042-6989(76)90143-7

Rayner, K. & Morris, R. K. (1991). Comprehension processes in reading ambiguous sentences: Reflections from eye movements. *Advances in Psychology*, 77, 175-198. doi: 10.1016/S0166-4115(08)61533-2

Rayner, K. & Pollatsek, A. (2006). Eye-movement control in reading. In M. J. Traxler & M. A. Gernsbacher (Eds.), *Handbook of psycholinguistics* (pp. 613 - 657). New York: Elsevier. doi: 10.1016/B978-012369374-7/50017-1

Rayner, K., Pollatsek, A., Ashby, J. & Clifton Jr., C. (2012). *Psychology of reading* (2nd ed.). Psychology Press.

Rayner, K., Pollatsek, A., Drieghe, D., Slattery, T. J. & Reichle, E. D. (2007). Tracking the mind during reading via eye movements: Comments on Kliegl, Nuthmann, and Engbert (2006). *Journal of Experimental Psychology: General*, 136(3), 520-529. doi: 10.1037/0096-3445.136.3.520

Rayner, K., Schotter, E. R., Masson, M. E., Potter, M. C. & Treiman, R. (2016). So much to read, so little time: How do we read, and can speed reading help? *Psychological Science in the Public Interest*, 17(1), 4-34. doi: 10.1177%2F1529100615623267

Rayner, K., Warren, T., Juhasz, B. J. & Liversedge, S. P. (2004). The effect of plausibility on eye movements in reading. *Journal of Experimental Psychology: Learning, Memory, and Cognition*, 30(6), 1290-1301. doi: 10.1037/0278-7393.30.6.1290

Rayner, K. & Well, A. D. (1996). Effects of contextual constraint on eye movements in reading: A further examination. *Psychonomic Bulletin & Review*, 3(4), 504-509. doi: 10.3758/BF03214555

Rayner, K., Well, A. D., Pollatsek, A. & Bertera, J. H. (1982). The availability of useful information to the right of fixation in reading. *Perception and Psychophysics*, 31(6), 537-550. doi: 10.3758/BF03204186

Rebuschat, P. (2008). *Implicit learning of natural language syntax* (Unpublished doctoral dissertation). University of Cambridge. https://doi-org.proxy1.cl.msu.edu/10.17863/CAM.15883

Rebuschat, P. & Williams, J. N. (2012). Implicit and explicit knowledge in second language acquisition. *Applied Psycholinguistics*, 33(4), 829-856. doi: 10.1017/S0142716411000580

Reichle, E. D. (2011). Serial-attention models of reading. In S. P. Liversedge, I. Gilchrist & S. Everling (Eds.), *The Oxford handbook of eye movements* (pp. 767-786). Oxford, UK: Oxford University Press. doi: 10.1093/oxfordhb/9780199539789.013.0042

Reichle, E. D., Liversedge, S. P., Drieghe, D., Blythe, H. I., Joseph, H. S. S. L., White, S. J. & Rayner, K. (2013). Using E-Z Reader to examine the concurrent development of eye-movement control and reading skill. *Developmental Review*, 33(2), 110-149. doi: 10.1016/j.dr.2013.03.001

Reichle, E. D., Pollatsek, A. & Rayner, K. (2006). E-Z Reader: A cognitive-control, serial-attention model of eye-movement behavior during reading. *Cognitive Systems Research*, 7(1), 4-22. doi: 10.1016/j.cogsys.2005.07.002

Reichle, E. D., Pollatsek, A. & Rayner, K. (2012). Using E-Z Reader to simulate eye movements in nonreading tasks: A unified framework for understanding the eye-mind link. *Psychological Review*, 119(1), 155-185. doi: 10.1037/a0026473

Reichle, E. D., Rayner, K. & Pollatsek, A. (1999). Eye movement control in reading: accounting for initial fixation locations and refixations within the E-Z Reader model. *Vision Research*, 39(26), 4403-4411. doi: 10.1016/S0042-6989(99)00152-2

Reichle, E. D., Rayner, K. & Pollatsek, A. (2003). The E-Z Reader model of eye-movement control in reading: Comparisons to other models. *Behavioral and Brain Sciences*, 26, 445-526. doi: 10.1017/S0140525X03000104

Reichle, E. D., Warren, T. & McConnell, K. (2009). Using E-Z Reader to model the effects of higher level language processing on eye movements during reading. *Psychonomic Bulletin & Review*, 16(1), 1-21. doi: 10.3758/PBR.16.1.1

Reilly, R. G. & Radach, R. (2006). Some empirical tests of an interactive activation model of eye movement control in reading. *Cognitive Systems Research*, 7(1), 34-55. doi: 10.1016/j.cogsys.2005.07.006

Révész, A. (2014). Towards a fuller assessment of cognitive models of task-based learning: Investigating task-generated cognitive demands and processes. *Applied Linguistics*, 35(1), 87-92. doi: 10.1093/applin/amt039

Révész, A., Michel, M. & Lee, M. (2019). Exploring second language writers' pausing and revision behaviors: A mixed-methods study. *Studies in Second Language Acquisition*, 41(3), 605-631. doi: 10.1017/S027226311900024X

*Révész, A., Sachs, R. & Hama, M. (2014). The effects of task complexity and input frequency on the acquisition of the past counterfactual construction through recasts. *Language Learning*, 64(3), 615-650. doi: 10.1111/lang.12061

Richard, F. D., Bond, C. F. & Stokes-Zoota, J. J. (2003). One hundred years of social psychology quantitatively described. *Review of General Psychology*, 7(4), 331-363. doi: 10.1037/1089-2680.7.4.331

Rizzolatti, G., Riggio, L., Dascola, I. & Umiltá, C. (1987). Reorienting attention across the horizontal and vertical meridians: Evidence in favor of a premotor theory of attention.

Neuropsychologia, 25(1), 31-40. doi:10.1016/0028-3932(87)90041-8

Rizzolatti, G., Riggio, L. & Sheliga, B. M. (1994). Space and selective attention. In C. Umiltá & M. Moscovitch (Eds.), *Attention and performance XV: Conscious and nonconscious information processing* (Vol. 15, pp.232-265). Cambridge, MA: The MIT Press. doi:10.1016/j.cub.2010.11.004

*Roberts, L., Gullberg, M. & Indefrey, P. (2008). Online pronoun resolution in L2 discourse: L1 influence and general learner effects. *Studies in Second Language Acquisition*, 30(3), 333-357. doi:10.1017/S0272263108080480

Roberts, L. & Siyanova-Chanturia, A. (2013). Using eye-tracking to investigate topics in L2 acquisition and L2 processing. *Studies in Second Language Acquisition*, 35(2), 213-235. doi:10.1017/S0272263112000861

Robinson, P. (2001). Task complexity, task difficulty, and task production: Exploring interactions in a componential framework. *Applied Linguistics*, 22(1), 27-57. doi:10.1093/applin/22.1.27

Robinson, P. (2011). Task-based language learning: A review of issues. *Language Learning*, 61(s1), 1-36. doi:10.1111/j.1467-9922.2011.00641.x

Robinson, P. & Ellis, N. C. (Eds.). (2008). *Handbook of cognitive linguistics and second language acquisition*. New York: Routledge.

*Rodríguez, D. D. L., Buetler, K. A., Eggenberger, N., Preisig, B. C., Schumacher, R., Laganaro, M., ... Müri, R. M. (2016). The modulation of reading strategies by language opacity in early bilinguals: An eye movement study. *Bilingualism: Language and Cognition*, 19(3), 567-577. doi:10.1017/S1366728915000310

Rosa, E. & Leow, R. P. (2004). Awareness, different learning conditions, and second language development. *Applied Psycholinguistics*, 25(2), 269-292. doi:10.1017/S0142716404001134

Rosa, E. & O'Neill, M. D. (1999). Explicitness, intake, and the issue of awareness. *Studies in Second Language Acquisition*, 21(4), 511-556. doi:10.1017/S0272263199004015

Rossion, B. & Pourtois, G. (2004). Revisiting Snodgrass and Vanderwart's object pictorial set: The role of surface detail in basic-level object recognition. *Perception*, 33(2), 217-236. doi:10.1068/p5117

Rothman, J. (2009). Understanding the nature and outcomes of early bilingualism: Romance languages as heritage languages. *International Journal of Bilingualism*, 13(2), 155-163. doi:10.1177/1367006909339814

Rubin, J. (1995). The contribution of video to the development of competence in listening. In D. J. Mendelsohn & J. Rubin (Eds.), *A guide for the teaching of second language listening* (pp.151-165). San Diego, CA: Dominie Press.

Runner, J. T., Sussman, R. S. & Tanenhaus, M. K. (2003). Assignment of reference to reflexives and pronouns in picture noun phrases: Evidence from eye movements. *Cognition*, 89(1), B1-B13. doi:10.1016/S0010-0277(03)00065-9

Runner, J. T., Sussman, R. S. & Tanenhaus, M. K. (2006). Processing reflexives and pronouns in picture noun phrases. *Cognitive Science*, 30(2), 193−241. doi: 10.1207/s15516709cog0000_58

Sachs, R. & Polio, C. (2007). Learners' uses of two types of written feedback on a L2 writing revision task. *Studies in Second Language Acquisition*, 29(1), 67−100. doi: 10.1017/S0272263107070039

Sachs, R. & Suh, B. R. (2007). Textually enhanced recasts, learner awareness, and L2 outcomes in synchronous computer-mediated interaction. In A. Mackey (Ed.), *Conversational interaction in second language acquisition: A collection of empirical studies* (pp.197−227). Oxford, UK: Oxford University Press.

*Sagarra, N. & Ellis, N. C. (2013). From seeing adverbs to seeing verbal morphology: Language experience and adult acquisition of L2 tense. *Studies in Second Language Acquisition*, 35(2), 261−290. doi: 10.1017/S0272263112000885

Salverda, A. P., Brown, M. & Tanenhaus, M. K. (2011). A goal-based perspective on eye movements in visual world studies. *Acta Psychologica*, 137(2), 172−180. doi: 10.1016/j.actpsy.2010.09.010

Salvucci, D. D. (2001). An integrated model of eye movements and visual encoding. *Cognitive Systems Research*, 1(4), 201−220. doi: 10.1016/S1389-0417(00)00015-2

Sanz, C., Morales-Front, A., Zalbidea, J & Zárate-Sández, G. (2016). Always in motion the future is: Doctoral students' use of technology for SLA research. In R. P. Leow, L. Cerezo & M. Baralt (Eds.), *A psycholinguistic approach to technology and language learning* (pp.49−68). Berlin, Germany: De Gruyter Mouton.

Saslow, M. G. (1967). Effects of components of displacement-step stimuli upon latency for saccadic eye movement. *Journal of the Optical Society of America*, 57(8), 1024. doi: 10.1364/JOSA.57.001024

Schmidt, R. (1990). The role of consciousness in second language learning. *Applied Linguistics*, 11(2), 129−158. doi: 10.1093/applin/11.2.129

Schmidt, R. & Frota, S. (1986). Developing basic conversational ability in a second language: A case study of an adult learner of Portuguese. In R. Day (Ed.), *Talking to learn: Conversation in second language acquisition* (pp.237−326). Rowley, MA: Newbury.

Schmitt, N. (2010). *Researching vocabulary: A vocabulary research manual*. New York: Springer.

Schott, E. (1922). Über die Registrierung des Nystagmus und anderer Augenbewegungen vermittels des Seitengalvenometers. *Deutsches Archiv Für Klinische Medizin*, 140, 79−90.

Sedivy, J. C. (2003). Pragmatic versus form-based accounts of referential contrast: Evidence for effects of informativity expectations. *Journal of Psycholinguistic Research*, 32(1), 3−23. doi: 10.1023/A: 1021928914454

Sedivy, J. C., Tanenhaus, M., Chambers, C. G. & Carlson, G. N. (1999). Achieving incremental semantic interpretation through contextual representation. *Cognition*, 71(2), 109−147. doi: 10.1016/S0010-0277(99)00025-6

Segalowitz, N. (2010). *Cognitive bases of second language fluency*. New York: Routledge.

*Sekerina, I. A. & Sauermann, A. (2015). Visual attention and quantifier-spreading in heritage Russian bilinguals. *Second Language Research*, 31(1), 75-104. doi:10.1177/0267658314537292

*Sekerina, I. A. & Trueswell, J. C. (2011). Processing of contrastiveness by heritage Russian bilinguals. *Bilingualism: Language and Cognition*, 14(3), 280-300. doi:10.1017/S1366728910000337

Sereno, S. C. & Rayner, K. (2003). Measuring word recognition in reading: Eye movements and event-related potentials. *Trends in Cognitive Sciences*, 7(11), 489-493. doi:10.1016/j.tics.2003.09.010

Sereno, S. C., Rayner, K. & Posner, M. I. (1998). Establishing a time-line of word recognition: Evidence from eye movements and event-related potentials. *Cognitive Neuroscience*, 9(10), 2195-2200. doi:10.1097/00001756-199807130-00009

Severens, E., Van Lommel, S., Ratinckx, E. & Hartsuiker, R. J. (2005). Timed picture naming norms for 590 pictures in Dutch. *Acta Psychologica*, 119(2), 159-187. doi:10.1016/j.actpsy.2005.01.002

Sheliga, B. M., Craighero, L., Riggio, L. & Rizzolatti, G. (1997). Effects of spatial attention on directional manual and ocular responses. *Experimental Brain Research*, 114(2), 339-351. doi:10.1007/PL00005642

Shen, D., Liversedge, S. P., Tian, J., Zang, C., Cui, L., Bai, X., ... Rayner, K. (2012). Eye movements of second language learners when reading spaced and unspaced Chinese text. *Journal of Experimental Psychology: Applied*, 18(2), 192-202. doi:10.1037/a0027485

Shen, H. H. (2014). Chinese L2 literacy debates and beginner reading in the United States. In M. Bigelow & J. Ennser-Kananen (Eds.), *Routledge handbook of educational linguistics* (pp.276-288). New York: Routledge.

*Shintani, N. & Ellis, R. (2013). The comparative effect of direct written corrective feedback and metalinguistic explanation on learners' explicit and implicit knowledge of the English indefinite article. *Journal of Second Language Writing*, 22(3), 286-306. doi:10.1016/j.jslw.2013.03.011

Simard, D. & Wong, W. (2001). Alertness, orientation, and detection: The conceptualization of attentional functions in SLA. *Studies in Second Language Acquisition*, 23(1), 103-124. doi:10.1017/S0272263101001048

Sinclair, J. (1991). *Corpus, concordance, collocation*. Oxford, UK: Oxford University Press.

*Singh, N. & Mishra, R. K. (2012). Does language proficiency modulate oculomotor control? Evidence from Hindi-English bilinguals. *Bilingualism: Language and Cognition*, 15(4), 771-781. doi:10.1017/S1366728912000065

*Siyanova-Chanturia, A., Conklin, K. & Schmitt, N. (2011). Adding more fuel to the fire: An eye-tracking study of idiom processing by native and non-native speakers. *Second Language Research*, 27(2), 251-272. doi:10.1177/0267658310382068

Siyanova-Chanturia, A., Conklin, K. & van Heuven, W. J. B. (2011). Seeing a phrase "time and again" matters: The role of phrasal frequency in the processing of multiword sequences. *Journal of Experimental Psychology: Learning, Memory, and Cognition*, 37 (3), 776-784. doi:10.1037/a0022531

Skehan, P. (1998). Task-based instruction. *Annual Review of Applied Linguistics*, 18, 268-286. doi:10.1017/S0267190500003585

Skehan, P. (2009). Modelling second language performance: Integrating complexity, accuracy, fluency, and lexis. *Applied Linguistics*, 30(4), 510-532. doi:10.1093/applin/amp047

Smith, B. (2005). The relationship between negotiated interaction, learner uptake, and lexical acquisition in task-based computer-mediated communication. *TESOL Quarterly*, 39(1), 33-58. doi:10.2307/3588451

Snijders, T. A. B. & Bosker, R. J. (2012). *Multilevel analysis: An introduction to basic and advanced multilevel modeling* (2nd ed.). London, UK: Sage.

Snodgrass, J. G. & Vanderwart, M. (1980). A standardized set of 260 pictures: Norms for name agreement, image agreement, familiarity, and visual complexity. *Journal of Experimental Psychology: Human Learning and Memory*, 6(2), 174-215. doi:10.1037/0278-7393.6.2.174

* Sonbul, S. (2015). Fatal mistake, awful mistake, or extreme mistake? Frequency effects on off-line/on-line collocational processing. *Bilingualism: Language and Cognition*, 18(3), 419-437. doi:10.1017/S1366728914000674

Song, M.-J. & Suh, B.-R. (2008). The effects of output task types on noticing and learning of the English past counterfactual conditional. *System*, 36(2), 295-312. doi:10.1016/j.system.2007.09.006

Sorace, A. (2005). Syntactic optionality at interfaces. In L. Cornips & K. Corrigan (Eds.), *Syntax and variation: Reconciling the biological and the social* (pp.46-111). Amsterdam, the Netherlands: John Benjamins.

Sorace, A. (2011). Pinning down the concept of "interface" in bilingualism. *Linguistic Approaches to Bilingualism*, 1(1), 1-33. doi:10.1075/lab.1.1.01sor

Spector, R. H. (1990). Visual fields. In H. K. Walker, W. D. Hall & J. W. Hurst (Eds.), *Clinical methods: The history, physical, and laboratory examinations* (3rd ed.) (pp.565-572). Boston, MA: Butterworths.

Spinner, P. & Gass, S. M. (2019). *Using judgments in second language acquisition research*. New York: Routledge.

* Spinner, P., Gass, S. M. & Behney, J. (2013). Ecological validity in eye-tracking. *Studies in Second Language Acquisition*, 35(2), 389-415. doi:10.1017/S0272263112000927

Spivey, M. J. & Marian, V. (1999). Cross talk between native and second languages: Partial activation of an irrelevant lexicon. *Psychological Science*, 10(3), 281-284. doi:10.1111/1467-9280.00151

Spivey, M. & Cardon, C. (2015). Methods for studying adult bilingualism. In J. W. Schwieter (Ed.), *The Cambridge handbook of bilingual processing* (pp.108-132). Cambridge, UK: Cambridge University Press. doi:10.1017/CBO9781107447257.004

Springob, C. (2015). Why is it easier to see a star if you look slightly to the side? *Ask an astronomer*. Retrieved from http://curious. astro. cornell. edu/physics/81-the-universe/stars-and-star-clusters/stargazing/373-why-is-it-easier-to-see-a-star-if-you-look-slightly-to-the-side-intermediate

SR Research. (2017). *EyeLink Data Viewer 3.1.97* (Computer Software). Mississauga, ON: SR Research Ltd.

Starr, M. S. & Rayner, K. (2001). Eye movements during reading: Some current controversies. *Trends in Cognitive Sciences*, 5(4), 156–163. doi:10.1016/S1364-6613(00)01619-3

Steinhauer, K. (2014). Event-related potentials (ERPs) in second language research: A brief introduction to the technique, a selected review, and an invitation to reconsider critical periods in L2. *Applied Linguistics*, 35(4), 393–417. doi:10.1093/applin/amu028

Steinhauer, K. & Drury, J. E. (2012). On the early left-anterior negativity (ELAN) in syntax studies. *Brain and Language*, 120(2), 135–162. doi:10.1016/j.bandl.2011.07.001

Stephane, A. L. (2011). Eye tracking from a human factors perspective. In G. A. Boy (Ed.), *The handbook of human-machine interaction: A human-centered design approach*. (pp.339–364) New York: CRC Press.

Stevenson, H. W., Lee, S.-Y., Chen, C., Stigler, J. W., Hsu, C.-C., Kitamura, S. & Hatano, G. (1990). Contexts of achievement: A study of American, Chinese, and Japanese children. *Monographs of the Society for Research in Child Development*, 55(1/2), i–119. doi:10.2307/1166090

Stroop, J. R. (1935). Studies of interference in serial verbal reactions. *Journal of Experimental Psychology*, 18, 643–662. doi:10.1037/h0054651

Styles, E. A. (2006). *The psychology of attention*. New York: Psychology Press.

Sussman, R. S. (2006). *Processing and representation of verbs: Insights from instruments* (Unpublished doctoral dissertation). University of Rochester.

*Suvorov, R. (2015). The use of eye tracking in research on video-based second language (L2) listening assessment: A comparison of context videos and content videos. *Language Testing*, 32(4), 463–483. doi:10.1177%2F0265532214562099

*Suzuki, Y. (2017). Validity of new measures of implicit knowledge: Distinguishing implicit knowledge from automatized explicit knowledge. *Applied Psycholinguistics*, 38(5), 1229–1261. doi:10.1017/S014271641700011X

*Suzuki, Y. & DeKeyser, R. (2017). The interface of explicit and implicit knowledge in a second language: Insights from individual differences in cognitive aptitudes. *Language Learning*, 67(4), 747–790. doi:10.1111/lang.12241

Swain, M. (1985). Communicative competence: Some roles of comprehensible input and comprehensible output in its development. In S. M. Gass & C. G. Madden (Eds.), *Input in second language acquisition* (pp.235–253). Rowley, MA: Newbury House.

Swain, M. & Lapkin, S. (1995). Problems in output and the cognitive processes they generate: A step towards second language learning. *Applied Linguistics*, 16(3), 371–391. doi:10.1093/applin/16.3.371

Szekely, A., D'Amico, S., Devescovi, A., Federmeier, K., Herron, D., Iyer, G., …

Bates, E. (2003). Timed picture naming: Extended norms and validation against previous studies. *Behavior Research Methods, Instruments, and Computers*, 35(4), 621-633. doi: 10.3758/BF03195542

Szekely, A., Jacobsen, T., D'Amico, S., Devescovi, A., Andonova, E., Herron, D., ... Bates, E. (2004). A new on-line resource for psycholinguistic studies. *Journal of Memory and Language*, 51(2), 247-250. doi: 10.1016/j.jml.2004.03.002

Szekely, A., D'Amico, S., Devescovi, A., Federmeier, K., Herron, D., ... Bates, E. (2005). Timed action and object naming. *Cortex*, 41, 7-25. doi: 10.1016/S0010-9452(08)70174-6

Tamim, R. M., Bernard, R. M., Borokhovski, E., Abrami, P. C. & Schmid, R. F. (2011). What forty years of research says about the impact of technology on learning. *Review of Educational Research*, 81(1), 4-28. doi: 10.3102/0034654310393361

Tanenhaus, M. K., Magnuson, J. S., Dahan, D. & Chambers, C. (2000). Eye movements and lexical access in spoken-language comprehension: Evaluating a linking hypothesis between fixations and linguistic processing. *Journal of Psycholinguistic Research*, 29(6), 557-580. doi: 10.1023/A: 1026464108329

Tanenhaus, M. K., Spivey-Knowlton, M. J., Eberhard, K. M. & Sedivy, J. C. (1995). Integration of visual and linguistic information in spoken language comprehension. *Science*, 268(5217), 1632-1634. doi: 10.1126/science.7777863

Tanenhaus, M. K. & Trueswell, J. C. (1995). Sentence comprehension. In J. L. Miller & P. D. Eimas (Eds.), *Speech, language, and communication: A volume in handbook of perception and cognition* (2nd ed.) (pp.217-262). San Diego, CA: Academic Press. doi: 10.1016/B978-012497770-9.50009-1

Tanenhaus, M. K. & Trueswell, J. C. (2006). Eye movements and spoken language comprehension. In M. Traxler & M. Gernsbacher (Eds.), *Handbook of psycholinguistics* (pp.863-900). Oxford, UK: Elsevier.

Taylor, J. N. & Perfetti, C. A. (2016). Eye movements reveal readers' lexical quality and reading experience. *Reading and Writing*, 29(6), 1069-1103. doi: 10.1007/s11145-015-9616-6

Taylor, W. L. (1953). "Cloze procedure": A new tool for measuring readability. *Journalism Quarterly*, 30(4), 415-433. doi: 10.1177%2F107769905303000401

Thiele, A., Henning, P., Kubischik, M. & Hoffmann, K. P. (2002). Neural mechanisms of saccadic suppression. *Science*, 295(5564), 2460-2462. doi: 10.1126/science.1068788

Thilo, K. V, Santoro, L., Walsh, V. & Blakemore, C. (2004). The site of saccadic suppression. *Nature Neuroscience*, 7(1), 13-14. doi: 10.1038/nn1171

Tinker, M. A. (1936). Reliability and validity of eye-movement measures of reading. *Journal of Experimental Psychology*, 19(6), 732-746. doi: 10.1037/H0060561

Tokowicz, N. & MacWhinney, B. (2005). Implicit and explicit measures of sensitivity to violations in second language grammar: An event-related potential investigation. *Studies in Second Language Acquisition*, 27(2), 173-204. doi: 10.1017/S0272263105050102

Tomlin, R. S. & Villa, V. (1994). Attention in cognitive science and second language acquisition. *Studies in Second Language Acquisition*, 16(2), 183-203. doi: 10.1017/ S0272263100012870

*Tremblay, A. (2011). Learning to parse liaison-initial words: An eye-tracking study. *Bilingualism: Language and Cognition*, 14(3), 257-279. doi: 10.1017/S1366728910000271

*Trenkic, D., Mirković, J. & Altmann, G. T. (2014). Real-time grammar processing by native and non-native speakers: Constructions unique to the second language. *Bilingualism: Language and Cognition*, 17(2), 237-257. doi: 10.1017/S1366728913000321

Trueswell, J. C., Sekerina, I., Hill, N. M. & Logrip, M. L. (1999). The kindergarten-path effect: studying on-line sentence processing in young children. *Cognition*, 73(2), 89-134. doi: 10.1016/S0010-0277(99)00032-3

Trueswell, J. C., Tanenhaus, M. K. & Kello, C. (1993). Verb-specific constraints in sentence processing: Separating effects of lexical preference from garden-paths. *Journal of Experimental Psychology: Learning, Memory, and Cognition*, 19(3), 528-553. doi: 10. 1037/0278-7393.19.3.528

Tsai, J. L. & McConkie, G. W. (2003). Where do Chinese readers send their eyes. In R. Radach, J. Hyona & H. Deubel (Eds.), *The mind's eye: Cognitive and applied aspects of eye movement research* (pp.159-176). New York: Elsevier.

Ullman, M. T. (2005). A cognitive neuroscience perspective on second language acquisition: The declarative/procedural model. In C. Sanz (Ed.), *Mind and context in adult second language acquisition: Methods, theory and practice* (pp.141-178). Washington, DC: Georgetown University Press.

Vainio, S., Hyönä, J. & Pajunen, A. (2009). Lexical predictability exerts robust effects on fixation duration, but not on initial landing position during reading. *Experimental Psychology*, 56(1), 66-74. doi: 10.1027/1618-3169.56.1.66

*Vainio, S., Pajunen, A. & Hyönä, J. (2016). Processing modifier-head agreement in L1 and L2 Finnish: An eye-tracking study. *Second Language Research*, 32(1), 3-24. doi: 10. 1177/0267658315592201

Valian, V. (2015). Bilingualism and cognition. *Bilingualism: Language and Cognition*, 18 (1), 3-24. doi: 10.1017/S1366728914000522

Van Assche, E., Drieghe, D., Duyck, W., Welvaert, M. & Hartsuiker, R. J. (2011). The influence of semantic constraints on bilingual word recognition during sentence reading. *Journal of Memory and Language*, 64(1), 88-107. doi: 10.1016/j.jml.2010.08.006

*Van Assche, E., Duyck, W. & Brysbaert, M. (2013). Verb processing by bilinguals in sentence contexts: The effect of cognate status and verb tense. *Studies in Second Language Acquisition*, 35(2), 237-259. doi: 10.1017/S0272263112000873

Vanderplank, R. (2016). *Captioned media in foreign language learning and teaching: Subtitles for the deaf and hard-of-hearing as tools for language learning*. London, UK: Palgrave Macmillan. doi: 10.1057/978-1-137-50045-8

Van Hell, J. G. & Tanner, D. (2012). Second language proficiency and cross-language lexical activation. *Language Learning*, 62 (s2), 148-171. doi: 10. 1111/j. 1467-9922. 2012. 00710.x

Van Hell, J. G. & Tokowicz, N. (2010). Event-related brain potentials and second language learning: Syntactic processing in late L2 learners at different L2 proficiency levels. *Second Language Research*, 26(1), 43-74. doi:10.1177/0267658309337637

Van Merriënboer, J. J. & Sweller, J. (2005). Cognitive load theory and complex learning: Recent developments and future directions. *Educational Psychology Review*, 17(2), 147-177. doi:10.1007/s10648-005-3951-0

VanPatten, B. & Williams, J. (2002). Research criteria for tenure in second language acquisition: Results from a survey of the field (Unpublished manuscript). University of Illinois at Chicago.

Van Wermeskerken, M., Litchfield, D. & van Gog, T. (2018). What am I looking at? Interpreting dynamic and static gaze displays. *Cognitive Science*, 42(1), 220-252. doi: 10.1111/cogs.12484

Veldre, A. & Andrews, S. (2014). Lexical quality and eye movements: Individual differences in the perceptual span of skilled adult readers. *The Quarterly Journal of Experimental Psychology*, 67(4), 703-727. doi:10.1080/17470218.2013.826258

Veldre, A. & Andrews, S. (2015). Parafoveal lexical activation depends on skilled reading proficiency. *Journal of Experimental Psychology: Learning, Memory, and Cognition*, 41 (2), 586-595. doi:10.1037/xlm0000039

Vilaró, A., Duchowski, A. T., Orero, P., Grindinger, T., Tetreault, S. & di Giovanni, E. (2012). How sound is the Pear Tree Story? Testing the effect of varying audio stimuli on visual attention distribution. *Perspectives*, 20(1), 55-65. doi:10.1080/0907676X.2011. 632682

Vitu, F. (1991). The existence of a center of gravity effect during reading. *Vision Research*, 31(7-8), 1289-1313. doi:10.1016/0042-6989(91)90052-7

Vitu, F., O'Regan, J. K., Inhoff, A. W. & Topolski, R. (1995). Mindless reading: Eye-movement characteristics are similar in scanning letter strings and reading texts. *Perception and Psychophysics*, 57(3), 352-364. doi:10.3758/BF03213060

Vitu, F., O'Regan, J. K. & Mittau, M. (1990). Optimal landing position in reading isolated words and continuous text. *Perception and Psychophysics*, 47(6), 583-600. doi: 10. 3758/BF03203111

Von der Malsburg, T. & Angele, B. (2017). False positives and other statistical errors in standard analyses of eye movements in reading. *Journal of Memory and Language*, 94, 119-133. doi:10.1016/j.jml.2016.10.003

Von der Malsburg, T. & Vasishth, S. (2011). What is the scanpath signature of syntactic reanalysis? *Journal of Memory and Language*, 65(2), 109-127. doi:10.1016/j.jml.2011. 02.004

Vonk, W. & Cozijn, R. (2003). On the treatment of saccades and regressions in eye movement measures of reading time. In J. Hyönä, R. Radach & H. Deubel (Eds.), *The mind's eye:*

Cognitive and applied aspects of eye movement research (pp.291-312). Amsterdam, the Netherlands: North-Holland.

Wade, N. J. (2007). Scanning the seen: Vision and the origins of eye movement research. In R. P. G. Van Gompel, M. H. Fischer, W. S. Murray & R. L. Hill (Eds.), *Eye movements: A window on mind and brain* (pp.31-63). Oxford, UK: Elsevier. doi: 10.1016/B978-008044980-7/50004-5

Wade, N. J. & Tatler, B. W. (2005). *The moving tablet of the eye*. Oxford, UK: Oxford University Press. doi: 10.1093/acprof: oso/9780198566175.001.0001

Wagner, E. (2008). Video listening tests: What are they measuring? *Language Assessment Quarterly*, 5(3), 218-243. doi: 10.1080/15434300802213015

Wang, D., Mulvey, F. B., Pelz, J. B. & Holmqvist, K. (2017). A study of artificial eyes for the measurement of precision in eye-trackers. *Behavior Research Methods*, 49(3), 947-959. doi: 10.3758/s13428-016-0755-8

Wang, M., Perfetti, C. A. & Liu, Y. (2003). Alphabetic readers quickly acquire orthographic structure in learning to read Chinese. *Scientific Studies of Reading*, 7(2), 183-208. doi: 10.1207/S1532799XSSR0702_4

Wedel, M. & Pieters, R. (2008). Eye tracking for visual marketing. *Foundations and Trends in Marketing*, 1(4), 231-320. doi: 10.1561/1700000011

Wengelin, A., Torrance, M., Holmqvist, K., Simpson, S., Galbraith, D., Johansson, V. & Johansson, R. (2009). Combined eyetracking and keystroke-logging methods for studying cognitive processes in text production. *Behavior Research Methods*, 41(2), 337-351. doi: 10.3758/BRM.41.2.337

Whelan, R. (2008). Effective analysis of reaction time data. *The Psychological Record*, 58(3), 475-482. doi: 10.1007/BF03395630

White, S. J. (2008). Eye movement control during reading: Effects of word frequency and orthographic familiarity. *Journal of Experimental Psychology: Human Perception and Performance*, 34(1), 205-223. doi: 10.1037/0096-1523.34.1.205

Whitford, V. & Titone, D. (2015). Second-language experience modulates eye movements during first- and second-language sentence reading: Evidence from a gaze-contingent moving window paradigm. *Journal of Experimental Psychology: Learning, Memory, and Cognition*, 41(4), 1118-1129. doi: 10.1037/xlm0000093

Wicha, N. Y. Y., Moreno, E. M. & Kutas, M. (2004). Anticipating words and their gender: An event-related brain potential study of semantic integration, gender expectancy, and gender agreement in Spanish sentence reading. *Journal of Cognitive Neuroscience*, 16(7), 1272-1288. doi: 10.1162/0898929041920487

Wilcox, R. (2012). *Introduction to robust estimation and hypothesis testing* (3rded.). Amsterdam, the Netherlands: Elsevier.

Williams, J. N. (2009). Implicit learning in second language acquisition. In W. C. Ritchie & T. K. Bhatia (Eds.), *The new handbook of second language acquisition* (pp.319-353). Bingley, UK: Emerald Publishing.

Williams, R. & Morris, R. (2004). Eye movements, word familiarity, and vocabulary acquisition. *European Journal of Cognitive Psychology*, 16(1-2), 312-339. doi:10.1080/09541440340000196

Wilson, M. P. & Garnsey, S. M. (2009). Making simple sentences hard: Verb bias effects in simple direct object sentences. *Journal of Memory and Language*, 60(3), 368-392. doi:10.1016/j.jml.2008.09.005

*Winke, P. (2013). The effects of input enhancement on grammar learning and comprehension. *Studies in Second Language Acquisition*, 35(2), 323-352. doi:10.1017/S0272263112000903

*Winke, P., Gass, S. & Sydorenko, T. (2013). Factors influencing the use of captions by foreign language learners: An eye-tracking study. *The Modern Language Journal*, 97(1), 254-275. doi:10.1111/j.1540-4781.2013.01432.x

Winke, P., Godfroid, A. & Gass, S. M. (2013). Introduction to the special issue. *Studies in Second Language Acquisition*, 35(2), 205-212. doi:10.1017/S027226311200085X

Winskel, H., Radach, R. & Luksaneeyanawin, S. (2009). Eye movements when reading spaced and unspaced Thai and English: A comparison of Thai-English bilinguals and English monolinguals. *Journal of Memory and Language*, 61(3), 339-351. doi:10.1016/j.jml.2009.07.002

Wray, A. (2002). *Formulaic language and the lexicon*. Cambridge, MA: Cambridge University Press.

Wray, A. (2008). *Formulaic language: Pushing the boundaries*. Oxford, UK: Oxford University Press.

Wright, R. D. & Ward, L. M. (2008). *Orienting of attention*. New York: Oxford University Press.

Yan, M., Kliegl, R., Richter, E. M., Nuthmann, A. & Shu, H. (2010). Flexible saccade-target selection in Chinese reading. *The Quarterly Journal of Experimental Psychology*, 63(4), 705-725. doi:10.1080/17470210903114858

Yang, H. M. & McConkie, G. W. (1999). Reading Chinese: Some basic eye-movement characteristics. In J. Wang, H. C. Chen, R. Radach & A. Inhoff (Eds.), *Reading Chinese script: A cognitive analysis* (pp.207-222). London, UK: Lawrence Erlbaum.

Yang, S. (2006). An oculomotor-based model of eye movements in reading: The competition/interaction model. *Cognitive Systems Research*, 7(1), 56-69. doi:10.1016/j.cogsys.2005.07.005

Yatabe, K., Pickering, M. J. & McDonald, S. A. (2009). Lexical processing during saccades in text comprehension. *Psychonomic Bulletin & Review*, 16(1), 62-66. doi:10.3758/PBR.16.1.62

*Yi, W., Lu, S. & Ma, G. (2017). Frequency, contingency and online processing of multiword sequences: An eye-tracking study. *Second Language Research*, 33(4), 519-549. doi:10.1177/0267658317708009

Young, L. R. & Sheena, D. (1975). Survey of eye movement recording methods. *Behavior Research Methods & Instrumentation*, 7(5), 397-429. doi:10.3758/BF03201553

Zang, C., Liang, F., Bai, X., Yan, G. & Liversedge, S. P. (2013). Interword spacing and landing position effects during Chinese reading in children and adults. *Journal of Experimental Psychology: Human Perception and Performance*, 39(3), 720-734. doi:10.1037/a0030097

Zhu, Z. & Ji, Q. (2007). Novel eye gaze tracking techniques under natural head movement. *IEEE Transactions on Biomedical Engineering*, 54(12), 2246-2260. doi:10.1109/TBME.2007.895750

Zlatev, J. & Blomberg, J. (2015). Language may indeed influence thought. *Frontiers in Psychology*, 6, 1631. doi:10.3389/fpsyg.2015.01631

* Zufferey, S., Mak, W., Degand, L. & Sanders, T. (2015). Advanced learners' comprehension of discourse connectives: The role of L1 transfer across on-line and off-line tasks. *Second Language Research*, 31(3), 389-411. doi:10.1177/0267658315573349

人名索引

*斜体*页码表示图示，**加粗**页码表示表格

［编者注］页码为原文页码，在正文中以边码形式注明

Aaronson, D. 6
Alanen, R. 3
Allopenna, P. D. 11, 89, 91, *92*, 94, 96, 100
Alsadoon, R. 71, 77, 138, 141-142, 220, 222, 225
Altmann, G. T. M. **49**, 90-91, 93, *94-95*, 96, 105, 107, 144, 168, 182, 191-192, 347
Andersson, R. 229, 324-326
Andringa, S. 78, 98, 112-114, 116, 124, 165, 219, 344
Anthony, L. 355, 362

Baayen, R. H. 264, 266-269, 276, 278
Baccino, T. 15
Bachman, L. 61
Baddeley, A. D. 81
Bahill, A. T. 34
Bai, X. 40
Balling, L. W. 72, 75, 221, 340
Balota, D. A. 44
Baltova, I. 349

Bar, M. 105
Barnes, G. R. 36
Barnett, V. 260, 265-266
Barr, D. J. 277-278, 280-281, 283, 288, 294, 298, 302
Bates, D. 188, **190**, 309*n*6
Bates, E. 309*n*6
Bax, S. 82, 175, 211, 227, 233, 238, 241
Bell, B. A. 277
Bertera, J. H. 38
Bialystok, E. 102
Binda, P. 34-35
Bisson, M. 63, 80-82, 134, 211, 213, 226
Blumenfeld, H. K. 91, 100
Blythe, H. I. 34, 341
Boers, F. 73, 75
Boersma, P. 198
Bojko, A. 237
Bolger, P. 64, 98, 114-116
Boston, M. F. 47
Bowles, M. A. 1, 3-4, 12
Boxell, O. 65, 68-69, 225
Braze, D. 252

Brône, G. 11, 123
Brysbaert, M. 153-154, 157n4
Bultena, S. **49**
Burnat, K. 26

Cameron, A. C. 307
Canseco-Gonzalez, E. **49**
Carrol, G. 71, 74-75, 104, 211, 221, 223
Chambers, C. G. 144, 347-348
Chamorro, G. 65, 223
Chen, H. C. 40, 43
Chepyshko, R. 290, 293, 295, 299-300, 302-303
Choi, J. E. S. 33
Choi, S. 77, 87n5
Choi, S. Y. 41, 43
Choi, W. 38-39
Cicchini, G. M. 34
Cintrón-Valentín, M. 71, 73, 77-79, 205
Clahsen, H. 2, 10, 65, 68, 218, 220, 221, 223
Clark, A. 104
Clark, H. H. 276
Clifton, C. J. 9, 12, 14, 217, 246
Cohen, A. D. 3
Cohen, A. L. 258
Cohen, J. 152-153
Conklin, K. 1, 223, 261
Cooper, R. 11, 90-91, 143
Cop, U. 6, **49**, 58, 72, 75, 180, 220, 221, 340-342
Corbetta, M. 21
Cubilo, J. 62, 349-350
Cuetos, F. 69
Cunnings, I. 89, 116-117, 119, 124, 168, 212, 285, 288, 298, 309n5, 345

Dahan, D. **49**, 89, 95-96, 191-192
Dambacher, M. 16
De Bot, K. 3

De León Rodríguez, D. 159, 161, 175, 220, 229, 231-232
DeLong, K. A. 103
Deutsch, A. 16, 43
Dienes, Z. 204n2
Dijkgraaf, A. 106-107, 124, 182, *183*, 184, 194, 196, 212, 288, 298
Dimigen, O. 15-16
Dink, J. W. 290
Dodge, R. 311-312, 315
Dolgunsöz, E. 58
Drasdo, N. 26
Drieghe, D. 57, 172, 283
Duchowski, A. T. 11, 312, 314
Duñabeitia, J. A. **49**
Dussias, P. E. 10, 12, 65, 69, 105, 108-110, 143, 147, 229-230, 294, 348
d'Ydewalle, G. 81

Eberhard, K. M. 91
Eggert, T. 312, 314
Elgort, I. 50, 71, 73, 223-224, 233, 340
Ellis, N. C. 65, 69, 226
Ellis, R. 148
Engbert, R. 37, 51, 53, 56-57, 60n4
Erricson, K. A. 3
Eser, I. 360

Felser, C. 10, 65, 68-69, 218-219, 221, 223-225, 233
Fender, M. 67
Feng, G. 41, 60n4, 341-343
Fernald, A. 108
Ferreira, F. 8-9, 191
Field, A. 251, 268, 274, 301
Findlay, J. M. 24, 38, 57, 59
Flecken, M. 98, 120-121, 151, 159, 170, 191, 229-230, 288
Fodor, J. A. 9
Forster, K. I. 6

Foucart, A. 14, 16-17
Fox, M. C. 3
Fraser, C. A. 3
Frazier, L. 9
Frenck-Mestre, C. 1-2, 12
Friston, K. 104
Fukkink, R. G. 3

Gass, S. M. 17, 81, 104, 244, 353
Gelman, A. 278
Gilchrist, I. D. 30, 33, 36
Godfroid, A. 1-4, 3, 12-13, 45-46, **49**, 50, 65-67, 69-73, 77, 104, 112, 124, 128-129, 131, 134, 140, 146, 148-149, 157n3, 159, 173-174, 178, 204n2, 205, 210, 212, 219, 221-222, 224, 226, 228, 242, 245-246, 249n2, 250n3, 253, 261, *268*, 269-270, 272, 281, 285-286, 309n4, 332, 339-340
Goo, J. 3
Gough, P. B. 51
Green, A. 3
Green, P. 153
Gries, S. Th. 46, 251, 283
Griffin, Z. M. 11
Grosbras, M. H. 21
Grüter, T. 106, 108-110, 114, 124, 229-230
Guan, C. Q. 351
Gullberg, M. 11, 122

Hafed, Z. M. 37
Häikiö, T. 39, 43, 58, 341
Hair, J. F. 346
Hama, M. 1-2
Hattie, J. 153
Havik, E. 146
Hayes, T. R. 38
He, X. 228
Henderson, J. M. 32, 34, 38-39, 58, 144, 345
Hering, C. 311
Hilbe, J. M. 307
Hintz, F. 192
Hirotani, M. **49**
Holmqvist, K. 24, 26, 33-34, 36, 59n1, 238, 241, 255-256, 314, 316, 319-320, 323, 329-330, 332, 336, 356-357, 358
Holšánová, J. 11
Hopp, H. 6, 65-68, 98, 105, 108-110, 113-114, 116, 124, 160-161, 168, 195, 197, 200, 224, 229-231, 345
Hosseini, K. 210
Hoversten, L. J. 72, 75-76, 87n6, 216, 223
Huettig, F. 95, 97, 103-105, 112, 120, 124, 132, 145, 181, 192-193
Huey, E. B. 51
Hutzler, F. 16
Hÿonä, J. 243, 345-346

Ikeda, M. 41, 43
Indrarathne, B. 71, 73, 77-78, 205, 216, 226, 228, 332
Inhoff, A. W. 261
Irwin, D. E. 35-36
Issa, B. 78
Ito, A. 105, 107, 112, 124, 197, 288, 298
Izumi, S. 228

Jackson, C. N. 147-148
Jacobs, A. M. 52
Jacobson, E. 312
Jaeger, T. F. 273, 296, 298
Jegerski, J. 6, 65
Jeon, E. H. 251, 274, 277-278
Jiang, N. 1
Jordan, T. R. 42-43
Joseph, H. S. S. L. **49**, 50
Ju, M. 196

Juffs, A. 66-67
Juhasz, B. J. 47-48, **49**
Just, M. A. 6, **8**, 9

Kaakinen, J. K. 3
Kaan, E. 105, 107-108
Kamide, Y. 96, 112, 192
Kaushanskaya, M. 64, 98, 120, 157n3, 191, 229
Keating, G. D. 3, 12, 28, 30, 65, 127, 233, 235, 261
Kennedy, A. 47, 57
Kerlinger, F. N. 126
Khalifa, H. 84
Kim, E. 89, 116-119, 193, 288
Kliegl, R. 15, 46-47, 178, 329
Kohlstedt, T. 114-116, 130, 132, 134, 182, 212, 288
Kohsom, C. 40
Krauzlis, R. J. 37
Kretzschmar, F. 16
Kreysa, H. 11
Kroll, J. F. 75, 100
Kühberger, A. 153
Kuperberg, G. R. 103-104
Kuperman, V. 345
Kurtzman, H. S. 69
Kutner, M. H. 138

Lachaud, C. M. 260, 265-266, 269
Lagrou, E. 196
Lamare, M. 311
Larsen-Freeman, D. 146
Larson-Hall, J. 152, 251, 274, 301
Lau, E. 344
Lee, C. H. 62, 351-352
Lee, S. 83-84, 98, 120, 125n9, 129, 164, 238, 241-242
Leeser, M. J. 2, 147-149
Legge, G. E. 26, 28, 60n4, 174

Lemmerth, N. 195
Leow, R. P. 2-4, 19, 77
Lettvin, J. Y. 37
Leung, C. Y. 58
Leung, J. H. C. 2
Levenshtein, V. I. 246
Lew-Williams, C. 108-109, 114, 332
Li, X. 328
Liberman, A. M. 298
Lim, H. 43
Lim, J. H. 65, 147, 175-176, 223, 235, 338
Linck, J. A. 281, 285
Lipsey, M. W. 153
Liu, Y. 351
Liversedge, S. P. 11, 46
Lotto, L. 189, **190**
Lowell, R. **49**
Luck, S. J. 14
Luke, S. G. 31-32
Lupyan, G. 121

McClelland, J. L. 44, 92
McConkie, G. W. 40, 57
McCray, G. 82, 129, 159, 163, 171, 211, 233, 272
MacDonald, M. C. 9
McDonald, S. A. 17, 60n4
McDonough, K. 11, 98, 120, 122, 124, 129, 191, 212-213, 272, 332, 348-349
McIntyre, N. A. 243
Mackey, A. 2
MacLeod, C. J. 102
Marian, V. 89, 91, 99-101, 131-132, 134, 144, 183, *187*, 191, 212-213
Marinis, T. 3, 69
Marslen-Wilson, W. 9
Martinez-Conde, S. 37
Matin, E. 34, 199
Matuschek, H. 277-278, 281-283, 285-

287, 309n6
Mercier, J. 91, 99-102, 192, 212
Meseguer, E. 246
Metzner, P. 15
Meyer, A. S. 11, 36, **49**
Meyers, I. L. 312
Michel, M. 159, 353, 362n4
Miles, W. 359
Mirman, D. 251, 288, 290, 298-299, 301
Mitchell, D. C. 2, 6, 10, 12, 17
Mitsugi, S. 110-112, 124, 212-213, 298
Miwa, K. 72, 75, 159, 161, 175, 216, 220, 222, 225
Mohamed, A. A. **49**, 50, 71, 73, 205, 233, 235, 249n2, 250n3
Montero Perez, M. 63, 73, 80-81, 135, 155, 159, 161, 205, 221, 224
Morales, L. 108-110, 189, 200, *201*, 212, 343-345, 348
Morgan-Short, K. 2-3, 12, 14-15
Morrison, R. E. *55*
Mueller, J. L. 14
Mulvey, F. 256
Munõz, C. 63, 80-82, 211
Murray, W. S. 52, 56

Nassaji, H. 3
Nesselhauf, N. 73
Nieuwenhuis, R. 267
Nyström, M. 328-329

O'Regan, J. K. 43
Osterhout, L. 200

Paap, K. R. 102
Paas, F. 351
Panichi, M. 34
Papadopoulou, D. 69
Papafragou, A. 121
Paterson, K. B. 41-43

Pawley, A. 73
Pellicer-Sánchez, A. 50, 71, 73, 205, 211, 340
Perfetti, C. A. 351
Peters, R. E. 106
Philipp, A. M. 72, 75, 211-213
Phillips, C. 69
Pickering, M. J. 104
Plonsky, L. 46, 63, 148, 151-152, 251, 274, 277-278
Polio, C. 347
Pollatsek, A. 42
Pomplun, M. 38
Porte, G. 347
Posner, M. A. 19-20
Posner, M. I. 20
Potter, M. C. 6
Pozzan, L. 91, 116-119, 124
Pynte, J. 47, 57

Qi, D. S. 3

Radach, R. 40, 52, 56, 213, 223
Ratcliff, R. 260, 264-266, 269
Rayner, K. 9, 11, 21, 24, *25*, 26, 28, 30-33, 37-41, 43, 46-47, 58, 172, 221, 223, 233, 261, 329, 341
Rebuschat, P. 128
Reichle, E. D. 31, 34, 54, 56, 58, 233, 246
Reilly, R. G. 60n4, 223
Révész, A. 11, 77, 79, 134, 164
Richard, F. D. 153
Rizzolatti, G. 21
Roberts, L. 8, 12, 65, 118, 127, 224, 233
Robinson, P. 73, 79
Rosa, E. 3
Rossion, B. 189, **190**
Rothman, J. 112
Rubin, J. 349
Runner, J. T. 89

Sachs, R. 3
Sagarra, N. 65, 69, 78, 159, 221–222, 224, 248
Salverda, A. P. 144
Salvucci, D. D. 60n4
Sanz, C. 1, 17, 321
Saslow, M. G. 199
Schmidt, R. 69, 104, 285–286
Schmitt, N. 151
Schott, E. 312
Sedivy, J. C. 112
Segalowitz, N. 87n4
Sekerina, I. A. 106, 112–113, 116, 118–119, 124, 144, 168, 191, 193, 197, 199–200, 212
Sereno, S. C. 15–16
Severens, E. 189, **190**
Sheliga, B. M. 21
Shen, D. 40
Shen, H. H. 351
Shintani, N. 134
Simard, D. 19
Sinclair, J. 73
Singh, N. 102, 229–230
Siyanova-Chanturia, A. 45, **49**, 71, 74, 127, 211, 221
Skehan, P. 79
Smith, B. 353
Snijders, T. A. B. 277
Snodgrass, J. G. 189, **190**
Sonbul, S. 73–74, 180–181, 211, 221
Song, M.-J. 228
Sorace, A. 112
Spinner, P. 66, 148, 174–175, 221, 233
Spivey, M. J. 1, 89, 100, 144
Springob, C. 26
Starr, M. S. 46
Steinhauer, K. 13–14, 200
Stephane, A. L. 320
Stevenson, H. W. 342

Stroop, J. R. 102
Styles, E. A. *20*
Sussman, R. S. 144
Suvorov, R. 63, 82–83, 164, 233, 350
Suzuki, Y. 98, 110, 112, 124, 192, 212, 219, 246
Swain, M. 3, 228
Szekely, A. 188, **190**

Tamim, R. M. 153
Tanenhaus, M. K. 11, 46, 88–89, 91–92, 94, 116, 123
Taylor, J. N. 58, 218–219, 345
Taylor, W. L. 47
Thiele, A. 34–35
Thilo, K. V. 34–35
Tinker, M. A. 4
Tokowicz, N. 3
Tomlin, R. S. 19
Tremblay, A. 64, 99, 138–140, 144, 194–195, 212
Trenkic, D. 105, 132, 136, 166–69, 183, 212, 344–345, 347–348
Trueswell, J. C. 9, 117, 144
Tsai, J. L. 328

Unsworth, S. 346

Vainio, S. **49**, 66, 70, 221, 233
Valian, V. 102
Van Assche, E. 12, 72, 75, 212, 223
Van Hell, J. G. 14, 75, 100
Van Merriënboer, J. J. 351
Van Wermeskerken, M. 243
Vanderplank, R. 82
VanPatten, B. 63, 97, 214
Veldre, A. 38–39, 58
Vilaró, A. 243
Vitu, F. 43–45, 172
Von der Malsburg, T. 208, 222, 226–227,

233, 246, 248
Vonk, W. 36

Wade, N. J. 10-11, 33, 311, 359
Wagner, E. 349
Wang, D. 329-330
Wang, M. 351
Wedel, M. 25-26
Wells, W. C. 11
Wengelin, A. 11
Whelan, R. 263-264, 269
White, S. J. 57
Whitford, V. 39, 42-43, 58
Wicha, N. Y. Y. 103
Wilcox, R. 266
Williams, J. N. 112
Williams, R. **49**
Wilson, M. P. 9-10

Winke, P. 12, 32, 63, 71, 77, 80-82, 145, 205, 221, 261
Winskel, H. 40
Wray, A. 71, 73
Wright, R. D. 19-21, 33, 36

Yan, M. 328
Yang, H. M. 328
Yang, S. 60n4
Yatabe, K. 35-36
Yi, W. 71, 73
Young, L. R. 59n1, 312, 314

Zang, C. 328
Zhu, Z. 24
Zlatev, J. 121
Zufferey, S. 65

索 引

斜体页码表示图示，**加粗页码表示表格**
［编者注］页码为原文页码，在正文中以边码形式注明

acceleration	加速（度） 33-34, *33*, 323
accuracy	准确度 327, *328*, 329
action-based	基于行动的 144-145
active vision	主动视觉 30-31
age of acquisition	习得年龄 48, 50, 59
ambiguity resolution paradigms	歧义消解范式 65, 67
ambiguous sentences	歧义句 9-10, 116-117
amplitude	幅度 33-34
amplitude	振幅 14
analysis of variance（ANOVA）	方差分析 46, 50, 127, 130, 179, 265, 268, 272-273, 274-275, 296-297, 307
anomaly detection/violation paradigms	异常检测/违例范式 65, 87n3
ANOVA	方差分析 46, 50, 127, 130
anticipatory baseline effects	预期基线效应 302
anticipatory processing	预期性加工 110
Applied Language Learning journal	《应用语言学习》期刊 63, 97
Applied Linguistics journal	《应用语言学》期刊 63-64, 97
Applied Psycholinguistics journal	《应用心理语言学》期刊 63, 97
areas of interest	兴趣区 159
artifacts	伪影 15, 16, 261, 362
artistic factors	艺术因素 174-175, *176*, **177**
association-based	基于关联的 105
associative learning theory	联想学习理论 69

attention shifts 注意转移 21
audio materials 音频材料 138-139
auditory input 音频输入 182,196
awareness 意识 3-4
backward lateral masking 后向横向掩蔽 34-35
baseline effects 基线效应 183-184,186,200
between-language competition 语间竞争 100-101
between-subject designs 被试间设计 135,*136*,**154**,*155*
Bilingualism: Language and Cognition journal 《双语：语言与认知》期刊 63-64,*97*,98
bilingualism/SLA studies 双语/二语习得研究 214,221,226
bilingualism 双语 42-43,101-102,125n5,212-213
bilingual lexicon 双语词库 75,**76**
bimodal input 双模态输入 80-81
binary data 二元数据 213
binning 分箱 290
binocular disparity 双眼视差 329
binocular 双眼 360
binomial phrases 双名词组 45
blinks 眨眼 *255-256*
by-item（F2）analysis 按项目（F2）分析 275,276,278,281,283,**284**,298
by-subject（F1）analysis 按被试（F1）分析 275,276,278,281-283,**284**,298
calibration/cameras 校准/摄像机 360-361
cameras 摄像机 *122*,*159*,*316-317*,*319*,*322*,*329*,*331-332*,*333*,*349*,*360*
Canadian Modern Language Review journal 《加拿大现代语言评论》期刊 63,*97*
carrier phrase 载体短语 200,*201*,*202*
categorical variables 分类变量 127,128,132,136,286
centered display 居中显示 **8**
Chinese-English 汉英 74
chinrests 下巴托 361
Cloze test 完形填空测试 47
cognates 同源词 75,177-178
cognitive control models 认知控制模型 51
cognitive factors 认知因素 31,59
cognitive processing 认知加工 22
compared with eye-tracking 与眼动追踪相比 14
competition effects 竞争效应 91,98,100,101,103

competitors	对手 2
competitors	竞争物 91,101,115,185,192
comprehension questions	理解性问题 145-147,**150**
concurrent data collection methods	并行数据收集方法 23
concurrent verbalizations	并行的言语表达 12
cones/rods	视锥/视杆 25,*26*
confounds	混淆 46,127-128,182,186,188,203
consecutive counts	连续次数 211-212,214
content/container verbs	内容/容器动词 293,*294-295*,302,*305*,306
contextual constraint	语境约束 31,46,**49**,178
co-reference	共指关系 117,**120**
counterbalancing	平衡 136,*137*,138,155-156
counts	次数 *210*,**211**
Courier font	Courier 字体 28,**29**,30
covert attention	隐性注意 38,*55*
covert orienting	隐性定向 19-21
covert	隐性 19
critical trials	关键试次 70,*70*,131,138-141,213,344
cross-linguistic research	跨语言研究 41
cumulative, linear technique	累积、线性技术 7,**8**
databases	数据库 188-189,**190**
data cleaning/analysis	数据清洗/分析 251-252,361-363
data collection methods	数据收集方法 2
data collection	数据收集 159
data quality	数据质量 23,140,177,252,253,256,320,327,329,330,333,336,348,359
data transformation	数据转换 263-264,*265*,266,270
data visualization	数据可视化 291,293
deceleration	减速(度) 33-34
degrees of visual angle (°)	视角度(°) 26,27,30,33,176
dependency paradigms	依存范式 65
dependency studies	依存关系研究 68-69
dependent variables	因变量 127,140,145,179,238,248,272,291,**292**,307
desk-mounted	桌面式 316,335
different-gender trials	差异化语法性别试次 108-109,*109*,110,125n6
dispersion-based algorithms	基于离差的算法 323,326,328
display PC	显示机 334,335,*335*
distractors	干扰物 166-167,*168*

distractor trials	干扰物试次	166, 168, 184–186, *185*
domain-general	领域一般性	31
domain-specific	领域特殊性	31
double spacing	双倍行距	172, 362
doublets	两因素	128, *129*, 132
drift correction	漂移校正	257, *258–259*
drift	漂移	172–173, 257, *258*
Dutch-English	荷兰语-英语	182, 196
dynamic interest areas	动态兴趣区	170
early processing	早期加工	12
early	早期	216–220, *217*, 221–224
ecological validity	生态效度	12, 17, 122, 144, 174, 193, 321, 361
EEG recordings	脑电图记录	13–14
effective field of view	有效视野	38
electrooculography	眼电图	312, *314*
elog/empirical logit	elog	275, **292**, 293, 295, 298, **299**, 299, 303, **304**, 309n11
empirical data	经验数据	31
Esperanto	世界语	114
event conceptualization	事件概念化	121
event-related potentials (ERPs)	事件相关电位(ERP)	2, *13*, 14–17, **18**, 103
event representations	事件表征	*95*, 96
expected fixation duration	预期注视时间	228
experimental control	实验控制	130, 132, 178, **179–180**, 181–182
experimental materials	实验材料	126–127
experimental trials	实验性试次	140, 157n1, 193
experiment designing	实验设计	186
eye camera	眼球运动记录器	316, 335, 355
eye-fixation duration	眼注视时间	46, 88–89
(eye) fixation related potentials ([E]FRPs)	(眼)注视相关电位([E]FRP)	15–16
eyeglasses	眼镜	361
eye-mind link	眼-脑联系	51, 88
eye-movement measures	眼动指标	205, *207–208*, **215–216**, 247–250
eye movement measures	眼动指标	208
eye movement models	眼动模型	21, 51, *52–55*, 56–57
eye-movement recording	眼动记录	12, 15
eye movements	眼动(眼球运动)	15, 21, 23, *30*, 31–38, 72, 89, 103, 107
eye-to-brain lag	眼脑延迟	261
eye trackers	眼动仪	12, 23, 33, 177, 203, 213, 238, 252,

		311, *321*, 322, 328, 331, *332-333*, 355-356
eye tracking labs	眼动追踪实验室	331-332, *333*, 334, *335*, 336, 357-358
eye-tracking measures	眼动追踪指标	206, *207*, 209
eye-tracking research	眼动追踪研究	56-57, 75, 123, 124
eye tracking	眼动追踪	6, 10-11, **18**, 19-22, 83, 97, 123, 176, *315*
eye-tracking	眼动追踪	68
E-Z Reader model	E-Z Reader 模型	51, *53*, 54, *55*, 56
field of active vision	主动视觉领域	30
filler-gap dependencies	填充词-缺位的依存	69
filler trials	填充试次	138, 140, 147
first fixation duration	首次注视时间	220, 222, 247, *248-249*
first pass reading time	第一遍阅读时间	180-181, **180**, **215**, 217, 218, 221, 222, 224
first subgaze	首次亚凝视	222
fixational eye movements	注视性眼球运动	37, *37*
fixation counts	注视次数	211
fixation cross	注视标记	193-195, *194-195*
fixation duration	注视时间	228
fixation latency	注视潜伏期	**229**, *230-231*, 247, 274
fixation location	注视位置	231, **232**
fixations/skips	注视/跳读	*210-211*, 212
fixations	注视	15-16, **18**, 22, 24, 27, **30**, 31, 40, 58, 124, 211, **215-216**, 226
fixed effects	固定效应	277
font size	字号	28, 29, 30, 174, 175, 176, 181, 186, 309n13, 340, 343
fonts	字体	28, 30, 174-175
Foreign Language Annals journal	《外语年鉴》期刊	63, 97
formulaic language	公式化语言	73-75
four-stage procedure	四个步骤	260, 261, 307
foveating	直视（将中央凹区域对准）	33
fovea	中央凹	24, 25, 26, 57
French language study	法语研究	16
frequency	频率	6, 9, 47, 48, 59, 220, 342
FRPs	注视相关电位（FRP）	16
functional field of view	功能视野	38, 57
gaze-contingent moving window paradigm	随注视变化的移动窗口范式	40, *41-42*, 58
gaze duration	凝视时间	221-222, 248, *249*

gaze plots	视线轨迹图 241-242, *243*, 250
gender-based prediction	基于语法性别的预测 105, 108-110, 114, 125n6, 200
generalized linear mixed-effects models (GLMMs)	广义线性混合效应模型（GLMM） 274, 275, **299**
global perception span	整体知觉广度 39
glosses	注释 259
goodness-of-fit	拟合优度 8, 283
grammaticality judgment tests (GJTs)	语法判断测试（GJT） 145, 148-149, **150**, 245, *245*, 246
Greek-English	希腊语-英语 117, *118*
growth curve analysis	增长曲线分析 288, 290-291, 293, *295*, 302
growth curves	增长曲线 293
head-free	非头戴式（头部自由） 322
head-mounted	头戴式 316, *318-319*
head tracking	头部追踪 319, *320*
heatmaps	热力图 218, 237, 238, *240*, **241**, 250
higher-order polynomials	高阶多项式 300
homographs	同形异义词 75-76
homophones	同音异义词 75
host PC	主试机 331, 334, 335, *335*, 336
human eye	人眼 25, 26, 27, 57, *314*, 359, 361
idea units	意义单元 145
idioms	习语 104
image-based	基于图像的 163, *164-170*, 182
image selection	选择图像 182
images	图像 189
implicit learning	隐性学习 50, **104**, 112
incidental vocabulary acquisition	词汇附带习得 72, **76**, 135, 173, 226, 339
independent variables	自变量 269-270, 272, 274, 277, 278, 281, 282, 282, 286-288, 290, 293-294, 299
individual differences	个体差异 33, 38, 39, 58, 67, **71**, 76, 99, **104**, 105, 112, 124, 135, 180, 219, 279-280, 285, 345-346, 348
individual records/trials	（各）记录/试次 253, *254-256*, 257
inhibitory control	抑制控制 99-102, **103**
input enhancement	输入强化 77, 78, 79
inside words	单词内的 *162*
instruction effects	教学影响 113-114, *115*, 116
instrument reliability	方法信度 151-152

索　引　435

integrated eye-tracking measures	综合眼动指标　237,239,275
intentional vocabulary learning	词汇刻意学习　351-352,*352*,353
interaction studies	互动研究　348-349
interest areas	兴趣区　159
interface hypothesis	接口假说　78
internal validity	内部效度　4,130,257,327
interviews	访谈　17
invalid-cue trials	无效提示试次　20
Italian-Spanish	意大利语-西班牙语　343-344
item lists	项目列表　126,135,*136*,155
item numbers	项目数量　151-154,**154**,*155*,156
item preview	项目预览　140,192-195
Japanese language	日语　110-112,212,222-223
joint attention	共同注意　120,122,123
Journal of Memory and Language, *Cognition*	《记忆与语言期刊》《认知》　98
Journal of Second Language Writing	《二语写作期刊》　63,97
keyword captioning	关键词源语字幕　81-82,135,*155*,*162*,172
L1 studies	一语研究　34
L2 proficiency	二语熟练度　15
lab protocol	实验室规范　356-357
landing/launch zones	着陆/发射区　44-45
language-as-a-fixed-effect fallacy	"语言是固定效应"谬论　276
language assessment	语言评估　82,*83*,84,*85*
Language Awareness journal	《语言意识》期刊　63,97
Language, Cognition, and Neuroscience journal	《语言、认知与神经科学》期刊　98
language development	语言发展　32
Language Learning journal	《语言学习》期刊　63-64,97
language mediated	语言介导　93,96
language processing	语言加工　203
Language Teaching Research journal	《语言教学研究》期刊　63,97
Language Testing journal	《语言测试》期刊　63,97,214
larger text areas	较大的文本区域　162,*163*
last fixation duration	最后注视时间　225
late	晚期　216-220,*217*,224-228
Latin instruction	拉丁语指令　78
Latin square design	拉丁方设计　137,138
launch/landing sites	发射/着陆点　44
learner attention	学习者注意力　4
(Left) Anterior Negativity or (L)AN	(左)前负波或(L)AN　14-15

letter feature span 字母特征广度 39
letter identity span 字母识别广度 39, 43, 60n3
Levenshtein metric 莱文斯坦度量 246
lexemes 词位 71–72
lexical access 词汇通达 219
lexical activation 词汇激活 100
lexical alignment 词汇对齐 354
lexical competition 词汇竞争 91, *92*, 100–101, **103**
lexical decisions 词汇判断 222
lexical decoding skills 词汇解码技能 68, 87n4
lexical processing 词汇加工 54, 68, 114–115
lexical representations 词汇表征 32
lexical retrieval 词汇检索 54, 68, 75, 76, 103, 105, 109, 113, 192, 219
lexical-semantic processing 词汇-语义加工 14
license 许可证 12, 337, 356
linear mixed-effects models (LMMs) 线性混合效应模型(LMM) 266, 268, 271, *272–273*, *274–278*, 281, *282*, 283, **284–285**, 286, **286**, 287, 309
linguistic abilities 语言能力 106
linguistic constraints 语言限制 177–178
link function 联系函数 297, 299
linking hypothesis 联结假说 89, *90*, 91–92, *93–94*, 96, 191
listening as multimodal process 听力作为多模态过程 349–351
logarithmic transformation 对数转换 249n2, 250n3, 263, 264, 266, 274, 307
logarithms 对数 264, *265*
logbook 日志 359, 362
log frequencies 对数频率 47
logistic/quasi-logistic regressions 逻辑/准逻辑回归 *296*, 297–298, **299**, 302–303, **304–305**
logistic regression 逻辑回归 275
logit logit 275, **292**, 293, 295, 297–299, **299**, 303, 307, 309n10, 309n11
log odds 对数几率 293, 295, *296*, 297–299, **304**, 307, 309n9
looking-while-listening 边看边听 21, 142–145, 193
look-while-listening 边看边听 143–144
luminance maps 亮度图 241
main sequence 主序 33–34

manufacturers	制造商 233, 238, 252, 261, 321, 327, 329, 330, 337, 355, 360
measurement accuracy	测量准确度 12
measurement of visual angle	视角测量 **29**
metalinguistic information	元语言信息 114
microsaccades	微眼跳 37-38
Miles test	迈尔斯测试 359
mobile	移动式 316, *319*, 321, 332
model criticism	模型批评 265-271, **270**, 281, 285, **286**
model fit	模型拟合 266, 269-270, *271*, 278, 281, 283, 286, 303
model selection	模型选择 281, 283, **284**, 286, **304**, 309n12
Modern Language Journal	《现代语言期刊》 63-64, *97*, 98
monocular	单眼 360
monolingualism	单语 42-43, 72
monolinguals	单语者 42, 58, 72, 74, 76, 105, 113, 117, 118, **120**, 121, 124, 340, 343, 344
monospace	等宽 175, *176*, 181
morphosyntactic predictions	形态句法预测 108, *109*, 110, *111*, 112
motor programming	运动程序 21
moving window technique	移动窗口技术 7, **8**, 9, 59n2
multimodal input	多模态输入 80, **81**
multiple cues	多线索 112-113
multiple input sources	多个输入源 130, 132
multi-word processing studies	多词加工研究 72-73
N400	N400 14-16
naming consistency	命名一致性 188-189, **190**
natural polynomials	自然多项式 *301*, 302
natural reading process	自然阅读过程 6, 16
non-concurrent verbal reports	非同时进行的口头报告 17
non-independence	非独立 227, 248, *248*
non-violation paradigm	无违例范式 66, 71
normality assumption	正态性假设 263-264
noticing hypothesis	注意假说 69
"noticing the gap"	"差异意识" 3
null hypothesis significance testing	零假设显著性检验 204n2
object identification	物体识别 38
objects	客体 96
oculomotor factors	眼动因素 51, 59
oculomotor models	眼动模型 51

offline methodologies	离线方法	2
one-point measures	单点指标	229,325-326
online methodologies	在线方法	2
optimal viewing position（OVP）	最佳注视位置(OVP)	43,59
oral production	口语产出	120,*121-122*,**123**
orienting	定向	19
orthogonal polynomials	正交多项式	*301*,302
outliers	异常值	252,258,260-271,*260*,*268*,**270**,*271*, 277,285,307
overt orienting	显性定向	19,21
overt	显性	19
P600 index	P600 指数	14-15
parafoveal-on-foveal effects	副中央凹-中央凹效应	57,329
parafoveal-preview effects	副中央凹预览效应	24,55
parafoveal processing	副中央凹加工	22,24,55-57
parafoveal words	副中央凹词	44
parafovea	副中央凹	24,*25*
parallel attention	平行注意	52,54,56
parallel processing	平行加工	*52*
parser	解析器	9
parsing sentences	解析句子	66-67
parsing/syntactic structure	解析/句法结构	9-10
parsing	解析	66
partial word knowledge	单词知识的不同部分	219
Pearson Test of English Academic	培生学术英语考试	83
perceptual lobe	知觉叶	38,57
perceptual span	知觉广度	38,*39*,40-44,57-58
periphery	边缘	24,*25*
phonology	语音	91
pilot study	试点研究	356
plausibility judgments	合理性判断	145,147,**150**
Porta tests	波尔塔测试	*359*
postlexical language processing	后词汇语言加工	15,233
Potsdam Sentence Corpus	波茨坦句子语料库	47-48
practice trials	练习试次	19,138,140,177
precision	精确度	327,*328*
predictability	可预测性	16,104
predicted reading times	预测阅读时间	**8**
prediction window	预测窗口	168,199,295
prediction	预测	103-104,**104**,104-107,112,123

preferred viewing locations (PVL)	偏好注视位置(PVL)	43,59
pre-motor theory	前运动理论	21
preview benefits/effects	预览效益/效应	39
preview	预览	15,**18**,21,24,39,55-56,138,140,191-195,*194-195*
primary oculomotor control models	初级眼动控制模型	*52*
primary tasks	主要任务	2-3,126,142-145
processing depth	加工深度	4
processing load measures	加工负荷指标	82,88-89
processing	加工	14
proficiency	熟练度	105
proportional	比例	175,*176*,181
proportions	比例	212,291,**292**,309n8
prosody	韵律	197
Purkinje images	普尔金耶影像	315
quadruplets	四因素	128,*129*,*131*,*132*,*133*
qualitative	定性	3
quantitative	定量	3
random effects structures	随机效应结构	278,*279-280*,281
random effects	随机效应	277
reaction time (RT) measurements	反应时(RT)测量	4,263-265
reactivity	反应性	4
reading comprehension	阅读理解	4,5,6
reading direction	阅读方向	41-42,58
reading processing	阅读加工	83-84
reading studies	阅读研究	345-347
reading time	阅读时间	8-9, *265*,266
real-time	实时	86
reanalysis	重新分析	10,219,223-224
Reduced Ability to Generate Expectations (RAGE) hypothesis	预期力不足(RAGE)假说	105
referential processing	指称加工	116-117,*118-119*,**120**
refixation duration	再注视时间	222,249,*249*
refixation	再注视	43
regression out	回视出	223,235,**236**
regression path duration/go-past time	回视路径时间/总体通过阅读时间	223-224,248,249n1
regressions: regression in	回视:回视入	**236**,297,307,341
regressive eye movements	回退性眼球运动	32,55,**215**,223-224,232-234,*234*,235,**236**

reliability		信度	151–152
remote		遥测式	*316–317*, 319
repeated-measures ANOVA		重复测量方差分析	275, *276*
reporting		报告	306
rereading time		重读时间	224–225
residuals		残差	*268*
return sweeps		回扫	172
revision difficulties		修正困难	117
Russian-English		俄英（俄语-英语）	100, 113, 118–119, 131, 213
saccades		眼跳	30, *32*, *33*, 34, 35–36, 43, 59n1, 210, 250n4
saccadic suppression		眼跳抑制	34
Satterthwaite's method		Satterthwaite 方法	282–283
scanpaths		扫视路径	242–244, *244–245*, 246, 250
scleral contact lenses		巩膜接触镜	312, *313*
script effects		文字效应	341–343
secondary tasks		次要任务	4, 126, 142–143, 145, 149, **150**
second language acquisition (SLA)		二语习得 (SLA)	17, 86
Second Language Research journal		《二语研究》期刊	63–64, *97*, 98
second pass time		第二次通过时间	224–225
self-paced reading (SPR)		自定步速阅读 (SPR)	2, 4–6, 8–10, 12, **18**, 59n2, 69
semantic competitors		语义竞争物	183, *184*
semantic predictions		语义预测	107
sensitivity analysis		灵敏度分析	269
sentence processing		句子加工	67, 86–87n2, 217–218
shallow structure hypothesis		浅层结构假说	10, 68, 69, 218
short-term memory		短期记忆	3
single fixation duration		单一注视时间	220–221
single-word processing studies		单个词加工研究	72, 75, *161*
size		大小	165–166
skewed data		偏态数据	263
skip		跳读	172, 210, 213–214
SLA research		二语习得研究	3, 17, 23n1
smooth pursuit		平滑追踪	36
Spanish-English		西英（西班牙语-英语）	75–76
spatial constraints		空间限制	171–172, *173*, 174
spatial cuing paradigm		空间提示范式	19, *20*
spatial sampling errors		空间采样误差	324–327, 325

speech recognition	语音识别	192
speed	速率	322,324,*325*,326-327
spillover region	溢出区	60n5
split attention effects	分散注意效应	352
split corneas	分裂角膜	255
spoken language research	口语研究	17,89,91
static	固定式	316,321,322
statistical analysis	统计分析	**8**,127,242,247,263-264,265,283-287,*308*
statistical control	统计控制	180
statistical power	统计检验力	152-153,156
statistical tests	统计检验	271-272,*308*
stimulated recall	刺激回忆	17
Stroop tasks	Stroop 任务	99,*102*,229-230,*231*
Studies in Second Language Acquisition journal	《二语习得研究》期刊	63-64
subtitles	翻译字幕	80,**81**,82
subtypes	子类别	272
SWIFT model	SWIFT 模型	51-53,*53-54*
Synchronous Computer Mediated Communication (SCMC) study	实时计算机辅助交流(SCMC)研究	353-355
syntactic dependencies, data collection methods	句法依存,数据收集方法	69
syntactic processing	句法加工	14,68,91
task-based teaching/learning	任务型教学/学习	79
temporal sampling errors	时间采样误差	324,*325*,326
TESOL Quarterly journal	《对外英语教学季刊》期刊	63-64,*97*
test-taking	参加测试	84,**85**
test validity	测试效度	84
text-based eye tracking	基于文本的眼动追踪	63-65,**154**,257
text-based studies	基于文本的研究	65,*97*,98,174-175,*176*,**177**,206,*207*,209,*209*
text skimming	文本略读	253,*254*,255
text-to-speech programs	文本转语音程序	196
think-aloud protocols	有声思维报告	2-3,23n1
thinking aloud	有声思维	2-3
time bins	时间箱	288,296,298
time-course analysis	时程分析	287,288,302-304,*305*,**305**
time stamps	时间戳	199-200,229,290
time windows	时间窗口	198,*199*,200,*201*,202

TOEFL test study	托福测试研究	84
total time	总时间	225-227
total visit duration	总访问时间	227-228
TRACE model	TRACE 模型	92, *93*
track loss	轨迹丢失	253-257, 308n1
translated	翻译后的	74
translations	翻译	145, 147-148, **150**
transparency	透明度	196-197
trials	试次	86n2, 138, *139*, 140-142
triplets	三因素	128, *129*, 132, 180
tuning hypothesis	调谐假说	69
two-point measures	双点指标	325, 326
unconscious processes	无意识过程	3
undershooting/overshooting	未抵达/越过	44, *45*
unspaced languages	无词间距语言	40
valid-cue trials	有效提示试次	*20*
validity	效度	4, 12, 17, 83-84, **85**, 122, 127, 130, 144, 146, 174, 193, 226-227, 257, 260-261, 264, 321, 327-328, 361
validity	正确性	58
variables	变量	**49**, 127-128, *129-130*, 131, 178-181, 272, 278
velocity-based algorithms	基于速度的算法	323
velocity	速度	33
vergence	转向	36
versatility	通用性	11
vestibulo-ocular reflex	前庭-眼反射	36
violations	违例	66
visual acuity	视敏度	24, *25*, 26, 33, 39
visual angles	视角	26, *27-28*
visual field	视野	24, 26, *27*, 39
visual lobes	视觉叶	38
visual properties	视觉特性	186, *187*, 188
visual search	视觉搜索	38
visual world paradigm	视觉情境范式	11-12, 17, 21, 88, 92, 94, *97*, 103, **104**, 105-107, 112, 125n5, 143, 181, 206
visual world studies	视觉情境研究	64, **154**, 186, 206, *208-209*, 209, 212, 275, 343, *344*, 345, 347-348
vocabulary acquisition	词汇习得	3, 71-76, 135
waveforms	波形	16

winsorization	缩尾　266,268
within-language competition trials	语内竞争物试次　131-132
within-subject designs	被试内设计　134-135, *136*, **154**, *155*, 156
word boundaries	词边界　59
word length	词长　40,44
word predictability	词的可预测性　47
word processing	单词加工　52
word recognition	单词识别　48-49, 99-100, *101-102*, **103**, 188, 219
word skipping	单词跳读　22

图书在版编目(CIP)数据

眼动追踪在第二语言习得和双语中的应用:研究综合和方法指南/(美)艾琳·戈德弗鲁瓦
(Aline Godfroid)著;郑巧斐,陈青松译. —上海:复旦大学出版社,2024. 11
(第二语言习得研究系列)
书名原文:EYE TRACKING IN SECOND LANGUAGE ACQUISITION AND BILINGUALISM—
A RESEARCH SYNTHESIS AND METHODOLOGICAL GUIDE
ISBN 978-7-309-17479-3

Ⅰ.①眼… Ⅱ.①艾… ②郑… ③陈… Ⅲ.①第二语言-语言学习-研究 Ⅳ.①H09

中国国家版本馆 CIP 数据核字(2024)第 107591 号

EYE TRACKING IN SECOND LANGUAGE ACQUISITION AND BILINGUALISM: A RESEARCH SYNTHESIS
AND METHODOLOGICAL GUIDE by ALINE GODFROID
Copyright © 2020 by Taylor & Francis Group, LLC.
All rights reserved. Authorized translation from the English language edition published by Routledge, a member of
the Taylor & Francis Group, LLC;本书原版由 Taylor & Francis 出版集团旗下,Routledge 出版公司出版,并经
其授权翻译出版。版权所有,侵权必究。
Chinese Simplified language edition published by FUDAN UNIVERSITY PRESS CO., LTD. Copyright © 2024.
This edition is authorized for sale throughout Mainland of China. No part of the publication may be reproduced or
distributed by any means, or stored in a database or retrieval system, without the prior written permission of the
publisher. 本书中文简体翻译版授权由复旦大学出版社有限公司独家出版并限在中国大陆地区销售。未
经出版者书面许可,不得以任何方式复制或发行本书的任何部分。
Copies of this book sold without a Taylor & Francis sticker on the cover are unauthorized and illegal. 本书封底贴有
Taylor & Francis 公司防伪标签,无标签者不得销售。
上海市版权局著作权合同登记号 图字 09-2023-0650

眼动追踪在第二语言习得和双语中的应用——研究综合和方法指南
[美] 艾琳·戈德弗鲁瓦(Aline Godfroid) 著
郑巧斐 陈青松 译
责任编辑/唐 敏

复旦大学出版社有限公司出版发行
上海市国权路 579 号 邮编:200433
网址:fupnet@fudanpress.com http://www.fudanpress.com
门市零售:86-21-65102580 团体订购:86-21-65104505
出版部电话:86-21-65642845
上海华业装璜印刷厂有限公司

开本 787 毫米×960 毫米 1/16 印张 29 字数 459 千字
2024 年 11 月第 1 版
2024 年 11 月第 1 版第 1 次印刷

ISBN 978-7-309-17479-3/H·3430
定价:68.00 元

如有印装质量问题,请向复旦大学出版社有限公司出版部调换。
版权所有 侵权必究